文化大革命の記憶と忘却

回想録の出版にみる記憶の個人化と共同化

福岡愛子
Fukuoka Aiko

The Cultural Revolution in Mainland China:
How It Is Remembered and What Was Forgotten

新曜社

まえがき

「文化大革命」は、一九六〇年代～七〇年代中国の歴史的事象である。当時の中国大陸では「無産階級《プロレタリア》文化大革命」と称されたが、日本では「プロ文革」とも略称され、またより一般的には「文革」として知られている。本書はそれを、過去の出来事としてではなく、現在における「記憶」の問題としてとらえようとしたものである。

従来、日常語として、あるいは心理学的概念として使われてきた「記憶」は、過去の出来事についてのイメージや物語が個人の内面深く蓄えられ、折にふれて蘇ったり消えたりするようなものと考えられてきた。しかし序章で詳しく述べるように、本書では、過去の体験が社会的政治的文脈によって選択的に想起され、現在の時点から再構成されるという、「記憶」の現在的・社会的側面を重視する。そして、さまざまな個人が一人称で書いた回想録を、「個人記憶」を読み解くためのテクストとして用い、それが出版という形で社会的に共有される過程を「記憶の共同化」とみなして分析する。

このように本書は、文革研究に近年の記憶研究の成果をとり入れようとしたものであるが、もっと基本的な点においては、認識論上の転換の影響下にあるといえる。第一章で説明するが、認識論上の転換とは、一言でいえば、「主体」なるものが確固たる自明の存在とは考えられなくなったという変化である。「語る主体」が、誰もが使う言語に依拠して語る以外にない存在だとすれば、誰が語ったかよりも、いかなる言語でどのように語ったかが重要となる。語りのテクストと文脈（コンテクスト）とが分析対象となり、そこに働くさまざまな要因や権力作用が問題化される。

社会学の分野では、早くも一九四〇年代にC・W・ミルズが「動機の語彙」という概念を提起した。ミルズによれば「動機」とは、行為者独自の内在的かつ主観的なものとしてではなく、限られた社会的状況のなかで確定的な「語彙の類型」として考えうるものであった。つまり動機は、語る主体の「心の真実」というよりも、他者に向けられたその語彙をとおして社会的意味を問うために注目されるのである。動機の語彙は、独自性や主体性の証とはなりえず、状況に制約された類型的なものにすぎない。しかし、状況を判断し語彙を選択するという行為は、他ならぬその主体自身のものである。

本書でも、記憶の想起や回想録の出版に関して、その動機がどのような言語によって語られているかに注目している。前述のような認識上の転換を経た今、「動機の語彙」に注目するということは、「語られた言語」に依拠しつつ「語る主体」の能動的な側面も重視するという立場を意味する。

そのために本書では、さまざまな要因（ファクター）や内面化された規範に拘束されながら、語るという行為によって状況を変化させうる積極的な主体として、「アクター」という概念を用いる。言説空間におけるそうしたアクターの行為を、さまざまなアクター／ファクター間の「交渉」という社会過程として記述することによって、個人が公的権力に一方的に抑圧されるだけの存在ではないことが示される。そのとき「文革の記憶」は、「私は覚えている」と主張する個人化の戦略において、抵抗のための資源となるのである。

中国大陸で文革は、「歴史決議」という国家言説によって、誤りであったとされている。それに反する語り方や、あるいは文革そのものについての議論が禁じられているという見方も根強い。それでも文革後三十年ほどの間に、官・民双方によって書かれた文革関連の書籍はほぼ毎年のように出版され、国家図書館に所蔵されている。なかでも回想録は、その量的・質的変遷が注目に値する分析対象である。本書では、とりわけ重要と思われる回想録二点――巴金《はきん》の『随想録』と韋君宜《いくんぎ》の『思痛録』に焦点をあて、出版の経緯に関する聞取り調査や、北京版・香港版の比較などを含めて、詳細に記述する。

個人が「私は覚えている」と主張して過去の体験を語りだすとき、どのような文脈で、どのような語彙と叙述によって、無数にあるはずのエピソードのなかから何が語られるか（あるいは消去されるか）、そしてそれがどのように受容されるか――それらを分析し解釈することが、本書の主眼である。それによって、一党独裁国家における記憶の統制のみを強調する見方が、いかに一面的であるかが明らかになるであろう。文革を「記憶」という観点から考察するということは、異なる主体の多様な体験を尊重することで、単純な物語化に屈しない思考力を鍛える作業でもあるのだ。

文化大革命の記憶と忘却＊目次

凡例

・注は巻末にまとめ、本文とともども括弧類や字体などは以下のように使い分ける。
・かぎカッコ「　」は、論文・記事などのタイトル、通常の引用文、語句の強調などを示す。
・引用文が数行に及ぶ場合は、前後の本文との間を一行ずつ明け、かつ上部二字分字下げして、引用であることを示す。
・引用文中の「……」や〔中略〕は、途中の語句や文章を引用者が省略したことを示す。
・二重かぎカッコ『　』は、書籍・新聞・雑誌・映画などのタイトルを示す。
・大カッコ［　］は、文献の著者と発表年、引用箇所のページ番号などを示す。第三章では、巻末文献リストの通し番号を表記するためにも用いる。
・亀甲カッコ〔　〕内は、本書の筆者自身による補足説明や注釈である。また中国語表現に続いて〔　〕内の小さなフォントで表記したものは、その前の中国語にたいして筆者が付した日本語訳であることを示す。
・中国の人物名は、初出の際に、日本語読みのふり仮名に加え（　）内に中国語発音をカタカナ表記する。
・中国語の字体については、書名など、大陸での簡体字と香港での繁体字との識別が必要な場合を除いて、本文では可能な限り日本語で使用する漢字と同じ字体を使用する。
・中国語の単語をそのまま本文に使用する際には、圏点「・」をつける。日本語と同一の漢字が使われていても必ずしも日本語と全く同じ意味ではないことに注意を喚起するためである。
・本文中の傍点「、」は、強調や注目のために筆者自身が施したものである。

装幀——難波園子

序章　「文化大革命の記憶」とは

一　本書における二つの問い

一九六六年「魂に触れる革命」[1]をスローガンに、中国全土を巻き込んで展開された「無産階級《プロレタリア》文化大革命」（以下「文革」）は、一九七六年毛沢東《もうたくとう》（マオ・ツェドン）死去後、「四人組」逮捕をもって終結したとされた。一九八一年の「歴史決議」[2]は毛沢東の誤りを明文化し、「十年の動乱」を脱した中国は「改革開放」へと大きく旋回した。

私自身の記憶のなかで文革は、高校生だった一九六〇年代後半にリアルタイムで見聞きしていたはずの報道よりも、その後数々の言説を通して再認識させられた過程の方が、はるかにリアリティが高い。当初の違和感によるネガティヴなイメージは、七〇年代初頭の大学で出会った米国人講師の毛沢東礼讃によって一変した。そしてまた八〇年代末以降、国際的に流通した映画や体験記によって、決定的な変更を迫られることになった。初めて知る凄惨な現実の衝撃は、文革をあらためて知る努力への性急な思いを駆り立てたが、中国社会に詳しい人びとの反応は概ね否定的であった。「中国人は文革について語りたがらない」「聞取りを行なっても真実は出てこない」といった助言に説得され、まずは「日本が見た「文革」」という観点からの研究に着手した。

『朝日新聞』『産経新聞』の報道比較や日本における初期の研究史を通してみると、メディアにおいても学術研究においても、「文革とは何か」という議論が支配的であることがわかった。そのような「文革の真実」に迫ろうとする一義的な問いが、逆に多くのものを見えなくさせていることも明らかになった。そして当然といえば当然ながら、文革がそのまるごと性において捉えられないものであることを認識するなかで、やがて発想の転換が生まれた。文革を出来事として絶対化し、歴史的実体として外在的に迫ろうとするのではなく、今を生きる人びとが明示的暗示的に語り続ける文革を通して、当事者のさまざまな現実を理解しようとすること、その語りの変化によって、個人の記憶の共同化や、国家言説との相互作用のあり方を検証すること――そのような構想に達したのである。それはまた、近年の人文社会系の研究動向とも多くの接点をもち、既に存在する「記憶と忘却」の問題系を参照しつつ論じうることが確信できた。

本書が文革を「記憶」という観点から問い直そうとするのは、以下の観察と認識と期待からである。まず第一に、近年の中国において文革の記憶はただ封印されているのではなく、その語りが複雑化・多様化しているのだという観察、第二に、そうした語りを通して、当時の立場と現在の境遇の違いが、文革を全く違ったものとして語らせるということ、すなわち「文革の真実」のいっそうの相対化と複数化という認識、第三に、文革後だからこそ可能になった記憶の語りは、国家に独占された解釈や公共の記憶との「交渉」の産物でもあるが、それが出版物となる過程を通して、その「交渉」のあり方を可視化できるのではないかという期待である。ただし、この場合の「文革の記憶」や「語り」とは、個々人に内在する記憶や、個々人が具体的に語る内容のことではない。中国社会という言説空間のなかで編成された結果としての「文革の記憶」であり、それがいかに表象され、どのようなものとして言説化されているかが問題となる。以上の点に基づいて、本書は記憶の媒体として社会的に共有された出版物を対象に、以下の二つの問いを設定する。

Ⅰ　文革終結後の中国大陸で、文革はどう記憶され、何が忘却されたか。それは国家言説との関係や言説空間全体の変容との関連において、どのように変化してきたか。

Ⅱ「回想録」が出版されるとき、どのようなアクターとファクターが関与し、個人記憶はどのように共同化されるか。

国家と同義もしくは国家の上に位置づけられる中国共産党が、「歴史決議」において「完全な誤り」という結論を下した後に、文革の何をいかに語るかは、極めて政治的な問題である。たとえ個人の記憶に基づいた回想録であっても、その出版をめぐる相互作用のあり方は、文革というセンシティヴな主題をめぐる国家や公共記憶との交渉の複雑さを可視化するフィールドとみなしうる。そこにおいてⅠ、Ⅱのように問うことは、出版と検閲、生産と消費または受容をめぐる文化の制度の構造的変化を検証する、文化社会学的探求でもある。

文革の記憶叙述には、「歴史の教訓」や「二度とくりかえしてはならない」といった語が氾濫している。語りつくせないまま後の人びとに託されるしかなかった「理解」への作業は、「文革」という過去の出来事を断片的に拾い集めるだけでは充分とはいえない。文革をその時々の文脈において問い直しつづけることは、彼/彼女たちへの応答としてのみならず、あまりにも完全に否定された歴史的事象とそのために封印される記憶の問題として、中国社会の過去の経験の分析にとどまらない意義を有するであろう。

二　文革をめぐる言説の現状(3)

1　文革タブー言説

中国における文革研究は、共産党員にたいし文革徹底否定の教育を呼びかけた「第九号通知」(一九八四年六月三〇日)により、大いに促進された時期があったという［席・金1996=1998：483］(4)。徹底否定の趣旨に沿って多くの著作が出版されたが、一九八八年には文革関係の書籍出版のための特別な手続きを規定する通達が出され［楊2003：7］[5]、さらに一九九一年には、文革および当時の党指導者についていかなる研究も公刊しないよう、中国の各出版社にたいし指令が発せられたといわれる[6]［リヒター1993：323］。

このような文革否定の徹底や文革研究の終息を促すような傾向は、さまざまな懸念を生み出す。たとえば『ニューズウィーク』は、中国の指導部が文革に正面から取り組み分析しようとするいっさいの試みを禁じていることをいぶかる[7]。そして、教科書に文革の記述が乏しいことや、出版社の自己検閲と発禁処分の実態などを伝えて不安を強める[8]。

北京大学教授の銭理群《せんりぐん》（チエン・リチュン）[9]も、高校の歴史教科書に文革の記述が少ないことを「忘却の強要」とみなし、歴史の悲劇が再演されることを警戒する。『世界』に掲載された「「忘却」を拒絶する」［銭2001］と題する彼の文章には、「全民族的な忘却」によって、歴史的誤りや制度上の欠点が顧みられないことへの焦燥感が明らかである。あらゆる民族には回顧に耐えない記憶があるが、そのような痛ましい歴史の教訓を総括することを敢えてするかどうかは、一民族が真に苦難を通じて成熟に向かうかどうかの重要な標識である。にもかかわらず、中国において文革の体験という世紀の遺産は、学術研究の禁区あるいは半禁区になっている。それでも「当事者の回想」という形でかろうじて文革関連の出版物が世に出続けている。そのことを、銭理群は「世紀末の中国知識人の精神史の一側面」として評価する。そして彼自身も、文革後期に形成された批判的な在野の思潮、精神の自己解放の兆候を発掘しつづけるのである。

国分良成は、日本で今なお文革の問い直しを続ける数少ない研究者の一人であるが、これまで主流であった国家や党中央の側からの文革研究は、資料の面からも依然として限界が大きいことを認めている［国分2003：7］[10]。文革関連資料へのアクセスの制限、または文革関係書籍出版のための手続きの特殊複雑化などにより、文革研究の多彩な発展が困難であったことは想像に難くない。

2　文革の記憶の可視化

ところが、私自身が二〇〇四年四月北京市内で行なった調査では、近年の少なからぬ変化をみとめることができた。たとえば、国家図書館の蔵書リストのなかで、一九九八、一九九九、二〇〇〇年の各年、文革関連の専門書は二桁に上り、また一九九四年には修士論文、博士論文に文革をテーマとしたものが現われて、一九九九年以降は毎年のように取り上げられている。しかも公式文書のみに依拠しがちであった従来の史実叙述的なものとは異なり、当時の大衆の倫理・心理に迫ろうとする分析や、これまで「文革による文学の死」とみなされていた期間について、当時の地下文学・地下詩歌を発掘することによって問い直しをはかる研究などが目につく。

また、主要な書店に平積みされていた『当代中国口述史』シリーズは、既刊の三冊すべてが文革に関するものであり、その出版説明には、現代史学は文献資料だけでは満足せず、人びとの「記憶」を探求するようになっていること、重大事件に参与した人びとが高齢に達しているためインタビューしてその口述を整理することが急務であること、などが記されている。そのような重要人物の口述のみならず、知識人による反省の書とされる『思痛録』改訂版や、[11]『紅色少女日記』〔一人の女性紅衛兵の心の軌跡〕[12]という意味の副題が付いている〕なども並んでいる。いずれも、文革が個人の記憶として語り直されていることを感じさせるものであった。より正確には、それを感じさせる一連の出来事があったからこそ、私は北京での予備調査を思い立ったといった方がよい。

そうした出来事の一つは、中国の社会科学院留学中の友人から、彼女の指導教官は、実は上記『思痛録』の著者の娘・楊団《ようだん》（ヤン・トゥアン）だった、というメールが入ったことである。中国の新たな社会保険制度などを研究中の彼女にたいして、楊教授は、今の中国社会を理解するには、人が人を信じられなくなる状況を生んだ「文革」というものの影響を知らなくてはならないと力説しているという。また、農村女性のライフヒストリーを集めた『二十世紀中国婦女口述史叢書』の編纂に取り組んでいる李小江《りしょうこう》（リ・シアオジアン）は、既に「戦争体験」などの巻を発表しているが、いずれ「文革」の巻を出すことを予定しているという。二〇〇四年二月お茶の水女子大学での夜間セミナー講義において、「文革の巻の発行予定もあるか」という私の質問に答え、嬉々として「ある」と明言したのである。聞取り調査の成果は、やりやすいものから発表・出版することにしており、文革に関する部分は現在未刊であるが、その記録を保存中であるという。[13]

その少し前には、文革期の下放青年の今を記録した池谷薫監督のドキュメンタリー映画『延安の娘』（二〇〇二年）が、東京都内で一般公開されていた。下放先での生活、そこで生み落とされた子の親探し、理不尽に裁かれたことへの名誉回復の願い――そうした体験や出来事を、元紅衛兵らは痛切な面持ちで個々に語り出していた。[14] その多弁さは、「中国人は文革について語りたがらない」という括り方を見直させ、一人の映像作家がもたらした記憶の可視化の衝撃を印象づけた。

こうして私は、二〇〇五年七月二回目の現地調査のために再び北京へと発ったのである。この際は北京市内の大型書店に設けられた映像資料売り場において、前年には気づかなかった変化に目を奪われた。二〇〇五年は中国国産映画製作開始百周年にあたり、古典的作品が続々とＶＣＤ・ＤＶＤ化されていたが、それと同じ棚に文革映画のシリーズも並んでいたのである。[15] 一九七〇年代末～八〇年代に製作された作品が、「文革故事片」「文革題材故事片」「文革反思片」などとカテゴリー化されて販売されていた。かつて中国において映画は、数少ない娯楽の一つとして共産党の文化芸術政策上重視されてきた。しかも野外上映会に典型的なように、映画鑑賞は集団的鑑賞以外にはありえなかった。今や、普及めざましいＶＣＤ・ＤＶＤによって、過去の記憶に結びつく映像が私化され日常化されているのである。[16]

さらに、二〇〇五年元日には、民間の手による「文化大革命博物館」が地方都市汕頭《さんとう》にオープンした、と日本でも報じられた（『朝日新聞』二〇〇五年七月六日、『日本経済新聞』二〇〇六年三月一三日）。ある人物が推進者となって、総額一億数千万円もの個人からの寄付が集められ、現地の幹部の「反対」が「黙認」に変わったと見なされたのを機に、一気に建設されたのだという。建国以来精力的に歴史の記念を進めてきた中華人民共和国であるが、これまで国家の歴史のなかで完全否定された文革が、コメモレーション（記念行為）の対象になることはなかった。「文化大革命博物館」は、作家巴金《はきん》（バー・ジン）らによって提唱されくり返し支持されながら、「実現の望みのない「夢」」〔銭2001：197〕と思われてきたのである。それがついに建設されたという。

二〇〇四年から二〇〇五年に私が体験した上記のような出来事の重なりは、文革を今の視点から、今を生きる個人の記憶と意味づけという観点からとらえなおすことを迫るかのようである。これまでの文革研究は、あまりにもそうした観点に乏しかったということにも気づかせられる。文革をあくまでも「歴史」として研究することへのこだわりが根強く、文革が依然として「政治」であってまだ「歴史」になっていないための難しさが指摘されてきた〔国分2003：2〕。

しかし、私が偶然の出来事や二回の北京訪問などで垣間見た現状から「文革の個人的記憶」という対象を見出したのは、それに先立つ問題関心があったからであろう。そしてそれは、私自身が数年来身をおく人文社会系研究分野の動向と多くの共通点を有する。次節では「記憶と歴史」の議論を検討して本書のコンテクストを示し、続いて本書における記憶の論じ方の前提を明らかにする。

三　記憶と歴史

1　「記憶」というキーワード

『歴史学における方法的転回』〔歴史学研究会編2002〕のなかで岩崎稔は、一九八〇年代後半からの歴史学研究を振り返り、「歴史学にとっての記憶と忘却の問題系」を整理している。それによると、九〇年代に入って以来「記憶」という表現が歴史学の言説のなかに頻出するようになったという。被害者の記憶とそれを文脈化する歴史家の営為とが協働することで、新しい認識の地平が切り開かれたとされ、数々の実例が列挙されている［岩崎2002］。「従軍慰安婦」、南京事件、沖縄戦、ホロコースト、ヴェトナム帰還兵、二・二八事件（台湾）、光州事件（韓国）、そして冷戦終結後明るみに出た全体主義的体制のトラウマ等々の問題が、「記憶」をキーワードとして問われ、時に記憶の闘いとして展開されてきたのである。

岩崎が一九八〇年代後半以降を振り返るのは、一九八六年の「ドイツ歴史家論争」を、ある区切りの指標としているからである［岩崎2000b：16］。第三帝国の歴史を相対化し、それによってホロコーストの罪責を清算しようとする一部の歴史家たちにたいし、ユルゲン・ハーバーマスが挑んだ論争である。それは、戦後世界の基本枠組みの揺らぎに伴う歴史再審の論争的状況の出現であり、「記憶」が導入される世界的共時性の発端であった、と岩崎は言う［岩崎2002：271–272］。

日本においても、「戦争の記憶」をめぐる日本版歴史家論争ともいうべき状況が出現した。一九八〇年代の歴史学において、客観的で科学的な歴史叙述というものの特権性にたいする反省的な営みが起こったが、九〇年代に入ると歴史修正主義者は、「歴史も一つの物語」という一点を逆手にとって、「来歴を誇りうる国民の記憶を物語らなければならない」という主張にすり替えたのである［岩崎2002：266–267］。そんななかで、九〇年代以降の歴史学のフィールドを決定的に規定したのは、たとえば元「従軍慰安婦」たちの「記憶が語り出す」［ibid.：275］という局面であった。記憶に依拠して語る個人が出現し、それを意味づける枠組みが存在するとき、記憶の証言をどのように扱うかという問題はより根源的な問いとなる。このことの意義を、上野千鶴子の関連論文に依拠して、以下のようにまとめることができる。

2　歴史学への根本的な問い

まず第一に、金学順《きんがくじゅん》（キム・ハクスン）ら三人の韓国女性が初めて名乗りをあげたのは一九九一年であるが、このときに彼女らの存在が事実として初めて発見されたのではないということ。「従軍慰安婦」はすでに日本軍兵士の回想録のなかで記述されていたのであり、同じ経験がもう一方の当事者にとって全く異なる「現実」として語られたことによって、多元的な現実とそれが構成する「さまざまな歴史」の存在が明らかになったのである［上野1998a：142］。さらに、生存者の女性が語り始めた個人的な経験にたいして、その記憶の信憑性が問われたことによって、ならばその真偽は誰が判定できるのか、という問いが発せられることになる。ここで相対化されるのは、「正史」だけではなく、「歴史家」が占める特権的な「第三者」の位置である［上野2000：124］。

第二に、以上のことは、社会科学における世界的な動向とも関連して、「事実」とは何かという問題の困難さをつきつける。証言者が沈黙を破って、これまで事実とみなされてきたものとは全く異なる事実を突きつけたことは、これまで歴史が対象としてきたものが「事実」ではなくその「表象」であったことに気づかせる。「記憶」という概念の導入によって、過去の事実は、その実在的な有無や解釈的な是非ではなく、表象というレベルにおいて対象化されなければならなくなる。元「従軍慰安婦」たちの表象が九〇年代になって争点化したのは、問題を可視化する枠組みがフェミニズムによって用意されていたからだといえる［岩崎2002：268］［上野1998b］。それは、「書かれた歴史」の圧倒的な不在というところから出発するしかなかった女性史が、まず文書史料至上主義批判から出発したこととも関連する［上野1998a：165］。実証的な歴史学が証拠の不在、記憶の抑圧という側面に盲目であったとすれば、本節冒頭に列記したような具体的な実例を通してその点を暴いたのは、フェミニズムがもたらしたパラダイム転換の功績であろう。

第三に、単なる補完的資料提出のための証言ではなく、これまで語りえなかった過去を語るということは、あえて「被害者」としての自己を構築して歴史に主体的に参加する行為とみなされるということである［上野2000：121］。その一方で、歴史の主体をめぐる議論は責任論に直結し、ナショナル・アイデンティティやポジショナリティ（立場性）の問題を含めて、自己言及的にならざるを得ない。

こうして、片や「歴史の見直し」や「過去の罪責の清算」という意識的忘却、片や証言者の名乗りという主体的想起によって、「客観的な歴史の真実」という中心が消失した後に、「記憶の内戦」［上野1997a：157］、「公共の記憶をめぐる戦闘」［フジタニ1998：4］、「記憶の解放」と「複数の記憶のあいだでの抗争」［岩崎2002：273］と称される状況が出現したのである。

3　実証史学批判

歴史に「記憶」を導入することによって実証史学の根底を揺るがすことは、まさに両刃の剣である。勝者の歴史とも言うべき正史はもちろんのこと、正史がとりこぼしたものを民衆の側から発掘し書き直す民衆史や社会史的な営みにおいてさえ、残され表象されたものへの依存は圧倒的である。それは常に新たな「記憶」の証言によって覆されうることになる。「ホロコースト」や「南京大虐殺」の否定論とそれを実証のレベルで反駁しようとする努力との間には、「記憶」をめぐる熾烈な戦いが避けられない。たとえば「南京事件調査研究会」のように「歴史の科学性」を重視した徹底的な資料収集によって、「南京事件まぼろし論」は一九八五年に破産したはずであった。ところがアイリス・チャンの *The Rape of Nanking* のように事実関係の誤認が明らかな記述や発言が出ると、虐殺否定論者はその記述のミスを根拠に虐殺全体を虚構化しようとする［古厩2001：140–141］(18)。良心的な実証的歴史家ほど、それを覆そうと、証拠収集の泥沼に引きずり込まれることになる。そして「学問的にはすでに決着のついた」［笠原2002：241］はずの歴史的事実をめぐってさえも、飽くなき攻防がくりかえされるのである。

そのような状況の不毛性から抜け出すには、二つの方法があると考えられる。まず一つ目は、「実証史学の罠」［上野1997a：158］を見抜き、実証のレベルとは異なったレベルに議論を止揚すること。「実証主義はいかに手堅く見えようとも史料があるところで史料に沿って実践される」ため、「真摯な探求と見えるものがじつは既成の知の枠組みへの新たな知見の囲い込みに結果する」ことになりかねないからである［安丸1998：143-145］。二つ目は「感情記憶」や「イデオロギーに回収し尽くされないファクター」を重視して、国家を経由しない共同性のもとで記憶を語りなおす、という試みである［戴・孫・高橋・酒井2000：199］。その際、個人的記憶と国家の記憶との相互浸透という問題が重要となる。

一つ目の「実証史学の罠」からの脱却に関しては、二通りの例をあげることができる。たとえばロジェ・シャルチエが書物を、そこに書かれたテクストの「真偽」のレベルを超え、「印刷物」それ自体に立ち戻って読み直すとき、「読書の文化史」という新しい歴史学が拓かれた。(19) それは次の三点において、文書史料を支えている基盤そのものを無視しがちな歴史学的伝統を批判するものであった。まず第一に、文書史料解読に多くを負ってきた歴史研究において、読書行為そのものの歴史を問う、という主題設定において、第二に、読書について知るのに、読書について書かれた文書史料には依存しない、という方法論において、第三に、印刷物としての書物に、出版する人間が想定した読書のあり方や受容の限界を示す情報を見出す、という対象選定において、新しかったといえる。読書という多様な実践については、いかなる古文書にもその痕跡が残されていないが、その反面、書物が実際にどのように使われたかを示す資料は書物しかない［シャルチエ1992a：133］、という厳しい限界のなかで、書物そのものが、書かれたテクストの字義どおりの実証性を超えて新たな理解に達するための媒介となったのである。(20) ナンシー・ウッドがナチの時代の写真集を分析した際の手法もこれに近いものがある。すなわち写真は、被写体となった情景の証拠としてばかりではなく、それを写した者、その情景を見ていたであろう者たちのまなざしを理解する手段として分析対象となるのである［Wood1999：99-100］。

もう一つの例は、まさに「従軍慰安婦」の証言の意義としてあげたように、記憶の証言を、歴史に主体的に参加する行為と見なすことによって、「歴史の再定義」を促すということである。当事者の語りや証言というテクストを、学問的歴史を補完する「歴史証言資料」「良質なインタビュー記録」としてしか見ない限り、その見方自体の歴史性を問う道は閉ざされる［笠原2002：248］。しかし、学問的に決着をつけて共通の認識を打ち立てることの性急さから解放されれば、記憶の語りは、その過程における共同想起や集合記憶との関わりを通して、個人史を歴史とつなげ、歴史の書き換えへの参加を可能にする行為となる。

本書は実証史学論争に立ち入るゆとりはないが、実証研究の歴史的意義に異を唱えることを主眼とするものではない。社会科学という経験科学が成り立つためには実証的側面は不可欠であり、過去の知見の多くがそのような努力の積み重ねの上に成り立っている。歴史学批判・実証史学批判のなかで問われているものについても、歴史家自身が一向に無関心であったとは思わない。批判者の方が「史実」というものを歴史学者以上に実体的にとらえているのではないか、という指摘にも共感できる［吉澤2003：24］。実証主義の功罪や客観的事実の可否そのものを先鋭化して論じるよりも、新たに生まれる記憶の語りにたいして、そのつどより重層的な問題構成を解く論理、単純な物語化に屈しない理論装置こそが求められると考える。

四 「文革の記憶」の前提

1 記憶の扱い方

しかし、「文革の記憶と忘却」というテーマは、明らかに、実証に絶対的価値をおく研究とは異なる位相で文革をとらえなおそうという意図に支えられている。ここで、四つのレベルにおける本書の記憶の扱い方を確認しておきたい。

まず第一に「個人記憶」のレベル――歴史的事象にたいする解釈権が依然として国家に独占されているといわれる社会において、個人の記憶をソースとして産出された回想録や体験記の出版が可能になった。それらは当事者の体験した「現実」の表象として、分析の対象にすることが可能なのである。

第二に「忘却」との関係における認識上のレベル――文書や証言の存在は、語りの不在に接近する手段ともなりうる。ある事象について全く語られないとすれば、その事象の認知も対象化もありえない。語られたものがあってこそ、その影に沿ってはじめて語りえないものの輪郭を窺い知ることができる。そこに語られないものがある、と認知されてはじめて、表象のレベルで忘却を論じることができるようになる。

第三に、集合記憶のレベル、出版という形で言説化されるレベル――個人の記憶は、出版され流通されることによって共同化される。あるいは語り始めからすでに聞き手／読者の存在が想定され、あるいは国家言説や公共の記憶によって枠づけられている。その出版と検閲、生産と受容の過程におけるさまざまなアクターとファクターの相互作用のあり方を通して、文化的な制度の構造的な変化を読み取ることができる。

最後に、このように出版されたものが国家図書館に所蔵される、あるいは「文化大革命博物館」に展示されるとき、それは個々の体験者の記憶が、文化的記憶というレベルに移行することを意味する。当事者の生命や出版市場における商品価値の期限を超えて、記憶の場が構成され世代継承されていくのである。

内外のさまざまな歴史的事象が、「記憶」をキーワードとして問い直されてきたことは前節冒頭に列挙したとおりであるが、少なくとも日本においては、そのなかに文革の事例が登場することはなかった。文革は文学作品や映画のいたるところにその痕をとどめ、現代中国の精神史を考える上で最も重要な出来事とされている。日本や欧米の知識人・学生にも少なからぬ影響を与えた歴史的事象である。中国の知識人のなかには、文革をナチの暴行とともに二十世紀の二大悲劇として語り継ぐことを求める声さえある［馮1988：1、何1996：6など］[21]。そうした声が封殺されるのを防ぎ、また、そうした言説化自体の功罪を問うことが必要であろう[22]。さらに文革の場合には、従来の記憶の議論が反転するような特徴が見られることも少なくない。いずれにせよ文革は、記憶研究に欠くことのできない重要性と固有性を有する事例であるといえる。

しかし本書では、前節で述べた「記憶と歴史」の文脈において、また近年の社会学における「記憶」概念の変容や、学際的な記憶研究の広がりから得られた知見に基づいて、記憶と忘却という視点から文革を論じる。文革を一つの事例とする記憶研究ではない。それを明言した上で、第一章から終章までの分析と考察の前提として、以下の五点を確認しておきたい。

2 記憶の前提

i 記憶の語りとそれを規定するもの

元「従軍慰安婦」たちによる記憶の証言の意義は、先に述べたとおりである。日本軍兵士の回想録のなかで、時には甘美な思い出としてすでに登場していた彼女たちが、苦痛に満ちた「被害者」としての記憶を、長年の抑圧の末に語りだしたことは、歴史に参加する主体を回復する行為として意味づけられる。もう一方の当事者の全く異なる「現実」は、これまでのマスター・ナラティヴにたいする対抗言説を打ち立てたのである。

文革の記憶は、まず何よりも被害者としての訴えが「文革徹底否定」の国家言説に呼応する形で語られ始めたといってよい。「歴史決議」というマスター・ナラティヴを補完すべく促された「自発的証人」〔リクール 1983=1995：172〕の物語が支配的だったのである。しかし、それが文革終結後の三十年間常に同じであるはずはない。たとえば文革に関する出版物に見る限り、その数も、語り手や語り方も明らかに変化している。そしてやがて「自らの加害者意識」にもとづき、自覚的に「私」を主語にして「私」から再出発しようと提起する『随想録』が書かれる〔刈間1996：247-248〕。また、文革に至るまでの数々の出来事を実名入りで証言し、さらに「自分自身が関与した事項」について「自分の反省と心の痛み」を具体的かつ率直に述べた〔田畑2003：82〕、と評される『思痛録』が出版される。それらは加害の反省をこめた稀有な書として並び称せられ、長年にわたって多くの読者を獲得して、新たな言説を生んでいる。

記憶の語りは現在を到達点とする目的論的構成をとりがちで、マスター・ナラティヴを補完する結果に終わることが一般に認められている［上野2000：123］。ということは、マスター・ナラティヴの強化をめざす側にとって、記憶に仮託することの有効性は、対抗言説を構築しようとする側よりもはるかに大きい。多くの記憶論争は、過去の残虐行為を否定し加害の歴史を清算したり、過去の出来事や起源を本質化しようとする企てとの闘いであった。中国の場合は、「歴史決議」の精神に沿った「文革徹底否定」の呼びかけが一段落すると、国家による文革のマスター・ナラティヴ構築の顕著な動きは見られなくなる。むしろ文革という否定的な時代の記憶を隠蔽すべく、中国革命の栄光という記憶の再生産や、世界に向かう中国の未来像の構築が盛んになるのである。(23)

また語彙やフレーム（枠組み）のレベルにおいても、記憶の語りは日常の言語行為同様に、なんらかのコードに基づいて語られる。たとえばアティナ・グロスマンは、「沈黙の問題――占領軍兵士によるドイツ人女性強姦」［Grossman 1995］と題する論文のなかで、強姦の物語が聞き手や動機のいかんによって複雑にフレーミングされることを示している。(24)文革の記憶の場合はさらに明確に、すでに確立された文革の記憶叙述の作法に従うだけの場合が多く、だからこそ文革の記憶を研究する際の文脈化された情報の重要性が指摘される［Davies 2002：30］。ただし、前記の『随想録』『思痛録』のように、徹底否定された過去の集合体験について現在の個人が反省を表明すること、また広範な読者によって記憶の叙述が「反省の書」として読まれるということは、ともに多面的に理解する必要がある。個人の立場で反省を深めることが対抗的な立場となりうるか、何をすれば反省したことになるのかといった面の分析から、「反省史 reflexive history」［上野1998a：181］の可能性を探ることもできよう。

ii　語りえぬもの

ヒットラー治下のドイツとスターリン治下のソ連における強制収容所、絶滅収容所に関して、真に「恐ろしいこと」だったのは、「犠牲者の跡形もない消滅」の目論見であろう。生還者が存在しなければ、その体験は語られようがない。忘却と認識されることすらない「完全な忘却」、徹底した殲滅であったがために、われわれの記憶の及ばぬところとなってしまったのかもしれない出来事について、そしてそれがどこにでもありえたかもしれない可能性について［梅森1999］［高橋1995］、問いの重さは果てしない。

しかし、ホロコーストの体験を生き延びた人びとがいたにもかかわらず、それが被害者の口から語られることの困難も大きい。被害者のトラウマの問題である。また、たとえ証言できたとしても、正常性の範囲を超えた出来事のあまりの異質性ゆえに、理解されないということもある。加害者の方が否定すれば、そちらを信じることの方がはるかに正常の感覚に近いからである［高橋1995：16］。

文革の記憶の場合、今圧倒的な空白として想定されるのは、死に至らしめるほどの暴力の加害の記憶、正常性の範囲を超えた出来事の記憶である。『随想録』『思痛録』の「反省」が可能だったのは、恐らく凄惨な暴力を伴わないタイプの加害であったことが大きいであろう。元紅衛兵のなかには、自分の犯した暴力の陰惨さに今でも吐き気がする、夢に見る、と証言する者もいる［池谷2006］。しかしその詳細は公けには語られず出版されず、したがって言説空間においては忘却されたままである。

このように、その社会と時代のなかで表出できない／抑圧される記憶があり、しかも当の個人は、表出されなかったものの存在にたいしてもその事情に関しても自覚的でありうる。それは要因や条件の変化とともに突然想起されうる。個人の主観的意味づけという面からだけではなく、記憶のままならなさ（＝不随意性）や創発性、想起の条件や変容のダイナミズムを考える際に、表出されなかった記憶への個人の自覚の程度は重要である。しかも共同化されないながら、多数の個人がそのような記憶を意識し、お互い何がどう語られ何が語られないかを認識しているとすれば、公共の記憶の虚構性は明らかである。語られない記憶とそれにたいする自覚は、物語の書き換えを求める「力」として常に潜在する［片桐2003：143］。

李小江が、農村女性のライフヒストリーの聞取りを行なった際にも、文革の記憶は決して語りえぬものではなかった。いつか「文革」として独立した巻が出版できるほどに、豊かな語りが得られた。それが今は発表できないというのは、言説レベルにおける語り得なさである。しかし、発表・出版はやりやすいものからやる、という彼女のプラグマティズムは潔い。やりたいこと、やるべきことを妥協なくめざしつつ、今できることから始めてその限界に自覚的であるという姿勢を、本書においても共有したい。(25)

iii　記憶形式の変容、記憶主体の衰退

「記憶」という主題が一九九〇年代に争点として浮上することになった三つの原因として、①活字文化という記憶の形式の終焉、電子記憶装置への移行　②伝統的社会の最後の諸要素の解体、文化システムによる社会統合力の弱体化　③証人の死、生きた想起の消失――があげられる［岩崎2002：278］。(26)

記憶形式の変容や記憶主体の衰退／消失という点では、中国も決して例外ではない。中国社会の電子化、特にインターネットの影響力が、日本で過小評価され充分認識されていないことは、再三指摘されている［莫2004］［祁2004］。文革に関しても、国営メディアには載らないさまざまな情報が、国境を越えた中国語サイトでやりとりされている。「民間による文化大革命博物館建設」のニュースも、まずはインターネットで報じられた。このような媒体の変化による文革の記憶の越境は、記憶の枠組みにも影響するであろう。また、国家図書館所蔵文献にも、九〇年代末から文革の映像資料が目立つようになる。本章二で例示したような、ＶＣＤ・ＤＶＤ化された文革映像の「私化」という変化もある。

しかしむしろ逆説的に重要な点は、そのような急速な技術上の変化にもかかわらず、文革の言説に関する限り、支配的なメディアは依然として活字印刷媒体であるということである。先述の『ニューズウィーク』報道や銭理群の文面に代表されるように、「忘却の強要」は「活字にできない」ということを意味し、「忘却の拒絶」は「困難な状況を乗り越えて出版しつづける」こととほぼ同義に論じられるのである。

前述の『当代中国口述史』シリーズの出版説明にあるように、当事者の高齢化とともに、記憶の保存が意識的な取組みとなっている面は確かである。しかしそれに先立ってあるのは、国家による解釈権の独占であり、急激な社会変動に伴う記憶の主体の変容という問題であろう。かつて一様に激烈な大衆運動のさなかにあった人びとも、社会主義市場経済の下では、恩恵と弊害の格差が大きい。葛藤し合う記憶を抱えた人びとは、さらに、それを共有できない若い世代に押されながら新しい価値の下で生きなければならない。その結果、大多数の人びとが同時期に体験したはずの文革は、想起において分断され、言説空間において周縁化される。

従来の制度の解体や社会的結合力の弱体化という面では、中国社会の場合、単位[27]制度の解体、教育や社会保障における自己責任の増大という変化が無視できない。それは、記憶、すなわち過去との連続という感情［ノラ1984=2002：30］を、日常実践を通して共有できる集団の変容という問題でもある。

iv　過去の消失と記憶の個人化

過去との断絶、歴史と記憶の断絶（歴史が加速し過去はますます急速に失われ、すべてが消え去ったと感じられる）［ノラ1984=2002：29-30］という変化のなかで、国民からも歴史からも自立した記憶は、全く私的な現象になったとされる［ibid.：36］。

文革終結後、短期間のうちに中国社会を襲った急激な経済的・社会的変化は、想像を絶するものがある。「文革」という過去の一時期は一気に遠のき、それに関する記憶が国家言説に登場することはなく、「記憶の場」さえない。そのなかで共同化のチャンスを失った個人的記憶は、「傷痕文学[28]」や体験記・回想録として存在を認められてきた。記憶の集団の解体と「記憶の個人化」という変化は、文革後の中国の場合、個人記憶だけが表出を許されたということでもある。「記憶の個人化」を言論統制に屈した結果と否定的に見るか、意図的な脱政治化の戦略と見るかは、検証を要する問題である。

そんななかで、個人記憶が集合記憶として可視化された成功例に、元知識青年[29]の回顧展がある。周到に脱政治化された枠組みのもとで、写真展や図書サイン会などが開催され、下放先再訪の企画なども盛んになった。市場経済化が進展した九〇年代、中年に達した元下放青年らは、ようやく「記憶の場」を見出したといえる。

ついに実現した文化大革命博物館については、日本の中国研究者たちの間では一向に関心を呼ばない。巴金の構想とは別物という見方が強く、「実事求是」の意義はないものとされているらしい。しかしそもそも「博物館」とは、歴史の客観的真実を展示する場というよりは、公的記憶作成の支配的な場なのであり、さまざまな政治的な力と物質的な痕跡によって媒介されているものなのだと理解すれば［フジタニ1998：4］、「文化大革命博物館」が公的権力によってではなく個人を単位として、北京ではなく汕頭でオープンしたということの意味は、充分検討に値するであろう。

V　加害と被害

これまで記憶と歴史の研究が蓄積されている分野では、とりあげられるケースの多くが、ドイツや日本の戦争犯罪など、加害者と被害者、日常と非日常との境界が明確な場合であった。それにたいして文革は、文芸批判が政治運動に転化するというパターンを踏襲し、日常的に行なわれていた大衆的な政治運動に始まり、それが中国全土の全人民を巻き込んで激化し変質していくなかで、常に敵・味方を問われる局面が展開され、誰もが加害者にもなり被害者にもなりえた長期にわたる異常な「日常」であったといえる。どの時期の何の記憶を語るかは、当時の立場や現在の文脈と切り離しがたく結びついており、時期区分や想起の条件の類型化がとりわけ重要になる。

また、特にホロコーストなどの場合に、「絶対的な悪」と「犠牲者の正しさ」によって「記憶の義務」が正当化されるのとは対照的に［リクール2000=2004：28］、文革においては加害・被害の立場の恣意性や、「歴史決議」

が認めた「指導者の誤り」と「四人組」の罪業により、知識人も学生も一般大衆も、すべてが被害者として認定されうる。しかし現実に執拗な暴力を行使した人びとが、被害者を名乗ることは容易ではない。加害の事実を証言し、反省を表明するということはさらに困難であろう。『随想録』と『思痛録』がことさら「反省の書」として流通するのは、それら以外にそのような文革の叙述があまりに少ないためと思われる。

文革の言説にしばしば登場する「かさぶたをはがすな」という表現は、そのような現状を反映したものであろう。それは文革に関する問題化や、その記憶の保存などあらゆる試みにたいして向けられ、「文化大革命博物館建設」に関するインターネット上の言論にも登場した。その表現には、文革の記憶の封印による現状追随という側面ばかりでなく、加害と被害の葛藤を乗り越えて真に文革の教訓を生かした和解をめざすというポジティヴな方向性もないとはいえない。文革はあらゆる中国人に「やっつける」者と「やっつけられる」者との間で相互転換をくり返させ、他人と社会にたいする極度の怨恨を作り出したのであり［銭2001：201］、それこそが文革の記憶の最も否定的かつ深刻な側面といえるからである。しかし「かさぶたをはがすな」というのは、あくまでも生き残った者の論理であろう。犠牲となった死者にたいする「喪の作業」(30)はいかにあるべきか、あるいは、まだかさぶたにさえなっていない悲痛な記憶を抱えた人びとにとっての「和解」とは何か、そうした問題を考える上でも、「記憶の作業」としてやるべきことが残されている。

以上、四つのレベルと五つの論点に沿って、文革の記憶と忘却を論じるにあたっての前提を述べた。それにもとづいて次章では、本書の対象と方法論について述べ、基本的な概念と用語を整理する。

第一章　「文化大革命の記憶」への接近のしかた

一　研究対象

1　対象としての「記憶」

本書において「文革の記憶」とは、「文革を過去のものとし、それが終結した後のある時点を現在として、そこから語られた文革の体験や意味の表出されたもの、さまざまな媒体を介して表象され言説化されたもの」をいう。序章四で述べたとおり、個人的記憶のレベルにおいても集合記憶として言説化されたレベルにおいても、語りえぬ記憶があること、あるいは言語化以前の断片的記憶として個人によって自覚されるものがあることは否定できない。また経験的な世界の言説のなかで記憶がどのようなものとして語られているかに注目すれば、過去の出来事の語りが、それ自体の妥当性を問われることなく成立しうるということが、逆投影的に「記憶」を存在させる［高木2002：49］、という点も重要である。しかし本書が研究対象とするのは、あくまでも表出され言語化された表象としての記憶である。表象の重要性については、文革の語り方を規制する公的権力の側も充分に認識している。今では、文革について誰が何を記憶しどう思っているか、というレベルでの統制は不可能である。個々の意識や事実がどうであれ、その表象のされ方、受容のされ方が問題なのだ。

序章三で、「従軍慰安婦」の語りを例に、個人記憶がもたらした意義の一つとして「事実」ではなく「表象」

というレベルにおける対象化の必然性、という点をあげた。この意義は、そのような証言に耳を傾ける聞き手と、記憶の語りを意味づける枠組みが存在していた、一九九〇年代という文脈のなかでとらえて、初めて認識可能であったといえる。社会学においても九〇年代以降、アルヴァックスの『集合的記憶』の「再発見」に始まり、ネイションをめぐる議論における「記憶」の復活へと続く研究動向のなかに、その影響が明らかである。従来「記憶」は心理学的な概念として、記銘―保持―再現（想起）の過程からなるものと図式化されてきたが[1]、その「痕跡」の実在性は否定され、「記憶」は現在の社会的・政治的文脈において構成されたものとみなされるに至る。記憶の営みは、「数知れぬ過去の出来事のなかから、現在の想像力に基づいて特定の出来事を選択し呼び起こす行為、表象を媒介とした再構成の行為」なのである［小関1999：7］。ベネディクト・アンダーソンは、『想像の共同体』［1983］の一九九一年増補版に、「記憶と忘却」と題する終章を付したが、序章に続く実質的第一章「文化的根源」の章が、無名戦士の墓と碑という、極めて可視性の高い表象の記述から始められていたことは意味深い。

しかし本書では、「文革の記憶」に接近するための媒介として、プリント・メディア（活字印刷媒体）を選択する。文革終結後から現在までの三十年間に中国大陸で出版され所蔵されている文革に関する出版物が[2]、特定の分析対象となる。その主たる理由は、中国社会における出版物の重要な位置づけである。書記文化の歴史的伝統もさることながら、文革終結以来高まる執筆意欲は、中国を再び世界有数の執筆・出版大国にしたと言われるほどである［Barme1999：x］。また一冊の書は、テクストとしてばかりでなく、その出版と受容におけるアクターとファクターの可視性という点でも、分析対象としての有効性が高い。そしてその背後には、それを支持する何万という読者の存在を想定することができる。「文革の真実」を追究するためではなく、国家の言説や公共の記憶との関係に規定されながら文革の記憶がどう表象され言説化されているかを問うためには、国外で可能になった記憶の語りではなく、中国大陸で出された出版物、中国社会で共有された言説でなければならない。さらに序章四で述べたように、文革の言説に関する限り、支配的なメディアは依然として活字印刷媒体であるという点も無視できない。文革の記憶と忘却は、中国大陸で活字にできるか否かの問題と、密接に結びついているのである。

言語テクストの概念と意義については、その背景として、ソシュール言語学から発した一連の動向があることはいうまでもない。すなわち、言語固有の実在が発見され、語る「主体」の特権性が括弧に入れられたこと［内田1990：122］［ソシュール1949=2003］、また、意識が言語に先行するという「意識分析」から、言語が意識を構成するという「言説分析」への転換［上野2003：300-301］がもたらされたことである。そうした転換を経た地点から、フッサールの現象学を批判的に捉えなおしたポール・リクールは、言語作品としてのテクスト、生の記録としてのテクストの意義を、その「意味論的解釈を通じた理解」に見出す［リクール1983=1995：101,168,401］。それによれば、反省にせよ記憶にせよ、意識のレベルで直観的に理解されるものではなく、テクストとして記号化されたものの解釈を通して理解可能になる。著者の現実から形成されたテクストは、読書行為において再び現実にもどるのであり、過去は物語的時間として分節されることによって、人間的時間として共有可能となるのである。文革の記憶のテクストは、著者と読者の間で、そしてそれらともう一人の読者である私自身の間で、二重の意味論的解釈の対象となり、その過程を経て、本書という新たな読みのテクストを生産することになる。(3)

2 対象としての「文革」

次に「文革」という対象についても、ある程度の定義をしておきたい。時期的な定義からいえば、文革の開始に関わる文書として一九六六年五月に「中央文化革命小組」の設立を宣言した「五・一六通知」や、同年八月に文革の正式発動を宣言した「中国共産党中央委員会のプロレタリア文化大革命に関する決定」（=「十六条」）などがある。また終結については、一九七六年九月九日の毛沢東死去、十月六日の「四人組」逮捕に続き、翌七七年八月中国共産党全国大会において、文革は「勝利のうちに終結した」と宣言された。第二章で詳述するが、一九八一年の「歴史決議」以降は、文革を一九六六年から一九七六年まで続いた「十年の動乱」とする定義が決定的となっていく。そして現在までの文革研究では、当時の体験の違いや現在の状況の差によって、異なる観点が成立しうるということが否定的に受けとめられる傾向が強い。歴史としての「文革」にたいして、誰もが納得できる解釈と評価を求めるあまり、研究主体の違いが異なる文革評価を生むことの「問題」が、ことさら憂慮される。

研究者と対象との関係についてはさておき、少なくとも本書では、時期区分や当事者の類型化によって、さまざまな文革の現実を認め、むしろその多様性と差異を前提とする立場をとる。公式文書が定義する「文革」にとらわれず、当事者の記憶の語りのなかで、いつのどのような体験の文革がいかに語られているかを通して、文革という経験的事象を、現在から構成された記憶のなかにとらえる。それが、記憶という観点からの文革研究の意義であると考える。

億の単位の人びとを巻き込み、千万の単位の人びとを死に追いやったといわれる文革については、どのような人びとをどれだけ多く調査対象にしようとも、「代表性」は保証されない。これまでの文革研究は、運動の主体や客体として顕著だった、ごく限られた人びとや文献を対象にしてきたにすぎないといえる。序章で紹介したような、李小江《りしょうこう》が行なった農村女性の聞取り調査の結果などが公表されれば、これまでとは全く異なる文革の事実が明らかにされるかもしれない。しかしいずれにせよ、学術的研究においては、対象選択の限界は免れず、要はその選択が妥当かどうか、その選択の範囲で何が発見できるかが重要であろう。本書が文革に関する出版物を分析するということは、当事者カテゴリーとしては「知識分子」や「知識青年」と呼ばれる人びとを、また言説カテゴリーとしては「エリート言説」と呼ばれるものを主な対象とするということである。そして、文革を長期的なスパンのなかでとらえ、何よりも語り手自身によって何がどう回想されているかを重視する。また、記憶が想起される現在の社会的・文化的状況についても「言説空間の変容」として記述するが、そこで参照するのは主に都市の状況であり、前衛的、反体制的な部分も含めた都市文化である。

この対象選択の根拠は、文革そのものが、大衆運動を標榜しながら知識青年とよばれる高校生世代を主な動員対象として激化し、職場や学校における実権エリートや知識層を主なターゲットとした、という認識にもとづくものである。その背後には、文革への道程に着目し、「文芸批判」という形の知識人弾圧が重要な契機であったという見方がある。さらに、かつての中国革命が「農村による都市の包囲」という農民革命の要素が強かったのとは対照的に、文革は都市から農村へと向かう運動であったという理解もある。[4]そのようなものとしての文革を、知識分子およびかつての知識青年の「記憶」からとらえるということには、充分な妥当性がある。[5]そして、彼らの記憶の語りを通して、都市と農村の格差、学生・知識人・指導層あるいは労農兵との間の亀裂の深刻さが確認されれば、それを解消するための精神革命という側面もあったはずの文革にたいして、新たな評価軸を付け加えることにもなるであろう。[6]また第四章で見るように、特に市場経済導入後の社会的文化的変化は、新たなタイプの個人を出現させ、知識分子という記憶主体の変容にも影響を与えている。彼らの出現は数の上ではまだ少数であり、地域的には一部の都市に限定される現象に違いない。しかしそのような「個」の出現は、これまでになかった変化であり、その影響は注目に値する。

二　方法論

序章一で、⑴文革の記憶と忘却のあり方、およびその変化、⑵個人記憶の共同化におけるアクターとファクター、という問いを設定した。また序章四では、四つのレベルにおける本書の記憶の扱い方を確認した。すなわち個人記憶のレベル、忘却との関係、出版を通して共同化される集合記憶のレベル、文化的記憶、である。二つの問いを設定し、四つの観点にもとづいて、前節で述べた対象に向かうにあたって、以下の方法論を採用して記述と分析と考察を行なう。まず第一にテクスト分析、第二にテクスト間分析、第三にコンテクスト分析、第四にテクストの読まれ方という意味での受容論である。第三、第四の方法論において、コンテクストや受容のあり方に接近するための手段もまた広義のテクストではあるが、その「用途」は異なる。以下それぞれについて、詳述する。

1　テクスト分析、テクスト間分析、コンテクスト分析

(1)　テクスト分析

個人の記憶のテクストとして、「回想録」のジャンルの出版物を分析する。著者の個性や個人的背景よりも、何が語られたか、「私は覚えている」「今でもはっきり思い出すことができる」といった記憶の語り口によって語りだされたことにどのような意味があるか、が重要である。そうした語りは、文革に関する「記憶の証言」とみなしうるものであるが、それは「当事者の現実」の表象として分析対象になるのであって、「真偽」を審判するためではない。重視すべきは、それが想起され語られた契機と文脈、またそこにおける他者や国家言説との関係である。個人に属するはずの記憶も、言語を通して、また他者との関係性のなかで、はじめてその個人が具体的所有を主張できる記憶になるのである。

文革のさなかには語りえなかったことが、文革後の新たな文脈において次々と想起されうる。いまだに語りえないものであったとしても、一つには、語られたものの影として接近可能となる。記憶のテクストを、何が語られているかに注目して読むということは、何が語られていないか、それはなぜか、と問いつつ読むことでもある。

(2)　テクスト間分析

記憶のテクストとしての「回想録」を、そこに書かれた語彙にもとづく分析にとどまらず、他のテクストとの関係において考察する。たとえば、国家言説としての「歴史決議」というテクストの分析を通して、それが個人

記憶の枠組みとしてどのような作用を及ぼすものであったかを考察する。また最終的には知識人の回想録に焦点を当てながら、他のカテゴリーである知識青年や紅衛兵の回想録、あるいは異なる文脈の下で出版された回想録、すなわち他の時期や中国大陸外で出版されたテクストと比較することによって、対象テクストの理解を深める。

さらに、本書でとりあげる回想録には、他のヴァージョンが存在するという特徴がある。一方には、出版された書籍の他に香港の新聞紙面に掲載されたオリジナルのヴァージョンが、もう一方には、北京で出版された版の他に、後にあらためて香港の出版社が編集したヴァージョンが存在し、さらに未公開ヴァージョンが実在する可能性もある。本書におけるテクスト間分析は、北京版と香港版のヴァージョン間分析という精緻なレベルを加えた点に特徴があり、それによって北京では何が忘却を強いられているかが推測可能となる。

(3) コンテクスト分析

文革の記憶の場合、すでに確立された叙述の作法に従うだけの場合が多く、コンテクストの理解なしにテクストを理解することは難しい。テクストが産出される歴史的文脈を理解するためには、文革に関する出版物全体の状況と年毎の変化、また出版や言論をめぐるより広い文脈としての社会的文化的状況を把握することが必要である。マクロなデータを参照し、中国大陸の外部における言説と比較することも有効になる。また中国の特殊性として、「国家が万人を代弁して明瞭に語る機関」となっているところでは、「不明瞭」こそが国家の「語る機能」に対抗する方法なのだ、という指摘もある［Chow 1997：135］。その「不明瞭」さのなかに埋めこまれた語りのコードを解読するために活用すべき文献も多い。

上記において、特定の回想録のテクスト分析にとってのコンテクストとみなされた文革関連出版物は、それ自体一次言説として、記憶の変遷を見るために分類調査される。さらに、個人記憶であれ集合記憶であれ、出版という形で共同化される記憶に関して、どのようなテクストがどのようなコンテクストにおいて出版可能となるか、そこにどのようなアクターとファクターが関与するかを分析する。それは、出版ジャーナリズムとプリント・メディアを通して見る「文化の社会学」的考察であり、検閲をめぐる政治権力の問題、および香港・台湾を含む出版資本主義の問題を含めた分析となる。その結果として、公的権力の介入を逃れ、商品化を容易にする要因として、文革の記憶の「個人化」という契機を明らかにする。

2 読者共同体分析と補助資料の活用

(1) 受容論にもとづく読者共同体分析

記憶の個人化の契機を通して出版可能となった回想録は、ひとたび読者のもとに届けば、さまざまな読み取りに開かれて新たな言説を生む。「テクストは、読み手という外部との関係を結んで、はじめてテクストとなる」のである［シャルチエ1992b：11］(7)。そこでの意味作用は、テクストの作者の意図にも出版者のもくろみにも合致するとは限らない。そこに文革の個人記憶が共同化されうる契機がある。ある回想録にたいする書評や反応を集めた本が出版され、インターネット上にも書き込みが行なわれる。そうした受容と消費と再生産の側面も加えて、スチュアート・ホールのコード化・脱コード化のモデルを参照し、シャルチエの「領有」(8)の概念にもとづいた分析を行なう。

文化の生産・需要における受動的消費者としての「オーディエンス」概念から訣別し、受け手による意味解釈の「能動性」やテクストの記号論的多義性に注目したのは、カルチュラル・スタディーズの功績であった［吉見2002：280］。それまでのアメリカ流のコミュニケーション・モデルでは、メーセージの送信―受信の直線的結びつきやループが想定されていたが、ホールは、その間に独自の決定因子とその存在条件があることを主張した。メッセージは送信される前に構築されており、しかもそれが受信されてそのとおりに読まれるとは限らない。受信もまた能動的・解釈的・社会的な出来事なのである。しかもメッセージの意味の複数性は無制限に多種多様なわけではない。意識するとしないとにかかわらず、送り手も受け手も意味の解釈の自由は、あるコードの体系の範囲にそったものとなる。ホールはこれをエンコーディングとデコーディングの作用としてモデル化した(9)［Hall1980］［ターナー1999：115-123］。

受け手の読み取りの多様性に関する洞察は、ホールが事例として用いたテレビ視聴に限らず応用可能であり、さらにその多様な読みを契機とする新たな相互作用の可能性もうかがわせる。このような観点は、ロジェ・シャルチエらの創造的・生産的実践としての読書に関する議論につながる。シャルチエは、「読書という行為の文化史」という視点を設定することによって、読む過程で実現される意味創出作用の多様性とその仕組みに着目した。文字テクストそのものが与える意味だけに限定されない、また書き手側の意味賦与だけに限定されない、多様な読みの可能性を検証したのである。本書では、「コード」を必ずしも階級的イデオロギーと結びつけて論じることはしないが、どんなに自然に見えようとも、言説実践には「コード」が介入しているという意味での「コード」概念、またテクストと読み手の関係（「テクストの外部」［グールモ1992：139］の想定）、読むという多義的な意味生産行為についての観点を継承して分析に応用する。

(2) 補助資料の活用

以上述べたような、四つのレベルの記憶にたいする四つの方法論すべてに関連して、文献以外の補助資料を参照する。

①『思痛録』の著者韋君宜《いくんぎ》（ウェイ・ジュンイー）の長女楊団（中国社会科学院教授）インタビュー採録――二〇〇五年七月十五日午後約二時間、北京市中国社会科学院にて実施

②ドキュメンタリー映画『延安の娘』の池谷薫《いけやかおる》監督インタビュー採録――二〇〇六年三月二十六日午後約二時間、東京都渋谷区にて実施

③「文化大革命博物館」観察記録、および参観者への聞取り調査記録――二〇〇六年四月十六日(日)、十七日
(月)汕頭市澄海区塔山塔園風景区にて実施

①は、『思痛録』の手書き原稿を託された著者の長女が、私との対面個別インタビューにおいて、北京版・香港版の出版背景やその反響、草稿には書かれながら出版に際して削除された箇所、著者にとって重要な記憶でありながら草稿にさえ書かれなかった内容などについて答えたものである。本人の承諾を得て録音したものを私自身の手で中国語に起こしたが、本書出版にあたって、その中国語採録を楊団に確認してもらったところ、口語特有の冗長な表現を省き、必要な説明を加え完成度を高めた文章に改訂された。本書にとって重要な発言の内容には全く変更がなかったため、本書の引用・記述には、発話者本人によるこの改訂版採録を採用する。出版をめぐるコンテクスト、記憶の共同化に関する分析にとって重要な一次資料である。

②は、日本人監督、スタッフによって製作されたドキュメンタリー映画『延安の娘』のなかで、元知識青年が語る下放期の記憶について、その語りが可能になった歴史的文脈や、彼らへの取材と撮影そのものを可能にしたアクターとファクターについて、監督自身が答えた記録である。ドキュメンタリー作品のなかには現われなかったものも含めて、本書の分析には貴重な参考資料である。

③は、私自身が実施した現地調査の記録である。汕頭に出来た文化大革命博物館は、国家の記憶という枠組みで論じられるものではなく、地方史や地域経済との関連のなかで考察すべき側面がある。またそれは、ノラが指摘したように、集合的記憶と一体化した共同体(「記憶の集団」)が存在しないからこそ成り立つ「記憶の場」なのであった[ノラ2002：29-30]。そうした発見は、現地を訪問してはじめて可能になった。また、この博物館内部の展示は、『文化大革命博物館』という、香港で出版され北京の国家図書館には所蔵されていない書物の、全六二〇ページの石彫レリーフがすべてといってよい。館自体が一つの禁じられたテクストを表象しているのである。その建設の意図と、実際のあり様と、参観者の反応との間のズレも、現地でこそ観察可能になったものであ

る。第五章で巴金《はきん》（バー・ジン）の「文化大革命博物館」構想との関連でとりあげる。

3 立場性の問題

(1) さまざまな「転回」がもたらした問題提起

最後にもう一点、本書自体が、他者の記憶を表象する行為となるということに関わる問題について述べておく。一九六〇年代から七〇年代にかけて浸透したポストコロニアリズム、並びに七〇年代以降の先進脱工業化社会で顕著になりつつあったポストモダンの傾向は、クーンのパラダイム論、フーコーの知識／権力の系譜学、ヴィトゲンシュタインの言語ゲーム論などの思想を通して、なによりもまず人類学の分野に影響を及ぼしたといわれる［杉島2001］。

「ポストコロニアル転回」「ポストモダン的転回」とも呼ばれる現象が、第一世界の知識人と第三世界のネイティヴとが出会う「文化人類学」という分野から始まったことは偶然ではない。それは、本質としての「文化」、調査者・被調査者の関係やテクストの実在性、文化の真正性、文化の概念そのものの不可欠性などの自明視を、次々と突き崩すことになった。サイードが、「異文化理解」という知の営みのなかに排除と蔑視という権力性が介在することを指摘し、スピヴァクは、インドの土着的伝統を尊重したとされているイギリス統治下の法律成文化の過程で、インド女性が、イギリスとインド、男と女という二重の非対称性によって沈黙させられていたことを暴いたのである。支配と従属の関係は二項対立的に固定されるものではなく、文化的・政治的編成として、さまざまな重層性のなかでとらえなければならない。

そのような思潮が、記憶への注目をもたらした要因の一つでもある。植民地を過去のものとして現在から切り離すのではなく、その歴史が文化やアイデンティティ、自己を表現する言語にまで及んで、植民された側の人びとの現在を規定しているという観点に立って、個人的な体験や記憶が見直されることになるのである［坂部

1999a]。過去を現在性においてとらえ、支配―被支配といった政治的構造のみにとらわれないという意味で、記憶研究もそのような観点を共有しているといえる。

一方、一九八〇年代以降、社会理論、特に質的研究の分野において、narrative、narrative analysis、stories、storytelling などの概念に注目した諸研究が現われ、これらは一般に「ナラティヴ・ターン」と呼ばれる。社会学においては、一九九〇年代になってそうした議論が盛んになっているが、そのなかで二つの問題が浮上する。「表象の危機」と「正統性の危機」である。ポストモダンがもたらした「他者について語れないかもしれない」という不安は、「他者とは誰か、われわれは他者の経験について語ることができるのか」（表象の危機）、「調査者はいかなる理由、根拠によって他者の経験や文化を記述、解釈しているといえるのか」（正統性の危機）という問題を生む。これにたいする応答は大きく分けて二つある。一つは当事者を尊重し「生きられた経験」を重視するもの。もう一つは、理論家や調査者の活動を、単なる観察、報告としてではなく、当事者や読者の相互作用として考え、「関係」を重視するものである(10)。

（2） 本書における「私」の立場

本章一1で述べたように、本書は、観察記録や報告でも、理論構築のための事例研究の一つでもない。当事者や読者の相互作用という関係性のなかに位置づけ、個人記憶というミクロな現実からマクロな制度を捉え返し、さらにその成果を私自身の日常世界を見直す力とするところに本書の意義がある。また序章冒頭で述べたとおり、私自身の「問題意識」は、一九七〇年代の大学で出会ったアメリカ人や、欧米で出版された文革の回想記や、西欧の映画祭が称賛する中国映画を介して形成されたものである。その後意識的に読み始めた中国関係の文献を通して日中関係とその歴史の複雑さを知った以上、常に問われる日本人としての態度や認識についても正・反両様の作用が避けられない(11)。

しかし人類学の議論であげられるような調査者・被調査者の非対称性、ポストコロニアル的な意識と表象可能性、国際関係を反映した私の立場性などは、あらかじめ自覚しきれるものではない。私自身の発話者としての立場性がいかなるものであるかは、「発話という行為が完了してはじめて、その発話から事後的に明らかになる」のであり、その位置とは「「私」がはからずも占めてしまった位置」のことだからである［岡2000］。時空上固有であるはずのその位置から、特定の他者の経験について知り、理解の発想を得て発話・記述し、そのことを通してさらに一定の他者との関係を触発するという関係性を考えれば、「私」は制度化された役割のみに還元されるものではない。本書における発見は、「私」自身が属する日常世界や社会に異化作用をもたらし、それらをとらえ返す力となって、過去の特定の出来事の理解を超えた成果を生むことになるであろう。

三　分析対象文献群

1　文献群の特定

前節で述べたような方法論により、出版物を対象とした調査・分析を行なうにあたり、文革関連の出版物をA、B、Cそれぞれの文献群に分類する。中国大陸で出版され国家図書館に所蔵されている文革関連出版物の全体を文献Aとし、そのなかから当事者性を明示して一人称で書かれた「回想録」のジャンルの文献を抽出して文献Bとする。また「知識人の反省の書」として並び称される回想録二点を文献Cとする。ただし、それらのなかに文革を題材とした小説や映画、すなわちフィクションを含むか否かについては一考を要するであろう。

たとえば許子東《きょしとう》（シュ・ズドン）[12]は、中国では「文革以後の文学創作は、文革を語る以外の書き方ができなくなった」ようだとしている［許1999：12］。アウシュヴィッツ以後詩が書けなくなったドイツとは、実に対照的だといえる。文革の記憶を語る上で、いわゆる「傷痕文学」[13]のみならず、さまざまな小説における文革の語りは、その量の多さからも読者への影響の大きさからも重要であろう。許子東は、一九八〇年以降、歴史・政治・法律・ニュース報道などと比べて相対的にゆるやかな状況におかれた文学は、知識人と民衆とが文革を語るための主要なルートになったという［ibid.：13］［許2000］。文革を描いた劇映画の量と重要性も、小説同様無視できない。

しかし本書においては、目的に照らした有効性と技術上の問題から、小説や映画は除外することにする。すなわち、個人記憶を分析対象にしながら国家言説や公共の記憶との相互浸透を問題にする、また出版と検閲、流通と受容の過程におけるさまざまなアクターとファクターの相互作用のあり方を分析する、という本書の目的に照らせば、一人称の直接的な語りと動機の語彙の明瞭な対象に限定した方が、より焦点の定まった直接的アプローチが可能になるからである。またフィクションを加えた場合、図書館やネット上の検索において、何をキーワードとして検索しても網羅性は確保されず、文献の特定さえおぼつかなくなる、という問題もある。よって、小説・映画などのフィクションを除外し、以下のような分類によって分析対象の文献群を特定する。(14)

〈文献A〉

中国国家図書館所蔵文献のなかから、「文化大革命（文革）／紅衛兵／知識青年（知青）／上山下郷（下放）」をキーワードとして検索された中国語文献のうち、一九七七年以降中国大陸で出版・発表された活字印刷媒体を網羅してリストアップする。それをジャンルやテーマ別に分類し、時系列変化など、量的調査の対象とする。ジャンルやテーマの判断手順は、以下のとおりである。①タイトルやサブタイトルから判断する。それで確定しかねるものは、②インターネット検索による情報収集で識別する。さらに③原書に直接あたって通読する。あるいは表紙や裏表紙に書かれた内容紹介、目次、作者や編者による「まえがき」「あとがき」などにもとづいて分類する。日本国内で入手できないものは、北京の国家図書館で閲覧する。ただし、香港・台湾の出版物、外国語からの翻訳文献、フィクション、映像資料は除外する。

〈文献B〉

文献Aのなかから、個人（もしくは複数の個人）による回想記のみを抽出して文献Bとする。文献Bと特定したものについては、すべて原書にあたり、本文が「文革」に関する自己の体験について一人称で書かれたものであること、表紙や裏表紙に書かれた内容紹介、目次、作者や編者による「まえがき」「あとがき」などから小説ではないことを確認した上で、動機の語彙や主体の変化など、質的内容も含めた調査・分類を行なう。日本国内で入手できないものは、北京の国家図書館で閲覧する。以上の手順で抽出された文献B「回想記」は、以下のとおりである（各文献末尾の数字は、奥付に記された発行部数と定価を表わす）。

B1　一九八六　武正国 编『好儿女志在四方――北京、天津上山下乡青年在山西』（北京、上海から山西に下放された青年男女の回想集）山西省人民出版社（太原）、三万一〇〇〇部一・七元

B2　一九九〇　李辉 主编『滴血的童心――孩子心中的文革』（子供が目撃・体験した文革の回想集）中国少年児童出版社（北京）、五〇〇〇部三・二五元

B3　一九九二　杨智云 编『知青档案――知识青年上山下乡纪实：一九六二―一九七九』（知識青年の下放に関する回想集）四川文芸出版社（四川）、三万一〇〇〇部九・九元

B4　一九九三　赵丽宏『岛人笔记――〝文革〟社会世态录』（「文革社会世態録」と題する随筆）知識出版社（上海）、五〇〇〇部六・五元

B5　一九九四　艾晓明『一个黑五类子女的文革记忆』（愛国将校として著名な唐生智の孫娘が書いた、残酷な十年の回想記）花城出版社（広州市）

B6　一九九五　于光远『文革中的我』（文革中の私）上海遠東出版社、一万（一万五〇〇〇）部十二・〇元

B7　一九九六　本书编委会编『中国女知识青年的足迹』〔「女性知識青年の足跡」と題する回想集〕教育科学出版社（河北省唐山）、一万部十一・〇元

B8　一九九六　西安晚报副刊部 编『情结老三届』〔元知識青年の思いを綴った回想集〕陝西人民出版社、一万部十二・八元

B9　一九九六　李辉、高立林 主编『滴血的童心――孩子心中的文革』〔子供が目撃・体験した文革の回想集〕

B10　一九九七　冯骥才『一百个人的十年――一九六六～一九七六：足本』〔「百人の十年」と題する回想集〕江蘇文芸出版社、一万三〇〇〇部十八・八元

B11　一九九七　李玉明『卫恒之死――原中共山西省委第一书记卫恒』〔衛恒第一書記追想集〕北岳文芸出版社（山西省太原）、五〇〇〇部八十九・九元

B12　一九九八　李辉 编著『残缺的窗栏板――历史中的红卫兵』〔子供が目撃・体験した文革の回想集からの一部転載と紅衛兵に関する考察と分析〕海天出版社（深圳）、六〇〇〇部十五・八元

B13　一九九八　任毅『生死悲歌――「知青之歌」冤狱始末』〔「知青の歌」冤罪投獄事件に関する当事者の回想記〕中国社会科学出版社（北京）、一万五〇〇〇部十六・八元

B14　一九九八　刘冰『风雨岁月――清华大学〝文化大革命〟忆实』〔清華大学元共産党委員会第一副書記による回想記〕清華大学出版社（北京市）、二〇〇〇部十九・五元

B15　一九九九　邓瑞全 主编『名士自白――我在文革中』〔「文革中の私」と題する名士の回想集〕内蒙古人民出版社（呼和浩特市）、一万部四十元（上下）

B16　一九九九　周明、傅溪鹏 主编『当代中国纪实文学百家、〝文革〟血泪卷――崇拜的代价』〔「崇拝の代価」と題する新時代〝報告文学〟シリーズの〝文革〟篇〕華夏出版社（北京市）、六〇〇〇部二十元

B17　二〇〇〇　武光『不是梦――对〝文革〟年代的回忆』〔夢ではなかった――「文革」時代にたいする回想〕

中共党史出版社〔北京市〕、五〇〇〇部十八元

B18　二〇〇〇　毛毛『我的父亲邓小平——〝文革〟岁月』〔鄧小平《とうしょうへい》（ドン・シアオピン）の娘による文革期の家族の回想〕中央文献出版社〔北京〕、一〇万部四十元

B19　二〇〇〇　周明　主编『当代中国纪实文学百部——中国当代社会热点问题大聚焦〝文革〟血泪卷：崇拜的代价』〔「崇拝の代価」と題する新時代〝報告文学〟シリーズの〝文革〟篇〕華夏出版社〔北京市〕、全十巻八百八十元

B20　二〇〇〇　毛毛『我的父亲邓小平——〝文革〟岁月』〔鄧小平の娘による文革期の家族の回想〕中央文献出版社〔北京〕、四十元

B21　二〇〇〇　方建文　主编『百年名人自述——20世纪中国风云实录8』〔名士自身による回想を収録したもの〕線装書局〔北京〕、全巻千二百八十元

B22　二〇〇一　毛毛『我的父亲邓小平——〝文革〟岁月』〔鄧小平の娘による文革期の家族の回想〕浙江人民美術出版社〔杭州〕、十四元

B23　二〇〇二　陆钦仪　主编『〝文化大革命〟第一张大字报的受害者』〔壁新聞第一号の犠牲者に関する回想集〕北京工業大学出版社〔北京市〕、二〇〇〇部十元

B24　二〇〇四　冯骥才『一百个人的十年——文革经历者的心灵档案』〔「百人の十年」回想集の再版〕時代文芸出版社〔長春市〕、五〇〇〇部四十八元

〈文献C〉

さらに、巴金の『随想録』と韋君宜の『思痛録』という代表的な回想録を特定文献Cとし、テクスト分析を含む詳細な分析の対象とする。『随想録』は、『随想録第一集一九七九年』と題する版をはじめとして、一九八〇年

から二〇〇五年の間に、数社から出版された複数の版や、その重刷、全集に収められたものなどが国家図書館に所蔵されている。本書では、石上韶訳による日本語版全五巻にもとづいて分析を行なう。これは基本的には、一九八八年の香港三聯書店版に拠った翻訳であるが、ヴァージョン間の相違にもふれている他、訳者あとがきには、出版の経緯や反響に関する情報もつけ加えられている。

また『思痛録』は国家図書館所蔵の中国語版を対象とするが、北京で出版された一九九八年版と二〇〇三年版は、本文自体に有意差がみとめられないため、テクスト分析には二〇〇三年版を使用する。二〇〇〇年の香港版とのヴァージョン間分析も重視する。日本語訳は出版されていないが、楠原俊代による翻訳「韋君宜回想録」が、同志社大学文化学会誌『言語文化』に連載されており、その詳細な注釈や香港版との相違の指摘などを適宜参考にする。

以下に、テクスト分析の一次文献として使用する文献の詳細を示し、次項でその選定理由を明らかにする。

C1①　巴金／石上韶訳　一九八二　『巴金随想録』筑摩書房
②　巴金／石上韶訳　一九八三　『巴金探索集』筑摩書房
③　巴金／石上韶訳　一九八四　『巴金真話集』筑摩書房
④　巴金／石上韶訳　一九八五　『巴金病中集』筑摩書房
⑤　巴金／石上韶訳　一九八八　『巴金無題集』筑摩書房

C2　二〇〇三　『思痛录／露沙的路』文化芸術出版社（北京）、八〇〇〇部二十二元

2　特定分析対象文献の重要性

C1、C2ともに、本書が採用するキーワード分析では抽出されない文献であるが、文革の記憶を論じる上で

避けては通れない文献として広く認知されており、それぞれが初版・再版合わせて国家図書館に所蔵されている。

C1『随想録』の作者巴金（一九〇四―二〇〇五）は、『家』『春』『秋』の「激流三部作」や『寒夜』などで知られる男性作家・翻訳家で、一九〇四年四川省成都の大地主の家の生まれである。一九一九年「五四」運動[15]の青年期に反帝・反封建の新思想に触れ、アナキズムに傾倒したが、国共合作による国民革命軍の北上を待たずに、一九二七年経済学を学ぶため単身パリへ渡る。恐らくは、祖国の革命に参加できなかった自責の念と、異国での寂寞と、また現地で触れたサッコ・ヴァンゼッティ冤罪事件[16]への抗議行動の拡がりなどの影響もあり、二年後に小説『滅亡』を書き上げる。孤独な革命青年の破滅を描き、個人の絶対自由を追究したとされる作品である。それが、一九二九年の帰国と前後して、当時中国大陸で最も有力な文芸雑誌『小説月報』に連載されて、出世作となる。以後上海を拠点に作家活動に入り、一九三六年魯迅らと「中国文芸工作者宣言」を発表、抗日戦争中は抗日救国を唱え、また内陸各地を転々として社会の底辺に暮らす人びとを描いた。新中国成立後は、作家協会副主席などを勤め、文革前の一連の「文芸批判」では馮雪峰《ふうせっぽう》（フォン・シュエフォン）や丁玲《ていれい》（ディン・リン）、胡風《こふう》（フー・フォン）などを批判する文章を書く。文革中は一転して批判される立場となるが、七七年に名誉回復、ペンクラブ会長、作家協会主席などを歴任した。

『随想録』の文章は、もともと一九七八年から八六年までに書かれて香港の新聞に連載された随筆で、後に三十篇ずつまとめられて五冊の単行本として出版された。それらの本には最初の『随想録』から最後の『無題集』まで個別の標題がついているが、本書ではその全体を総称して巴金の『随想録』として扱う[17]。巴金が享年百歳で死去した二〇〇五年には、何回目かの再版が行なわれた。

一方、C2『思痛録』は文革終結直前から秘かに書き始められたもので、一九九八年に出版された。作者の韋君宜（一九一七―二〇〇二）は、北京生まれの女性革命家・作家である。清華大学在学中に「一二・九」と呼ばれる抗日救国の学生運動に参加した後、共産党員となり、一九三九年に延安に駆けつけて以来、雑誌編集や教育、出版事業に携わる。文革中は批判にさらされ労働改造にも送られたが、七九年に名誉回復。本格的な作家活動はそれからで、作品数もそう多くはない。しかし、「党員幹部としての自分の経験と反省に立って、歴史的に文革の原因を探ろうとする強い問題意識」を有する、いわゆる「反思文学」としての文革小説が特徴的であり、「文革を書いた作家」の代表にあげられることもある〔田畑2003〕。『思痛録』は一九九八年の初版発売後、瞬く間に売り切れ、同じ年のうちに増刷を七刷まで繰り返し、ベストセラーになったという(18)。その後二年間に百篇を超える書評が新聞雑誌に掲載され、二〇〇一年にはそうした反響の一部を集めた本『回応韋君宜』〔韋君宜に応える〕も編纂された。一九八六年人民文学出版社社長を引退後、ようやく作家活動に専念できるようになるが、同年脳溢血で半身不随となる。その後治療とリハビリに勤めるが、一九九四年に入院してからはついに病院を出ることなく八十四歳で亡くなった。『思痛録』は二〇〇三年に再版され、著者の長女楊団が記した編集・出版の経緯「『思痛録』成書始末」が加えられた。

『随想録』『思痛録』ともに知識人の反省の書として並び称せられ、それぞれに相当規模の「読者共同体」を想定しうるロングセラーでありベストセラーである。記憶の言説化や共同性を考える上で、テクストの固有性を超えた価値を有する文献といえる。文革を、知識人弾圧を経て準備された長い道のりの先にとらえようとする本書にとっては、かつてその道程において加害者とも被害者ともなった知識人みずからが、後年独自の反思を記した書として、特に重要性が高い。しかも両書ともに国家図書館の蔵書検索では「文革」の回想記に分類されておらず、確かに文革だけを回想したものではないにもかかわらず、言説空間においては「文革」と結びつけられて言及される。そして、それぞれ「無力な叫び」とか「歴史を書き残す」などと前置きして書かれた異質な叙述が、ともに「加害の反省」というフレームで流通している。そこに、これらのケースの独特の意義がある。それは、知識青年や紅衛兵世代の回想との比較によって、いっそう明らかになるであろう。

上記文献A〜Cは、文革とは何か、出来事として何があったのかを問う種類の研究においては、ほとんどが「証拠」を補完する二次資料という位置づけになるものであろう。しかし本書において文革の記憶をめぐる言説の分析を行なうにあたっては、分析対象そのものであり、一次言説である。他方、それらに直接言及しそれらを流通／再生産させる二次言説にあたる中国内外の文献が存在する。本章二2であげた補助資料なども含めて、それらを〈文献D〉とする。また、私自身が文献A〜Dを理解し分析するために参照・援用した文献や補助資料を〈文献E〉とする。

四　記憶と忘却の分析概念

1　「記憶」概念の分類

最後に、基本的な分析概念について、それがどのような研究者によってどのような意味づけとともに提起されたかにもふれながら、本書で採用する定義を解説する。

本章一1でふれたように、「記憶」は社会学においてさえ長年にわたって心理学的概念とされており、近年の記憶研究の成果は社会学辞典には反映されていない。当の心理学では、一九五〇年代後半に誕生したという認知心理学のパラダイムにおいて、特筆すべき展開をみた。それにより記憶の過程は、符号化（encoding）、貯蔵（storage）、検索（retrieval）の三段階に分けられ、保持時間の長さによって感覚記憶、短期記憶、長期記憶に区分される［森・井上・松井2000：2,14］。長期記憶は、言葉によって記述できる事実についての記憶＝宣言的記憶（declarative memory）と、一連の手続きに関する知識のもととなる記憶＝手続き的記憶（procedural memory）とに区分することができる(19)。さらに宣言的記憶はエピソード記憶と意味記憶とに分けられ、「エピソード記憶」（episodic memory）とは、時間的・空間的文脈のなかに位置づけることのできる個人的な出来事の記憶であり、

「意味記憶」（semantic memory）とはエピソード記憶の背後にある一般的な知識としての記憶、経験したことのない知識についての記憶をも含み、意識可能なものに限定されない。運動能力や生活習慣上の身体化された技能も意味記憶と考えられる［森・井・松井1995：15,19］［片桐2003：12］。

本書では、個人記憶の分析において長期記憶のなかの「エピソード記憶」に注目することにする。意識下の、あるいは言語化以前の記憶ではなく、過去の無数の経験のなかからどのエピソード記憶が想起されるかということが、記憶の共同化を考える上で重要だからである。

記憶研究は、心理学はもとより一九九〇年代以降の記憶をめぐる議論の発端となった歴史学にも限定されるものではなく、学際的にならざるをえない。欧米では、従来の境界を超えて「記憶」という語を媒介とした一つの学問領域が形成されている、とも言われる［藤森2002a：123］。とりわけ学際的に重要な影響を及ぼした記憶の論者としてポール・リクールとピエール・ノラをあげることができる。リクールは、まず想起と再認という概念の違いを指摘し、「想起」を知的努力を払って過去を呼び戻すこと、「再認」（単純喚起）を、知的努力や意識的探索なしに過去が戻ってくること、と定義した。また記憶の語りの物語性を重視し、時間と物語に関して、次のような観点を提示している。すなわち、時間は物語の形で分節されるのに応じて人間的な時間となり、物語は時間的実存の条件となるときに、その完全な意味に到達する［リクール1995：99］。「物語」（narrative）とは、時間の流れに沿った筋と結末を持った語りの様式なのである[20]。

本書では、他者との関係や文脈に依存しながら過去を「想起」するという側面、話者にとって重要な出来事を、聞き手もしくは内面化された他者の反応を意識しつつ、既成の物語を土台とするなどしながら語るという側面を重視する。

さらにリクールは、精神分析におけるトラウマ体験者が過去とうまく折合いをつけるための作業（working through）から発想して、「記憶の作業」（memory work）という概念を提起している。患者が抑圧された体験をきちんと想起できずに、その行為を反復することをフロイトは「反復強迫」と呼んだが、その対極にあるべき「記憶の作業」とは、否定的な過去を現在に意味づけて受け入れ、その反復を避けようとする志向性をもった概念である。リクールの念頭にあったのは、一九四〇年六月ドイツに降伏した後のヴィシー政権下でのフランス人の記憶であり、忘却の戦略の狡猾な用法に反対して記憶の義務が叫ばれるとき、その一助となったのが「記憶の作業」である［リクール2004：29-30］。また「記憶の作業」は「喪の作業」でもある［リクール2005：242］とされ、その両者の接続点における第三項として記憶の義務を位置づけることになる。

本書ではより広義にとらえて、「記憶の作業」を、過去のネガティヴな体験を想起し語りなおし、他者と共有することによって、過去と現在、個人記憶と他者の記憶との積極的な交渉を試みること、ととらえる。

一方、ピエール・ノラの著書のタイトルでもある「記憶の場」（realm of memory）は、生きた集合記憶の消滅や記憶と一体となった歴史の終焉、ということと表裏一体の概念である。集合記憶は、その担い手となるべき記憶の集団がもはや存在しなくなったために「記憶の場」を求めて、その表象を存在させ続けるのである［ノラ2002：36-37］。それは、物質的な場（遺跡、彫像、慰霊碑、博物館、公文書館など）、機能としての場（退役軍人会、同窓会、教科書、辞典、遺言など）、象徴としての場（宗教的／政治的な意味をもつ儀式や巡礼、葬儀など）――という三種類に分類される［片桐2003：190］。

たとえ集合記憶の消滅の結果であったとしても、やはり「記憶の場」には、それを支える共同性への志向があり、社会学的には「記憶の共同体」（community of memory）として概念化される。自己が、ストーリーや物語に位置づけられ、語られることによって維持されるものであるとすれば、そのようなストーリーや物語を共有する記憶の共同体とは、R・N・ベラーによれば「人生を生きることに、時間と空間に、またさまざまな個人や集団に質的な意味を与える」ものである［片桐2003：118］。本書では、過去の体験の共有や同世代に限定されずに、無限の体験の広がりのなかから、ある記憶をある特定の語り方で共有しあう共同体、という側面に着目する。

またこのような共同体は、ア・プリオリに存在するものではなく、「記憶の共同化」(joint work of memory) というプロセスによって成立する。片桐雅隆は、歴史的物語が特定の個人の経験ではなく「普遍的な経験」や「公共的な過去」を前提にするという意味で共同化されているという[片桐2003：145]。個人記憶にとっても、歴史や集合記憶がリソースや枠組みを提供するという側面がある。反面、聞き手を得ることによって記憶が言語化されるという意味での共同想起という側面、またそうして想起されたことが語られ言説化されることによって他者の記憶の想起を促し、なおかつ他者の記憶にとってのリソースや枠組みともなるという面までも含めた意味で、共同化と考える。

石田雄の用語法に依拠すれば、「個人記憶」(individual memory, personal memory, private memory) にたいして、共同化された記憶としては以下のような概念がある。すなわち「集合的記憶」(collective memory, popular memory)、「国民／国家の記憶」(national memory, people's memory, official memory)、「公共の記憶」(public memory) である。「集合的記憶」は「集団的記憶」と比べて不特定な複数の個人が集合的に有する記憶であり、「国家の記憶」は、最も典型的には「国民共同体」に共通に支えられる記憶のことである。ベネディクト・アンダーソンのいう「想像の共同体」を別の面から特徴づけたものともいえる[石田2000：246]。また「公共の記憶」には「官製の」「上から押しつけられた」という響きが伴うが、他方「パブリックな記憶」として自主的な市民が作り出すという方向性もないわけではない。しかしいずれにせよ、共同化にとって不都合な面は「忘却」されることになり、排除性・排他性を伴うものとして考えないわけにはいかない。

2 「忘却」の意味

これまでの記憶研究では、「記憶」と「忘却」を同等に論じたものは極めて少ない。前述のノラも、「「記憶の場」を支えているのは、自然な記憶などもう存在しないという意識である」[ノラ2002：37] と言いながら、記憶と忘却との関係性については踏み込んでいない。いくつかの「記憶の定義」の試みにおいても、「忘却」の重要性には言及しながら、それを付随的に述べるにすぎない［岩井1990］［小関1999］。石田雄は、記憶の「忘却と想起」による再構成という不可欠の両面を強調する数少ない論者の一人である。記憶が、過去と未来の間にある行動主体が現在において行なう選択を伴う行為であるとすれば、何を記憶するかの陰には何を忘却するかがある。ならばその選択の基準は何であるか、という問いが生まれる［石田2000：14, 273］。

ナショナリズム研究においてネイションの構成要素として「記憶」があげられ、エルネスト・ルナンの一九八二年の言説「記憶の共有」がよく引用される。しかし一九九一年『想像の共同体』増補版に「記憶と忘却」と題する終章を付したベネディクト・アンダーソンは、ルナンの「記憶の共有」から次の箇所を引用して、記憶と表裏一体となった「忘却」を指摘する。

ルナン「さて国民の本質とは、すべての個々の国民が多くのことを共有しており、そしてまた、多くのことをおたがいすっかり忘れてしまっているということにある。〔中略〕フランス市民はすべてサン・バルテルミー〔の虐殺〕、十三世紀の南フランス〔の異端〕の虐殺を忘れ去ってしまわなければならない。」［アンダーソン1991=1999：326］

この引用文の一見明らかな矛盾を、アンダーソンは解読する。ルナンと同時代の圧倒的多数のフランス人は、ルナンが言わなければそのような虐殺について知る由もなかった。それを考えると、これは「歴史の解釈についてのシステマティックなキャンペーン」なのである［ibid.：328］。個人的な記憶には存在しない過去の事実が、主に学校教育を媒介として「想起」させられ、そして「忘れ去ってしまわなければならない」と命令される。「記憶の共有」と「忘却」がセットになって国民が本質化されるのである。

現代中国においては、近年盛んになった市民社会論や国民国家論との関係で、記憶と忘却に新たな意義が加わる。グローバル化や東アジア経済圏・公共圏構想の進展に伴い、今や中国は従来のような、腐敗堕落の国民党を駆逐した共産党、残忍な侵略者「日本鬼子《リーベン・グェイズ》」に勝利した中国人民、といった構図だけに国民統合の拠り所を求めることはできなくなっている。[21] それは、一九九〇年代に入って初めて中国の社会思想空間に大規模なナショナリズム言説が登場し、新しい位相のもとで国民国家（nation-state）が語られ始めたことにも明らかであろう［李2005a：1］。その時、ネイションにとっての共通の記憶として何が選択され何が忘却されるかは、将来の中国の方向性にとって極めて重大な問題である。しかもそれは、共産党独裁政権による愛国主義の称揚といった図式ではもはやとらえきれない変化なのである。歴史的に「誤り」と断じられた文革の記憶は、国民（nation）の記憶のなかで、あらためていっそう硬く封印されるかもしれない。あるいは記憶すべきものと忘却すべきものとが巧みに細分化されて、新たな文革の記憶が構築されるかもしれない。

また、序章二で列記したように、文革の個人記憶として観察される事象の背後には、明らかに忘却の進行があることを看過してはならない。たとえば、文革世代の映画監督らはその時代の経験者として意識的な作品作りを続けてはいるが、「今の若い人は目前の勉強や仕事に夢中で、両親の世代のことには興味がない」と言う。[22] それが作品の興行成績にも如実に反映されて、特にＷＴＯ加盟後の自由化に伴い、ハリウッドの話題作やそれに対抗する国産の超大作と、文革の記録や問い直しを試みる作品との間の興行的落差は痛ましいほどに広がっている。「歴史決議」による文革徹底否定の明文化、その後の脱文革路線の推進、改革開放の進展、グローバル化――といった政治的社会的激変のなかで、成功したのは忘却化であり、それにたいする抵抗として辛うじて記憶の作業が顕現化しているのである。「過去を語ることが現在の生活を生き生きとしたものにする」[23] という意味で、「生活世界需要」を歴史記述の出発点に置く現象学的な歴史観もあるが［片桐2003：138］、忘却こそが「生活世界需要」の最たるものである場合も少なくない。また序章二の冒頭では、文革の記憶化への規制や弾圧の存在が指摘されていることをあげたが、そうした圧力が忘却の成功によって緩んだからこそ、記憶の作業が解禁されたという側面もあろう。本書では、このような記憶と忘却の弁証法的関係を通して、両者を対概念として扱う。

第二章　文革研究の現状と本書の位置づけ

前章までで、対象と方法論と分析対象文献群の説明を通して、本書が「記憶と忘却」という観点からの文革研究であることを明らかにしてきた。それは、文革という出来事の「絶対的性格の断定」を解体する［リクール1983=1987/1995：168］作業に連なるものであり、従来の文革研究とは大きく異なることを意味する。個人の回想録のようなテクストが本格的に分析されること自体、少なくとも日中の文革研究史では前例を知らない。たとえば、葛慧芬《かつすいふん》（グ・ホェイフォン）は『文化大革命を生きた紅衛兵世代』のなかで、この十数年来中国で「文革世代」の生活と体験を語る回顧録などの個人的記録が多く発表されていると言い、それらを有効利用することの意義を認めているが［葛1999：39］、彼自身それに取り組んでいるわけではない(1)。

本章では、これまでの文革研究を概観し、それとの関係において本書の位置づけを鮮明にしておこう。まず日中の文革研究の近年の傾向との関連において、次に北米の研究動向との関連において、次のような点が本書の独自性として主張できる。

本書は対象、方法論ともにあまり例を見ないものではあるが、それは日中の文革研究の最近の傾向と矛盾するわけではない。すなわち、国家の中枢や党中央に近いところに位置して、文革を、発動・推進する側からではなく、社会の側、あるいは客体化された側の受け止め方を通してとらえ、両者の相関を重視するという傾向に沿ったものである。それをさらに、現在において構成される「記憶」を通して、過去と現在の相関のなかにとらえるという点に特徴がある。

その結果として、日中の文革研究において、後述するような「問題」が本当に問題なのか、という提起が生じる。それらを、単なる研究阻害要因として除去すべきものとみなすのではなく、あらかじめ組み込んだ問題設定を行なう必要があるのではないか、問題は他にもあるのではないか、という提起である。また、欧米の研究活性化が注目されながら、少なくとも日本では、近年の動向の紹介などはあまりなされていない。本章では、具体的な文献に沿った評価も含め、北米における近年の研究動向を検討しその成果を批判的に継承する。

一　先行文革研究の批判的検討

1　文革研究の分類と傾向

これまで文革に関する先行研究をまとめた試みには、二つの共通点が見られる。一つは、テーマ設定やアプローチの仕方にもとづく分類型記述であり、もう一つは、文革研究特有の「問題」の指摘である。分類については、アプローチの仕方とテーマや論点の違いにもとづくものがほとんどである。両者は互いに結びつけられ、ある共通の変化の傾向が認められている。たとえば国分良成は、最近の傾向について、文革の性格規定や文革の起源などを論点に据えた国家中心のアプローチから、社会の側の文革を見直す作業へと広がっているとみる[4]［国分2003：6–8］。さらに最近における社会の側からのアプローチは、紅衛兵運動や労働者の造反運動などのモノグラフにとどまらず、国家や党中央の政策との関連のなかでとらえた、上からの文革と下からの文革との相関分析へと発展しているとされる。一例としてあげられるのが、楊麗君《ようれいくん》（ヤン・リジュン）の『文化大革命と中国の社会構造』[5]である。

また社会学的問題関心から、前述の葛慧芬は、これまでの文革研究は、社会変動としての文革の変動要因と変革主体を中心的テーマとしてきたとして、次のような研究テーマによる分類を行なう。

①「文革」の形成原因と背景

②毛沢東の「文革」を発動する理論や動機

③「文革」運動の発展過程

そして葛自身は、社会変動がそこに身をおいた人間の行動および発達や形成にどのような影響を与えるか、というこれまでの文革研究に欠けていた課題を設定する。紅衛兵世代を対象に、中国国内で質問紙調査＋事例調査を実施したもので、その結果、文革がもたらした結婚や就職上の否定的作用のみならず、文革世代がみずからの性格特徴を極めて肯定的に認知していることを明らかにした。社会の側からのアプローチがもたらしたユニークな発見といえるが、そこでもやはり、過去の厳然たる事実としての文革と、その一方的影響下にある現在、という因果律のもとに時間が把握されている。

2 日中の文革研究における問題点

次に、日中の文革研究者があげる「問題」は、次の三点に要約できる。

① 文革研究はあまりに政治的であって歴史となっていない［国分2003：2］。

② 中国内では資料入手や発表の機会などに関して、さまざまな制約がある［加々美2001：12］［国分2003：3］［楊2003：7］。

③ 研究者自身の経験の差や対象時期の相違によって結論が全く異なったり、選択された記憶にもとづいて中華民族の苦難を無視した恣意的な解釈が行なわれたりする［楊2003：9］。

①についてはその背後に、「歴史」として冷めて固まった過去の出来事を取り出して検証することへの期待があり、それは毛沢東の死後十年目にして文革が一つの「歴史」として考察されはじめてきたことを評価する天児

慧の表現にも明らかである〔天児1986：114〕。日本における過去の文革研究の特徴として、文革が研究や分析の対象であるより先に、「ある一定の政治的メッセージの代替」であった点も指摘・批判されてきた〔国分2003：2〕。確かに、東西冷戦体制やベトナム戦争との関係で反米反戦と親中国を結びつける価値観、中国に仮託して戦後日本の「近代化」の歩みを批判しようとする姿勢、などの影響は顕著であった〔加々美2001：5-6〕。しかしそのことにたいして、過去の出来事が価値中立的な分析対象となる時期を待つことと、研究者の自戒を求めること以上の提言がなされてきたとは言いがたい。本書では、「歴史」もまた政治であり、研究者もその外には立てないということを前提とした上で、本当に大きな問題は何か、ということを問い直したい。

②に関しては、中国における公定解釈の規制、資料へのアクセスや出版の機会の制約〔楊2003：6-7〕、また、関係者や家族がまだ存命していることによる制約〔国分2003：3〕などがあげられる。反面、豊富かつ詳細な史的事実の整理として知られる王年一《おうねんいつ》（ワン・ニェンイ）の『大動乱的年代』は、「分析より史的記述が多い」ことがネガティヴに評価されたりもする〔楊2003：7〕。実は同書には、綿密な実証に徹したかの叙述の端々に、説明の不可能と分析の欠落を埋め合わせる以下のような表現が見られる。「…特定の歴史的条件の下で、このような批判に同意せざるを得ず、歴史のめぐり合わせによって中央はどうすることもできない境地に陥ってしまったのだ」〔王1996：序29〕、「これは当然当時の政治的空気と関係があり…」〔ibid.：6〕、「特定の歴史条件下、毛沢東の言論の一字一句が真理であり、不適切と思いつつも抗いがたかったのだ」〔ibid.：11〕（傍点は引用者。以下同様）といった表現が目立つのである。そして、唯物史観に則った「歴史的条件」の詳細は明かされない。

また後述する丸山昇の『文化大革命に到る道』でも、最高指導者の判断が理解／受容しがたいものであった時に周囲が示す自責的な態度について、「人間の本性そのものに根ざしているといえるものかもしれないが」といった挿入句がある〔丸山2001：145〕。上記のような実証的著作において、膨大な文書史料に依拠しながら、それらをつなぐ説明が見つからないとき、「歴史」や「政治」や「人間性」の本質に帰するレトリックがさりげなくその間隙をうめるために使われる。そのような、いわば不用意な挿入句をもって王年一や丸山昇の労作を過小評価することはできないが、文革研究の問題点は、前述の①②に要約しきれるものではない、ということは指摘しておきたい。

③のように、選択された記憶にもとづく恣意的解釈や、研究者間で異なる結論を問題視する背後には、研究における網羅性、大局的全体的志向性が暗黙のうちに前提されている。ひいては、「中華民族の悲劇」が実体化され、それにたいする共通の認識を打ち立てて万人が受け入れるべき結論に到達することが目指されている。そこには、序章三でふれたような「学問的に決着をつける」ことへの研究者の使命感に似たものがあり、それはまた国家の「歴史決議」と同じ枠組みに取り込まれてその範囲の文革を対象とすることになりかねない。

3　北米における研究の推移

国分良成は、一九九〇年代後半以後、文革研究が欧米の中国研究の世界で再びブームとなり始めているとみるが［国分2003：6］、楊麗君もまた中国・日本における文革研究の停滞と比べ、欧米においては理論的解釈と実証分析の両面において比較的進んでいることを認める［楊2003：11］。しかし、海外の動向の系統的紹介や、日本の文革研究との相互交流などは見られないようである。そしてそのこと自体は、特に問題とも必要ともされてはいない(6)。

アメリカのジェフリー・ワサーストロム(7)は、主に北米における研究動向を、一九九六年前後を境とした変化に注目して記述している(8)。文革のレトリックを分析したシャロン・ホァンの著書の「まえがき」で述べたもので、文革研究の分類を目的としたものではないが、次の二点が指摘されている。一つは文革の表象《シンボル》や心理といった側面への回帰、もう一つは文革の時期区分に関する変化である。

文革研究の初期においては、毛沢東と紅衛兵との関係にたいする心理学的研究や、言語・文化への関心が顕著であった。が、なかには中国の政治や文化を単純化しすぎたり、それに肩入れしたりする見方を助長する研究もあり、そうしたことへの懸念もあって、一九七〇年代末〜八〇年代初期にはその手の分析は影を潜めた。焦点は、派閥の政治学や運動の社会的基盤へと急転回したのである。それが最近また、シンボリズムや文化への見直しという変化を示している。そして初期のような実証的文書史料の欠如や、還元主義・非歴史主義に陥りがちな弱点を回避しながら新たな成果を生んでいるという［Wasserstrom1996 : xi］。

この点は、日本や中国の文革研究の流れと大きく異なるように思われる。たとえば日本の場合、当初から、中国研究者による政治や現代史の方面からの研究、もしくは社会主義革命への関心から中国を専門とするようになった人びとによる文革論などが圧倒的多数をしめていた。日本の文革研究は、表象や文化的側面へと多様化する以前に、楊麗君が指摘するような停滞を免れなかったのである。一方アメリカにおいては、言語・文化への関心から始まった文革研究が、いったん派閥の政治学や運動論へと流れ、そして最近またシンボリズムや文化的側面が見直されている［ibid. : xi］。この主題化の違いが、日中の文革研究における接点の欠如と温度差の一因でもあろう。

しかし時期区分の問題については、共通の問題意識がみられる。ワサーストロムによれば、当初コメンテーターたちの使う「文化大革命」とは、一九六六年に始まり六九年頃には終わった紅衛兵運動とそれに関連する出来事を指すものであった。ところが七〇年代末の鄧小平体制による公式見解以降は、研究者の間で「四人組」逮捕をもってようやく終結した「十年の動乱」を指すものとして定着していく。このことが文革の画一化を招き、六〇年代後半と七〇年代半ばの対比など、時期別のダイナミクスを見失わせる結果にもなった。それが最近（つまり一九九六年に近づくにつれ）変化し、時期ごとの盛衰や、とりわけ一九六六〜六八（または六九）年までの期間の特殊性が議論されるようになってきたという［ibid. : xii］。

二　注目すべき論点

文革三年説から十年説への豹変については、日本でも同様である。溝口雄三は『方法としての中国』［溝口2000：80］のなかで、日本の研究者の文革時期区分について「中国での終結をそのまま終結とする、依然たる中国もたれ」であると批判している。(9) 本節では、必ずしも「歴史決議」にとらわれない立場から、文革の背景と観点とに関する論点をそれぞれ二点ずつとりあげる。これまでの文革研究やそのまとめにおいて出されてきた論点のなかから、本書後半の分析にとって重要な四点の提示である。

まず本章一の1で述べたような、文革の「起源」や「形成原因と背景」に関する研究のなかでも、特に「起源」と「発端」という二つの論点に注目する。(10) この問題は、国分良成も指摘しているように「文革の性格規定」をめぐる論争とも密接に関連している［国分2003：7］。中央指導部内の権力闘争や政策論争の結果としてとらえれば、一九五六年第八回党大会における劉少奇の政治報告や鄧小平の個人崇拝批判演説と、翌五七年の毛沢東による「人民内部の矛盾を正しく処理する問題」の提起を経て、反右派闘争へと至る間に、文革への方向性が徐々に形成されてきたと見ることができる［ibid.］。

しかし本書が着目する丸山昇の『文化大革命に到る道』における文革の「起源」は、「知識人と国家権力」という観点から文革をとらえることによって見出されるものである。以下、その意義と重要性を詳述するとともに、「一般大衆へのまなざし」を重視する研究が設定する、エリート対大衆という対立軸の問題点も指摘しておきたい。

1　文革の背景に関する論点

(1) 文革の「起源」

本節の冒頭で紹介した文革研究分類に沿っていえば、国家や党中央の側からとらえる傾向の強かった当初の日本においては、文革の性格規定や時期区分と並んで、文革の「起源」も主要な論点の一つであった。丸山昇は、知識人の間に「舌禍」への恐怖を浸透させ、彼らの知的活動と交流を消滅させることで文革に通じる道が開かれたという観点から、文革の「起源」の問題を、発動する側のみならず知識人の側からとらえた。そして、映画『武訓伝』批判を「文化大革命に到る道」における転換点とみなす。

上下二集から成る長編映画『武訓伝』[11]（孫瑜脚本・演出、一九五〇年）は、解放直後の学校の校庭で、女教師が生徒たちに、武訓《ぶくん》（ウー・シュン）という名の清朝末期の伝説的人物について語る、という設定になっている。子供の頃に両親を亡くした武七という少年が、物乞いや日雇いの肉体労働、下働きなどをしながら懸命にお金を貯め、貧しい子供たちのために無料で通える学校「義学」を建てて、清朝皇帝からも石碑を贈られた物語である。文字の読めない貧民を偽の証文で騙す地主や高利貸しなどの悪人にたいしては、武七のように一人でがんばっても、また太平天国の残党のように暴力や略奪だけでも、勝ち目はない。民衆の団結がなければならない、と女教師は最後に諭す。そして共産党の指導の下でそのような団結を実現し中国はついに解放された、貧しい子供たちもこうして学校に通えるようになったのだと説く。

この映画が一九五〇年十二月に完成し中国の各都市で公開されると、五一年三月までの間に、この作品を讃美する文章三十篇あまりが各紙に掲載された。映画雑誌『大衆電影』は、『武訓伝』を五〇年のベストテンの一つにあげた［丸山2001：31］。しかし、それにたいして決定的な批判を下したのが一九五一年五月二十日の『人民日報』社説である。[12]単にその作品としての弱点を批判するにとどまらず、『武訓伝』は「農民の革命闘争を侮辱し、中国の歴史を侮辱し、中国民族を侮辱する反動宣伝」であると決めつける。そして、この映画にたいする讃美が共産党員の間にもこれほど多く出たということは「わが国文化界の思想的混乱」の深刻さを物語るものであると論理を飛躍させ、共産党に侵入した「ブルジョア反動思想」への警鐘をならして「討論」を呼びかける。しかしその実「討論」の余地などなく、「『武訓伝』徹底批判」という既に出ている結論にしたがって「運動」することを党員に義務づけるものであり、さもなくば「ブルジョア反動」とみなされることを痛烈に印象づけるのである。「文芸を導火線として政治批判に転じ政治闘争に至るという範例がここに生まれ、それは未来を決定した」[13]［丸山2001：39］とされる所以である。

さらに丸山は、『武訓伝』の脚本兼演出の孫瑜《そんゆ》（スン・ユ）監督が、文革後に書いた「映画『武訓伝』の前後」にも言及している。それによると、この批判キャンペーンの約一年後、周恩来《しゅうおんらい》（ヂョウ・オンライ）が孫瑜に直接、自分はこの件に関して自己批判をしたと語ったという。周恩来は、以前孫瑜に武訓のことを尋ねたことがあり、また映画完成後の審閲にはみずから参加したことから、自分にも責任があると言ったのだという。孫瑜を感激させたこのような周恩来の温情主義・自責的態度は、文革中にもくりかえされて「周恩来伝説」の構築につながる。しかし周は、終始毛沢東に最も近い位置にありながら、毛沢東への抑制とはならずに絶対服従の範ともなった。その点においても、文革へと向かう転換点として、『武訓伝』批判が意味づけられるのである。

以前から批判運動はあったものの、まだそれなりの「寛容さ」があったのにたいし、明らかな変化が起こり始めたのが『武訓伝』批判だったのだ［丸山2001：26］。その後、小説や学術書[14]、胡風《こふう》や丁玲《ていれい》などの作家・知識人が突然批判の対象となっては激烈な批判キャンペーンのなかで打倒されていく。知識人の思想改造や「整風」と称する全党的な粛清は、「反右派闘争」に至ってより広範な作家・ジャーナリスト・学者研究者らを批判・投獄の対象とするようになる。その多くは、文革の「終結宣言」が出されるまで「右派」のレッテルがとられることはなかった［中国文芸研究会2003：111–112］。

(2) 文革の「発端」

そのような激烈な文芸批判運動のなかで、文革の発動と直接結びつけられ、文革の「導火線」〔席・金1996=1998：102〕とも「口火」〔厳・高1999：15〕とも称されるのが、一九六五年の『海瑞罷官《かいずいひかん》』〔海瑞免官〕批判である。十一月十日上海の『文匯報《ぶんわいほう》』は「新編歴史劇『海瑞罷官』を評す」という論評を載せた。『海瑞罷官』という劇は一九六〇年末に書かれた歴史劇で、作者呉晗《ごがん》（ウー・ハン）は歴史学者であり、またもっと重要なことに、北京市副市長であった。一九六五年は、農村の社会主義教育運動の目的をめぐって、「党内の資本主義の道を歩む実権派を粛清すること」と明記する毛沢東と、それに反対する劉少奇との軋轢が決定的となった時期であった。また五八年の「大躍進政策」の失敗もあって、毛沢東にとって北京市党委員会の権力を把握できなくなっていたことが深刻であった。

そのような時期に江青《こうせい》（ジアン・チン）が、周恩来をはじめ党中央には秘密裡に、上海の『解報』誌編集長の姚文元《とうぶんげん》（ヤオ・ウェンユェン）に、呉晗が五年も前に書いた『海瑞罷官』という劇を批判させ、「上海から北京を攻撃しようとした」と言われる〔厳・高1999：17〕。毛沢東は、姚文元がこの『海瑞罷官』批判を書き終えるまでの間、みずから原稿を審査し、上海の『文匯報』に掲載されると、全国の新聞雑誌に転載するよう命じた。この時北京市長であった彭真《ほうしん》（パン・ヂェン）は、本来学術問題である論争を学術の範囲内に限定して続行する考えであった。しかし毛沢東は呉晗らを名指しで批判、「現在の学術界と教育界では知識分子が実権を握っている。……ブルジョア階級の学術権威にたいして適切な批判を加えねばならない」、「文学、史学、哲学、法学、経済学の分野で文化大革命をやり、断固として批判しなければならない……」と断じた〔厳・高1999：13-22〕。

文革終結前に日本で出版された文革論のなかで、「文革の発端」を特定した文献のほぼ六割が、『海瑞罷官』批判を挙げていた。[15] また「歴史決議」は、「文化大革命の十年」の章で、文革を三段階に分け、一九六六年五月の中央政治局拡大会議で制定された「五・一六通知」、同年八月の第八期十一中全会で採択された「無産階級文化大革命に関する決定」を文革の全面的発動の標識としている。しかし、一九八五年に出された「歴史決議」の注釈本改訂版には、「文化大革命の導火線」として、「新編歴史劇『海瑞罷官』を評す」が『文匯報』に掲載された前後の経緯を詳細に述べている［中共中央文献研究室1985：372-375］。

2　文革研究の観点に伴う論点

(1)　知識人と国家権力という観点の重要性

「十年の動乱」という公的時期区分や、中華民族受難の物語としての文革を相対化する意図から、『武訓伝』批判と『海瑞罷官』批判の問題をとりあげた。それによって、「知識人」と国家権力との関係という面からの文革の捉え方をあらためて提起しておきたい。九〇年代以降、文革のふり返り方の多様化に伴い、文革がめざした理想や紅衛兵世代の青春への追憶として、文革が見直される傾向が生まれた。それ自体は、安易にノスタルジーとして切り捨てられるべきではないが、しかしそうした傾向が、ともすれば知識人の自己憐憫的回想への反発や揶揄から発しているとすれば、それは問題化されてよい。

自覚的なプロレタリアートの蜂起によってではなく、農民革命の成功によって成立した新中国においては、それを指導した共産党の権威と「武」の戦線における革命勢力の自信は絶対のものがあったとされる。それに比して「文」の戦線は弱く、「文化」を奪われている広大な民衆に比して、「知識分子」はあまりにも少数で脆弱であった。その微々たるエネルギーも、自分たちの立場の維持や民衆への宣伝・啓蒙活動に費やされて、内在的批判力を生み出すゆとりはなかった［丸山2001：75］。さらに遡れば、中国の良心的知識人にとって、民衆の現実と切り離されている、それにたいして無力である、という自覚や後ろめたさは「五四」運動後の一九二〇年代以来の課題であり、そんな彼らにとって「思想改造」という言葉は抵抗しがたい力を持っていた［丸山2001：58-59］。

こうした知識人の脆弱性を批判するにせよ、彼らの悲劇を告発するにせよ、知識人の問題は国家権力との関係において論じられなければならない。それが知識人の悲劇だけに終わらないことを考えれば、彼らにたいする弾圧や迫害を「一般大衆」の歴史から切り離して論じることの危険性は明らかだからである。

(2) エリート対大衆という観点の問題性

知識人エリートと大衆との関係については、文革の記憶や回想をテーマとした北米の先行研究を評価した後にもう一度立ち返ることにするが、ここでは一つだけ、「文革」の実体化という問題と関連して、これまで指摘されてこなかった点に踏み込んでおく。

たとえばモボ・ガオ(16)は、暴力や迫害死をことさらに強調し文革をホロコーストと同列視する言説にたいして、それは一部のエリートによって「作られた真実」であるという。そして文革では、ホロコーストのような組織的壊滅が意図されたことはなく、むしろ社会的抗争や個人的怨念による面が強く、しかもそれは中国史上文革期に限ったことではないと反論する。また文革の文化・教育上の破壊性についても、地方農民や大衆が同時期実際に受けた恩恵の大きさの方を強調する。しかし、その際の「証拠 evidence」なるもののほとんどが、毛沢東指示や党中央の文書である。確かに「武闘」の戒めと「文闘」(17)の勧めは出されており、学校生活復帰への呼びかけもなされていた。しかし、文革が「十年の災厄や混乱」であったとするエリート言説にたいして、一般大衆へのまなざしを対抗させて反証を試みた結果、はしなくも、文革とは党中央の決定と毛沢東指示であったかのような「証拠」の提示の仕方になっている。少数派エリートである中国の知識人の個人的体験にもとづいて中国当局と知識人が文革を糾弾しても、全体像を提示したことにはならないとして［Gao1999：322］、実証のレベルで全体像に迫ろうとする方法論そのものが、不可避的に大きな「文革」を実体化させるのである。そして、当時の権力側が示した「証拠」への依存度を強めることになる。

また逆に、先述したとおり、中共中央の文革解釈権の独占に反対して文革にポストモダン的な読み直しを試みる研究が、「中華民族の苦難を無視して構築されている」として批判されるとき［楊2003：36］、「中華民族」とともに、それが蒙った歴史的悲劇としての「文革」も実体化されがちである。文革がはたして「十年の動乱」であったかどうかも含めて、「中共中央」さえもが一つではなかったことこそを問題にし、「大衆」や「知識人」と言っても、どの時期のどの局面のかによって異なるということを、より緻密に論じる必要があろう。

本章一の2で示したように、文革研究に制約や規制が伴うことは間違いあるまい。しかし本書は、さまざまな制約や政治性の存在を認識しながら、それがいつか霧のように晴れて絶対的な出来事としての「文革」にたいして、厳正中立な研究が可能になることを前提とはしない。中国の今を生きる人びとにとって、文革が持ち続けているであろう意味の深さ多様さ、市場経済化とグローバル化の陰で進む忘却、それに抗して記憶に留めようとして生じる変化――現在の中国社会の観察から浮び上がってくるこのような視点を文革研究に導入することの意義をあらためて強調したい。軸足を現在に置くという問題意識は、「歴史になっていない」文革の政治性に慎重になればなるほど、日中の文革研究においては発想しがたいものであろう。

しかし、おそらくは序章でふれたような世界共時的な記憶研究の活性化とも関連して、文革を今の視点から「ノスタルジア」や「記憶」をキーワードとして論じる研究が、北米では始まっていた。次節では、そうした方面の動向を紹介し、本書にとっての先行研究となる具体的な文献を評価する。

三　「記憶」からの文革研究

1　北米における近年の動向

アジア研究における世界最大の学会ＡＡＳ（The Association for Asian Studies）は、一九九九年三月「記憶の想起、書き直し、知の位置づけ――ポスト毛沢東の中国における記憶の政治学」(18)と題するセッションを設けた。そこでは「選択的記憶と中国文化大革命（一九六六―七六）[19]」および「記憶の痛手、歴史的健忘症、文化大革命の祝祭化[20]」という論文の発表が行なわれた。ネット上で公表された摘要によれば、前者は一九六六年から六九年までの間に各地の学校で生徒が教師にたいして加えた暴力を研究対象としている。実際に起こったことと報告されたこととの差違、中国当局と普通の人びとの記述の差違、当時の立場性の違いによる回想の差違について、記憶されたものと忘却されたものの検証にもとづき、文革の記憶を形作る要因を明らかにしようとしたものである。後者は、私的記憶の名の下に文革の滑稽かつ明るい側面を発掘しようとする新しい動向が、中国内でも生じていることにふれ、それはポストモダン的多元性の一例とみなされているという。しかしいずれの論文も、海外在住の中国人新左派などが西欧の言説を文脈から切り離して理論的流行にしてしまっていることに批判的である。

また各大学レベルのシンポジウムも継続しており、二〇〇一年三月カリフォルニア大学バークレー校中国研究センターが主催した「現代中国の記憶とメディア」から、二〇〇六年二月ワシントン大学で行なわれた「文化大革命の歴史は可能か？」に至るまで、数々の報告が行なわれている。ともに「記憶と歴史」上欠くことのできない要素が文革研究に導入されて、再考が活発化していることを示すものである。二〇〇一年には、「ノスタルジアの消費――知識青年の写真と記憶の政治学[21]」と「姜文《きょうぶん》〔ジアン・ウェン〕の『太陽の少年[22]』――文化大革命の追憶[23]」が発表され、二〇〇六年には前述のモボ・ガオが「記憶とアイデンティティと文革史の構築[24]」を発表した。

さらに、「文革展」の開催も伝えられており、前述のワサーストロムは一九九九年インディアナ大学において、またスティーヴン・ハレルとデイヴィド・デイヴィスは二〇〇二年ワシントン大学バーク・ミュージアムにおいて、研究者の注目に値する展示を行なっている。モボ・ガオは、二〇〇二年の文革展について、主催者の意図と来場者の受け止め方のズレを分析している。「異常な時代の日常の暮らし」と題されたその展示会場には、当時の激烈なスローガンの書かれたライターや茶碗やバス乗車券などが、ほとんど説明なしに陳列された。ごく普通の生活用品にまで刻印されたイデオロギーの言語を提示しながら、モノ自体に語らせる展示だったのである。展示全体のタイトルだけが、「当時の中国における普通の人びとの日常生活を見せる」という主催者の意図を辛うじて伝えていた。しかし、会場に置かれた参観者用ノートへの記帳内容から判断する限り、そうした主催者の真意は見逃されたらしい。それ以上に、その文革展が批判性に欠けていることにたいして参観者が不満や非難の声を寄せている、という点にガオは注目する。主催者の意図からズレたそのような受けとめ方は、文革をホロコーストと同等の悲惨な出来事と位置づけ、それを糾弾することこそが政治的に正しい《ポリティカリー・コレクト》という、現在的アメリカ的文脈において解釈されていることを示している。

以上のように、「文革」を「記憶」という視点から論じる際の共通の傾向として、「差違」「日常」「多元性」「普通の人びと」への注目があげられる。このような一連の動きや研究の進展のなかで、先行研究として特に二篇の論文をとりあげて詳細に検討したい。

2　回想録分析と「文革の記憶」のエスノグラフィー

とりあげるのは、以下の学位論文である。(25)

(1)「証言として書く――中国の文化大革命に関する回想記」は、一九八三年上海の医科大学を卒業したスラン・ダイが二〇〇一年にカナダのヴィクトリア大学に提出した修士論文である。

(2)「紅なるものの記憶――一九九〇年代後半における文革の記憶とノスタルジア」は、先述のシンポジウムや文革展との関連で既に言及したデイヴィッド・デイヴィスが、二〇〇二年ワシントン大学に提出した文化人類学の博士論文である。彼は地元ミネソタの大学を卒業後、四年間中国や日本に滞在し、帰国後ワシントン大学での修士課程を経て書き上げた。

これら二篇の論文は、記憶や回想という問題意識を本書と共有する先行研究といえるが、これらが何を成し何を成さなかったかを批判的に検討し、その上で本書をどう位置づけ何を成すことを目指すのかを明らかにしたい。

(1)は、これまで現代中国の回想録に関する研究はほとんど行なわれていない［Dai2001：1］として、「回想録」と「文化大革命」という二つの主題に取り組んだ論文である。中国で文革を目撃し体験し生き残った中国人が、八〇年代、九〇年代に書いたもののなかから、中国以外で出版された英語の回想記一三冊、中国国内で出版された中国語の回想記八冊をとりあげて比較分析している。その試み自体には新しさがあり、同時期の同類出版物の内外比較、というのも興味深いテーマである。

しかし大きな問題として、少なくとも二点を指摘しなければならない。まず第一に文献の選択と提示の仕方についてである。英語／中国語二つのカテゴリーにおける対象文献の選択についてなんら基準のないまま、両者ともに文革を扱っているために比較分析できる［Dai2001：1］と前提されている点である。研究の対象を文革全期を体験し、被害者でも加害者でもあった紅衛兵世代の書いたものと設定し、さらに犠牲者としての自画像がその特徴であるとしながら［ibid.：5］、巴金のような年配作家の『随想録』が含まれていることにたいする説明がない。分析対象となった中国語文献はほとんどが男性作家によるもの、英語文献は非職業的文筆家でしかも一三冊中一〇冊までが女性によるもの、という顕著な違いがみられるが、それが偶然なのか恣意的選択によるのか、あるいは両グループの特性を真に代表しているといえるのかは、明らかにされていない。

さらに、回想録の「真実性」という問題がある。回想録は歴史記録とは異なるジャンルに属するものである［ibid. 6,75］という立場で、むしろそれを認識するための論文であるとダイは述べている［ibid.：7］。しかし結局は、「真実」を軸に回想録を論じ「その語りはどれだけ真実に近いか?」［ibid.：107］という問題意識にとらわれている。中国内外の回想録の違いは、さまざまな制約のために真実を語り尽くせない中国と、自由であるがゆえに事実に即して文革の邪悪性を暴くこともできれば、欧米読者への迎合もできてしまう海外、という新鮮味のない対比に終わっている。

(2)のデイヴィスの論文は、本書と基本的問題関心を共有し、多くの点で参照すべき先行研究である。一九九八年の中国における文革の記憶の作業についてのエスノグラフィー［Davies 2002：13］であり、元知識青年を対象とした、現在の社会的文脈、社会的個人的日常実践という観点からの記憶研究でもある。一九九八年は文革期の下放開始三十周年の年とされ、元知識青年たちの回顧的活動が全国的に活発化する契機になったと言われる。[26]また、改革開放政策開始二十周年の年でもあった。[27]そのさなか、南京や上海において実際の活動に参加し、関係者のネットワークをもとに元下放青年らに直接聞取りを行なった、一次資料としての価値は高い。具体的な調査対象は、量的地理的にごく限られた範囲にとどまるが、その類型的網羅性は評価すべきである。すなわち積極的に記憶を語り語らせる者とそれに批判的な者、国家によって文革叙述を勧められ認可される者と禁じられる者など、同時代を生き類似の体験をした者の間の差違が浮き彫りにされる。以下、デイヴィス自身の表現を借りながら調査概要と成果をまとめ、続いて本書が見出したデイヴィス論文の意義を提起する。

• デイヴィス論文の対象と方法

デイヴィスの具体的な調査対象と方法については、以下のように大きく分けられる。①参与的観察、②文献調査、③関係者にたいする聞取り調査（個人、集団）の三種類である。

例えば、一九九八年九月南京市で行なわれた「国際花博」の展示会場の一隅に「下放の記憶」の展示ブースが設けられ、下放青年らが過ごした小屋のミニチュア復元や、毛沢東バッジ・毛沢東語録などが展示された。そこに通って展示品とその場に群がる人びとを観察し、それについて報じた新聞記事を調査し、来場者の声を聞き取り、さらに展示制作者への個別インタビューを行なっている。――①②③

同じ一九九八年の年末には、クリスマス・セールでにぎわう上海の大型ショッピングセンターで、書籍と写真の展示による「中国知青写真回顧展」が行なわれた。デイヴィスは、写真提供者がみずからの写真パネルの前に立って説明役を買って出るなど、会場が記憶をめぐる対話の場となっていることを観察し、関係者への聞取りを行なった。みずからもかつて知青であった主催者や来場者のみならず、この回顧展に批判的なグループにたいしても聞取りを行ない、彼らが書いた批評のなかの「政府が舞台を用意し、民間が歌い演じる」という、回顧展の脱政治化を批判した内容を紹介している［Davies2002：213-214］。――①②③

また、元下放青年らが下放先を再訪する際に同行し、彼らと現地の人びととの付合い方を観察し、お互いのやりとりを記録し、みずからも聞取りを行なっている。――①③

出版物に関しては、二冊の写真集がとりあげられている。『知青老照片』（天津百花文芸出版社、一九九八年）と『老知青写真』（上海文化出版社、一九九八年）である。最初の写真集は下放時代の写真を集めた前半と、元知識青年らが一人一ページずつ書いた文章を集めた後半からなる。ターゲットを元知青に絞って売り出し、三〇万部という異例の発行部数を記録したという。デイヴィスは、これが発売された一九九八年初期の二ヶ月間、南京の書店数店の協力を得て、店頭の写真集に「インタビューのお願い」のチラシを挟み込んだ。そして承諾の返事をくれた読者に個別インタビューを行なった。なかには、自宅で夫と子供のいるところで話を聞いてほしいと申し出た女性読者もいたという。さらに同写真集の出版者にも聞取りを行なっている。

二番目の写真集は、知青に関する本や写真集がそれまで「教育レベルの高い文人」しかとりあげておらず、知青時代を美化していることを問題視して、「本当の話、本当の出来事、本当の感情」［ibid.：167］を重視して編纂されたものだという。一九九八年初めに新聞紙上に広告を出して知青の写真を募集し、五千枚の写真と数千通の手紙と数百の物語を収集した。そのなかから選ばれた写真と文章を、必要に応じて推敲して本人に送り返し、承諾を得た上で掲載したものである。デイヴィスは、上記のような情報をその写真集の編集長へのインタビューによって聞き出す一方、写真提供者にもグループ・インタビューを行なった。しかし、参加者の表現力の乏しさもあり、同席した編集長が代弁する場面が多くなったことから、あらためて写真提供者同士の座談会という形式に変えて、その内容を記録した。――②③

その他の出版物に関しても、近年文革関連の出版物を数冊出したという中国文聯出版社の編集者にインタビューして、出版の可否の判断に関する聞取りを行なっている。また、一九九八年に大手出版社からの依頼で『生死悲歌』を執筆し出版した元知青とその出版に関係した編集者や仲介者への個別インタビュー、何百枚にもなる原稿を書いて出版社を回るがどこからも断わられている元造反作家への単独インタビュー、などの機会にも恵まれた。前者は新たに出版される知青本にも一篇の文章が載せられている。こうして、公けに認知された文革叙述と禁止されたものとの事例が比較される。――②③

出版された知青本とその執筆者たちに関しては、出版記念サイン会が実施され、デイヴィスはその観察、関係者・来場者への聞取りも行なっている。その他、南京のケーブルテレビで放映された知青に関するドキュメンタリー、下宿の家主やタクシー運転手との会話など、あらゆる機会を情報源とした豊かなエスノグラフィーを提示したところに、デイヴィス論文の特徴がある。そしてそれが一九九八年に可能になったのは、語る意志を持った人びとと語るべき内容が豊富に存在したからに他ならない。

• デイヴィス論文の結論と成果

以上の方法にもとづいて、デイヴィスは、下放開始三十周年行事としての元知識青年らの活動を社会経済的・政治的文脈への民族誌的注目によって検証し、「ノスタルジック」とされるそれらの活動が、いかにして記憶の枠組みと可視化の機会とを提供したかを示したのである。ノスタルジアは、政治との複雑な関連を避けて歴史を個人記憶にずらすための意図的戦術として利用され、国家の歴史が課す厳しい制約との交渉を通して、個人が過去の価値を見出すための手段となった［Davies 2002：123］。過去の犠牲が意味づけられ、歴史的貢献の価値が見出され、これらの意味を子供や友人と大っぴらに共有することが可能になったのである。またそれによって、現在の中国における雇用機会、階層、権力の社会経済的転換のあり様が明らかにされ、現在の困難を批判する記憶のモードが与えられたことも明らかになった。

デイヴィスによれば、「ノスタルジック」として批判される元知識青年の語りや活動は、国家に検閲されにくい方法で歴史を個人記憶に変位し、否定された過去を自分史のなかで意味づけ、現在を批判する意図的戦術ということになる。「未来を志向する強い主体」からは否定されるしかなかった感情の共有が、「過去にたいする現在からの再構成」という記憶の枠組みの下で読み直される。こうしたノスタルジアの積極的な側面の再評価以外にも、デイヴィスの論文がもたらした記憶にもとづく文革研究の成果は少なくない。

まず第一に、記憶は単に過去の経験やエピソードを思い出すことではなく、何がどのように想起されるかは、その時々に共有されうるカテゴリー次第である［ibid.：25］という指摘、ならびに、記憶には「過去の出来事が明かされる」という側面と、「その語られ方が社会的文法として働く」［ibid.：9］という側面があることの指摘は、とりわけ重要である。すなわち、たとえ過去の出来事の「証言」として語られたとしても、現在共有可能なカテゴリーや枠組みによって語るしかなく、また一度そうして語られ社会的に共有された文革の記憶は、その語り方自体が、それに続く語りに規範的作用を持つことにもなるのである。こうした指摘によって、文革研究に新たな困難が加わることが想定される。すなわち、「階級闘争」という語が意味のなくなった時代にどうやって階級闘争を説明するか、社会的に認知された過去と現在をつなぐ枠組みの不在による困難という問題である［ibid.：10-11］。「貧農」や「労働者」というカテゴリーの社会的意味が一変してしまった後では、当時の栄光は現在通用する他の説明によって記憶されなければならない［ibid.：137］。言い換えれば、過去が完全に「歴史」となり、過去の記録が制約なく入手可能となり、価値判断に左右されることなく対象化できる時が来たとして、その時それを当時の語彙とカテゴリーと枠組みのままに理解する可能性は、いっそう遠のくのである。歴史的説明と物語的理解の間の認識論的断絶［リクール1983=1995：166］という問題はますます大きくなる。そしてそれは、国家権力による言論統制だけに帰すことのできない問題なのである。

また、デイヴィス自身はふれてはいないが、彼の研究には下放と文革の関連や時期区分への問題提起という意義がある。たとえば、元下放青年らの回想の語彙のなかに、当時の人間的触れ合いの素晴らしさを語る「熱情」という言葉があるが［Davies 2002：102］、それは初期の紅衛兵運動に典型的な革命的情熱とは全く異なるものである。むしろそのような、文革の教条的要素が破綻した後だからこそ生じた人間味が回顧されているといえる。だとすれば下放はポスト文革であり、また逆に下放期全体を文革に含めるとすれば、彼らが都市に帰還するまで文革に終わりはないということにもなる。いずれにせよ元下放青年らの記憶を主題化することは、文革を「十年の動乱」として一括りにすることの虚構性を暴き、文革の記憶の個人化を進めることになる。

四　本書の位置づけ

1　デイヴィス論文との差異

本章冒頭で述べたように、本書を従来の文革研究の分類に即して位置づけるとすれば、文革の性格や起源・背景への問題関心を共有しながら、それを発動する側からではなく、社会の側からとらえようとするものである。そして「回想録」という形で表出された個人記憶を、国家や指導者の言説との相関において分析対象とし、特に文革発動以前から長期にわたって「改造」や「批判」や「打倒」の対象となってきた知識人の記憶に焦点をあてる。いったんは個人化された記憶が、プリント・メディアを媒介として共同化されるプロセスを通して見た、「文革」の現在からの構築と共同化が、本書独自の問題設定である。

先行研究(1)のスラン・ダイ論文に関して指摘した、文献の選択と提示に関する不備、回想録を扱いながら「真実性」の問題に帰着してしまう危険性は、本書にとって直接関連のある問題であり、先行研究の失敗から学ぶべき重要なポイントとなった。ここでは(2)のディヴィド・デイヴィス論文について、多くの問題意識を共有しながらそれゆえに明らかとなった本書とは異なる以下の三点を中心に総括し、最後に、それらとの関係で本書が占める独自の位置づけを明らかにする。

(1) カテゴリー

既述のとおり、デイヴィス論文の対象は元「知識青年」、いわゆる下放青年というカテゴリーである。一九六六年以降に中学・高校を卒業するはずだった年代で、一九六八年十二月から盛んになった「上山下郷運動」のため都市から地方へ移り住み、ポスト文革期に帰還した男女が、その体験を三十年後いかに回想し、その記憶をいかに表象し、それがどのような反応をもたらしたかを記述したものである。彼らの多くが中学・高校で参加した「紅衛兵」運動についての記述ではない。彼らは「紅旗の下に生まれ～」と称されるとおり、中華人民共和国成立前後の生まれで、成長期に飢餓の三年間を過ごし、文革期の下放によって教育の機会を逸し婚期を逃し、遅ればせながら子供をもうける時期には「一人っ子政策」の制約を受け、中年になるや改革開放・市場経済の影響で真っ先にリストラの対象にされた［Davies 2002：206］——という語りに代表されるように、彼らの回想は、文革期と改革期との間の断絶を超えた建国以来の国家の歴史と関連づけてフレーミングされる。「紅衛兵」後の体験とはいえ、広範な青少年に及んだ文革の記憶の一つの典型である。

それにたいして本書では、知識人というもう一つの典型的カテゴリーの記憶をより重視する。これについては、前章でも述べたとおりであるが、本章の最後で再びその意義を確認する。

(2) 「歴史決議」の受け止め方

そのような対象の選択と関連して、デイヴィス論文は「歴史決議」を「文革徹底否定の明文化」という明瞭さにおいてとらえてはいない。むしろ「歴史決議」が際立ってあいまいな文書（strikingly vague document）であるということを強調する。

文革という出来事の規模と期間を考えれば、その文書のあいまいさは際立っている。詳細な検証などではなく、中華人民共和国にたいする毛沢東の貢献を、七割は正しく三割は間違っていたなどというような……あいまいな分析しかない。［Davies 2002 : 6］

一九九八年九月南京市で開催された国際花博において、下放青年らが過ごした小屋の復元ミニチュアや、毛沢東バッジ・毛沢東語録などを展示した製作者は、デイヴィスのインタビューのなかでこう言っている。「文革が全面否定されているのは確かだ。それははっきりしている。しかし、知識青年の期間については、はっきりとした歴史的結論が出ていない」［Davies2002 : 99］。そしてデイヴィス自身も述べる。

「歴史決議」は、知識青年の体験について明示的な結論を提示してはいない。だからこそその時期についてとりあげることが可能だったのだ。［ibid.99］

すなわち、元「知識青年」というカテゴリーに焦点を当てることで、「歴史決議」はあいまいな結論とみなされ、そのあいまいさゆえに文革タブー視の一角をつきくずすことが可能になったという解釈が示される。では、「歴史決議」のあいまいさとは、具体的にどのようなものと受けとめられているのであろうか。

下放時代に知識青年の悲しさと諦めを詩に書いて逮捕された青年は、一九九八年という年に自伝の執筆を依頼され、それが大手出版社から『生死悲歌』として出版された。その著者はデイヴィスのインタビューのなかで次のように言う。「問題は、この歴史決議を実際上どう扱えばいいのかわからないということだ。その考えを実行するにはどうすればいいのかがわからない。だからみんなナーヴァスになる」[Davies 2002：240]。

第三章二で示すように、本書では「歴史決議」を、文面のみならず提示の仕方からも、文革にたいするそれ以外の解釈や議論を許さないという強権性においてとらえる。それゆえに、個人記憶にとっての決定的な枠組みとなるとともに、逆に抵抗を生み、またその強固な「徹底否定」の呼びかけを隠れ蓑とした言説も生まれうるのである。

(3)　エスノグラフィーという方法論

デイヴィス論文は、一九九八年前後の数年間中国に住み、ネットワーク作りとラポール（親和的関係）の形成に時間をかけた上で達成された成果であり、その豊かな民族誌的ディテールは貴重である。しかし文革の個人的／社会的記憶が現在の社会実践をいかに構造化し、またそれによって構造化されているかについての検証、社会実践における記憶の創発性についての分析とその研究方法の模索、という意図は、説得力ある形で達成されたとはいえない。また彼は、「エリートの回想」をその現状追随性ゆえに排除し、知青による記憶の作業は、国家の歴史が全面否定した体験からなんらかの価値を回復することによって現在を批判する [Davies 2002：84] と指摘するものの、それが、写真集への投稿や写真提供、回顧展への参加などを通して建設的な共同性に発展することは検証していない。ノスタルジアという感情の共有と、個人史における意味づけ以上のものがないとすれば、その批判性はいかにして担保されるのであろうか。

本書では、以上のような点も含めてデイヴィス論文の成果を批判的に継承するだけでなく、貴重な二次資料として、文革の記憶の言説化にかかわるさまざまな要因の分析に援用する。その意味で本書にとって特に重要なのは、文革関連出版物の出版に関連するさまざまなアクター（生産者、編集者、出版者、読者）への聞取りであるが、それ以外にも、たとえば元下放青年らの下放先再訪の旅への同行記録からは、知識青年と農村青年との間の格差や認識のずれが明らかにされるなど、多くの発見が得られる。

2 「知識人」対「大衆」という対立軸

デイヴィスは、元「紅衛兵」ではなく元「知識青年」の記憶を論じて「歴史決議」のあいまいさを読み取り、それによって、文革を「動乱」と規定して全面否定することから抜け落ちるものを発見する。そして、「国政上の陰謀や指導者の誤りに照準する国家の語りも、もっぱら個人の苦しみばかりを書き連ねる回想文学も、ともに当時の日常を生きた何百万という中国人の参加の事実をないがしろにしている」[Davies 2002：83]と言う。文革に参加した大衆の役割について、共有された歴史が沈黙するなかで、個人的体験の回想としてしか明言化できないのは、過去の歴史的出来事を表現する枠組みが社会的に共有されていない[ibid.：84]という問題でもある。主に知識人が体験した苦難と暴力を並べ立てることは、毛沢東時代の過剰な国家権力を批判するという意図にもかかわらず、過去の混沌の例とされ、そこからの脱却を促すことで現状の国家経済政策を支持することになる[ibid.：83]という面も、なくはなかろう。

しかし、彼の言う「エリートの回想」が「文革期の暴力や苦しみを描写することで、公けの見解に寄り添いながら民間の物語としての地位を要求する」[ibid.：84]という点は検証の余地がある。エリートの回想と国家の言説との共犯関係は、エリート・知識分子vs大衆という排他的二項図式によってではなく、具体的文献と文脈に沿って検討すべきであろう。両者を互いに排他的にとらえ、大衆の文革を重視することでエリート・知識分子の回想を排除するという二者択一に陥るべきではない。

デイヴィスの記述に見る限り、彼自身も、また彼がインタビューした人びとの多くも、なおざりにされがちな「大衆」や「普通の人びと」にこだわり、成功物語に反映されない失業や貧困という現状にたいする批判性を重視する。しかしそこで言う「大衆」や「普通の人びと」とは、実は都市の市場経済の下で新たに生じた階層のなかで低い位置におかれた人びとと、全体社会のなかで劣位にある人びとと、とほぼ同義であることが明らかになる。そして「成功者」との対比において自分を「普通」と位置づけ「大衆」を代表する資格があるかのように振る舞う人びとも、下放先再訪で農民と対比されるときの元知青のように、その位置も資格も決して固定的に安泰ではない。「文革の再構成は、普通の人びとの本当の経験にもとづくものでなければならない」と異口同音に言われ、「上海知青回顧展」を主催した元知青も、自分を「普通の人」と定義している。しかし彼は回顧イベントを主催したことでその成功ぶりが可視化されることになり、夕食に立ち寄った地元の小さな食堂で、その店主から「成功者」と羨ましがられて当惑する［ibid.：216-217］。

デイヴィス論文には、前掲の二冊目の写真集『老知青写真』の編集者の言葉として、次のような知識人批判が引用されている。

> 文人の書いた本は大多数の知青の体験を無視した書き方で過去を描く。成功者たち、教育のある者たちは、文革の体験を歴史にしてしまおうとする。
> 過去を現在から分断し、封印し、ひいては抹殺してしまう。……そうすることによってはじめて彼らは、その後に続く生の経験的基盤としての歴史に依拠することができる。
> 普通の人びとにとっては、明らかに過去は歴史ではない。過去にとらわれずにすむ文人とは違って、文革の体験は普通の人びとの生活に影響を及ぼしつづけている。つまり、過去は記憶として、時間を超えて連続性を打ち立てる何かとして経験され、思い出されるときには現在に戻ってくるものだ。過去は語り終えることのできない物語だ。［Davies 2002：168］

これは、文人なる者がどのように認識されているかに関する興味深い発言であるが、過去にとらわれずにすむことが文人の特権であるかどうかは議論の余地がある。自分自身が作家でありながら、沈黙する名も無き「普通の人びと」の聞取り収集にこだわった馮驥才《ふうきさい》（フォン・ジツァイ）［ibid.：168-170］の例も挙げられている。発表や出版の機会に比較的恵まれたエリートや知識分子が、特権階層として特別視されるのは当然といえるが、しかし、何をどのように語れば「普通の人びと」の文革を語ったことになるのであろうか。「普通の人びと」の体験記や回想集であっても、「著者の動機やイデオロギーに還元されてしまっている」という批判がありうる［ibid.：173］。馮驥才の体験者インタビューも、馮の文学的表現による語り直しだとされる［ibid.］。出版できない元造反派の物語は、そもそも「普通の人びと」とは程遠い限られた者たちの物語である［ibid.：270］。知青の記憶も現在成功者とされる者の語りでは、「普通の人びと」を名乗る資格はないことになる。

要するに「大衆」も「普通の人びと」もア・プリオリに存在する自明のものではないのである。しかもエリートや知識分子にたいする固定的な捉えかたとの対比において、「大衆」や「普通の人びと」への過度な傾斜が見られるのであり、それは、まさに文革期の言説様式の残滓ともいえる。日本においても、当時の文革評価には、実権エリート打倒や知識人迫害の凄惨さを軽視して、大衆を立ち上がらせたスローガンと運動論を讃美するものが多かった。そしてそれを行なったのは、大衆自身というより知識人であり、相対的エリートに他ならなかったのである。

大衆とエリート・知識人の問題は今なお問い直す価値があり、本書はそれを中国大陸の知識人という当事者カテゴリーの側から、個人記憶のテクストとそのコンテクストの分析、および受容のされ方を通して考察する。そして、一見国家の言説にすり寄る共犯性が疑われるにせよ、当時の大衆の参加についての説明が欠落しているにせよ、そこには独自の批判性が読み取れることを明らかにする。それは作者である知識人やそのテクストの個別の実在を超えて、個人の記憶が出版メディアを通して共同化されるプロセスのなかでこそ意味をもつ批判性である。要は、「知識人エリートの回想」か「大衆の本当の体験」か、あるいは何が書かれ何が書かれなかったか、というだけの問題ではない。本書では、第一章二で述べたように、コンテクスト分析と受容論を加え、特定のテクストが言説空間の編成のなかでどう読み解かれてどのような意味が生産されたかによって、その意義と限界を考察する。そうした観点が、本書におけるデイヴィス論文との最も大きな違いといえよう。

第三章　文革をめぐる言説の変遷

一　文革関連出版物の量的変化

1　出版物データのスクリーニング

中国国家図書館所蔵文献のなかから、文化大革命または文革／紅衛兵／知識青年または知青／上山下郷または下放をキーワードとして検索された中国語文献の総数は優に千を超える。[(1)] そのなかには、これらのキーワードがタイトルに使われてはいても対象化・主題化されているわけではない文献も大量に混入する。たとえば、「五四」時期[(2)]の知識青年に関する研究書や毛沢東の知識青年論についての論文、文化大革命時期の外交政策や同時期に発掘された遺跡などに関する書籍などである。文革期は正規の学校教育が停止したため、後年知識青年向けに出された各種補習教材などもあり、それらもすべて「知識青年／知青」のキーワードで検出される。また「文革」というキーワードによる検索結果には、著者名に「文革」の付くものが相当数含まれる。力学原理の仇文革、生命保険の朱文革、服装心理学や糖尿病の王文革、法律学の彭文革や曾文革……といった多くの著者たちは、恐らく文革時代に生まれて名づけられ、文革が否定された後も生涯その名を背負うことになった人びとであろう。それらをすべてを除外してスクリーニングし、第一章三1で説明したとおり、文革終結宣言の出された一九七七年以降、中国大陸で出版された活字印刷媒体のノンフィクションに限定する。二〇〇六年分に関しては、二〇〇六年末現在まだ未入力のものがあるため二〇〇五年までのデータを採用することにすると、抽出された文献総数は計一五〇点であった。ここには香港・台湾で出版されたもの、外国語からの翻訳書、小説などのフィクション、および映像資料は含まない。

文革の体験を忠実に再現した一人称の小説も多く、小説と回想やドキュメンタリーの境界はそれほど明確ではない。タイトルと国家図書館の所蔵分類だけからは判断しかねるので、できるかぎり原書にあたって判別した。たとえば出版時「報告文学」と銘打って出されたものについては、当事者による「報告」という側面を重視してノンフィクションとして扱い、対象文献に含めた。一方、梁暁声《りょうぎょうせい》（リアン・シアオシェン）の『一個紅衛兵的自白』〔ある紅衛兵の告白〕は、作者自身が「純粋小説ではありません。ほとんど虚構の部分はありません」〔梁1991：原作者からの序〕と明言しているにもかかわらず、小説というジャンルとみなして除外した。理由は、作者は一人称の語り手でもある「私」をあくまでも「主人公」と規定した上で、「主人公は私だ」と述べていること、また作者の関心が、当時みずからが抱えた内面的矛盾、すなわち「造反有理」の特権を享受する革命的理想主義と、人道主義・人間主義との分裂という問題にあり〔梁1998〕、それを文革中の出来事の変遷を通して描くという文学的テーマ性を持っていること、また明らかな文学的脚色が数ヶ所指摘されていること〔梁1991：292〕、などである。

また国家図書館によるデータ入力に関して、文化大革命または文革、紅衛兵、知識青年または知青、上山下郷または下放などの分類の精度や網羅性はここでは問うべくもない。国家図書館のシステムがそれぞれのキーワードに関連づけた、という事実から出発するしかない。それを前提とした上での分類・調査である。たとえば、馮《ふう》驥才《きさい》の監修した一般人による文革の回想集『一百個人的十年』〔百人の十年〕は、「文革」で検索した場合、一九九七年と二〇〇四年に出版された異なる書籍があげられる(3)。実は他の年にも出版された同名タイトルの書が複数あるのだが、それは「馮驥才」という著者名で検索しないと出てこない。本書での文献特定は、あくまでも前記のキーワードによる検索であるので、そこに漏れたものについては対象とはならない。

逆に同じ著者の同一タイトルの書籍が複数検索された場合には、重複とみなさずそのすべてをカウントする。鄧小平《とうしょうへい》の娘毛毛《もうもう》（マオ・マオ）による『我的父親鄧小平——文革歳月』〔わが父鄧小平——文革の歳月〕は、二〇〇〇年に二件入力されている。出版年も出版社も同じであるが、一方は専著として「中文図書基蔵庫」「書刊保存本庫」「古籍館中文図書借閲室」に、もう一方は地方史として「国情史料室」に所蔵されている。これらは二点としてカウントする。(4) また李輝《りき》（リ・ホェイ）主編の『滴血的童心——孩子心中的文革』〔血を流す子供心——子供たちの心のなかの文革〕は、一九九〇年の初版と一九九六年の再版の両方をカウントする。また同書初版の奥付に記載された出版年月は一九八九年七月となっているが、国家図書館の所蔵記録の入力は一九九〇年である。そのような場合も、国家図書館側の扱いどおりとする。学位論文に関しても、大方大学院に提出・受理された年が国家図書館の入力年と一致するが、ずれる場合には国家図書館が入力した数字に従う。

こうして抽出された一五〇件のサンプルにたいして、まず「出版年」ごとの単純集計、著者名欄に現われた名義分類、ジャンル別分類、テーマ別分類、さらにそれらの分類ごとの集計などを行なう。

2　執筆主体の変化とテーマ／ジャンル別出版物の推移

一九七六年の毛沢東の死去、「四人組」逮捕に続き、翌七七年八月には文革終結宣言が出された。その一年後には、「傷痕文学」と呼ばれる小説群が、『文匯報』などの新聞・雑誌に次々と発表され始めた。精神的傷痕を描くだけでなく、文革以前の歴史の回顧と見直しまで含む「反思文学」が登場するのは、その翌年一九七九年からであった〔中国文芸研究会2003：151〕。映画はもっと反応が速く、一九七七年には、毛沢東死去の機に乗じて権力を握ろうとする「四人組」にたいして、不屈の闘いを挑む工場労働者の姿を描く作品『十月的風雲』〔張一監督1977〕が製作されている。七八年以降は、「四人組」失脚後の冤罪処理に奮闘する農村の党委員会書記の物語『泪痕』〔涙の痕〕［李文化監督1978］、ある著名な科学者の文革中の迫害を通して、広範な知識人と人民が果敢に「四人組」と闘う『苦難的心』［常甄華《じょうしんか》監督1979］、恋人同士が紅衛兵の分派闘争のなかで対立してゆき、ついに悲惨な死を遂げるという鄭義《ていぎ》（ヂョン・イー）の小説を映画化した『楓』［張一監督1980］など、文革中のエピソードを題材とする作品が続々と製作された(5)。『中国電影年鑑』に掲載された一九八一年の映画シナリオ・リストによると、「十年の動乱〔＝文革〕」と〝四人組〟との闘争」を題材とした作品は、合計二一本に上っている。その数は、当時の二大テーマであった「革命歴史」や「歴史」に匹敵する量である。

ところが、本書が対象とするノンフィクションの文革関連出版物については、一九八一年に辛うじて一点出るが、それ以後また途絶える。文革に関して、ノンフィクションの形でふり返って論じ研究するまでには、長い沈黙があったのである。これが何を意味するかは本章二で「歴史決議」の意義とともに考察する。

まず一九七七年から二〇〇五年までの量的変化を、以下のジャンル別、テーマ別の分類によって見てみる（巻末の文献表1、文献表2、次頁のグラフ1参照）。

〈ジャンル別分類〉

0　データ、記録、年表などの史料
1　研究書
2　解説、評論
3　ドキュメンタリー(1)事件
4　ドキュメンタリー(2)人物
5　史話
6　回想記、回想集

7　インタビュー
8　笑話集
9　日記
10　図鑑
11　学位論文

〈テーマ別分類〉
0　文革全般
1　知識青年
2　紅衛兵
3　徹底否定
4　武闘、迫害、冤罪
5　文学
6　その他

上記分類に関しても、ドキュメンタリーと回想記の違いなど、微妙な場合が少なくない。本書で扱う「回想記」は、「当事者性を明示的に主張して一人称で語られた個人記憶」を基準に抽出してはいるが、そこにはみずからの直接的体験だけでは知りえなかった知識

グラフ1　文革関連出版物ジャンル別出版数推移（1977-2005）

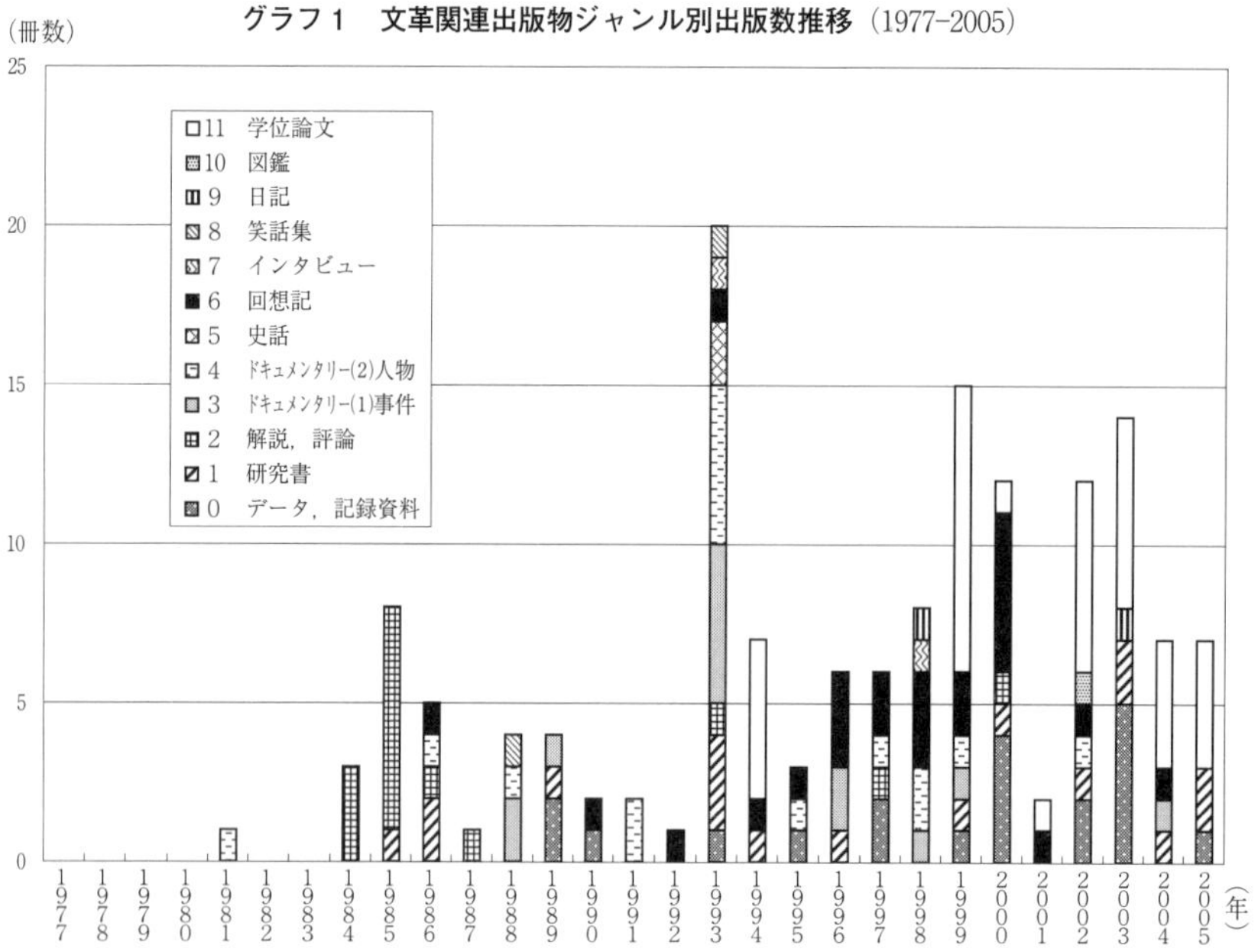

や、分析的な考察が加わることもある。個人的記憶にもとづく割合と、文献調査や聞取りに依存する割合を考慮し、前者の比重が高いものを「回想記」とみなし、後者の比重が高いものを「ドキュメンタリー」とした。

ジャンル別では学位論文の三六点が最も多いが、書籍としては回想記の二四点が最高である（全書籍中二一・〇五％）。ドキュメンタリーは、出来事に関するもの一三点、人物に関するもの一六点で、合計すると二九点である（同二五・四四％）。この二大ジャンルに次ぐのがデータや記録などの史料二〇点（同一七・五四％）、研究書一七点（同一四・九一％）である。史話、笑話集、日記も各二点ずつ出ている。テーマ別分類では、テーマを特定できない文革全般に関するもの七三点を除くと、最も多いのが「知識青年」の二三点で、「紅衛兵」の九点とは大きな差である。次が「武闘、迫害、冤罪」に関するもの一六点で、被害者体験、あるいは犠牲者にたいする追想が主な内容である。「徹底否定」の一〇点は一九八〇年代半ばに、また文革中の地下詩歌など文学を論じたもの一一点は二〇〇〇年以降に偏る。

年ごとの出版物総数は〇～二〇点で、最初のピークは一九八五年の八点、その後が最も大きなピークである一九九三年の二〇点となっている。次が一九九九年の一六点であるが、このうち九点は学位論文である。学位論文を除いた数値で見ると、三回目のピークは二〇〇〇年の一一点（＋学位論文一点）であろう。それぞれのピーク時の中心的ジャンルとテーマは、一九八五年が解説書と「徹底否定」、一九九三年がドキュメンタリーと「武闘、迫害、冤罪」、二〇〇〇年が回想記[6]および記録・データと「文革全般」である。

年ごとの出版総数に関して、日本や英語圏の情況と比較してみると[7]、日中米三地域ともに文革関連の出版物が最も多かったのは、文革のさなかであったことがわかる[8]。日本では一九六七年から七二年まで、英語文献では一九六七年から七六年までの間に、年間二〇～三〇点の規模の出版が見られた。日本では一九七五年以降一気に落ち込むが、英語文献では文革の終結宣言後も七八年や八〇年には二桁台の出版物が出されていた。その後、八〇～九〇年代を通して日本語・英語文献ともに一桁台に落ち着く。日本の場合は年間二～三点あるいはそれ以下という状態が長年続いているが、英語文献は一九九六年など節目の年には再び二桁に達したりする。

それと比べても、中国大陸の出版総数が極端に少ないわけではない。むしろ年毎の量的変化の激しさ、あるいは質的変遷の内容に着目する必要がある。同時期の全国出版点数は、一九七七年の一万二八八六点から二〇〇三年の一九万三九一点まで、二六年間に約一四・八倍と、ほぼ直線型で上昇しつづけていることが『出版年鑑』に報告されている。そんななかで、文革出版物の量は乱高下が激しい。そのような年次出版総数の量的突出、また執筆主体の集団から個人への変化、新しいジャンルやテーマの出現、などを画期的変化として着目すると、以下のような時期区分が可能となる。

第一期　一九七七〜八五年
第二期　一九八六〜九二年
第三期　一九九三〜九八年
第四期　一九九九〜二〇〇五年

以下、それぞれの時期の特徴を記述する（〔　〕内の数字は、巻末の文献表1「文革関連出版物リスト」中の通し番号を表わし、数字と数字の間の点線…は、その間に省略された数字すべてが該当することを意味する）。

【第一期一九七七〜八五年】〔1〜12〕（〇〜八点／年）

この時期は、前半における文革関連出版物の圧倒的不在と、後半になっても個人著者名の不在が大きな特徴である。後半の八四、八五年に文革「徹底否定」を呼びかける解説書の集中的出版が見られることも、第一期独特のものである。

一九八一年に初めて出た文革関連出版物は、国務院の「知識青年」担当部門が編集した『真実的故事――上山下郷知識青年先進人物選集』〔真実の物語――下放知識青年の先頭を行く人物選集〕〔1〕と題するものであった。そこでは、一九五八年以来の共産党の呼びかけに応じて農山村に下放された若者のなかから、各省や地区の知識青年担当部門によって選ばれた模範的な人物が称えられている。時期的には文革の年代も含まれてはいるが、中心は彼／彼女らの農耕と労働での奮闘振りである。

一九八四年になってようやく「文化大革命」を標題に掲げた書籍が三点出されるが、それらはすべて「徹底否定」をテーマとする解説書である。うち二点は山東省の党委員会宣伝部と江蘇人民出版社編集によるもの［2、4］、残る一点［3］の編著者名は個人であるが、党史研究家として著名な金春明《きんしゅんめい》（ジン・チュンミン）である。翌八五年には出版総数が八点に増えるが［5…12］、七点まではやはり「徹底否定」解説書で、著者名の大半は党史研究室や政治学院編集室、出版社などである［6、8、9、10］。残る一点は初めての研究書『〝文化大革命〟論析』［11］であるが、著者名はやはり党史研究家の金春明となっている。

【第二期一九八六〜九二年】［13〜31］（一〜五点／年）

第二期の始まりは、一九八六年に著者欄に個人名が並び、文化大革命の歴史叙述的研究書［15］と経済学的研究書［14］が出されたことによって特徴づけられる。初めての回想集も同年に出された［13］。この回想集『好儿女志在四方』（好青年の志は四方に）は、一九六五年八月に山西に下放され七一年に鉱山労働者になった者など、文革以前の知識青年も含めて、合計四四人の青年男女の体験報告集である。北京、天津から山西省に下放され現地で働き続ける元知青たちが結成した報告団が、一九八六年に北京や山西、天津、上海などの都市に向けて何回かにわたって体験報告を行なったことが社会的な反響を呼び、その際の報告や発言を集めた本が同年に出版されたのである。著者名には個人名があげられているが、編集主体は山西省の担当部門の職員数名だという。都市と農村、沿岸部と内陸との間に大きな格差があることを認識し、祖国の求めに応じてみずから志願し、地方支援のために農耕や建設、教育などに従事した青年たちの報告である。文革発動後の体験も含まれてはいるものの、政治運動としての熾烈な側面は描かれていない。「知青の下放」は、長期にわたる祖国建設のための奮闘の連続性を、理想と信念、愛と友情などのポジティヴな枠組みの下で回想するためのカテゴリーとなっている。

一九八六年は文革終結十年目の年でもあり、それを記念して十年後の現状を論じる評論集も出された［17］。ただし終結十周年の文革をふり返るのではなく、あくまでも「改革解放」まっただなかの現在に軸足を置き未来を志向する内容で、それを鮮明にするために、文革終結から十年という時間的距離が使われている。

以降、ジャンルの幅も広がり、文革の時期を笑い話とともにふり返る『文革笑料集』［20］まで現われた。また人物録として、文革中の党指導者［29、30］のみならず、林彪《りんぴょう》（リン・ビァオ）の息子の花嫁候補に抜擢された元ダンサーに関するもの［21］なども出された。さらに貴重な史料として一九八九年には、文革中に党中央に宛てて書かれた「上書」を集めた本も編纂された［24］。

例えば、その『〝文化大革命〟上書集』に紹介された毛沢東宛て上書は、一九六八年に湖南に住んでいた農家出身の高校生粛瑞怡《しゅくずいい》（スー・ルイイ）が書いたもので、文革の派閥闘争がもたらした災厄を体験した上で、土地改革に関する提言、人為的階級闘争の廃止と個人崇拝の撤廃を求める意見など六点を訴える内容である。その結果、彼が反革命として断罪されたことを示す当時の顔写真入り指名手配書の様式も掲載されている。文革期を生き延びた彼が、一九七八年に改めて中共中央宛に書いた提議や、一九八八年になって二十年前の情況をふり返って書いた回想文なども添えられている。また、当時北京外国語学院四年生であった王容芬《おうようふん》（ワン・ロンフォン）は、「文化大革命は大衆運動ではなく、一人の人間が武器をもって大衆を動かしているのだ」として、中国共産主義青年団を脱退することを宣言し、毛沢東にたいして「あなたは中国をどこへ引っ張って行こうというのですか？」と問う手紙を出した。彼女もまた「女政治犯」として迫害された。これらはともに後年、文革中の「民間思想」を発掘する研究者らによって、それぞれ「農村問題に関する考えは高い水準に達している。……中国が二十年後に実施した共同生産請負責任制は、大体においてこの考え方と同じである」、「文革批判の徹底性からいえば、当時としては得がたい貴重なものである」と評価されている［丁・謝1996］。そうした後年の研究自体、この「上書集」の出版によって促進されたといえる。

以上のように第二期の特徴は、執筆主体が個人となり、ジャンルもテーマも多様化するとともに大衆化の傾向さえうかがわれることである。しかし出版点数は毎年一桁台にとどまっており、しかも一九九〇年、九一年、九二年は、一～二点レベルに停滞する。そのような状況に大きな変化が訪れるのが一九九三年である。

【第三期一九九三～九八年】［32～81］（二一～二十点／年　論文は一九九四年のみ五点）

文革関連出版物に関して、文字どおり画期的な出来事は一九九三年の量的変化である。本書が対象とする文献だけでも二〇点に上り、八ジャンル、五テーマに拡がる。あらゆる時期を通して突出した数値である。第三期は、とりわけ回想録とドキュメンタリーの量的質的充実が顕著で、六年間の間に回想録一一点、ドキュメンタリーは出来事と人物に関するものを合わせると一七点が出版された。回想録については、本章三で詳しく述べるので、ここでは主にドキュメンタリーを中心に記述する。

前項で述べたように、第二期において、紅衛兵が初めてドキュメンタリーとして主題化され、その暗殺集団と化した残酷な側面［26］や、あるいは、全人類の解放と反米闘争を訴え国境を越えてベトナム支援に向かった紅衛兵の一群の活動など［22］がとり上げられていた。しかし第三期に至って、迫害や冤罪に関するドキュメンタリー［34、38、40、45、48、65、68、81］とともに、紅衛兵運動を正面からとらえたものが現われた［32、33、53、67、74］。第二章で紹介したデイヴィスの解釈によれば、文革の記憶が知識青年というカテゴリーを利用して語られ回顧されるのは、知青や下放の問題が「歴史決議」の触れない空白の領域だからであった。確かにテーマ別分類に見るかぎり、全期を通して紅衛兵よりは知識青年に関するものの方が多い。第三期においても二倍以上の開きがある。しかし紅衛兵運動についても、清華大学附属中学の有志が円明園で結成・命名した時点に始まり、ベトナム国境を越えた活動や、大陸内における嵐のような運動の盛衰を、彼らの心理にまで踏み込んで記録した書〔33〕が出版された。紅衛兵運動に関する考察や分析とともに「忘れられない出来事」の回想五六点を収録した書〔74〕も編纂された。それらに共通するのは「沈思」であり「懺悔」であり、あまりにも高くついた「崇拝の代価」にたいする悔いである。

また、文革中の冤罪や迫害について、出来事と人物両面からのドキュメンタリーが数多く出版された。特に知識人や党幹部については、文革中の「名人の死」「名人の獄」などとして北京の中央民族学院出版社から一九九三年にシリーズ化されて出されている。

この期のもう一つの特徴として、学位論文が登場したことがあげられる。一九九四年に修士論文二点、博士論文三点が初めて入力された。しかし、それらは「毛沢東の文革」を「教育」の問題や「反修正主義の思想と文革発動」「極左思潮」などの観点から、あるいは周恩来の役割を通して、考察したものであって、発動する側から、政治運動としての文革をとらえた研究であった。そうしたテーマや観点の偏重が打破されて、多様な研究論文が出現することをもって、第四期の始まりと見ることができる。それは一九九九年になってからであった。

【第四期一九九九〜二〇〇五年】〔82〜150〕(一〜八点／年　論文は一〜九点／年)

一九九九年は九三年に次ぐ量の文革関連出版物、計一六点が入力されているが、その過半数が学位論文である。それらの標題にもはや毛沢東の文字はなく、研究テーマの多様化が顕著である。第四期は何よりも学位論文の量的質的充実が大きな特徴といえる。また、これまで全期にわたって、記録やデータなどの史料がコンスタントに出版され続けていたが、第四期においても、再び地方の党委員会や中共中央組織部などが歴史資料としての文革の記録を編纂している。それと比べると、全期を通して研究書はやはり少ない。文革専門研究家の不在と、学位論文の詳しい内容については、次項で別途述べることにして、第四期のもう一つの特徴である文革関連「文物」

に関する書籍の出現にふれておく。

二〇〇二年、二〇〇三年になると、文革時代の遺物を集めた図鑑や書籍が出版される。そのうち国家図書館の開架式書架に収められているものは〔112、127〕、収集家や骨董愛好者向けの書籍と同列に置かれている。当時の切手やバッジなど、文革を表象する文物は、今や投資対象として注目され、その現在的商品価値によって分類されているのである。


以上見てきたような、量的なピークとしての一九八五年、一九九三年、二〇〇〇年の変化、および質的変容としての回想録の中身については、その歴史的文脈も含めて、次節以降で分析と考察を深めるが、その前に本節最後の次項で、文革研究の動向についてふれておく。

3　中国大陸における「文革研究家の不在」と新しい芽

これまでも何度かふれたように、中国国内の文革研究に関しては、資料へのアクセスや研究書出版の制約、研究者自身の体験と価値観の違いなど、さまざまな問題が指摘されている。特に日本で報じられる「文革タブー視」言説には根強いものがある。たとえば、二〇〇六年三月十三日付け『日本経済新聞』は、「文革四十周年、沈黙するメディア」と題する記事のなかで、文革の歴史研究にたいする「逆風が強まっている」と伝える。共産党政権は文革を正規の学術研究テーマとして認めておらず、したがって専門の研究者はいない。二十〜三十人程度がアマチュアの立場で研究しているが、現在は文革研究書の出版・再版は不可能である、という。社会科学院研究員の徐友漁《じょゆうぎょ》（シュ・ヨウユ）の発言として引用されているものである。

徐友漁自身も西洋哲学という専門の外で独自の文革研究を続けているが、その成果は北京市内のサロン的な茶館での講演や、雑誌・インターネットなどを通して発表されている。また多国籍中国語雑誌『中國研究』(9)の一九九六年「『文革』三十周年特集号」には、先述の徐友漁論文「『二つの文革』説について」も掲載されていた。「文革発動四十周年」の年には、「二〇〇六・北京・文化大革命研討会」と称する会合が開かれ、彼が発起人の一人として参加したことが、『新華時報』によって伝えられている(10)（二〇〇六年五月二十日）。彼の文革関連の著書は、台湾で出版された『形形色色的造反——紅衛兵精神素質的形成及演変』（「さまざまな造反——紅衛兵の精神的素質の形成と変遷」）が、「海外中文図書」として国家図書館の「台湾図書閲覧室」に所蔵されている(11)。

前項で見たとおり、研究書が、学位論文を除く文革関連の書籍全体に占める割合は一四・八％に過ぎない。その中身を見てみると、八〇年代半ばの文革通史と分析に始まり［7、15］、テーマは、文革期の国民経済［14］、知識青年の下放運動［41、145］、文革中の地下文学や詩歌［47、137］、紅衛兵運動の歴史的考察［53］、教育革命としての文革［85］、ある村の文革期の民衆運動のモノグラフ［130］などへと拡がって専門分化し、あるいは再び「文革徹底否定」を強化したり［64］、あらためて文革全体をふり返って分析するもの［107、123、146］などに分けられる。「文革研究書」としての総数も、それぞれの専門ごとの文革研究者も、確かに少ない。

また、中国国家図書館の蔵書リストに一九九四年、初めて文革をテーマとする修士論文・博士論文が現われたことは、序章二でふれ前項でも述べたが、一九九九年に新たに九点が加えられて以降の変化が明らかである。それ以降毎年登録が途絶えることがないのである。一九九九年の全国教育基本統計によると、中国大陸の大学院数は七七五ヶ所、在校生数は二三万三五〇〇人であった。前年の七三六ヶ所、一九万八九〇〇人に比べて、人数にして一七・四％増であったが、二〇〇〇年以降大学院在籍者数は三〇万人→四〇万人→五〇万人→六五万人→八二万人（二〇〇四年）と増大しつづけている［『中国年鑑』2001-2006］。文系の博士・修士論文提出数が毎年どの程度の数に上るかは推測しきれないが、そのなかで文革をテーマとする三六点の登録数は、微々たる数であるに違いない。しかし、「改革開放」や「巴金」など、文革以外の研究テーマの論文と比べて決して少なくはない。何よりも一九九九年以降、国家図書館の博士論文文庫に毎年着実に加えられているという事実には注目したい。

大学進学率が五％程度の狭き門であるといわれる中国で、大学院進学者は一握りであり、特に文系は研究者志望も多いのではないかと思われる。学位論文は指導教官の名前を添えて蔵書リストに載る。「文革研究者不在」が伝えられる中国で、研究者の卵たちはどのような観点から文革を論じているのか。散見される大学名と専門分野は武漢大学（中国現代文学、思想政治教育）、南京大学（中国現代文学）、北京大学（中国現代文学）、復旦大学（中国現代文学）、中国人民大学（政治学理論）などである。

前述のテーマ分類にもとづくと、学位論文中最も多いのが「文学」で三六点中一三点（三六・一％）、次が「文革全般」で一二点（三三・三％）、「知識青年」四点（一一・一％）、「紅衛兵」二点（五・六％）、その他五点（一三・九％）で、武闘・迫害・冤罪に関するものはゼロである。主だったテーマを挙げてみると――文革十年の小説［92］、文革文学［133、135］、知識青年を題材とした小説［134］、小説のなかの文革［149］、文革期の詩歌［93、95］、文革期の「様板戯（革命模範劇）」[12]［94］、「修正主義文芸」［108］、文革期の蒙古文学［141］、文革以前と文革期の文学におけるジェンダー比較分析［136］、人道主義と文革叙事［148］、文革の反省における実存主義の影響［140］、中国知識人の文革後の精神状態［110］、知識青年の上山下郷運動［96、117］、紅衛兵の政治心理分析［131］、紅衛兵の政治思潮［89］、文革中の民衆の倫理・心理［118］、教育革命としての文革［54、58、90］、一九五〇～六〇年代の政治体制の変遷と文革発動［88］、文革中の鄧小平の浮沈と中国社会の盛衰［119］、政治の記号化（文革期の記号と象徴の秩序を例として）［120］、文革研究の米中比較［150］――その他文革期の具体的な時期や運動についてのモノグラフなどである。大学院生の関心の多様化が垣間見えるが、一見して文学的テーマへの偏りと、全体的脱政治化の傾向もうかがえる。それが何を意味するかということは、言説空間の変容を視野に入れた上で再び考察することにして、次節では、言説空間全体を規定するものとしての国家言説「歴史決議」について、その目的と効果を考察しながら内容の検討を行なっておく。

二　「歴史決議」という国家言説

既に何度か言及してきた「歴史決議」とは、一九八一年六月二十七〜二十九日、中国共産党第十一期第六回中央委員会全体会議（六中全会）で討議・採択された「建国以来の党の若干の歴史問題に関する決議」のことである。この文書の構成は、中国共産党誕生に始まり、党の団結、党と人民の団結、現代化した社会主義の建設を進めることの重要性などを訴えるところまで、全八章三八項から成っている。文革はそのうちの一章六項を占めるに過ぎない。しかし「歴史決議」を、文革の記憶を規定する国家の言説ととらえうるのは、それが出された経緯と意義からである。

本節では、まずその背景や経緯を記述して目的と意義を確認した上で、具体的な「歴史決議」のテクスト分析を行なう。そして最後に、その効果について考察する。(13)

1　「歴史決議」の目的

一九七六年九月九日毛沢東が死去すると、十月六日に「四人組」が逮捕され、それを指揮した華国鋒《かこくほう》（ホァ・グォフォン）が党主席・党軍事委員会主席に就任した。彼は翌七七年八月の中国共産党全国大会において、文革は「勝利のうちに終結した」と宣言し、復活した鄧小平が党副主席に選出された。毛沢東の後継者として、文革の惰性に従い毛沢東が推進した「すべて」を継続する華国鋒にたいし、鄧小平は共産党内部で徐々に影響力を強め、一九七八年十二月の中国共産党中央委員会総会（いわゆる「三中全会」）において「脱文革路線」を決定的なものとした。「歴史的な転換」［天児1999：123］ともいわれるこの会議で、「党と国家の重点工作を近代化建設に移行する」ことが宣言されたのである。以来、中国現代史を語る上で「解放以後……」〔一九四九年の新中国建国以後」に匹敵する枕詞として、「三中全会以来……」が常用され、「革命時代の終焉」と鄧小平体制成立を画すことになる。

その前後から文革の再評価を求めるスローガンが北京市内に貼り出され、文革期の犠牲者の名誉回復や政治制度改革を求める声が高まった。そうした声は、北京中心部にある西単《シーダン》の壁に、大量の壁新聞として貼り出され、その前で活発な討論会が行なわれた。「第五の現代化」すなわち民主化を呼びかける討論会などもあった。同じ頃、北京だけでも五十余種の民間出版物が現われて地方にも波及し、七九年から八〇年にかけて全国で創刊された民間出版物は二百点を超えたという［厳・高1999下：249］。自由化の先駆けとも見えたこの時期は、当時の代表的雑誌の名をとって「北京の春」と称された。しかし、早くも一九七九年三月鄧小平は「民主化運動はゆきすぎ」と語り、「第五の現代化」の提唱者魏京生《ぎきょうせい》（ウェイ・ジンション）は、鄧小平が人民の信任を騙し取った後で独裁者に転化するであろうと公然と非難した。同月北京市革命委員会は「通告」を発して出版や壁新聞を規制し、魏京生は「反革命罪」で逮捕された。

一方、文革中の冤罪にたいする「名誉回復」は、一九七七年からの三年間で二九〇万人に達したというが［天児1999：121］、八〇年には文革中最大の敵とされた劉少奇《りゅうしょうき》（リョウ・シャオチ）元国家主席の名誉回復が実現した。一九八一年一月には特別法廷の「四人組」裁判で、江青《こうせい》（ジアン・チン）と張春橋《ちょうしゅんきょう》（ヂァン・チュンチアオ）に死刑判決が言い渡された。

一九八〇〜八一年は、党指導部の間で、都市部の混乱や「信念の危機」への意識が高まった時期でもあった。中共中央は、文革期の誤りにたいする是正策の一環として、文革期に下放された知識青年らの都市帰還を許可する政策を七九年から採用していたが、一千万人以上に上ったといわれる下放青年が都市に還流し始めると、各大都市の秩序を動揺させるような事件が、彼らの都市帰還との関連で報じられるようになった。たとえば、一九八〇年十月二十九日帰還資格を持ちながら帰還を許可されずにいた下放青年（三十歳）が、出身地の北京で自爆し通行人を巻き添えにするという事件や、文革以前に下放されたために今回の帰還政策の対象にはならなかった人びとが上海市内で請願や抗議の行動を起こし、軍・警察と衝突してかなりの死傷者を出すといった騒ぎが再三あった［加々美2001：182-183］。彼らの要求は極めて現実的な生活要求であって、都市に住居と職業を確保した上で行なわれた「エリート予備軍」らの民主化運動とのつながりは見られなかった。だが、上記のような都市の状況は、文化大革命の極左の思想や政策が残っていることと関連づけられ、容易に民主化運動規制の口実とされた［ibid.：184-185］。また一九八一年二月二十四日の『人民日報』には、福建・安徽両省の青年九八七人にたいする世論調査の結果として、三〇・二％が「社会主義そのものに疑問を抱いている」ことが発表された。早速同日、中共中央規律検査委員会総会の席上で、「党員のなかに信念・思想を持たぬ者がいる」ことが指摘され、「信念の危機」の克服が訴えられた［ibid.：177］。

こうしたなかで下された「歴史決議」は、正式起草から一年三ヶ月を経て可決されたものであった。「四人組」逮捕から四年八ヶ月、七八年の「歴史的転換」から二年半の月日を要したことになる。「歴史決議」発表から約一週間後の一九八一年七月六日には、『人民日報』社論において、次のような呼びかけがなされている。

『決議』の学習に当たっては、歴史を回顧しないわけにには行かない。しかし決して若干の歴史的事件の枝葉末節にかかずらってはならない。まして具体的な歴史の上での是非について大衆的な論争を進めてはならない。歴史的な問題に対処するには、キメは荒いのがよいのであって細かくてはならず、重点は経験を総括し教訓を銘記することに置くべきである［藤井満州男1981：24］。

「歴史決議」は「文革と毛沢東の評価」［天児1999：128］がその要点とされるが、文革をふり返って総括し評価するというよりは、それに背を向けて前進するための「当面の方針、目標」［大村1981：35］を宣言するという性格のものであった。決議の文面には明言していないことを、『人民日報』の上記引用文が代弁しているように、大衆は歴史的事件としての文革の詳細や是非について論じてはならないものとされた。すなわち「歴史決議」は、人びとの記憶に生々しく残るはずの出来事が共同記憶となることを阻む、忘却の宣告に等しいものだったのである。その内容がどのようなものであったか、次項で具体的なテクスト分析を行なう。

2 「歴史決議」のテクスト分析

(1) 「誤り」の認定と巧みな切り分け

主要な論点はさておき、「歴史決議」の原文を一読して明らかなことは、文革を論じた箇所に現われる「錯誤・誤謬」〔誤り〕[14]という文字の多さである。何が間違いだったとされているか主なものを列挙してみると、①文革の論点の左傾、②劉少奇にたいする処分、③指導者の文革発動そのもの、④具体的な攻撃目標と闘争、その他「二月逆流」[15]や一九七六年の「天安門事件」[16]にたいする判断の誤りや、鄧小平の処遇に関する誤りなどがあげられている。それぞれについて、以下に詳しく述べる。

①左傾の誤りとは、毛沢東が発動し指導した文化大革命の論点の誤りを指す。そうした左傾の誤りは、『五・一六通知』[17]など文革の綱領的な文献や党の政治報告などに何度も現われるもので、「国家の中枢や文芸界にブルジョア階級が紛れ込み、かなりの実権を握っているため、文化大革命を実行し広範な大衆を動員してそのような暗黒面を暴露すべきである」、「プロレタリア独裁政権下でも継続革命が必要である」などと表現された論点を指す。そのような論点は、マルクス・レーニン主義と相容れず、党と国家の政治状況からみても完全に誤りであったとされた［中共中央文献研究室1985：27-28］。また社会主義社会における階級闘争に関する理論と実践も、同様に誤りとされた［ibid.：26］。

> 文革の全体的な局面にわたる、長期の左傾の誤りにたいしては、毛沢東に主要な責任がある。しかし、毛沢東の誤りは結局のところ一人の偉大なプロレタリア革命家の犯した誤りである。……晩年多くの問題にたいして、正確な分析を加えることができず、しかも文革中には是・非と敵・味方の区別を混同した。[ibid.:34]

②劉少奇にたいして下した政治的結論と処分の誤り[18]とは、いわゆる「反動学術権威」にたいする批判によって、才能や功績のある多数の知識人が打撃と迫害に遭い、また敵・味方が甚だしく混同されたことを指す [ibid.:29]。③指導者の発動そのものの誤りについては、「文革は、指導者によって誤って発動され、反革命集団に利用され、党と国家と各民族人民に深刻な災難を及ぼした内乱であった」[ibid.:30] と規定されたことを指す。④具体的な攻撃目標とその闘争の誤りのなかには、いわゆる「彭真《ほうしん》(パン・ヂェン)、羅瑞卿《らずいけい》(ルオ・ルィチン)、陸定一《りくていいっ》(ル・ディンイー)、楊尚昆《ようしょうこん》(ヤン・シャンクン)反党集団[19]」にたいして、またいわゆる「劉少奇、鄧小平司令部」にたいして進めた誤った闘争が含まれている [ibid.:31]。

⑤党の中央指導機構が進めた改組の誤り [ibid.:31]、および⑥「二月逆流」に関して朱徳《しゅとく》(ヂュー・ダ)と陳雲《ちんうん》(チェン・ユン[20])を批判した誤りも公式に認められた [ibid.:31]。また、⑦一九六七年二月前後、中央の指導者の多くが文化大革命の誤りを正すよう求めたことにたいして、毛沢東は、当時の任務を相変わらず「極右」に反対することだと考え、党もまた「左傾」の誤りを継続した点が指摘されている [ibid.:32]。さらに、⑧一九七六年の天安門事件にたいする当時の中央政治局と毛沢東の判断の誤りにより、鄧小平の党内外における一切の職務を解いたこともあげられている [ibid.:33]。

以上が、「文革の十年」の章で錯誤が指摘されている箇所である。そして、文革が十年もの長きにわたって続いた原因として、毛沢東の指導上の誤りの他に、複雑な社会的歴史的原因があったことが説明されている。その一つとして「歴史決議」は、社会主義運動の歴史、ましてや社会主義国家の歴史がまだ短いことをあげ、マルクス主義の古典についての誤解や教条化があったことを指摘している［ibid.：37］。いま一つには、毛沢東の主観主義と個人的専断によって集団指導の原則と民主集中制が損なわれたことをあげ、それを許した党中央も一定の責任を負うべきであると認めている。それを少数の者たちだけのせいにするならば、全党が重い教訓を得ることはできなくなる。そうした背景として、中国は封建制の歴史の長い国であり、長期にわたる封建的専制主義の思想と政治面の遺毒を根絶することの難しさがあげられる。さまざまな歴史的原因によって、党内民主と国家政治や社会生活の民主を十分制度化、法律化できていないこと、法律を制定しても法としてのあるべき権威が確立されていなかったことなども指摘されている［ibid.：39］[21]。

一方前述のように、「歴史決議」は一九二一年の中国共産党成立以来の歴史を総括しており、その前半において要所要所をしめるのは、「革命の勝利」［ibid.：4］、「闘争の勝利」［ibid.：7］、「中国革命の勝利」［ibid.：8］、「新民主主義革命の勝利」［ibid.：9, 16］、「歴史的勝利」［ibid.：18］、といった語彙である。「誤り」の語彙が登場するのは、「社会主義の建設が全面的に開始された十年」の章からである。一九五七年は建国以来最高レベルの経済実績をあげ、全党的な整風〔思想を正す〕運動が展開されたが、その過程で、反右派闘争が激しく拡大された。その結果、一部の知識人や愛国者、党内幹部を誤って「右派分子」とみなし、不幸な結果を招いたことがあげられている［ibid.：23］。経済や文化の後進性を改める方針が打ち出され、ある程度の成果をあげた。だが、毛沢東と中央・地方の少なからぬ指導者が、勝利を前にした傲慢さと自己満足に陥って急進的かつ主観的となり、軽率に「大躍進」運動[22]と農村の人民公社化[23]を発動した。これにより「左傾の誤り」が広がったとされている［ibid.：23］。それを正すべき廬山会議[24]において、一九五八年の失政を批判した彭徳懐《ほうとくかい》（パン・ダホァイ）を糾弾したことが誤りであったとされ、さらに全党的に「反右派闘争」[25]を展開した誤りが指摘されている［ibid.：24］。「反右派闘争」と「大躍進」が文革前の主要な誤りであり、その際の「左傾の誤り」を是正できなかったことが文革の発動を招いたとされているのである。

文革の終結とともに、再び「勝利」の文字が登場する。「歴史の偉大な転換」の章は、「一九七六年十月江青反革命集団を粉砕した勝利」が党を救い、革命を救い、国家は新しい歴史の発展期に入った、という文章から始まる［ibid.：40］。しかしすぐに続くのは、十年の文革が造成した政治・思想上の混乱は短期間に消し去れるものではなく、また当時の党中央主席華国鋒が「左」の誤りを犯しつづけたために、文革の誤りを是正することに深刻な障害があった、という文章である。文革およびそれ以前の左傾の誤りが全面的に真剣に是正されるのは、一九七八年十二月の第十一期三中全会からである。それは「建国以来のわが党の歴史上、深遠なる意義を有する偉大な転換」［ibid.：41］であった。すなわち、個人崇拝と教条主義を脱し、経済法則に則った経済政策とそれを保証する政治的安定を重視するという、鄧小平指導体制への先鞭をつけた会議――党史はそこで文革以前の正しい道に回帰し、新たなスタートを切ったのである。「歴史発展の長期的観点から問題を見れば、我が党の誤りと挫折は結局のところ一時の現象にすぎなかった」のだ［ibid.：70］。

以上のことから明らかなように、「歴史決議」は何よりも、中国共産党結党以来の奮闘と栄光をふり返り、反右派闘争に始まり文革で頂点に達した数々の誤りを、党史上の一時的逸脱と位置づけて、今やそれが是正されたことを強く印象づけている。第二章三2で述べたようにデイヴィスは、一九九八年に表出された元知識青年のノスタルジアを、国家には検閲しづらい方法で過去を意味づけ現在を批判する意図的戦術ととらえて、その積極的な側面を評価した。しかしノスタルジアの枠組みそのものは、「歴史決議」において全八章のうち三章を立党と建国以来の歴史叙述にあてることによって、すでに用意されていたのである。それは「毛沢東〈個人〉の晩年の誤り」という逸脱を、毛沢東思想の一貫した肯定という連続性によって乗り越えようとすることでもあった。

続いて指摘すべきは、文革の全面否定と毛沢東の部分否定における巧みな切り分けである。文革は否定しながらそこに参加した大衆は否定しない。文革発動者としての毛沢東の役割は否定しながら、毛沢東思想は切り離して堅持する、という操作がなされている。「歴史決議」のなかでは、文革の初期には多数の人びとが運動に巻き込まれたが、それは毛沢東と党にたいする信頼から出たことであって、彼らは党の各級の指導幹部にたいして残酷な闘争を行なうことには賛成していなかった、とされている。やがて文革にたいして懐疑の念を抱いて傍観し、抵抗や反対の態度をとるに至ってさまざまな打撃を受けることになった人びとも多かった。「歴史決議」はそのような大多数の人びとを、「極端に走ったごく少数の者」や、機に乗じて重要な地位に上った少なからぬ野心家、投機家、陰謀家の類から、はっきりと区別している［ibid.：29-30］。

「歴史決議」が毛沢東思想を、毛沢東が晩年に犯した誤りから区別するよう強調している点については［ibid.：59-60］、疑問や批判が避けがたい［藤井満州男1981：25］［大村1981：59］［加々美2001］(26)。毛沢東思想を、党指導層の集団的努力の下に創造されたものととらえるにしても、毛個人が、ある時から毛沢東思想の原則に違反したかのような両者の切り離し方には無理がある。加々美光行は、毛思想の三本の柱と毛個人のカリスマ的権威が不可分なものとして歴史的に誕生し機能してきたことを説き、それこそが社会主義建設段階において文革を発生させたとみる(27)。その立場からすると「歴史決議」は、毛沢東と文革を批判しながら、なお思想的支柱を失うまいとするあまり、生きた毛思想ではなく死んだ毛思想を継承するに等しいものとなる［加々美2001：174-176］。毛沢東に関して、崇拝された個人の否定と継承すべき思想の肯定という切り分けが、そのとおりに受容されたかどうか、その後の変化を次章以降で検証する。

(2)「逸脱」としての文革の「徹底否定」

「歴史決議」は文革を「完全な誤り」と断定したが、「徹底否定」を明文化したわけではない。「歴史決議」から二年後の一九八三年二月、中共中央文献研究室が編集した「注釈本」が人民出版社から出され、またその改訂版が一九八五年二月に出された。「歴史決議」のテクストに沿って詳細な注釈を付したものであるが、そのほとんどが過去の会議や出来事の経緯の解説であって、「歴史決議」の文面の解釈を意図したものではない。「歴史決議」の意味づけが言説化されるのは、序章二で言及した、文革徹底否定の教育を呼びかける「第九号通知」（一九八四年六月三十日）や、明らかにそれを受けて出版された「徹底否定」強化のための解説書類を通してである。前節の文革関連出版物の量的変化に見たとおり、「文化大革命」をタイトルに掲げた書籍が一九八四年に初めて出版され、八五年に至ってもことごとく「徹底否定」を呼びかける内容であったこと、それ以前は文革に関しても「歴史決議」に関しても沈黙が続いていたことは、文革終結後の出版状況が極めて厳格に統制されていたことを示すものだったのである。

「注釈本」編集者の一人席宣《せきせん》（シー・シュエン）は著書『「文化大革命」簡史』のなかで、「文化大革命」が理論から実践に至るまですべて誤りであったからには、そのような大規模な災難が二度と中国で発生しないために徹底的に否定することは当然である、と断じる［席・金1996=1998：445］。彼は文革を徹底否定しきれないあいまいな認識が存在することを懸念し、特に現状の官僚主義への不満が文革再来を望むような傾向を生むことを警戒する。すなわち、今の社会で官僚主義の現象が深刻であることを憂えるあまり、もう一度文革をやらなければ官僚主義を徹底的に一掃することはできないという者がいるが、これは文革にたいする認識がはっきりしていないことの現われであり、文革は決して官僚主義を取り除く運動ではなかったし、官僚主義にたいするいかなる積極的な効果もあげたことはない、と主張するのである［ibid：447］(28)。

文革期の左傾の誤りや急進主義は、国際関係にも大きな影響を与えたが、その点についての総括はない［大村1981：35, 41］。また「歴史決議」は、「複雑な社会的歴史的原因」として社会主義国家としての歴史の短さ、封建専制主義の長期にわたる影響などに言及していることは既に述べたとおりであるが、さらにソ連との関係にもふれている。ソ連の指導者が中ソ論争を挑発したことによる影響で、党内の同志間の意見の違いによる論争までが修正主義路線の現われであるなどと見なされたため、党は毛沢東らの提起する左よりの観点を拒みきれなくなった、とされているのである［中共中央文献研究室1985：38］。「中国のフルシチョフ」とされた劉少奇にたいしては、その政治的結論と処分が誤りだったと明言されたが、ソ連の「資本主義への変質」や「修正主義」を非難したことの誤りは、不問にふされている。中国の指導部はフルシチョフ修正主義を批判する立場にはなかったのであり［大村1981：42］、ここにも「歴史決議」が、文革という逸脱から栄光の党史に回帰し、国内の団結によって歴史的転換を乗り切るための国内的メッセージであったことが明らかである。

3 「歴史決議」の効果

一九八八年に文革関係の書籍出版のための特別な手続きを規定する通達が出されたことは、本書序章二でふれた［楊2003：7］。加々美光行はそのいきさつをさらに詳しく述べている。文革終結直後から文革終結十周年の一九八六年まで一時的に、文革を対象・題材とした文学作品などが多数登場し、研究も一部行なわれたが、それは党内に少なくとも二つの懸念を生んだと思われる。一つには、文革の実態の暴露が中国社会主義の暗い部分を描きすぎて、社会主義自体にたいする懐疑を呼び起こすのではないかという懸念（三割の若者が「社会主義そのものに疑問を抱いている」ことを示す世論調査結果が一九八一年に公表され、党内に危機感を生んだことは、先述のとおりである）。もう一つは、文革の実態の暴露から、現状の中国政治の民主改革を求める声が強まる傾向が現われ、それが党内団結を危うくするという懸念である。

文革は中国共産党が決して一枚岩ではなかったことを暴露したが、その対立のあり方も一様ではなく、党の上層部にいる者でさえ、いつ誰が攻撃されて失脚するかは予測不可能な面があった。上部の抗争は常に、その配下に連なり全国に散らばる多数をも巻きこんでいた。そして文革が否定されて「四人組」とその直接の関係者が一掃された後も、当時権力を掌握していた各レベルの幹部のすべてを交代させることは不可能で、その多数が残った。文革中何度も失脚させられ文革後ようやく完全復帰した鄧小平の新体制にとって、文革期の勢力を抱えたまま党内の結束を強化しなければならない、という状態が続いたのである。そうした事情を背景として一九八八年春、中共中央宣伝部の「通知」、次いで同年秋、中共中央と国務院の共同名義の「通達」が出された［加々美2001：42］(29)。その内容を紹介する文献の該当部分を、加々美は以下のように訳して紹介している。

一致して未来に顔を向け、歴史問題は枝葉末節のことを議論しないという中共中央の一貫した精神にもとづくならば、また当面は党の集中的かつ統一的な指導性を強化して政治優先を発揮すべしという鄧小平同志の指示にもとづくならば、目下争って〝文革辞典〟を出版するような事態は過去の多くの未決着な出来事をやたら蒸し返し、争論を引き起こすがゆえに、実に無益なことと言える。中央宣伝部が過去発した〝通知〟を無視し、既成事実をもって中央に出版許可を迫るやり方は、今後決して容認できない。［加々美2001：11-12］

このようにして「通達」は、本格的な文革研究や文革を題材とした文芸作品を厳しく制限することになる。加々美もまた、第二章でとりあげた日中の文革研究者同様に、文革が中国の学術界や文芸界でなお客観的、理性的な研究対象、題材としてなじまないことを示すものであるとし、文革関連の著作の発表は、依然として中共中央の厳しい規制下に置かれていると言う［ibid.：12］。

確かに、文革に関する出版の不自由さは再三指摘されているとおりであり、それは根拠のないことではない。しかし視点を逆転させれば、そのような「通知」や「通達」がくり返されるということは、一党独裁の中国共産党が「歴史決議」において文革と毛沢東の誤りを明文化し、その後「徹底否定」を強調し、それ以外のことは論じるなとくり返しているにもかかわらず、文革についての著作が跡を絶たないということであろう。そして党中央が「決して容認できない」と特に厳しいのは、〝通知〟が無視されることであり、「既成事実をもって中央に出版許可を迫るやり方」にたいしてなのである。実際、文革関連の出版を完全に阻止することなどできなかったに違いない。だからこそまた指令も執拗に発せられる。一九九一年には再び、文革および当時の党指導者についていかなる研究も公刊しないよう、中国の各出版社にたいし指令が発せられたと言われることも、序章二でふれたとおりである［リヒター1993：323］。

当時の中国出版工作者協会主席宋木文《そうぼくぶん》（ソン・ムウェン）は、その前後の経緯について、一九九三年北京で行なわれた座談会で次のような趣旨の発言をしている。――いくつかの出版社が党と国家の主要な指導者に関する作品を争って発表しブームになった。この問題について党中央宣伝部と新聞出版署は、一九九〇年に通知を下達し、厳格に審査を行なう制度を定めた。その後も、党の歴史問題に関する決議に背き、でたらめを書いた作品を出版したり、猟奇的商業主義的な視点で題材を選んでセンセーショナルな商品価値を追求したりする出版社があった。そこでこの問題を解決するため、一九九三年二月十五日、党中央の許可のもとに党中央宣伝部と新聞出版署が、「党と国家の主要な指導者の活動と生活状況に関する作品を発表し出版することについての補充規定」を公布した［宋1998：68-70］――というのである。[30]

年月のズレなど、必ずしも複数の情報が完全に一致しているわけではないが、一九九〇年から九三年の間に文革関連出版物にも商業主義の影響が顕著となり、それにたいする通達が出されたが、その規制力はますます失われていく傾向にあったとみてよかろう。

前項で文革関連出版物の量的変化を記述したが、第一期（一九七七～八五年）は党の方針をそのまま反映したものであった。一九八一年の「歴史決議」とそれにもとづく「徹底否定」の呼びかけの効果は、一九八四、八五年に「徹底否定もの」以外の出版が見られなかったことに明らかであった。第二期（一九八六～九二年）に入って執筆主体の個人化とジャンルの多様化が顕著になるや、一九八八年には二度にわたる「通達」が出され、その効果は、翌年の天安門事件の影響とともに、一九九〇年から九二年の出版が年に一～二冊に落ち込んだことに反映されているであろう。しかしこれは、当時出版が可能であったもの、その後も国家図書館に所蔵され続けたものの質と量である。前述のように、「歴史決議」の効果の及ばない種類の文革の語り方・論じ方が跡を絶たなかったからこそ、呼びかけや「通達」がくり返されたのであって、「通達」の結果として量も質も規制されたというのは、一連の現象の一面にすぎない。そしてそうした現象自体が一変する時が来る。

一九九二年十月中国共産党第十四回大会において、経済体制改革の目標として「社会主義市場経済体制」の建設が掲げられた。市場経済原理の導入により出版事業を活性化することと、文革の語り方を規制することとの間で、政策的ジレンマは避けられない。結果的には前節で見た通り、第三期開始の一九九三年、文革関連出版物が急増（二〇点）かつ多様化（八ジャンル、五テーマ）したことは、出版という経済的事業活性化の方が、政治的規制よりも優勢であったことを示している。文革関連出版物がピークを迎えた同年、突出したジャンルはドキュメンタリーであり、テーマは「武闘、迫害、冤罪」であった。前述の宋木文の発言にあるような、「歴史決議」に背き猟奇的商業主義的にセンセーショナルな商品価値を追求する現象が現われ、それへの反応として「通知」が出される——そのような関係の顕在化を、この時期にみることができる。第三期（一九九三〜九八年）は、とりわけドキュメンタリーと回想録の量的質的充実が顕著で、六年間に、ドキュメンタリーは一七点（出来事と人物の合計）、回想録は一一点が出版された。市場経済体制の下、「文革の記憶」の商品価値がどこにあるとみなされたかは明らかであり、個人の記憶が隙間的な位置を得るチャンスもそこにあった。実は、一九八八年以来の「通知」や「通達」のなかでも、唯一例外とされていたのが「回想録」であった。歴史的価値が充分あり内容が極めて真摯な回想録については出版が認められていたのである［加々美2001：42］(31)。次節では、個人の記憶にもとづいた回想記というジャンルに限定して、出版が認められ存続が許されたのはどのような種類のものであったか、その質に時系列的な変化がみとめられるか、という点に分析を進める。

三　個人による回想記の質的変化

1　回想集と回想記

本書が対象とする文革の「回想記」は、延べ二四点である。第二期の始まり、すなわち文革終結十周年とされる一九八六年に最初の一点が出されたが、第二期は全体的に出版総数がそれほど多いとはいえず、回想記の出版も八七年から八九年の三年間と、九一年には見られない。それ以外の時期は二〇〇三年を除いて、ほぼコンスタントに出されている。その質的内容の分析に入る前に、出版社（都市）と発行部数、価格などの数値的データを概観しておく。

次章で述べるように、文革終結後の出版改革の流れのなかで、出版の地方分散化が図られた結果、一九八六年には全国の出版社四百四十余社のうち地方出版社が占める割合は六一％になったという［宋：1998：99］。『中国出版年鑑』の中央／地方出版社分類に従って、その後の出版点数の統計を見ると、中央対地方の比率は一九九一年の三二対六八から二〇〇一年の四〇対六〇までの間で、一貫して地方優勢の傾向が明らかである。文革の回想記を出版社の所在地別内訳で見ると、二四点のうち北京が一〇点、上海が二点、その他の地方は一二点で、出版の中心的大都市と地方の比率は、五〇対五〇である。ちなみに、同じ一九八六～二〇〇五年の間の出版物について、他のテーマやジャンルを調べても、上記の中央・地方比がほぼ反映されていることがわかる。「紅衛兵」のカテゴリーで入力されている出版物であれ巴金の小説であれ、大体において中央・地方比は四対六前後なのである。(32) 文革の回想記の場合やや中央の比率が高いのは、党指導者［98、100］や紅衛兵運動の中心となった北京の大学［80、115］に関する回想が北京で出版されて全体の比率を押し上げているため、とみることができる。

テーマ別分類でみると、文革全般にわたる回想が一六点（六六・六七％）、知青に関するもの六点（二五％）、武闘や迫害に関するもの二点（八・三三％）となっており、「紅衛兵」に関しては一点だけである〔74〕。また価格帯は一九八一年の一・七元〔13〕から二〇〇四年の四十八元〔24〕までばらつきがあるが、初版時の発行部数に関しても、入手可能なデータの範囲では二〇〇〇部から一万部までさまざまである。一〇万部という異例の発行部数は、鄧小平の娘毛毛が書いた文革時代の鄧小平一家の回想記である〔17〕。それ以外で多いものは、知青の下放体験に関する回想集であり〔13、31〕〔ともに三万一〇〇〇部〕〔62、63〕〔ともに一万部〕、少ないのは前述の北京の大学に関するもの〔80、115〕〔ともに二〇〇〇部〕である。

個人の回想録ではなく、「回想集」の形をとるものが多いことも特徴的であり、その比率は二四点中一五点（六二・五％）に及ぶ。次項では、そのような知青の回想集に始まり〔13、31、62、63〕、当時十代の子供として目撃・体験した文革の回想集〔28、66〕、普通の人びとの体験談を作家が聞き書きしてまとめたもの〔69、139〕、知識人や名士・名人による回想を編纂したもの〔74、83、84、99、105〕、迫害死したある地方の共産党委員会書記や壁新聞第一号の被害者の死を悼む追想集〔68、115〕、という順序で、執筆・出版に関する動機の語彙を中心に分析する。

上記分析に必要な情報については、各書籍に三種類のデータソースが存在する。①「まえがき」、②「あとがき」、③裏表紙や前そで（または見返し）などに記された「内容紹介」、である。①と②は多くの場合、編者もしくは著者自身が書いたもの、あるいは編者・著者・出版社から依頼された第三者（作家や文化人）が書いたもので、通常一～二ページの文章である。③は出版側の販売戦略を反映して、出版社側がその本の内容を数行で簡潔に紹介したものである。どの書籍にも①②③すべてがそろっているわけではなく、そのすべてが欠落している場合もある。そのこと自体の意味も含め、入手可能な情報にもとづいて質的分析を試みる。

単独著者の回想記についても、同様の分析を行なう。文革当時の世の中を回想した「世態録」としての回想〔39〕、黒五類〔地主、富農、反革命／悪質／右派分子〕とされた家庭の出身であった女性の文革記憶〔52〕、知識人が文革中の自己やみずから体験した文革中の具体的な出来事、または文革という時代に関する記憶を綴ったもの〔60、80、97〕、下放青年の哀感を詠んだ自作の詩が広まったことによって逮捕投獄された体験の回想〔78〕、鄧小平の娘が文革中の父と家族の記憶を、後年知りえたマクロな状況認識に基づいて構成したもの〔98、100、109〕などである。

2 「回想集」における動機の語彙

(1) 知識青年の回想集

最も初版発行部数の多い知青に関する回想集四点のうち、第二期の二点と第三期の一点は、ともに文革発動以前から行なわれていた知識青年の下放運動を含む内容である。たとえば、前掲のとおり下放体験報告集ともいうべき『好儿女志在四方』〔好青年の志は四方に〕（一九八六年）〔13〕の「序言」には、元下放青年らの勇敢かつ献身的な精神が中央の指導者と広範な人民の敬意と称賛を得たことがあげられている。同書の出版動機は、「社会各階層、特に広範な青少年に向けて、道徳教育の良い教材となること」とされている。その次の『知青档案』〔知青調書〕（一九九二年）〔31〕は、一九六二年からの下放に関する回想集であるが、時期区分を明確に三期に分け、一九六八年の文革期の下放に関するものはB巻、一九七二年の下放はC巻としてまとめられている。ここでもまた「知青の下放」の歴史的連続性が強調され、中国で同書出版当時四十歳前後の人で下放経験者がいかに多いかという普遍性と、あれほど大規模に都市から農山村への移住が行なわれたことの人類史上における特異性とが指摘されている。そして出版動機としては、そのように普遍的で特殊な運命についての記録は、上下世代を含む三代にわたる必読の書であり、独特の人生体験は全人類にとっての貴重な財産であることが強調される。新しい生活を築き、新世紀を創造するという意義はとりわけ大きく、「歴史のために後世の人びとのために捧げる」べく、同書は出版されたというのである。

第三期に入って出された知青の回想集は、読者の原稿募集という形での記憶の共同化の試みであった。『中国女知識青年的足跡』〔62〕は、『中国婦女』という雑誌が一九九四年に、読者投稿としては最大の規模で下放体験に関する回想を募り、九五年の新聞雑誌上唯一の知青専門欄であった同誌のコラムでとりあげた、その読者原稿のなかから優秀作品を選んで一冊の本にまとめ、一九九六年に出版したものである。この企画のテーマは、「昨日の苦しみを記憶にとどめ、はばたく今日を切り開き、幸福な明日を創造する」というもので、関係部門や委員会の指導者の支持を得て行なわれた。同書に登場するのは「われわれの身近な人びと」であり、「経済的に立ち遅れ文化的に空白であった」文革の時代もそれほど遠い日のことではない。それぞれの時代の苦しみは異なれども、それぞれの時代の奮闘精神は同じである。編者〔無記名〕の希望するところは、「過去の知青の上山下郷の体験に学び、読者が知識の書という山に上り、経済建設の大海に下る勇敢さをもつこと」であるとされる。

それにたいして同じく一九九六年に出された『情結老三届』〔六六〜六八年世代感情〕は、明らかに異なる枠組みと様式で語られる回想集である。前述の三点では、文革期の体験も知青の下放という奮闘の物語に回収され、新しい経済改革推進の歴史的文脈において、三世代が共有すべき正の財産として回想された。それにたいして『情結老三届』は、一九六八年に始まった下放のみを対象としており、序言も「文革の災禍」に言及せざるをえない。『西安晩報』という地方紙が読者からの原稿募集を企画したことから始まって出版に至った、という点では同年の『中国女知識青年的足跡』と同様の企画であったが、本のタイトルからもわかるように、これは一九六六〜六八年の間に中学・高校を卒業予定であったが文革のため進学できずに下放された世代の回想であり、紅衛兵運動の混乱収拾策としての下放を対象としているのである。(33)

『西安晩報』に掲載された原稿募集の趣旨は、六六〜六八世代が昔の生活体験にもとづいて、今日の改革のうねりのなかの紆余曲折を物語り、喜怒哀楽と人生の悟り、壮志と気高い感情を表明するというものであった。下放の記憶をリソースとしその経験を生かして現在と未来をポジティヴにとらえるという点では前述の三点と同じであっても、『情結老三届』に収録された原稿には文革の呼びかけに応じた六六～六八年世代の幼稚さと盲目的な行動が言及されている。ただし、運動のやり方が変化していくうちに彼らの大多数は運動にたいして「次第に疑問を抱き、冷めて抵抗を感じるようになっていった」という言い方は、まさに「歴史決議」で、大多数の人びとを「極端に走ったごく少数の者」から区別するために使われた表現と酷似している。こうして、同書の執筆主体の「歴史決議」にもとづく正当性を示唆し、さらに彼ら知青は孤立した集合ではなく、上の世代と下の世代を仲介する架け橋となる世代であるとされる。勉学の機会を失い辛い記憶を抱えた世代であるが、同書に集められた八〇篇には、天を怨み他人のせいにするような書き方や凄惨さがない。この世代の精神が次の世代に影響を及ぼし理解されるようにという思いに満ちている――といった点が指摘されている。彼らが負の体験を乗り越えて正の遺産を継承しうる点が強調されているのである。出版社側がつけたと思われるそれぞれの読者原稿のタイトルのなかには「青春に悔いなし」という表現も見える。

(2)「普通の人びと」の回想集

一方、一九九〇年に出され一九九六年に再版された『滴血的童心――孩子心中的文革』〔血を流す子供心――子供たちの心の中の文革〕[28、66]は、主に当時の少年少女が目撃・参加した批判闘争や下放の体験を回想した文章を収めたものである。編者の李輝《りき》が一九八六年に『北京晩報』学芸欄の編集者だった時、「忘れられない出来事」をテーマに読者の原稿募集を行ない、そのなかから一〇〇篇を選んで一冊の本にまとめたものである[34]。時まさに文革発生から二十周年、寄せられた原稿は「文革」に関するものが高い比率を占めた。読者の原稿募集という方式は、執筆主体の個人化の初期形態として、第二期から現れはじめたものである。

李輝からその「序」の執筆を依頼された作家の冰心《ひょうしん》(ビン・シン)は、当時の子供たちの「忘れられない出来事」の語りを読んで、巴金の回想記『二十年前』を思い「怒りで胸がいっぱいになった」と書いている。血気盛んでしかも無知だった青少年男女が、「四人組」にそそのかされて、偉大な指導者の接見を受け紅衛兵の恰好をするだけで、憲法以上の権威を身にまとい暴虐の限りをつくした当時の状況に対する義憤である。同書の回想には「懺悔」や「悔恨」や「謝罪」といった語彙が目立ち、文革は否定的教訓を汲み取るべき対象とされている。子供たちは中国の希望と未来であり、彼らが自分の忘れがたい出来事を永遠に心に刻んではじめて空前の惨事の再演を防ぐことができる――それが出版動機とされる。

さらに「序」には、かつて「封建主義」が打倒されたことはなく、「五四」運動が求めた「民主」もまた最近の八年間にようやく希望の光が見えてきた、とも書かれている。この「序」の日付は一九八六年十月三日となっており、「八年前」とは、脱文革と現代化推進の「歴史的転換」が宣言された「三中全会」の年である。文革を否定することでそれ以降の改革開放路線の推進力とする、という文革の記憶の消費のされ方は、「民主」という政治的課題にまで敷衍される。しかし、同書の出版は、その「序」の日付から三年近くを経た一九八九年七月、すなわち文革後最大の「民主化」運動（「六四」天安門事件）が挫折した直後であった。国家図書館の蔵書として入力されたのは翌年になってからであるが、一九九六年には再版された。

この『滴血的童心――孩子心中的文革』に出版社がつけた「内容紹介」は興味深い。同書は歴史認識上の価値が高いだけではなく、人物や出来事の描写文としてのスタイル、レトリックがともに優れた散文集であり、小学生の作文学習の参考教材になる、という売込み方がなされているのである。にもかかわらず、編者李輝の「あとがき」では、当時の子供たち一人一人がなにげなく記憶した真実の記録であり普通の人びとの記憶であって、凝った技巧には欠けるが、それこそが素朴で自然に現われた記憶の真髄である、と「普通の人びとの飾り気のない筆」が重視され、力点が微妙に異なっているのである。

「普通の人びと」の記憶は、作家馮驥才《ふうきさい》の強調するところでもある。第二期に入るや彼が複数の雑誌に次々と発表し始めた文革体験の記述は、二一九篇を集めて第三期に『一百個人的十年――足本』（百人の十年――完成版）

（一九九七年）［69］として出版された。さらに第四期には「文革経験者の心の調書」と副題を付して再版もされた（二〇〇四年）［139］。著者がさまざまな機会に語った執筆動機によると、一九八六年という節目の年に「普通の中国人のために、彼らの文革体験を記述し中国人の魂の記録を残したい」という馮の意志が新聞雑誌上で伝えられると、中国全土から千通以上の手紙が届き、あの十年の苦難を書いてほしいという切実な要望が寄せられたという。『一百個人的十年』は、それに応えた聞取り作業の成果をまとめたものであり、文革の回想が始まって以来の全期にわたる継続的な意志の表われであった。

『一百個人的十年』一九九七年版の「まえがき」には、歴史家や文学者とは異なる方式、すなわち普通の中国人の文革中の心の軌跡を記す真実の記録という方法によって、あの前代未聞の災難の真相を明らかにする、という動機が述べられている。それは、ファシストの暴行と文革の災禍は二十世紀世界史上、人類の二大悲劇であるという認識にもとづいている。人道や人権に反する非文明的な野蛮と蒙昧がもたらした悲劇であり、特に文革は魂の虐殺による見えざる傷を残した点において、兵力同士の激戦にも劣らぬ残酷さを有するものとされている。本文中の記述は、「崇拝の代価」として支払ったものの大きさや、元紅衛兵の「自白」「懺悔録」などに典型的な断固否定されるべき「文革」の告発である。「非経験者の文革概念」と題する附録には、「文革は中国の歴史にとってかえって良かったのだ」という大学二年生（一九七六年生まれの男性）の言葉も載っているが、文革という否定的過去を経て可能になった現在の発展、という認識に変わりはない。

二〇〇四年の新版は、二九篇の内容も、附録三篇を含む構成も、九七年版と全く変わらないが、「新版序言」が加えられた。その冒頭は、文革はすでに歴史となり、いまや文革言説は一種のお笑いぐさになってしまって昔の面影はないという書き出しで始まる。だが本当にそのようにきれいに払拭されたのかという疑問がそのあと続き、文革にたいする徹底否定の思想と批評の乏しさが指摘される。

作家や編者という立場の知識人が「普通の人びと」の記憶にこだわるのは、元紅衛兵や知識人による叙述だけでは文革当事者の言説の一部にすぎないということ、彼らには文革の記憶を表出する機会があるが「普通の人びと」にはないということ、が前提としてある。次に知識人の回想としてどのようなものがどのような動機の語彙を伴って出版されていたかを、まず「回想集」から見てみよう。

(3) 知識人、名士・名人の回想集、追悼文集

前述の『滴血的童心――孩子心中的文革』の編者であった李輝は、第三期に『残缺的窗欄板――歴史中的紅衛兵』〔こわれた窓枠――歴史のなかの紅衛兵〕(1998)〔74〕も編集している。後者の後半は、前者のなかから五四篇を抜粋し冰心の「序」と李輝の「あとがき」とともに転載した回想集である。しかし前半は李輝自身の随筆、丁東《ていとう》(ディン・ドン)や徐友漁《じょゆうぎょ》らの文化人が三十年前の紅衛兵運動をあらためて検討・考察した文章などから構成されている。そのなかの一篇、陳思和《ちんしわ》(チェン・スーフ)が李輝に宛てた手紙文には、「紅衛兵は懺悔すべきか否か」という問いに応えた件《くだり》がある。陳は、「青春に悔いなし」という言い方や「紅衛兵の理想」の評価の問題は、すでにホットな避けがたい話題になっていると指摘し、一部の知識分子の意識のなかにある「紅衛兵感情」を問題視する。そして、そのような心情が払拭されない限り紅衛兵時代の数々の精神遺産が誤って解釈され、現在の腐敗現象にたいする批判のなかから不健全なノスタルジアが広がることを懸念する。

『残缺的窗欄板』の「編集後記」には、文革発動当時十歳に過ぎなかった李輝が、地方の町で全国交流のためにやってきた紅衛兵と遭遇したときの鮮烈な印象や、身内に迫った批判闘争の様子や、最寄の都市武漢から聞こえてきた銃撃の音などを回想している。彼にとって紅衛兵運動は一～二年の出来事にすぎず、子供の記憶ではその是非や美醜も定かではないが、二十世紀中国の歴史的事象として、絶えずふり返り反思し研究すべきである、という考えから『残缺的窗欄板』を編集したという。

一九九九年と二〇〇〇年に出された『崇拜的代価』〔84、99〕は、「中国新時期報告文学百家」シリーズ中の一

冊である。「報告文学」とは、「紀実文学」とともにノンフィクションの一ジャンルを指す語で、本書が対象とする回想記の多くが、国家図書館の分類では「報告文学」とされている。同書の「編集後記」には、「ニュース性と文学性の結合」といった「報告文学」の定義や歴史などが解説され、史上前例のない改革開放という変革の時代に、中国文壇の新鋭軍として時代の足どりを記録するという報告文学独自の役割と隆盛ぶりが指摘されている。その代表作品を集めたシリーズのなかに「文革」の巻が設けられたのである。収録作品には、書名ともなった馮驥才の「崇拝的代価」（崇拝の代価）や、文革期に『人民日報』総編集長だった鄧拓《とうたく》（ドン・トゥオ）の人物録や、知青の回想などがある。

一方、名士や名人の回想集二点には、「まえがき」も「あとがき」もない。『名士自白』〔83〕は、老舎《ろうしゃ》（ラオ・シャ）や巴金、冰心や丁玲《ていれい》らの作家・文化人が反右派闘争から文革までの体験を回想した文章一八篇を集めて、一九九九年に出版されたものである。また『百年名人自述――二十世紀中国風雲実録八』〔105〕には、「文化大革命」の回想二十五篇を集めた章がある。鄧小平の娘毛毛や彭徳懐の姪である彭梅魁《ほうばいかい》（パン・メイクワイ）の回想にまじって、紅衛兵発起者の一人卜大華《ぼくだいか》（ブ・ダーホア）の文章もある。そのなかで卜は、文革は苦しい体験であったし、民族全体が重大な被害に遭ったが、比較的早くから迫害された者としては自分自身にたいする教訓がいっそう大きい、と書いている。紅衛兵世代は新中国とともに成長した世代で、階級闘争の観念が頭脳に浸み込んでいるということは軽視できない重要な事実である、と明言し、その後は、時間軸に沿った出来事の年表的記述のみが続いている。そして最後に、二十年来の大変化にもかかわらず責任感と情熱は失われていないと、現代化を進める意欲が表明されている。

回想集のなかには「追悼記念文集」的な性格のものもある。たとえば、一九三八年以来革命に参加し、文革中に「林彪反革命集団の迫害により死亡した」当時の山西省共産党委員会第一書記衛恒《えいこう》（ウェイ・ヘン）を追想する『衛恒之死』〔68〕である。その「序」によると、一九八六年に薄一波《はくいっぱ》（ボ・イーボ）が提案して地元の有志が追想文を書き、『人民日報』に発表した文章などを整理し、記念文集として一九九六年に編集することになったもので、亡くなった同志への追想だけでなく、生きる者への激励としても必要である、という出版動機が記されている。亡くなった同志をよく知る人びとが彼の功績を称え、彼の死から教訓を学んで、その名誉回復を再確認するための文集である。

3 単独「回想記」における動機の語彙

(1) 直接体験者の記録としての回想記

単独著者による個人の回想記がはじめて出版されるのが第三期の特徴であるが、その第一冊目『島人筆記〝文革〞社会世態録』（一九九三年）〔39〕の「序」は、とりわけ興味深い。著者ではない魏明倫《ぎめいりん》（ウェイ・ミンルン）が書いたもので、一九八八年の全国政協会議[35]開催時に同書の著者である趙麗《れい》宏（ヂァオ・リホン）に会った際、彼が某部門から出されたばかりの「禁令」に憤慨していたことにふれている。「禁令」とは、文革の罪悪を暴露した著作の出版発行にたいする制限と禁止の公布のことで、禁止の理由としては、動乱はすっかり過去のものとなった、明るいものをあげるには今を見ることだ、歴史問題にたいしては大雑把なのが良く細かくてはいけない、忘却が良く記憶はいけない……等々が挙げられていた。著者の趙麗宏は「歴史的転換」を遂げた一九七八年の「三中全会」の「文革徹底否定」決議を肌身離さず携帯しており、たえずそれを取り出して「禁令」と照らし合わせて見ていたという。そうした事情もあって、『島人筆記〝文革〞社会世態録』は「禁令」への対応を考慮しつつ、断続的に執筆されたものであった。そして鄧小平の「南巡」[36]後、社会主義市場経済導入決定の波に乗って、一九九三年にようやく出版されたのである。またこの「序」冒頭では、文革中の歌や踊りのリバイバル現象をあげて、「健忘」ぶりが嘆かれている。バーやディスコで享楽的な男女が身体を絡ませ合いながら「（毛沢東）万歳」のリズムに合わせてステップを踏んでいたが、この書が出版される頃にはその熱も冷めたということであった。
著者の趙麗宏自身は「あとがき」を書いているが、「禁令」にはふれていない。まず『島人筆記』の編集が完了し、ほっとして嬉しい反面、心が重い、と書いている。嬉しいのは、文革という民族の大惨劇を反思する散文集を書くのは三年来の願いだったからである。また心が重いのは、当時国家と人民が受けた被害と恥辱を思い出さざるをえないからである。本のタイトルは、文革の十年を世界から隔絶した孤島にたとえたためであり、また著者自身、文革中にある島に下放されていたからである。そこでは理性を失った蛮行もあったが、愚昧と暴虐にたいする善良な普通の人びとの反抗もあった、とふり返る。そして同書の題字を書いてくれた冰心の「個人崇拝が人を誤らせる」という言葉を引用している。

魏明倫も「序」で、同書には十年の動乱の間に見聞きして思ったところを列記した五十篇余りが収められているが、一篇一篇が普通の庶民の尋常ならざる運命を描いているとし、普通の人びととの不遇もさまざまで、筆者がそれに色づけせずに真実の人とことを描いた点を評価している。そうした動機や意味づけは「内容紹介」にも明らかで、まず、作者が文革中に見聞きした真実の物語と、作者自身が体験した下放生活の記憶を記録したもので、ある側面から文革期の中国農村の人情と世態を映し出したものである、と紹介している。そして、後世の人びとに参考とすべき資料を提供して、この人類の災難を忘れてはならないと気づかせることが、出版の動機であるとしている。

同じく第三期に特徴的な知識人の単独回想記である『文革中的我』〔文革中の私〕(1995)〔60〕は、著者の于《う》光《こう》遠《えん》(ユ・グァンユェン)自身が序文を書いている。それによると彼の当初の意図は、文革中の興味深いこと、遺憾なこと、およびそれ以外の細々したことを編集する、ということであった。しかし健康状態その他の事情で、素材だけ提供して編集は他の人に任せることにしたが、序文だけはみずから書いたものである。一九三五年中国共産党入党以来の自分の経歴をふり返り、文革終結までの四十一年間に自分が批判される立場、処罰の対象となったことが二回あったという。延安時代の「道を踏み外した者を救出する運動」と称する「幹部審査」と、文化大革命である。

なかでも文革を回想するにあたって、自分自身が直接体験した些細なことだけを書き、しかもその論理的関係は考えず、つながりを求めず、一つ一つの事実の経過を叙述する、と明言している。そして、「歴史決議」にそって一九六六年から書き始め、当時の自分の感情を語り議論はしないと言う。一篇一篇の文章には、自分の特徴を表現したいと思っているが、同時にそのように書かないとこの文章は書けなかったのである、[37]と言う。「歴史決議」に関しても、当然それを評価しつつより積極的な展開を求める、という言い方をしている。また、自分の体験した些細なことだけを書くとは言っても、文革の歴史についての科学的研究を軽視しているわけではないと釈明して、記憶が薄れることは避けがたいが、薄れてはならないものを歴史研究と歴史教育を通して忘れないようにすることと、故意に人びとの頭から歴史の事実を忘れさせてしまうこととの違いは、区別しなければならない、と説く。このように、否定と逆説に富む複雑な言いまわしが特徴的である。

(2)　公的機関主導による個人記憶の公共化

『生死悲歌——「知青之歌」冤獄始末』(1998)［78］の著者任毅《にんき》（レン・イ）は、文革末期の一九六九年に「わがふるさと」[38]という歌を作った人物である。それは瞬く間に下放青年の間に広まり、各地でさまざまなヴァージョンを生んで歌い継がれて、「知青の歌」として知られるようになった。その歌詞は下放世代の悲しさと諦めを表現したもので、同年八月にモスクワ放送によって「中国の知識青年の歌」として報道されたために、「四人組」の一人張春橋《ちょうしゅんきょう》の関心を惹くことになった。その結果作者の任毅は指名手配され、一九七〇年二月十九日に逮捕された。彼の重要性は、九〇年代の人気ロック歌手崔健《さいけん》（ツェイ・ジエン）[39]にも匹敵するといわれる［Davies 2002：236–237］[40]。任毅自身による「あとがき」には、映画『シンドラーのリスト』が新たな角度から第二次世界大戦を描いたように、われわれには新しい知青文学が生まれうる、知青という題材が時代遅れになることはないし自分の熱情も衰えることはないだろう、と書かれている。

だが人びとの健忘は甚だしく、特に人民と国家と民族に深刻な災厄をもたらした〝動乱〟にたいして、深刻に反思しなければあのような悲劇の再発は免れないこと、当然全民族的に反思すべきだということも強調されている。そのために、まず知青が歩んだ道を理解してもらいたいというのが出版の動機である。また任毅が名誉回復されて出獄した一九七九年、地元江蘇省や南京はもとより各地の新聞雑誌でそのニュースが伝えられ、「知青の歌」の音楽テープとカラオケテープが発売されたことも書いてある。(41) しかし、デイヴィッド・デイヴィスの聞取りによると、『生死悲歌』の出版はすべて出版社側がお膳立てして実現したものであった。デイヴィスのインタビューに対して任毅は、『生死悲歌』の原稿は、一九九八年の四月に中国社会科学出版社という北京の大手国営出版社から依頼されて書き始め、一ヶ月で書き上げた、と答えた。間に立った社会科学院の教授が細かいことはほとんど手配し、任毅自身はそのような自伝的回想を書くことなど、電話依頼を受けるまで考えてもいなかったようだ、とデイヴィスは言う。自分の本が自分を投獄した国家の資金で出版される。それが可能になった事情は、『生死悲歌』の最初のページに書かれた出版社の言に明らかである。「知識青年の上山下郷三十周年を記念し、第十一期三中全会の召集二十周年を記念するため」という一文なくして出版は不可能であった、と任毅はみる［ibid.：239］。これら二つの記念のうち、後者に重点があることも承知している。「三中全会」とは、これまで何度もふれたように、現代化を全面に掲げ改革開放へと大きく転換した一九七八年の会議である。

これについては、デイヴィスの聞取り内容と分析をさらに検討し、次節であらためて考察するが、ここでは続いて、清華大学出版社と中共党史出版社による個人記憶の出版の例を見ることにする。

一九九八年には、紅衛兵に関する回想集［74］と、元知青による単独回想記［78］に加えて、もう一点『風雨歳月――清華大学〝文化大革命〟憶実』［80］というタイトルの回想記も出版されている。清華大学出版社（北京）による「内容紹介」には、作者が十年の動乱中にみずから体験した文革の発動と経過を、豊富な資料とともに記述したもので、文革の歴史を理解するための参考書として、当時を知る年長者のみならず、若者の歴史理解という教育的意義からも適した書である、と書かれている。作者の「まえがき」は実際の出版年より二年以上前の日付になっているが、それによると、もはや二十年前の自分に対する誣告に反論し、苦しみを訴えたりするつもりはないが、共産党員の立場上、歴史と未来に責任を負っており、誠実に史料を記録し、史的唯物論の光をあてていくらかの必然的なつながりを探し出すこと、経験から教訓を引き出すことに意義がある、という出版動機があげられている。

本文は一九六四年の春節〔旧正月〕から書き起こし、毛沢東による教育政策批判をきっかけに北京大学から社会主義教育運動が始まったことを、『海瑞罷官』に先立つ文革の発端とみている。このような党員としての立場を明示して書かれた回想録であっても、「みずから体験した文革の発動と経過」という個人的体験を主張するとき、文革の記憶は必ずしも「十年の動乱」に限定されるものではなくなるのである。文革はまずは教育の分野から発動され、文革中に清華大学で起こったことはすべて全国の政治闘争と密接な関係をもち、またそこには毛主席や党中央の注目と関与があった。文革開始前、作者は清華大学の共産党委員会第一副書記として、校内の日常事務管理にあたっていた。数々の抗争のなかで、同僚とともに再三にわたって毛沢東に上書を送ったが、その度に我が身に負わされる罪状を増やすだけであった。上書には、具体的人物名を挙げた告発も含まれていたことがうかがわれる。そのように激烈な曲折のなかで、みずからの意に背く行ないもしたが、そこには主観・客観両面にわたる種々の原因があり、基本的には、矛盾した立場と心情のなかで運動に巻き込まれたためであった。すなわち絶対の信頼を置く毛沢東が発動したものであるから、その指示にはしたがわなければならないが、その毛に、中央に「ブルジョア階級の司令部」があるために革命路線が貫徹できないと言われて判断を誤ったというのである。自分も他の多くの党幹部も、きちんと理解できないまま「左」の影響を受けていた。混乱と困惑のなかで出てきたのは、ただ毛沢東の命令と方針を信じ、その権威を守るという選択であった。

そうした厳しい政治状況のなかで、誠実で善良な人びとが、策略に乗せられて、時に行為と目的を離反させ、さらに骨肉の争いへと至るという不幸が生まれたのである。そこから教訓をくみとり、一致団結して前を見て進みたい――そのような「まえがき」の叙述は、「歴史決議」の枠に沿って当時の自分の立場をとらえ直し、未来を志向するものであるが、他の回想記と比べると例外的と言っていいほど、「毛主席」の名前がくりかえされている。「歴史決議」の矛盾そのままに、毛沢東を信じきった自分の誤りを毛沢東の誤りとして一括処理しきれない当惑がうかがえる。

さらに、党中央が明確な意図をもって個人の回想記を募り、中共党史出版社から出された回想記『不是夢――対〝文革〟年代的回憶』〔夢ではなかった――文革時代にたいする回想〕（二〇〇〇年）〔97〕がある。筆者は武光《ぶこう》（ウ・グァン）といい、「まえがき」も「あとがき」も自身が書いている。彼は文革発動当時、新疆自治区の党委員会書記であったが、一九六七年十一月に投獄・流刑され、文革終結宣言後名誉回復されて一九七九年に社会科学院副院長になった。「まえがき」には、「歴史的転換」の翌一九七九年十月末、中共中央組織部と解放軍総政治部連名の手紙が届いて、事実にもとづいた「回想記」を執筆し党の資料として提供するよう求められたことが明かされている。その趣旨は、文革期間中「林彪、四人組、康生《こうせい》（カン・ション）、謝富治《しゃふじ》（シエ・フヂ）一派」が、党と国家の指導者および古くからの幹部にたいして残酷な迫害を加えたが、それは党史上稀にみる規模と程度のものであり、二度とこのような過ちを繰り返さないため全党をあげて彼らの罪行を調査し、幹部審査の正しい方針を定める、というものであった。

武光はそれには応じなかったらしく、その後一九八一年五月末、再び同様の依頼を受けている。今度は中共中央党史資料募集委員会からのもので、陳雲《ちんうん》(42)の指示が伝えられていた。それからまた十年以上が過ぎたが、党中央からの依頼は武光の心にずっと残っていた。そこで一九八六年に指導的地位を退いてからは、新中国成立以前の運動や文革の経験を、回想録の形でいくつかに分けて書きはじめていた。八十歳という高齢でそれをやり遂げることができれば、党のために経験を正しく総括して全党の教育にもなると、昔ながらの党員としての責任から書いたものだという。

自伝と回想録との違いとして、武光は、回想録には歴史や党にたいする責任が伴い、一種の真実性、科学的実事求是の態度が求められる、と書いている。さらに――文革の期間は、自分の一生のなかで最も印象深く際立った時期であるが、あの十余年は党にとっても最も暗く被害甚大な十余年であったとくり返している。ここでも文革の記憶は、十年に限定されてはいない。その回想にあたって、自己の不愉快な感情を述べたくはないし、ましてや弁解もしたくない。さらに誰かをほめそやしたり、誰かを排斥したりもすべきではないと思う。ただ自分が直接見聞きしたこと感じたところをもって歴史として語るが、文革中の立場上、記録を書き残しておらず、大部分は記憶を頼りに書くので、時間の前後や細かい部分に間違いは避けられないだろう。また文中の人名、特に文革中自分を傷つけた相手の名前はすべて伏字とする――とある。

そしてこの「まえがき」の日付は一九九一年八月となっている。「あとがき」は一九九一年七月一日付けであり、実際の出版は二〇〇〇年十月、中共党史出版社（北京）からであった。恐らく党史のための資料提供という用途を終えてからの出版となったために時間的開きが出たのであろう。「あとがき」にも、この回想録は真実の歴史を書いて後世の人びとに惨劇の教訓を知らせ類似の誤りを避けるためである、ということがあらためて強調され、最後に、一人の共産党員としての心構えが列記されている。

(3) 国家指導者の家族による回想記

前記の武光の「まえがき」と比べると、『我的父親鄧小平――文革歳月』（二〇〇〇年）〔98、100〕の著者による序は、いたって淡々としたものである。その出版の二年前に鄧小平は亡くなっており、いわば三回忌を期しての出版であるが、毛毛自身は「父の九十五回目の生誕」を記念し、「『江西の日々に』を書いてから十五年後」に、父への追慕の気持を表わしたい、と書いている。毛毛はかつて鄧小平八十歳の誕生記念に、文革中の軟禁生活の回想を書き、それが「江西の日々に」と題されて、一九九八年八月二十二日『人民日報』に掲載された。その後『我的父親鄧小平』上巻で、鄧小平の誕生から一九四九年の建国までを書いている。そしてこの度、建国から文革直前までを飛び越して「文革歳月」の方を先に書き、それが二〇〇〇年に出版されたのである。(43)

父の文革中の経歴を綴ることは、彼の非凡な人生を回顧し、あの空しく過ごした日々をふり返ることであるが、それは「父の伝記とはいえず、私個人の回想録でもない」いわば感情の雑記帳のようなものである、と言う。そして本文は一九六六年の「五・一六通知」の採択をもって「プロレタリア文化大革命」の勃発とする、公式文革カレンダーに沿った内容となっている。その発端として前年の『海瑞罷官』批判前後の経緯に注目している点も、「歴史決議」の枠組みどおりである。それ以前の文芸批判同様、最初はそれが大きな政治闘争に発展するとは予想しがたく、鄧小平も、批判された『海瑞罷官』の作者呉晗にたいし「そんなにびくびくすることはない」と楽観を勧めていたことが回想されている。

また、同書の二〇〇〇年の出版は、六月に初刷一〇万部という規模で第一版［98］が出た後、十月に第二版［100］が出たが、それは文革中の中央弁公庁幹部で、一九七三年江青、康生らの迫害によって死に至らしめられた王良恩《おうりようおん》（ワン・リァンオン）について、一九八〇年の名誉回復の事実が反映されていなかったために訂正されたためである。第二版で訂正されたものが底本となった［毛毛 2002：372-375］。

以上、文革関連出版物のジャンル／テーマ別量的変化とそれにもとづく時期区分、国家言説としての「歴史決議」の目的と効果、そして回想記の「まえがき」「あとがき」「内容紹介」に現われた「動機の語彙」を中心にその質的変化について記述してきた。次節では、時期区分や「歴史決議」の枠組みとの関連において回想記の出版に表象される文革の記憶の語り方を類型化する。そして、中国大陸における語り方と、海外など、異なる文脈下のそれとの違いに着目して、中国大陸における文革の個人記憶の語り方の特徴を記述する。

四　中国大陸における文革の記憶の語り方

1　回想記と動機の語彙の類型

本章前節三の2で見たように、本書が対象とする中国大陸の文革回想記は、主体の違いや出版動機の語彙によって、以下のように分類される。①知識青年の奮闘精神継承の物語として、ポジティヴに語り直された回想集、②「普通の人びと」の「真実」の物語を通して、文革の悲惨さを訴えそこからくみ取るべき教訓を後世に伝える記録としての回想集、③著名人や名士が、他の媒体で発表した文革に関する文章などを一冊にまとめた「まえがき」なしの回想集、④文革の犠牲者を追想し名誉回復を確認するための文集、⑤文化人・知識人がみずからの体験を個人記憶に依拠してありのままに語り、後世の人びとが参考とすべき資料としてまた文革の歴史の教育的意義を主張して出版される単独回想記、⑥公的記憶構築のために、選ばれた個人記憶をリソースとし、指名された個人を当事者として動員し、史料提供を兼ねて出版される回想記、⑦国家指導者の家族が、「歴史決議」の枠組みにそったエピソード記憶をおりまぜて記述した回想記――である。

たとえば、知識青年というカテゴリーで語られる記憶において、文革は「下放」という苦難の体験に一元化され、それを奮闘精神によってのり越えた不屈の主体が立ち上がる。過去の悲劇について、天を怨まず誰のせいにもせず、それを今と未来を生き抜くための糧とすることは、文革徹底否定と矛盾しないばかりか、改革開放下の経済建設の担い手という現在的要求にも応えることになる。このような、知青による奮闘精神継承の回想集四冊の出版が、第二期、第三期（一九八六～九八年）にみとめられる［13、31、62、63］。

そのうち第三期に出された二冊〔62、63〕（ともに一九九六年）は、新聞・雑誌の原稿募集企画によって集められた一般読者の回想集という形をとっている。次章で見るように、文革終結とともに下からの要求として高まった「報道改革」の機運は、「六四」天安門事件（一九八九年）の前に挫折するが、その際提唱された、一方的な伝達ではなく「多くの声」をめざし読者からの反応も重視するという方向性は、九〇年代半ばに知青の体験記募集という形で実現したといえる。応募原稿は当該紙・誌面に掲載されただけでなく書籍として出版された。同様の企画は、北京のメジャーな新聞でも行なわれた。紅衛兵運動を含むさまざまな時期の回想が寄せられて、「普通の人びと」の記憶というカテゴリーで出版されたのである。ただし、初めから「紅衛兵」運動や「文革」に関するものとして企画されたのではなく、「忘れられない出来事」と題する原稿募集であった。それが一九八六年という年に行なわれたことを考えれば、企画者の意図は明らかであり読者もそれに応えた。少なくとも一九八九年〔国家図書館登録は一九九〇年〕〔28〕、九六年〔66〕に書籍として出版された際、あるいは一九九八年〔74〕に転載された際には、収録作品の多くが批判闘争の激しさ、階級闘争による家族離散の悲劇などに関する回想であった。また、原稿募集ではないが、作家が新聞・雑誌を通じて表明した意志に応えて、読者が自分の「十年の苦難」を聞いてほしいと手紙を寄せ、そのような要望を寄せた読者を対象に作家が聞取りを行なった結果出版された「普通の人びと」の回想集〔69〕がある。いずれも第二期と第三期の出版である。そしてそれらに共通するのが「普通の人びとの真実」という主張であり、作家・文化人らによって代弁される出版動機は、文革の悲惨さの告発と「教訓を忘れないこと」である。その際、「民族の悲劇」が強調される一方、しばしば、人類の悲劇として語り継ぐべき世界史的重要性にも言及された。

　第三期から始まる単独著者による「回想記」の出版は、文化人・知識人に限定される。また、本書の対象に見るかぎり、第四期（一九九九〜二〇〇五年）は再版を除くと、普通の人びとや知青の回想記が消え、名士・名人の回想集や国家指導者の家族の回想記に限定される。本書で対象とした名士・名人の回想集二冊〔83、105〕はともに「まえがき」がない。「普通の人びと」の回想集に雄弁な「まえがき」が付けられているのと比べると、名・士・名人に代弁者は必要ないということかもしれない[44]。

以上のような類型化を、日米など中国外での出版情況と比較してみると、最も顕著な点は、当事者としての元紅衛兵というカテゴリーの欠落である。前述の『残缺的窗欄板――歴史中的紅衛兵』〔こわれた窓枠――歴史のなかの紅衛兵〕(1998)[74]のなかで、陳思和が「紅衛兵の理想」という問題や「紅衛兵感情」について書いていたことは述べた。彼はまた同書において、日本訪問時に紅衛兵の回想記二冊を見つけたことにもふれている。陳凱歌の『私の紅衛兵時代』(講談社、一九九〇年)と張承志の『紅衛兵の時代』(岩波書店、一九九二年)のことで、それぞれ個性あふれる筆致で日本の読者のために書きおろされた新書である。陳思和は、日本語が読めないことを非常に残念がり、「紅衛兵感情」のような問題を理解するには紅衛兵時代の回想録を読むことがどうしても必要で、この二冊を読むために日本語を勉強する決心をした、とまで言う[45]。

次に、紅衛兵というカテゴリーの欠落にともなって、紅衛兵運動の熱狂や闘争的精神の高揚への憧憬、あるいは文革に肯定的な側面を認めるような動機の語彙の欠落も明らかである。文革を徹底否定することへの対抗言説は、日米の研究においては一つの明確な立場として存在する。また次章で見るように、中国大陸における大きな論争を引き起こした新左派の主張のなかにも「文革再評価」として現われる。しかし回想録に関するかぎり、文革の肯定的側面が言説化されることはない。

そして最後に、加害者としての語りや反省の不徹底である。これは中国大陸の出版に限られるものではないが、しかし次章の四でふれるように、加害者自身に想起や言語化の困難があるというよりは、それを表象し共有化することの問題でもある。本書で最後にとりあげる二つの回想録、巴金の『随想録』と韋君宜の『思痛録』は、「反省の書」として言説化されているが、それは果たして本章で見てきた回想集・回想記に欠落している語彙によって語られたものなのか、何をどのように語ったことが「反省」とされるのか、第五章、第六章で分析することにする。

2　中国大陸における動機の語彙の特徴

馮驥才の『一百個人的十年』は、中国大陸の雑誌で発表された九篇にもう一篇を加えて、香港で一九八七年に単行本化された。その香港版の日本語訳は一九八八年に『ドキュメント 庶民が語る中国文化大革命』（講談社）として出版された。馮は「日本語版によせて」のなかで、取材対象に聞取りを行なう際の苦しみとして、一人一人の語りの語気や表情を文字にしてしまうことの葛藤をあげている。取材量をふやし、そのなかから代表性と内包性を有する個別の話を選び出し文章化することには、選択による排除も避けられない。そのことを自覚しながら、自分に託された責任として、文革の記憶のために心の安らぎを得られない人びとに少しでも慰めになればと［馮1988/1989：285–286］、百人を超える人びとへの聞取りを続けたという。その結果が、『一百個人的十年』一九九七年完成版と二〇〇四年の再版なのである。しかし日本語版で表明された、そのような「個人記憶表出」の場の提供という動機や代弁者としての歯がゆさは、大陸版のどこにも現われていない。「まえがき」や構成には、彼らの苦しみを国家的な枠組みを超えて人類史上に意味づけ、今なお彼らを苦しめる過去の体験を徹底否定して二度とくり返さないために記録するという志向性だけが顕著である。

このような差異が意味するものについて考察する前に、作家巴金が『随想録』のなかで明かした、知識人による序文・まえがきにたいする「反感」についてふれておく。『探索集』として出版された第二集の「思想の注入と宣伝（探索の五）」と題する文章で、巴金は「他人の著書を読むときいつも序文・前書きを避けていた」と書いている。各読者にはそれぞれの見方があるにもかかわらず、そこに思想の注入や宣伝の意図を感じて反感を覚え、しかも『紅楼夢』などのように、復刻出版されるたびに巻頭序における評価が激しく変わることも少なくないからである。自分以外の多くの人びとも、研究上必要な場合を除けば、みな本文以外は読んでいないという

[巴金1983：103–104]。

確かに、文学作品などの場合、「名著鑑賞の一助に」というのが、作者や出版社が序やまえがきを付す意図かもしれない。本書でとりあげた回想記の「序」や「あとがき」にも、そこに書かれた「体験者の真実」からいかに教訓を学び取るか、その意味づけを明らかにするという読者への啓蒙的な意図は読み取れる。しかし、同時に重要な点は、その書を出版することの正当性の宣言であり、国家言説の枠組みから逸脱していないことを弁明するという機能的側面である。馮驥才にとって、もう一つの動機の語彙であったはずの「個人記憶表出」の場の提供への思いは、「徹底否定」の枠組みに沿った過去の評価と、「同じ過ちを二度とくり返さないために」という未来へのポジティヴな志向の影に隠れてしまう。文革について、「細かい」具体的な記憶の表出を禁じられた人びとは、「回想記」という形の個人化と、意識的な文化人による動機の語彙の代弁によって、国家言説の枠組みを借用しながら、個々の記憶を語る機会を得た。いくつもの新聞・雑誌の原稿募集企画とそのための専門コラムが「記憶の場」となったが、しかしそれを共有しあう多数の読者の間に生まれる共同性が公言されることはない。それは中間レベルの記憶の共同体を経ないで、一足飛びに「民族」や「人類」といったマクロな集団の歴史に結びつけられるのである。

また「序」や「あとがき」は、出版の正当性と意義を主張することによって、それが阻害されることへの異議申立てさえ可能にすることがある。その際に根拠とされるのが、一九七八年「三中全会」の「脱文革」決議によって枠づけられた公共記憶であり、その後に出された文革出版物にたいする「禁令」はその決議に反するものとして批判されうる。そして第三者が著者を代弁してそれを表明し、出版社が「資料」としての意義を強調する。著者、編者、出版社、あるいはそのいずれでもない第三者が、「序」や「あとがき」や「内容紹介」を通して互いの正当性を支え合い、主体の複数化と責任の分散が図られる。その数の多いほど、時期的に、また内容的に難しい出版であったことが見てとれる。「序」や「あとがき」の日付と実際の出版の年月との開きは、記憶の生産者と流通者が、指導部内の動向を反映した政治的規制力と市場との交渉に費やした時間の長さを推測させる。

他人の著作の「まえがき」などには反発を覚えたという巴金であるが、『真話集』と題された第三集には、広州の誠意ある出版社の企画に協力して、五十数年間に書いた「まえがき」「あとがき」を集めて『序跋集』を出すことになった、とも書いている。(46) 他人の著作や訳文のために書いたものも含まれている点が他の文集とは異なっており、巴金はこれを自分の文学生活の各時期における「思想報告書」であり「自供書」である、と言う。長短を問わず、それらはいずれも読者に向かって話した本心であり、自分の歩んだ曲折と思想の変化を、粉飾することなくさらけ出したものであるからだ［巴金1984：49］。すなわち、読者への誠意ある「本心」は、その時々の歴史的政治的文脈を反映して変わり続けるものだったのである。

本書がとりあげた回想記も、そうした筆者のさまざまな「本心」を反映し、なんとか出版されたものであり、「歴史決議」の枠組みに依拠して語ることのできた記憶の回想であった。そして記憶の共同体として自称できた数少ない中間集団が知識青年であった。一曲の歌のために冤罪・投獄された元知識青年任毅は、思いもかけず国営出版社から依頼されて回想記を書いた。任毅はもともと、失われた青春にたいしてノスタルジックなだけの、これまでの知青本に批判的であり、その機会にかつて起こったとおりを歴史として書いた。しかし、そうした知青の美化に反対することが、改革開放政策支持のために利用されたのだ、と彼は考えている。「この本は党の見解を反映したもので、本当の民間叙述〔庶民の物語〕ではない」［Davies 2002：240］。それは国家出版社から、大衆のノスタルジアを抑制するという役割を期待されて書いた物語であった。歌を作っただけで逮捕されるという極端な例が、「普通の人びと」や知青のカテゴリーで普遍化されるということは、文革を狂気や混乱の時代ととらえて現在から引き離し、今日の問題を矮小化する効果をもたらす。任毅は極端な不遇に遭い、また他の多くの知青同様にリストラもされたが、今は比較的成功しており、ならばそれは誰にでも可能なはずだというモデル化・教訓化ができるからである［ibid.：269］。

『生死悲歌』は、初版一万五〇〇〇部で発売されたが、売行きはよく、出版社側は増ページで再版することも検討中だという［ibid.：247］。しかしその消費の側面については、デイヴィスの論文にも言及がない。『生死悲歌』は大衆消費のための物語生産というよりは、国家資源にアクセスできる個人が、ある特定の個人に体験談を書いてくれと依頼した［ibid.：221］、という生産の側面からだけの記述に終わる。しかしデイヴィスは国家出版社の編集者や、その編集者に任毅を紹介した人物への聞取りも行なっている。彼ら個人の意図や志向性を、すべて国家にとっての有用性という面だけでとらえることはできないであろう。これについては第六章の五で、出版や検閲に関わるアクターとファクターの分析において、再度考察の対象とする。またデイヴィス論文は、『生死悲歌』とは対照的なケースとして、既に書き上げられた回想記がどの出版社からも出せない事例も提示しており、どのような文脈でどのようなテクストの出版が可能になり不可能になるのか、という観点からの分析においても参照されることになろう。

本章では、文革終結後に出された文革関連出版物について、その量的・質的変化や、「歴史決議」という国家言説との関係において、四つの時期区分の特性を明らかにした。そして「歴史決議」による公的記憶一元化の試みや、その後の文革タブー言説に反して、文革の記憶は完全に封印されたわけではなく、当初の公的規制の効果が貫徹されているのは第一期（一九七七〜八五年）だけであることを確認した。第二期（一九八六〜九二年）になると、「回想集」において「知青」や「普通の人びと」が、「文革」ではなく「下放の体験」や「忘れられない出来事」を語り始めた。「私たち」の視点から、知識青年という集合の不屈の精神および国家の歴史や未来と関連づけることで、正当性を獲得する叙述であった。それは、著名な知識人・文化人の「まえがき」と「あとがき」によって補強され、「歴史決議」の枠組みを利用しつつ主張されて、出版という形の個人記憶の共同化が実現された。一方、知識人・文化人自身の単独「回想記」は、第三期（一九九三〜九八年）から出始めた。これら社会的に影響力がある人びとの文革の記憶の語り方は、「私個人」の直接体験した事実だけを書くという主張に特徴的で、彼らの記憶の共同化は、叙述の「個人化」を通して行なわれた。

社会主義市場経済が導入された直後の一九九三年には、ドキュメンタリーなどに「紅衛兵」や「武闘」などをとりあげたものが目立ち、第四期（一九九九〜二〇〇五年）には、いっそうの「脱政治化」を示す「文革文物」の投資価値に注目したカタログ的な本も出る。しかし全期を通して欠落しているのは、元「紅衛兵」という主体による回想、加害者としての語り、「文革徹底否定」にたいする対抗言説である。第四期の著者欄には、再び非個人が現われて史料や記録書が増え、回想記の場合は再版や著名人によるもの以外の目立った特徴が見られない。それは、新たな執筆主体と叙述スタイルが登場することの困難を示しているといえよう。

第四章　言説空間の変容――一九八〇～九〇年代の文化の政治

一　ポスト文革期における記憶の抗争

前章では、「歴史決議」が文革と晩年の毛沢東の誤りを明文化し、「文革徹底否定」が言説化されるなかで、文革関連出版物がどのように変化してきたかを記述した。第三章二の2で述べたように毛沢東の後継者華国鋒《かこくほう》が継続した「左傾の誤り」をも否定して、一九七八年には近代化建設を最優先する「歴史的転換」が実現した。文革期に失脚していた元幹部が指導部に復帰し、鄧小平の党内主導権が確立したが、文革期の幹部もかなり残留していた。文革の実態が暴露されることによって社会主義体制への懐疑が生まれ、現状の中国政治の民主改革を求める声が強まり、それが党内団結を危うくするという懸念も生じた。そうした懸念が、文革関連の出版物にたいする規制となって現われた。本書は、規制がくり返されたこと自体が、このような出版を阻止しきれなかったことを示すものであるという立場に立つが、その点では、忘却の宣告に等しい「歴史決議」の効果は、決して一様ではなかったといえる。

本章では、言説空間全体に目を転じ、一九八〇～九〇年代の社会的・文化的変化を記述する。そのなかで、文化の政治や出版・検閲の問題を考える際に、「出版改革」「報道改革」の経緯は無視できない。そこでまず、それらの基本的な枠組みとなった一九八二年の憲法改正と、それ以後の関連組織の改編についてふれておく。

1　文革後の憲法改正と組織改革

「歴史決議」の翌年一九八二年九月中国共産党第十二回全国代表大会において、胡耀邦《こようほう》（フー・ヤオバン）の政治報告は、革命イメージを払拭した集団指導体制の導入を印象づけた。それ以前の最高ポストであった「党主席」に代わって、「中国共産党全国代表大会」（党大会）[1]が最高指導機関となった。その下におかれた総書記には胡耀邦が就任し、鄧小平は最高ポストから退いたが依然として最高実力者であった［天児1999：128］。党大会の成果を受けて、同年十一月〜十二月第五期全国人民代表大会第五回会議において新憲法が採択された[2]。新中国成立後、一九五四年、七五年、七八年に次いで四度目の憲法が制定され、現在に至っている。これにより、毛沢東型社会主義のシンボルであった人民公社が正式に解体され、郷・鎮[3]が復活した。旧憲法で明示されていた「社会帝国主義」批判のようなソ連批判は消え去り、文革直前以来失脚していた親ソ的な指導者らも復活した［中嶋1999：243-246］。「非毛沢東化」がさらに進んだのである。中華人民共和国は「人民民主主義独裁による社会主義国家」と規定され、労働者・農民・知識人に依拠する広範な統一戦線の下で、社会主義の現代化を実現することが謳われた［『中国年鑑』1983］。「人民民主主義独裁」とは、人民内部で民主主義を行なう一方、敵にたいしては独裁を行なうという政治原則であるが、文革期の「敵／味方」の基準をめぐる誤りが否定された後では、共産党一党支配という以上の意味はなかろう[4]［『現代中国辞典』］。党直属機関は、組織部、宣伝部、人民日報社など二〇にのぼる。

国家機関として、国家主席[5]・副主席が復活し、その下の「全国人民代表大会」（全人代）[6]の権限が増大した。また国家主席、全人代常務委員、国務院総理などの任期は二期一〇年を超えないよう制限された。行政機関としては、従来どおり「総理」をトップとする「国務院」がおかれた。国務院総理には趙紫陽《ちようしよう》（ヂァオ・ツヤン）が就任し、胡耀邦総書記とともに鄧小平のトロイカ体制の一翼を担った。国務院には、外交、財務、国防、文化などの各部・各委員会が設けられ、それらが管轄する国家局が配置された。この八二年の政府機構改革で「文化部」〔文部省にあたる〕に合併された国家出版局は、一九八六年十二月「新聞出版署」として再び国務院に直属することが決定した。各省・市にも新聞出版局が設立され、全国的な新聞・出版事業が管理されることになった[宋1998：92–99]。従来の国家出版局は廃止され、著作権法制定を早急に実現するため「国家版権局」が独立した[『中国年鑑』1988]。

文革後のさまざまな「正常化」や「歴史的転換」の実現過程を記述することによって、本章で明らかにしたいのは、脱文革と改革開放を推進しようとする勢力と、そのゆきすぎを阻止する保守勢力との確執である。そしてそれ自体が、まさに文革の記憶をめぐる抗争であった。

2 「脱文革」路線と出版改革

そのような抗争はまず、「歴史決議」のかなり以前、「真理を検証する基準は何か」という論争として現われた。一九七八年五月十一日、知識人を主な読者対象とする新聞『光明日報』に、「実践が、真理を検証する唯一の基準である」という文章が掲載され、翌日『人民日報』に転載された。それは熱烈に歓迎される一方、抵抗も大きく、同年夏から秋にかけて論争が続いた。そもそもは、南京大学の講師が執筆し胡耀邦らが手を入れて大学の機関誌に掲載された文章であったという。それにたいして抵抗を示す側の主張は、「真理検証の基準は一つしかなく、それは毛沢東の教えである」というものだった。このことから明らかなように、熱烈に歓迎するのは、毛沢東の脱神格化と文革徹底批判を経て「歴史的転換」を推し進める勢力であり、抵抗するのは毛沢東の記憶に依拠して存命を図る勢力であった。誤りを犯す「人間毛沢東」を受け入れるかどうかの問題であったともいえるが、多くの指導者が「実践」を基準とする方を支持して論争は一応決着をみた。これにより、それまでの思想的タブーを破り、改革開放政策を推し進めるための理論的根拠が確立された[三好1990：4–5]。そして、一九七八年十

図1　中華人民共和国権力組織図［天児1999：ix］

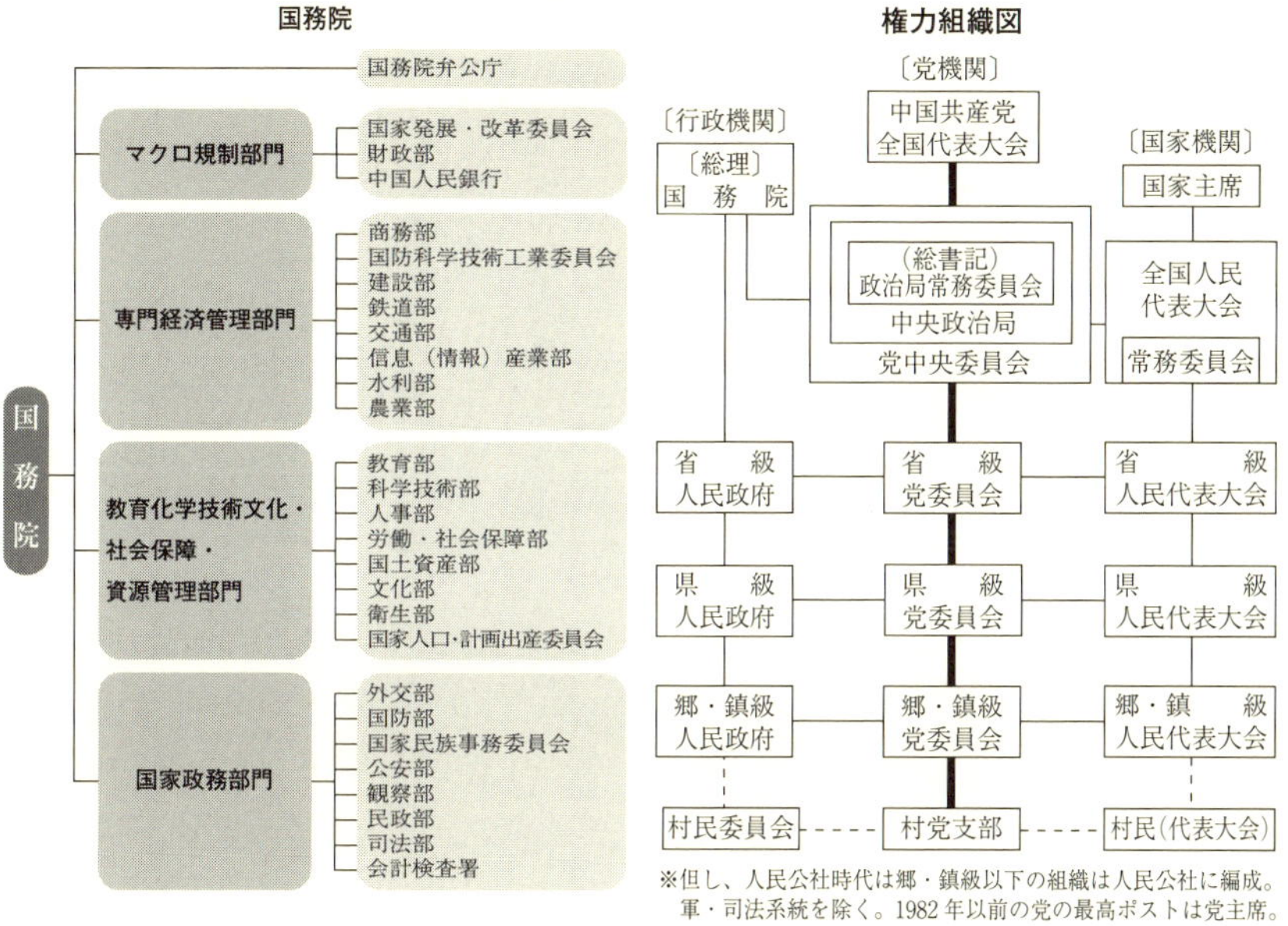

※但し、人民公社時代は郷・鎮級以下の組織は人民公社に編成。
軍・司法系統を除く。1982年以前の党の最高ポストは党主席。

図2　中華人民共和国行政区画図［伊2004：5］

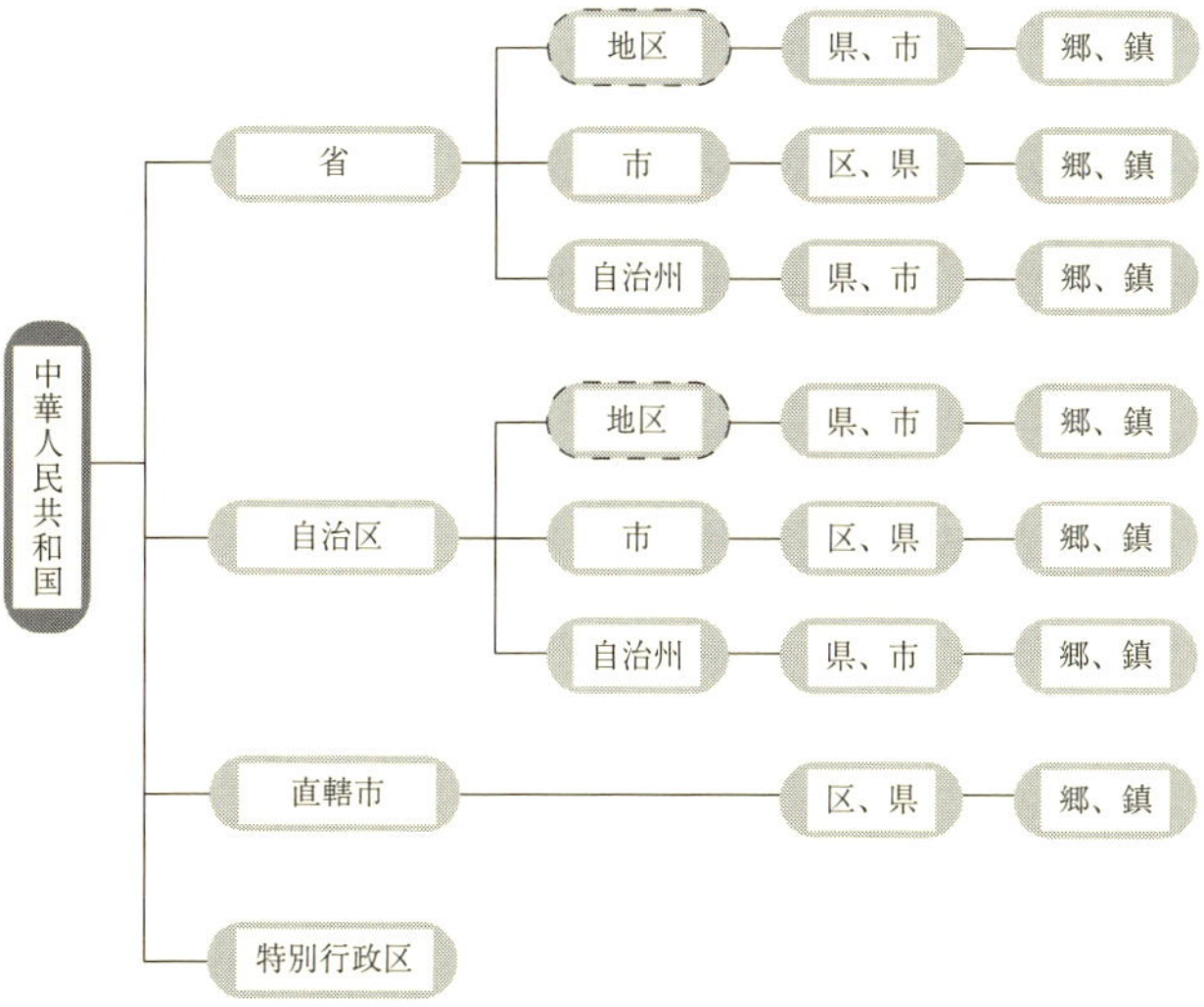

二月の中国共産党中央委員会総会（第十一期三中全会）において「脱文革」「近代化建設への移行」が決定的となったのである。

この「歴史的転換」は、全国のあらゆる分野に根本的な変化をもたらした。出版界においてそれは、文革後の「正常化」の努力として、人事と政策の両面に現われた。文革中処分された指導的幹部や知識人を仕事に復帰させ、新しい業務に配置し、また文革中禁止されていた作品の出版再開が決定された。それ以前からすでに、毛沢東路線のすべてを継承しようとする華国鋒体制にたいして、「思想を解放せよ。タブーに踏み込め」という主張が芽生えていたが、七八年の決定はそれを実行に移すことを可能にした［宋1998：25］。一九七九年十二月には長沙で出版活動会議（長沙会議）が開かれ、出版の自由化とともに地方出版社の活動範囲が拡大された。これ以降全国的に出版が活性化し、従来中央（北京）と上海に集中していた出版は地方との比率が逆転する［ibid.：24］。出版社数、出版点数ともに、中央対地方の比率は三～四対七～六と常に地方優勢を示し、文革関連出版物の場合も例外とはいえなかった。これについては、第三章三1で示したとおりである。

こうして、文革による出版の空白は急速に埋められていく。しかしその一方で、質的に劣る図書もまた続々と出版されたという。そうした事態は「長沙会議のせいだ」という非難と叱責を生んだ。一九八〇年一月十六日、鄧小平は幹部会議の講話においては、文芸工作者の責任に関する指示を出し、文芸作品の社会的影響への配慮と人民・国家・党の利益の考慮を求めた。中央宣伝部長胡耀邦も物議をかもす作品の「否定的社会作用」を攻撃、芸術家の社会的責任を訴えた。一九八一年には、白樺《はくか》（バイ・ホァ）の映画脚本『苦恋』にたいする激しい批判キャンペーンが起こるなど、文芸や出版の自由化の動きは反動を伴い、党内外の確執をはらみつつ進んだ(7)。

一九八四年には地方出版工作会議が開かれ、地方出版社にたいしてそれぞれの地方に立脚し全国を相手とするために「人民と社会主義のために奉仕する」という基本方針を守るよう厳しく求めることが強調された。だが、それでも長沙会議の決定が覆ることはなかった。「人民と社会主義のために奉仕する」という基本方針は、一九八〇年四月に定められた「出版社活動暫定条例」に明記されたものであった。加えて、出版の基本的な任務は「マルクス・レーニン主義と毛沢東思想を宣伝することであり、科学技術と文化知識を伝播し蓄積し、人びとの精神文化生活を豊かにする」ことである、とも定められていた。これらの基本は、以前の「出版活動の綱要は階級闘争である」という階級闘争第一主義が否定されたことを意味する［ibid.：39］。出版界にとっては、これで出版物にたいする多様な要求にこたえられるようになったのであり、大きな前進だったのである。

前後して、以下のような具体的な内容が提起され推進されていく——国家出版局は出版部門の対外開放を進めて海外との出版協力を実施する（一九八〇年）、全国の都市と農村で、集団・個人経営の書店、露天の書店、行商による書籍販売を計画的に発展させる（一九八〇年）、国営書店を主体としつつも多様な経済要素・流通路・販売形態をとり、流通の関門を減らす（一九八二年）——などである［ibid.：39］。

それでも、共産党指導下の国家事業としての出版が、自由化と地方分散化を伴ってその目的を経済事業活性化へと広げるにあたっては、さまざまな反発と反動が生じた。長沙会議への非難が起こったこともその一例であったが、さらに一九八三年秋には中共第十二期二中全会が開かれ、より広範な思想と組織の引き締めを狙った「整党に関する決定」が採択された。保守派と言われた当時の宣伝部長のイニシアティヴの下に「精神汚染反対」「ブルジョア自由化反対」のキャンペーンも展開された［天児1999：139］。ところがやがてそうした引き締めを「左傾」とみて反対する論調が再び強まり、一九八四年四月二十三日の『人民日報』には、「文革こそ徹底的に批判されなければならない」という見出しの下に、文革の諸論点をあらためて批判する文章が掲載された。人間主義・人道主義をめぐる議論も起こり、同年十二月七日には「ブルジョア階級の人道主義といえども合理的な部分は継承すべきである」とする主張が『人民日報』に転載された。一九八四年〜八五年には、中国作家協会第四回代表大会で、創作の自由を保証すべきことが力説され、自由論議は学術界にも広がった［『中国年鑑』1985］。

一九八六年に入って、改革と開放の進め方をめぐり、指導部の間に鋭い対立が生じた。改革推進派の胡耀邦党総書記は経済改革のゆきづまりを、政治体制改革を突破口として打開しようとしたが、保守派の抵抗に遭い後退した。出版部門では、一九八六年十二月鄧小平の指示にもとづいて、再び「ブルジョア自由化に反対する教育と闘争」が行なわれた。ところがこちらも知識層の抵抗にあって途中で中止となり、また同時期、安徽省から始まって上海でピークに達した生活改善と民主・自由を求める運動が、北京にも拡大した。夏以来の政治改革の気運は、大学関係者など知識人の政治参加意欲を高めた。しかし一九八七年一月、政治改革推進の先頭に立っていた胡耀邦党総書記が解任に追い込まれ、二月二日の『人民日報』は、「反ブルジョア自由化闘争」を堅持することを強調した。

第三章三2で述べたように、『滴血的童心――孩子心中的文革』〔血を流す子供心――子供たちの心の中の文革〕[28]の「序」の日付は一九八六年十月三日であった。編者に依頼されてその「序」を書いた冰心《ひょうしん》は、当時の子供の記憶に刻まれた文革の惨劇への憤りを新たにし、「五四」運動以来の「民主」への希望が、改革開放体制下でようやく見えてきたと書いた。しかしその書が実際に出版されたのはその三年後であったことは、八六年から八七年にかけての紆余曲折とともに記憶しておくべきであろう。

しかし一九八八年五月には、党の中央宣伝部と新聞出版署の連名で、企業の政府からの分離、出版社の自主権の拡大など、さらに出版改革を進めることが呼びかけられた。出版行政部門は「大局的にはしっかり管理するが、小さな局面は開放し活性化する」ことが正式に認められた。出版社は社長責任制と多様な形式の責任制を進め、貢献度重視、末端の支店への権限の開放、配本経路の開放をめざすことが明文化されたのである。国務院も、補塡すべき少数の雑誌を除き、その他の定期刊行物については、「独立採算、自主損益」とする旨、通知を出した。経済改革の勢いが、出版改革を推し進めることになったのである〔宋1998：40-41〕。一九八八年三月には、新聞社、雑誌社、出版社の営利活動が自由化されていたが、続いて出版物と新聞の価格にたいする国家の管理も大幅に緩和された。

それに比して、報道改革の方はより複雑であった。

３　文革の記憶に根ざした報道改革の挫折

「歴史的転換」は、文革中に停刊・休刊を余儀なくされた多くの新聞・雑誌に再生の道を開いた。創刊も相次いだ。一九七八年十二月に北京でマスコミの総合誌『新聞戦線』が再刊され、その復刊第一号には、文革期各種の新聞や放送が「四人組」に掌握されたことへの反省と、報道界パージの過酷さを伝える文章が載った〔『中国年鑑』1979：165-166〕。文革の深刻な教訓は、党の指導にも誤りがあることを教えたが、ことごとく党の指導下にある中国のマスメディアは、それを助長こそすれ正すことはできない。「共産党の代弁者＝人民の代弁者」という指導部の見解を、現実的に維持することは容易ではない〔林暁光1996：77〕。そうしたなかで、報道改革（中国語では新聞改革）は、経済改革とは異なり、文革の時代を通してその必要を痛感していた人びとが下からの要求としてめざした改革であった〔三好1990：5〕。

報道のあり方が探索され、特に「実践が、真理を検証する唯一の基準である」をめぐる論争のなかで、新聞学研究の気運も高まり、一九七八年には、中国社会科学院新聞研究所が設立された。そして一九八〇年には「首都新聞学会」が正式に発足し、その下に「新聞改革小組」が設けられた[8]。

報道改革の議論は、①「業務の改革」、②「観念の改革」、③「体制の改革」という三段階を経て深まったというが、そこで提起された内容には画期的なものがあった。①は、報道面の具体的な内容について、四人組の宣伝道具と化してうそと大ぼらと空言を並べ立てたやり方を脱し、「真、短、快、活、強」を基本とする文体と内容を強調するものであった。②に関しては、「一つの声」「一つの目標」を強調する「階級闘争の道具」という観念を脱し、「多くの声」をめざして双方向性が重視されるようになった。世論調査や受け手調査が実施され始めたことも、八〇年代半ばまでの特徴である。西側の「マスコミ理論」を吸収し、中国の実状と結びつけた研究も行なわれた。

③は、報道制度の改革のことであるが、すでに一九八〇年の全人代で、マスメディア報道法の制定が求められていた。ジャーナリストの権利と義務の規定や、国民にたいする言論の発表、新聞雑誌出版の自由、などに関するものであった。そして一九八三年には、その起草作業が始まり、設置されたばかりの国家出版署が、それを原案に整えて全国の関連部門に意見を求めた後、全人代に提出されるはずであった。『新聞戦線』などの専門誌には、マスメディア報道法の制定に関する論議の専門欄も設けられた［林暁光1996：125–126］。一九八七年十月末から開かれた第十三回党大会においては、「政治体制改革」と密接に関連して、社会における協議対話制の確立、国家政治の透明度を増すための報道のあり方、世論が党と政府を監督できるようなマスメディアのあり方などが議論された［三好1990：10］。

こうして、「報道改革の機は熟した」（『北京週報』一九八七年十二月二十九日）と報じられた。しかし第十三回党大会で打ち出された方針は、実行されることなく挫折した。一九八八年一月に発足した「マスメディア報道法起草グループ」の原案づくりが遅れに遅れ、ようやくできた草案も、報道の自由の保護法と、報道自由の悪用にたいする行政的規正法という、対立しあう二つの草案原案の形になり［林暁光1996：129］、それもまた、「六四」天安門事件のために提出・通過の見込みが断たれたからである。それぞれ、インフレの加速や金融・経済政策の失敗［三好1990：12］、指導部における「法治より人治」（法的制度ではなく人格化された権力）への傾向の強さ［林暁光1996：131–133］などが原因としてあげられる。

しかしそのような要因もさることながら、「四つの基本原則」という内在的問題が無視できない。これは一九七九年三月に党の理論活動座談会で講じられ、以来中国政治の基調となってきたもので、①社会主義の道、②人民民主主義独裁〔一九八二年以前は「プロレタリア独裁」〕、③共産党の指導、④マルクス・レーニン主義と毛沢東思想である。これまで見てきたような指導層内部でのせめぎ合いのなかで、鄧小平が拠り所としてきた原則であり、保守派を牽制して改革を進める一方、改革の結果生じる民主化・自由化の動きについては、この原則に違反するとみなせば容赦なく批判・弾圧してきた。その最初が一九七九年の「民主の壁」と魏京生逮捕、次が一九八六年から八七年の学生の民主化運動であった［三好1990：28-29］(9)。それが中国の歴史上最大規模の学生運動弾圧事件に至ったのが、一九八九年の「六四」天安門事件であった。

4 「六四」天安門事件における文革の記憶

一九八九年の運動の特徴として、知識人の長期にわたる積極的役割と、少なくとも当初の学生行動の整然さと、圧倒的な民衆の支持があげられる。経済改革の後退やインフレによる不満、「改革開放」に乗じた共産党幹部の不正にたいする怒りなどを背景として、民主化運動の契機は早くから存在しており、知識人は年初から政治改革や民主と人権を求める運動を地道に拡大していた。百人以上の署名によるさまざまな公開書簡が発せられたが、それにたいして中共宣伝部は「西側ブルジョア国家への傾倒」と決めつける極秘通達で応じた。政治改革を推進して解任させられた胡耀邦元総書記の死にたいして、追悼の波が広がるなか、学生の運動も急速に盛り上がったが、鄧小平はそれを「学生運動ではなく動乱」と発言、翌四月二十六日『人民日報』社説は「旗印を鮮明にして動乱に反対せよ」と高圧的に呼びかけた［中嶋1999：257-261］。四月二十七日、「動乱」認定の取消しを求めるデモは一〇万人を超え、沿道で見守る民衆の数は百万に達し、公安警察と武装警察が作った人垣も次々撤去されたという［矢吹1989a：136］。

四月二十八日には、胡耀邦追悼記事を載せた上海の新聞『世界経済導報』が発禁処分を受け編集長が解任されたことに抗議して、知識人たちが「報道の自由を守れ」という声を上げた［竹内1990：27］。文革の教訓から学ぼうと、下からの要求として提起された報道改革は挫折したが、一九八九年五月四日、中国のジャーナリスト数百人が、報道の自由や客観的で公正な報道を求めてデモに参加した。また党中央にたいしてジャーナリストとの対話を求める嘆願書も、千人を超える署名を添えて提出された。懇談は実現したが、「『人民日報』は党指導部の操り人形で、真実を伝えていない」などという厳しい批判も出て、対話は平行線をたどった［三好1990：37–38］。五月十三日学生たちがハンストに突入すると、中国の報道界にも、学生たちのハンストを事実にもとづいて報道しようとする姿勢が現われた［竹内1990：20, 27］。日によって一千～一万人を超える規模のデモが続いたが、五月十五日には、作家、評論家、学者ら数万人が北京市内を行進し、学生支援を叫んだ。翌日以降、天安門広場にはますます多くの新聞・文化・学術系単位の旗や横断幕が見られた。人民日報、新華社、光明日報、中国青年報、中国社会科学院、文化部、人民文学出版社等々から、恐らく建国以来はじめて、言論の自由、出版の自由を求める声が高まった［『中国年鑑』1990：144–145］。そうしたさなか、李鵬総理、趙紫陽総書記みずからが、病院や天安門広場の学生たちを訪れて見舞い、対話した。

しかし、五月二十日には「戒厳令」が発布され、結局学生らのデモを「動乱」と断じた鄧小平の「原則」が揺らぐことはなかった。そしてそれをめぐる攻防のなかに、またしても文革の記憶が介入する。

北京大学学生準備委員会が発行する機関紙『新聞導報』は、その第一期社説（一九八九・五・二）で次のように主張している。

政府は今回の学生の愛国民主運動が始まるや、報道を封鎖し、その後は学生運動にたいして歪曲した報道を行なった。二六日の『人民日報』社説は政府を代表して学生の愛国民主運動を「反党反社会主義の動乱」と決めつけ、安定と団結を破壊するということを口実にして、学生の平和的請願を押し込め、人民の蓄積されて久しい憤懣と民主化推進への希望の声を終息させようとしている。周知のとおり、「文化大革命」は党内のある種の利益の争いに利用されたものであり、上から下への動乱であり、その基盤は愚昧と迷信であった。今回の下から上への民主請願活動が一体どうして同一に論じられようか。今回の愛国民主運動と「文化

大革命」をくり返し対比するのには何の狙いが込められているのだろうか。……［矢吹1989a：137-138］

また、同じく北京大学学生準備委員会の理論情報部と称するビラ（一九八九・五・三）にも、今回の運動を「動乱」とみなすのは文革と同列視したためであるとする反論が掲載された。その主な論拠は、①勃発の背景、②社会にたいする目的、③党との関係、のそれぞれにおいて、以下のように記されている。

まず、①勃発の背景に関して、十年の動乱〔文革〕は、党内のある種の利益の争いに利用された指導者の誤りによって発動され、その個人迷信と個人崇拝を維持するためになされた派閥闘争であった。それにたいし、今回の大陸民主愛国運動は、中国社会のいたるところに危機が潜んでいる折に、各種の社会矛盾が爆発したもので、完全に自然発生的なものであり、その目的は中国の民主化の伸展を早め、政治体制の改革を推進し、そのことによって民族の繁栄を実現させることにある。「下心をもった人」に利用されるなどというデマの存在する余地は全くない――というものである。

また、②社会にたいする目的においては、十年の動乱はセクト工作のためにいたるところで大経験交流を行なったが、今回の大陸民主愛国運動が社会に向かうのは、民主自由の思想で中国の広範な民衆を呼び覚まし、民主の啓蒙運動を行ない、中国における民主政治のシステムの実行、言論の自由の達成という歴史的使命をすみやかに実現させるための必然的要求である、としている。

さらに、③党との関係については、十年の動乱において一部の学校、機関、工場で党委員会を蹴落として革命をやった目的は、権力を奪取し、個人の私利私欲を満足させることにあったが、今回の運動においては共産党の正しい指導をやはり堅持しており、反対するのは共産党内の正しくない部分である。今回の要求は、まさに党が提起しているところの党と政府の分離という正しい方法を実現することである――という主張である。反党の下心があるとする侮辱に反対し、四つの基本原則（前項で既述）堅持を隠れ蓑にして打撃を加えレッテルを貼るやり方を絶対に許さない、という強い抗議も含まれていた［矢吹1989a：140-142］。
最後まで学生との対話を試みて失脚した趙紫陽らは、当時の国家副主席によって「文革期の林彪〝艦隊〟と同じであった」と断罪された［矢吹1989b：206］。文革徹底否定が打ち出されて以来、文革の記憶を掲げて相手を批判する、あるいは自己の正当性を主張するというパターンは、同じ毛沢東語録を掲げて打倒し合った文革と変わらず、思考形式・言説様式における「脱文革」は、いっそう容易ではなかったといえる。

5 新左派・自由主義論争における文革の記憶の変容

一九八一年の「歴史決議」は、文革の長期継続を許した背景として、思想・政治体制上の封建遺物に言及していた。文革期は「封建専制主義」や前近代的蛮行が横行した時代として否定され、八〇年代は文革後の「新時期」として、思潮の西洋化が顕著であった。緒形康は、それにたいして八〇年代末から主に二つの観点からの反論が生まれたと言う。一つは、「五四」運動における偶像破壊主義や全面的西洋化に現われた観念的急進性が、中国共産党の革命政策に継承され、文革において頂点に達したと見るものである。もう一つは、「五四」期の全面的西洋化に見られるような「思想文化を借りて問題を解決する」という思考様式の問題点を指摘するものである。

このような「五四」思想批判からは、中国思想が急進主義と訣別するためには伝統の再評価が重要であるという、新儒家の国学復興運動が生まれた(10)。他方、二十世紀の中国思想の急進性をむしろ肯定的にとらえようとするグループも現われた。彼らは一九九四年以後「新左派」と呼ばれ、文革の思想の先駆性を強調した。さらに、その文革再評価に真っ向から反論するグループも生まれて「自由主義」者と呼ばれた。彼らは、「五四」期の全面的西洋化は穏健な自由主義を準備したと見、文革に到った共産党の急進主義は、むしろこの穏健な自由主義を抑圧したとして、自由主義を展開して西洋化を推し進めるべきであると説いた。

緒形によれば、これら三つの思想グループのいずれもが、「五四」期の「革命形象」と文革期の「革命形象」の相互関係に議論を集中しているという。彼らの論議は「二十世紀中国思想の観念性・急進性」という仮説設定のもとで行なわれたが、「歴史決議」以降禁じられたはずの「文革」を議論し再考しているのに他ならなかった［緒形2004：5-7］。

九〇年代後半からは特に「新左派」と「自由主義」との間の論戦が続き、一九九九年には香港のメディアにも報道されて、白熱化の様相を呈したという［緒形2000：87］。「新左派」の闘争宣言と称される崔之元《さいしげん》（ツェイ・チユェン）の論文「制度創造と第二次思想解放」(11)は、まず現代の「制度フェティシズム」を批判する。すなわち、市場経済や資本主義、民主などの制度を物神化し改革開放以前の旧制度を全否定することにたいして、異を唱える。そして、過去の優れた制度を参照しながら新しい制度を創造すべく思想解放が提唱されるとき、文革のヴィジョンも、そのなかに合理的な要素を見出して新しい条件下で再組織化すべきものとして、再評価されるという［ibid.：94］(12)。

一九九二年以降社会主義市場経済(13)が導入され、一九九七年以降私営企業や個人経営の役割が重視されると(14)、中国経済のグローバル化が急激に進む。自由主義者は基本的にはグローバリズムを肯定し、国内新左派も中国問題をグローバリズムと直結させる必要を説くが、海外新左派は多国籍企業批判を展開して反論する。両者の論戦はやがて経済的自由から、政治的・文化的自由の領域へと拡大する。そして駐ユーゴスラビア中国大使館がＮＡＴＯによって「爆撃」されたのを機に、新左派は中華ナショナリズムの代弁者の役割を強めていく［ibid.：88-89］(15)。

緒形康によれば、この新左派・自由主義論争は、マスメディアを中心にくり広げられた新しいタイプの思想運動であった。しかし、それが自由な討論の場として機能したのは一九九八年までだった。その後は「党政府の新指導部が開明的な指導者として振舞う上で巧妙に利用された」という面が顕著になる［緒形2004：7］。また、二〇〇〇年の「長江読書賞」事件(16)というスキャンダルによって論争自体が失速し、その後は自由やグローバリズムに関する有効な論点が提示されていないという［緒形2003：155-156］。

以上述べてきたような、国境を越えてグローバルな文脈で展開された論争を、あえて文革の記憶という観点に絞って見なおしてみると、次のような点が特徴的である。文革の意義の見直し、という大胆な言説で海外新左派の代表的存在となった前述の崔之元(17)は、一九六三年生まれである［時田2003］。文革の直接的記憶はほとんどないが、アメリカ在住中に民族差別を体験する一方、自国が全面否定した文革が六〇年代の西側諸国に強い影響を与えていたことを知って、民族的自尊心をくすぐられた世代といえよう［緒形2000：94］。さらに、欧米諸国での新たな資本主義批判に媒介されて、文革再評価に至ったと思われ、ポスト・モダンなどを学んだ彼らの目に、毛沢東理論がその先駆的な意義をもつものと映ったとしても不思議ではない［時田2003］。そしてそこには、「歴史決議」による「文革全面否定」が、社会科学的分析と思考の深まりを停止させていることへの鋭い批判がある。だがそのような文革再評価は、自由主義者にとっても文革被害者にとっても、そして毛沢東の脱神格化と脱文革の紆余曲折を経た後にさまざまな文革への思いを辛うじて封じ込めようとする現体制にとっても、容認できる言論ではない。新左派の致命的な欠陥として、彼らは学びたての西欧の学説を披瀝するために中国の歴史と現実を歪曲している、という批判が向けられている［ibid.］。

いずれにしても、提起されるさまざまな論点について議論が深まっているとはいえず、新左派の一見皮相な問題提起が、改革開放・市場経済化のなかで、「近代の超克」という独特の訴求力を持っていたことは否めない。

二　改革開放期における文化の政治

前節では、一九八〇年代〜九〇年代を中心とした社会的・文化的変化について、「出版改革」「報道改革」の経緯と文革の記憶をめぐる抗争を中心に記述した。それは一つには、脱文革・改革開放を推進しようとする勢力とそのゆきすぎを阻止しようとする保守勢力との抗争としてみることができた。しかしその二十年以上にわたる変化は、明快な二項図式でとらえられるものではなく、ましてや指導部内の勢力争いに単純化すべきではない。本節では言論・出版に焦点をあて続けながら、政策や制度改革の面ばかりではなく、商業化・消費社会化、ならびにグローバル化、香港・台湾との関係の拡大強化という側面から、文化状況をとらえてみる。それは、専門家、批評家、企画者、芸術家などの妥協の上に、国家社会主義のコンセンサスが成立する過程において、グローバルな資本主義と社会主義市場経済がどのように作用するかを知ることにもなる［Barme 1999：13-14］。そしてそこには、まだ量的には大勢に影響をあたえるほどではないが、しかし質的にはこれまでになかった変化が観察される。そうしたなかで、文革の記憶はどのように変容したか、第三章で述べた文革関連出版物の変化にどのような説明変数が加えうるか、考察を深めたい。

1　カルチュラル・パージの限界

第一章で文革終結以後の中国の出版熱に関連して引用したヂェレミ・バーメは、一九九九年の著書『イン・ザ・レッド』のなかで同時期の中国の文化状況を、「文化の政治と粛正の歴史」と表現した［ibid：x］。そこではまずハンガリーの作家ミクロス・ハラツィ(18)の「ヴェルヴェット・プリズン」〔ビロードの監獄〕という概念が、党管理型監獄文化として参照されている。その理由は、七〇年代以降の中国文化を考える際に、かつての兄弟国の経験と観察が、中国大陸の都市エリートの苦境や大衆文化を理解する上でも有用、と考えられるからである。ハラツィは、テクノクラートの時代の検閲を、芸術家や読者・観衆や党代表との間のパートナーシップとみた。中国にあてはめて考えてみても、そこには検閲が内面化されて創作を内側から蝕んでいくという側面と、露骨な強制力と暴力性が後退して高度な「交渉」に委ねられる可能性が生まれたという側面とがあり、極めて両義的である。

七〇年代末以降九〇年代までの中国で、最も重大な出来事を二つあげるとすれば、第一は一九八九年「六四」天安門事件であり、二つ目は、第三章三3でもふれたが、一九九二年一月鄧小平の改革推進のための南方視察、いわゆる「南巡」である。この二十余年の変化において、とりわけ大きな要因は、商業化・市場経済化の衝撃と、香港・台湾を含むグレイター・チャイナと称される東アジア中国語圏の影響であろう。バーメによれば、この間に「同志」は、「市民」になるよりもまず「消費者」になったのである［ibid：xiv］。長年にわたって中国大陸の批評家や芸術家たちと交流し、全体主義の言語、コミュニケーションの秘儀的コード、パワー・プレーの語彙を学んだというバーメが、党の文化政策からインディペンデント映画やロック音楽までを詳細に描き出したその著書は、全体で五百ページを超える。容易に要約できるものではないが、本節の前記目的に沿って、以下適宜引用しながら再構成し、必要に応じて他の文献から得た知見を補足する。

文化の領域における文革後の「正常化」という点では、次の点が特徴として挙げられる。まず知識人について、党は知識人との関係をとりなす義務を負わされ、お互いに妥協し合う協力協定をとりつけなくてはならなかった、ということである［ibid.：3］。威圧的な教条主義から自制的黙従へと、宥和の過程が始まったのである。また一般大衆をも含めた社会全体においては、文革期の不条理な精神的試練によって、「文芸批判」などというものがいかに文芸の質とかけ離れた根拠のないものであったかが明らかとなり、そのような政府の「宣告」の価値にたいする信頼は一挙に損なわれた。しかしそれを経て、流行の移ろいやすさや市場における文化の短命さを受け入れる下地が整ったともいえる［ibid.：xvii］。加えて、一九七六年以降イデオロギーの解体が進み、芸術はますます新しいスタイルの指導者、すなわち文化官僚というテクノクラートの強い影響下におかれるようになる［ibid.：二］。社会的統合の強化と文化的創造力の活性化という二つの必要の間で、また一党独裁による全体主義的体制を正当化しつつますます経済主体としての個人に依存するという矛盾の間で、文化の政治の振幅は変化する。

作家らは八〇年代半ばから、旧来の文芸批判キャンペーンに代わる新たな指針を求めていたが、一九八九年二月に、ようやく党の公式見解として「文芸のいっそうの繁栄に関する中共中央の若干の意見」が出された。階級闘争に伴う狭隘な文化理解を脱し、党を日々の文化統制の泥沼から撤退させる内容であった。この「意見」は三月に入って『人民日報』に掲載され解説が加えられたが、それによれば、指導機関は文化を尊重しつつ芸術作品や学術的な問題に関する議論への干渉・関与を最小限にしなければならないこと、指導者は新たな歴史的状況下で文化を導く新しい方法を追究しなければならないこと、などが明記されていた［ibid.：13-14］。

それから三カ月足らずのうちに「六四」天安門事件が起こり、その直後には、政治的・性的表現に問題ありとされる作家や著作の禁書リストが、密かに出版関係者の一部に配布された［ibid.：20-21］。当局は大衆の抗議行動にたいし、何よりも「資本主義的価値観によって火がついた」ものと主張し、その論理は容赦ない規模の粛清を招いた。それは、国家の対応能力の乏しさを露呈させ、国家と芸術家の間で注意深く保たれてきた均衡を脅かすことになった。政府は取り返しのつかないほど知識人の支持を失い、支配の正統性は大きく揺らいだ［ibid.：11］。その一方で、「動乱平定」を機に賀敬之《がけいし》（ハ・ジンチ）らの守旧派がイデオロギー宣伝を強化し始め、思想・文化の引締めを支持する年配作家たちを活気づかせることにもなった。保守勢力は文化的粛清断行を公言し、「六四」前の文化部長王蒙《おうもう》（ワン・マン）の多元主義を名指しで非難し、そしてその批判の行き過ぎが逆に抗議を受けた。一九九一年三月一日江沢民《こうたくみん》（ジアン・ツアェミン）総書記は、関係者双方を招いて円卓会議を開催し、文芸政策をめぐる対立に均衡を打ち立てようとした。しかしそれは、派閥抗争から距離をとらざるを得ない党の権威の弱体化を示すことにもなった[19]［ibid.：35］。

バーメは、「六四」による衝撃の大きさと同時に、それを超える連続性を強調する。「六四」後も大陸に残った作家・芸術家の創作活動にみる限り、彼らはますます国家の手を離れて市場へと近づいた。国家の強権的な検閲よりも自己検閲的な「ソフト・カルチャー」[20]のパラダイムが優勢になる傾向は続いたのである［ibid.：18-19］。それでなくとも監視すべき新聞・雑誌、テレビ・ラジオ番組は大量に増え続け、検閲要員そのものも変化しつつける。かつてのような徹底した検閲は難しくなる一方である［ibid.：27］。テクノクラートの時代、検閲はたいそうな機関がやる仕事ではなくなり［ibid.：7］、また作品が政府によって見せしめ的に発禁処分にされても、逆にその話題性が、多様化する流通ルートを通して商品価値を生むような状況が出現したのである。

八〇年代に下からの動きとして始まった報道改革は一九八九年の「六四」天安門事件以前に挫折したが、九二年の「南巡」の結果導入された「社会主義市場経済」によって、マスコミ経営の産業化に伴う問題が現実化した。量・質ともに急激な変化に対応するため、(21) 政府は行政指導を強める必要に迫られ、マスコミ企業側も、名誉毀損などの訴訟への対応を迫られるようになる。八〇年代以来独立採算制が導入されてきたが、二〇〇一年のWTO加盟により新聞雑誌販売や広告業への外国資本の参入が可能になると、経営モデルの改革はいよいよ必至となる。その結果、政府・マスコミ双方が一致して見出したのが、自律〔自主規制〕という名の新たな規制の方向性であった。公権力の発動を未然に避けるために、自主規制には往々にして公権力を上回る規制が働くが、しかしそれは、自律に委ねざるを得ないほどに、政府による規制強化が一向に成果を生まなかったことの現われでもあった［崔2005］。

以上のような変化は、(a)くり返される規制や弾圧にもかかわらず新たに生産された文化の異質性・多様性という観点から、また、(b)作家、新聞社・出版社、読者と、国家との新たな関係性という観点から、評価することができる。そしてその両面の考察において、(1)商業化、消費社会化、(2)グローバル化、香港・台湾との関係の深化という、切り離しがたく結びついた要因が顕在化する。

(a)　文化の異質性の拡大と多様化

社会主義国家の引力は時としてあまりにも抗いがたく、しかもそれ自体がままならぬ転換を遂げているときに、その軌道の内で成長し変性し発展したさまざまな文化につける名前はない、とバーメは言う［Barme 1999：xiv–

xv]。グラムシの言う「支配的社会秩序にたいする抵抗のポケット」としてのサブカルチャーや、体制／反体制文化という概念に対して、バーメは懐疑的にならざるをえない。バーメが注目する対抗文化（counter culture）、特に都市の若者の非公式文化（nonofficial culture）、主流文化に不満を持つ者の文化（dissident culture）などは、パラレル・カルチャー、パラサイト・カルチャー［ibid.：xiv］とでも言うべきものである。公式文化とは全く別物、あるいは公式文化に反抗するものとは限らない、とバーメはみる。

バーメが言う公式文化（official culture）とは、一九四九年の新中国成立以来、文学をはじめとする各種芸術活動が、中国共産党の指導と政策のもとに組み込まれ、芸術家がピラミッド型の全国単一組織に所属して生産するようになった文化のことであろう。芸術家とはほとんどの場合「国家芸術家」であり、国家から給与を支給されて経済的保障を得ることができた。また各分野ごとに発表機関も確保されていた。しかしその反面、内容に関しては多くの規制を課せられた［中国文学研究会2003：111］。そのような公式文化にたいして、非公式文化という言い方が、一九八九年以降中国の外で使われるようになったが、それは、文化的少数派の間で生産された映画・絵画・演劇・文学などを、反公式文化（anti-official）、反体制文化（dissident）、地下文化（underground）として記述するための用語であった。

九〇年代になると、中国大陸でも商業的文化が支配的となり、非主流文化（nonmainstream）や下位文化（underculture）という言い方のほうが適切となった［Barme 1999：xiv］。国家の上位文化が厳然と存在することに変わりはないが、それにたいして地下出版とか、実験アートやクラブ・ロックや映画などの下位文化、オルタナティヴ・カルチャーなどが、必ずしも弱い無防備な存在、あるいは公的認可の犠牲となっているとは限らなくなった［ibid.：xv］。いずれにせよ、この間に生産された文化素材の異質性の幅広さは計りしれなく、それを記述するに充分な用語系はないのである。共産党のお墨付き文化を「紅い文化」とすれば、明らかに反抗的な闇市場向けの「ブラック・カルチャー」がある。しかし、両者の間に多様に存在する新しい文化は、「グレイ・カルチャー」とでも呼ぶしかない［ibid.：100］。そして、このような全き異質性と無限の多様性を前にして、国家の検閲は基準を打ち立てようがないのである。

その典型的な例がインディペンデント系アーチストの出現であろう。なかでも九〇年代に入って発表され始めた若手映像作家たちのドキュメンタリー・フィルムは、瞬く間に世界の関連映画祭の常連となった。八九年以降の表面上の政治的安定と深まる文化的停滞のなかで、デジタルカメラという技術がもたらした文化の革新でもあった。そのような技術もジャンルも、従来の中国の映画検閲制度の想定外であり、新しいドキュメンタリー映像には検閲の手が届かなかった。ただしインディペンデント作品は映画配給網から完全に排除され、国際映画祭でグランプリを受賞した作品といえども国内上映の機会はまずない(22)。反面、小規模な自主上映や自主製作されたディスクによる個人レベルの鑑賞は、静かに広がっている。大学構内や大学周辺のカフェが定期的な上映会の場となり、インターネットの公式ホームページを通して情報が提供される(23)［麻生2005］。

(b)　グレイ・カルチャー時代の検閲

公式文化と大衆文化との複雑で矛盾する関係が進展するなかには、単なる敵対ではなく一貫した妥協の過程を見ることができる。両者はともに成熟し、お互いを利用しあい、互いのニーズを満たしあい、新たな連合と理解と妥協を育むのである。

たとえばバーメは、一九八八年上海の歌手張恒《ちょうこう》（ヂャン・ヘン）が、監獄や労働改造所の同胞の苦しみを歌った曲を例にあげる。それは、抵抗詩歌の由緒ある伝統をくむものであったが、八〇年代の文脈においては、商業主義によるプロモーションが成功し、その音楽カセットの好調な売行きに公式メディアも注目した、という点でユニークな事例となる。張恒の「抵抗歌」は、弾圧の対象となるどころか、大衆の鬱積した欲求不満解消という有効性が示唆され、そのようなセラピー効果の期待される「流氓」ソングの流行をもたらした。

もともと「流氓」とは、ならず者やチンピラを意味し、反社会性や無法性を含意する言葉であった。一九八七～一九九二年全国的に有名になった王朔《おうさく》（ワン・シュオ）の小説を特徴づける際に、まず使われた表現でもある。しかし「流氓」作家も「流氓」ソングも、あからさまな「反体制」よりはその都会的なアイロニーやユニークな創造性こそが特徴であり、一九八九年、起業家精神に富んだ国営企業は、張恒人気に影響されてそのような音楽の内製化を図った。国営企業が若返り、柔軟になればなるほど、反体制への潜在的活力もたちどころに国家の文化に取り込まれるのである[24]。

インディペンデント系ドキュメンタリー映画は、国営テレビ局のスタッフとして、あるいはスタッフである友人を介して、撮影機材と技術にアクセスできた者たちが、それをゲリラ的に流用して身近な映像を撮り始めたところから始まった。多くの場合、即興性をコントロールせずに固定カメラがとらえた現場を、音楽もナレーションもなく映し出していくという、ダイレクト・シネマに近いスタイルがとられた。従来の社会主義リアリズムにおける「現実」と差異化して、記実／紀実映画と呼ばれるものである。その先駆者的存在である呉文光《ごぶんこう》（ウ・ウェングァン）[25]は、『流浪北京』（一九九〇年）において、学業修了後、地元政府による就職先への配置を拒否して北京に流れてきたアーチスト志望の若者の生活を、ひたすら写しとってはつなげて見せた。『私の紅衛兵時代』（一九九三年）では、かつての紅衛兵らが文革の思い出を語る楽しそうな表情を、逃さずとらえた。第三章で指摘したように、文革の回想記には欠落していた語り手と語り方が、その映像に現われ、公的記憶には決して残るはずのなかった文革の「ロック・コンサート」[26]的一面が、垣間見えたのであった。

しかし、このように目的やスタイルやテーマなど製作上のすべてにおいて、従来の作品や観念にたいする「アンチ」であった体制外映画［菅原2005：57］も、中央テレビ局などが放映するようになり、またデジタルカメラが普及するにつれ、その要素の薄らいでいく作品も多くなる[27]［麻生2005：120］。

前述のロック歌手崔健《さいけん》のケースには、もう少し紆余曲折をはらんだ過程を見ることができる。一九八六年五月、北京の工人体育館に一万人を集めた伝説のロック・コンサート以来、彼の活動は文化政策の寛容度の変化に左右され、現代中国の自由の表象として国際イメージに利用される反面、崔健自身も、大陸の政治が不安定である限り、グレイ・ゾーンにおけるみずからの有効性が持続することを承知した言動をとる［Barme1999：131］。一九九一年に発売されたアルバムには、かつてのエネルギーも想像力もない、という批判もあるが［ibid.：130］、改革開放が進んで金儲け主義やヤッピー気分にたいする批判が高まるなかで、崔健の反体制的破壊性が回顧され再評価されたりもする［ibid.：143］。

体制／反体制、主流／反主流の境界が自明なものではないことは、検閲のあり方にもうかがえる。当局は文化多元主義ではなく「複数性」という表現を使いながら文化の多様性を標榜し、社会主義の基調から明らかにはずれた文学の出版なども認めるようになった。その一方で、大衆文化の発展に抑制がきかなくなることには警戒をゆるめない［ibid.：136］。それでも大局的には複数規範化が進むなかで、国家芸術家はますます自己検閲的となり、「漸進的検閲」（progressive censorship）［ibid.：7］が複雑に展開されるのである。次節でより具体的に述べるが、独立採算制の導入によって地方分散化と権限委譲が進むなかで、出版の可否はもはや明確な基準によって一義的に決まるわけではなくなっていく。当局の文化政策と市場の動向とをにらみながら、編集者の判断と出版社の方針とにしたがって判断が下されるが、その本当の可否は事後的にしかわからない。クリス・ベリー(28)はそれを、当事者が「発見していく」過程であると言う。そこでは手探りの不安というよりは、「だんだん良くなっている」、「今できないことも、いつかはわからないが、きっとできるようになる」という手応えと希望が実感されているのである。

2　グレイ・カルチャーを育む要因

①　商業化、市場化の衝撃

バーメが指摘するように、八〇～九〇年代、中国大陸の人びとにとって広告のターゲットになるという体験は、新鮮で心地よいものであったに違いない。従来、政治運動への動員の対象にせよ、審査・批判の対象にせよ、客体化され続けた人びとが、今や消費する主体として個別に標的とされる。市場では個人の表現が許される余地があるという感覚は、一種の消費者エンパワメントをもたらした。それはまた別な形の従属と受容性にもつながってはいるが、とにかく個人は、主権をもった市民というよりも、自己中心的な消費者となったのである［ibid.：238］。

一九七九年に上海で初めてテレビコマーシャルが放映されて以来、発展の著しかった八〇年代前半、最も積極的なスポンサーは中国共産党と国家であった。国営テレビで八〇分（後に一六〇分に延びる）の広告専門番組が組まれ、国営企業のセメントミキサーやフォークリフトの優秀性が延々と説かれた。共産党自体もむしろ積極的にコマーシャル化を勧め、テレビのクイズ番組に党の歴史クイズを出すなど、市場における競争と記号世界の支配において、依然として優位を保った。八〇年代には、大陸以外の音楽にたいする抑止策としてテレサ・テンのカセットを押収焼却したこともあったが、九〇年代の初めになると、禁止や再教育によってではなく、党独自のポップ路線によって海外からのラブソングに対抗した。一九九一年半ばには、党中央宣伝部が、カラオケ・ファンをターゲットとして、革命歌の懐メロを集めた「みんなで歌おう中国カラオケ名作集」をパッケージ販売するという戦略に出た［ibid.：117］。テープやビデオ、ＣＤが発売されたばかりでなく、同年十月北京のテレビチャンネルでは、毎晩のようにその歌唱指導をする番組が放映されたことも観察されている［ibid.：417］。

時にはアヴァンギャルドさえをも「領有」（appropriation）しながら、共産党はむしろその表象を陳腐化しクリシェとすることで、党の強大さが目立ちすぎることを避ける。公衆がそのことに敏感にならないよう、領有の範囲は注意深く限定される［ibid.：252］。公衆が批判的になれるのは、その陳腐化にたいしてであり、それは私的なアイロニーや嘲笑、密かな反発を引き起こすだけである。その背後にある党の物語を揺るがすには至らず、体制は安泰なのだ。そもそも「宣伝」にかけては共産党こそ経験豊富な専門家集団なのであったが、党直属の宣伝部は一九九八年半ば、その英語名を Department of Propaganda から CCP Publicity に変更した [ibid.：251-252]。以後党の「広報」担当者たちは、企業文化と販促戦略の要素をますます積極的に吸収するようになる。そして党のメディアの末端には、非公式文化活動に積極的に参加しているポスト毛沢東世代が、ますます増えていく。

逆にアヴァンギャルドたちも、党の豊かなシンボルをパラサイト的に利用する。九〇年代初期にはアンディ・ウォホール調の毛沢東も現われて、当局は顔をしかめたが、市場では売れた [ibid.：9]。国営企業はコマーシャルを通して国民と消費者の両方を代表し、海外企業との合弁によって作られた工業製品のコマーシャルには、革新的なスタイルと、古めかしい社会主義のアイコンとが使われる。一九九七年、アウディ・クライスラーとの合弁によってモデルチェンジされた高級乗用車「紅旗」の広告に使われたのは、そのネーミングにふさわしいノスタルジアに訴える言語表現であった [ibid.：240]。

そんななかで、文革の記憶もまた商業化とノスタルジックな感情の影響を免れない。第三章二2でふれたように、「歴史決議」そのもののなかにノスタルジーの枠組みは用意されていたのであるが、文革中に迫害された旧世代の革命家や指導者が名誉回復される過程で、革命期から文革前にかけての古い映像や歌や本が数多く再版された。そして八〇年代、出版とメディアの独立採算化が進むなかで、過去の再演が市場価値を生むことがわかると、文革リバイバルが起こった。文革期の革命模範劇のディスコ・ヴァージョンの上演や、センセーショナルな回顧録の出版などが報告されている [ibid.：319]。アイロニーとノスタルジアの弁証法としてみると、八〇年代半ばは、改革の行き詰まりと汚職問題が党内分裂を招き、毛沢東時代の不正のなさや経済的平等、誇りが回顧され、過去のノスタルジックな再解釈が、現状への無言の異議申し立てとなった時期であった。かつての毛沢東神聖化からも、その誤りにたいする否定的な感情からも自由になり、過去の記憶によって現状を批判的にとらえなおすことができたのである。

一方九〇年代になると、経済の不安定、社会的アノミー、東欧の解体による危機感などが増すなかで、毛沢東が再び信仰の対象になった。毛沢東生誕九十八周年である一九九一年暮れには、毛沢東フィーバーと呼ばれる文化現象が話題となった。著名な現代歌手を配しポップス調にアレンジされた『紅太陽――毛沢東歌頌集』が、記録的な売上げを達成したという[緒形2004:3][29]。第三章三3で『島人筆記〝文革〟社会世態録』への「序」(一九九二・八)に見たように、バーやディスコにも文革リバイバルが登場したのである。同書が出版される一九九三年頃にはその熱も冷めたというが、一九八九年「六四」天安門事件以後、毛沢東思想を再度普及させるという党のイデオロギー宣伝政策は如実に反映された。毛沢東に象徴される「革命形象」を、大衆文化のレベルで記号化し、大量消費のルートに乗せる戦略が功を奏したといえよう[ibid.:3]。

反面、社会の側からも、「六四」の経験によって、「毛沢東だけは学生運動を弾圧したことがなかった」という記憶が構築され、「もし下層民衆が、差別され抑圧されていると思うのなら、彼らにとって思い出す存在は、毛沢東以外誰もいない」[張1994:216]という主張も現われた。ヨーロッパの場合とは異なり、中国では記憶の義務よりはむしろ忘却の進行に抵抗がなかった。「歴史決議」後の「忘却の強要」によって、十年以上にわたり人びとは凄惨な体験の記憶や恐怖と直面せずに過ごしてきた。そして九〇年代の相対的な経済の自由が、ノスタルジアにひたるゆとりをもたらしたといえる。しかしそれは、複雑な問題に単純な解を求めるスキーマの復活でもあった[Barme 1999:319-321]。

② グローバル化と香港・台湾の影響

バーメがチャイニーズ・コモンウェルスまたは グレイター・チャイナとよぶ台湾・香港・中国大陸を含む東アジア中国語圏の交流は、文革終結後間もなく大陸以外で製作された中国語映画が大陸に流入するようになってからだという[ibid.:125]。八〇年代初期には広東ポップスの大衆人気と当局による禁止、という衝突があったが、南からの音楽の隆盛は止めようがなく、次いで映画や文芸が人気を得るようになる。香港に最も近い都市広州は、九〇年代には北京に次いで影響力のある都市となり、封建性を脱して大衆文化への理解という民主的要素を打ち出す。八〇年代の地方分散化の動きもあって、テレビの地方局がローカル色豊かな番組を作り始めると、北京という中央は過去のものとなり、大衆文化という点では焦点が台湾や香港に移った。たちまち両者は、大陸にとっての消費者モデルとなるのである［ibid.：124–127］。

大陸に商業主義的エートスをもたらすことにかけては、日本も台湾・香港に劣らなかったが、特に中国におけるインディペンデント・ドキュメンタリーの草創期に、日本が山形国際ドキュメンタリー映画祭などを通して果たした役割は大きい。バーメによると、その論拠は、中国のインディペンデントに日本が国際的な認知を与えることで、中国の当局が革新的アーチストに寛容になり、それによって将来文化生産全般が自由化することに貢献する、という点にあった。八〇年代以来、大陸のさまざまな非公式文化が国際舞台に登場するにあたって、中国国内の外国サロンが果たした役割も計り知れない［ibid.：193］。しかしいずれの場合も、多様化する関係者の輪のなかで、個人対個人のレベルで与え合った影響の大きさは無視できない(30)。

出版の分野では、九〇年代半ばに市場競争が激化すると、中国大陸でも香港・台湾の商業ベースの出版物が模倣されだした。他方、くり返される処分による国内での制約は、ますます多くの作家たちに海外での出版の機会を求めさせた。香港・台湾のメディアは、党の委員会や検閲に縛られずに出版の機会を提供し、支払いはドル建てであった［ibid.：33］。しかもそれが逆輸入されて国家図書館に所蔵されることもある。一九八九年「六四」天安門事件は史上最大規模のディアスポラを生んだが、多くの原稿が海外に持ち出されて出版され、また亡命者たちが多国籍的に創刊した数々の雑誌は中国大陸にも流入し、大陸の作家からの寄稿も少なくない。香港・台湾の出版社が、亡命者や入獄者の便宜をはかる特別な本のシリーズを創刊したりもした［ibid.：47］。中国大陸と香港・台湾やグローバルな出版資本主義との関係は、双方向的に進展したのである。

三　さまざまな「個」の出現

1　「インディペンデント」であることの意味

前節では、いわば現象としてのインディペンデントの出現に何度か言及した。ここでは、前述のドキュメンタリー作家呉文光らの、「みずから撮りたいものを撮る」という自立性を、九〇年代的な「個」の意識［菅原2005：56］としてとらえなおしてみる。先に紹介した『流浪北京』（呉文光1990）では、定職を拒否して北京で住所不定のフリーター生活を続けるアーティストたちが五人登場する。それを撮る呉文光自身、どこにも所属せず、作品の公開や上映すら前提とはせずに、その製作を開始した映像作家である。彼にとっては、インディペンデントであること自体が、個人的な言説実践のための特別な意味をもっていたのである。

映画界では、一九八四年から全国一六の国営映画撮影所に独立採算制が導入された。他方八〇年代後半からは、共産党宣伝色の濃い作品の製作を進める路線も敷かれた［ibid.：62］。劇映画の世界にも、北京電影学院を卒業しながらそのような国家体制には属さず、独自の活動に徹する監督たちがいる。劇映画の場合には相当規模のクルーが必要になることから、「青年実験電影小組」などのグループが結成されている。そのメンバーの一人賈樟柯《かしょうか》（ジア・ヂァンクー）[31]の作品は、映画における「私小説」の登場とも言われる［ibid.：63］。しかし彼の長編デビュー作は、久しぶりに帰省した山西省の田舎町で、人間関係の崩壊を痛切に感じたことから構想したというもので、そこには中国社会の現実を見据える視線が貫かれている。彼はそうした作品づくりを、あくまでも「個」としてやることを強調して次のように言う。

よく〝われわれ〟という言葉を耳にするが、〝われわれ〟とは一体誰の事だろうか？　〝われわれ〟とは、空虚なものであり、それを使うことで、個人の道徳的責任逃れをすることができるのだ。〔中略〕だから私は個人を強調する。私は自分の作品や考え、そして行動に責任を持たなければならない。それが私の責任であり、栄誉でもあるのだ。

　実際は誰も大多数の人を代表・代弁する権利はないのであって、人は自分を代表・代弁する権利のみを持ち、自分自身のみを代表・代弁できるのである。これは文化の束縛から抜け出す第一歩であって、ある種の学識であり、さらに言えば生活習慣のひとつでもあるのだ。［ibid.：64-65］

2　「インディペンデント」を可能にする条件

そして上記の賈樟柯らの作品に資本と上映の機会を提供し認知を与える海外市場と国際映画祭の存在については、前節でも述べたとおりである。「許可なく国際映画祭に出品」したとして、管理当局から監督にたいして映画製作停止処分が下るという事件は跡を絶たないが、そのような「禁止」処分作品が、北京の主要ホテルには欠かせない宿泊客向け雑誌に、堂々と掲載されたりもする［Barme1999：189］。二〇〇三年十一月には、賈樟柯らとの対談において、担当局長みずからがインディペンデント映画にたいする政策を緩和することを示し、翌月には早速、海外の映画祭への参加手続きが簡素化されたという。

　インディペンデントの出現は映画の世界だけではない。固定給制の国家芸術家とは違い、足かせなしに文学創作や映画製作を続けた「流氓」作家王朔は、個人としても作家としても独立した存在であった［ibid：69-70］。一九七〇年生まれの賈樟柯とは異なり、一九五八年生まれの王朔は、文革真っ只中の子供時代の記憶を語ることができる。社会も学校も混乱し、職業選択の幅が著しく限られていた時代に育ち、「祖国の英雄」をめざして軍に入ったが、文革終結後の一時的虚無感のなかで小説を書き始める。大学入試制度は復活したものの受験に失敗して挫折し、改革開放の波にも乗り切れず、小説を書くことが「雄々しい夢破れてたどりついた果ての仕事」

［王1995：290］だったという。一見空想の産物のように思える彼の作品世界は、そうした自身の体験や周囲の人びとの生活のなかから生まれたものである。彼の作家としての成功は特異な例であったとしても、彼が描き出した世界と、作家としての独立の立場を保ちえた条件とは、現実のものだったのである。

「何も信じない、何も神聖化しない、絶対視しない。理想や人のために自分を犠牲にすることを拒否し、自分の生活と個的欲求に基礎をおく」［ibid.：303］という姿勢は、わずか数年の差で明らかに紅衛兵世代とは異なる。王朔は、彼の著書を日本語に訳した翻訳者とのインタビューのなかで、次のように語る。

> 四〇年代の革命を通じて、実際共産党は人びとに多くの希望をもたらした。つまり人間は世界を変えることができるんだって。たぶん初期の文化大革命は人びとの幻想をさらにかきたてた。第五世代(32)はその神話の影響を強く受けてる。でもおれは信じない。［ibid.：294］

> 中国は統一された宗教のない国だけど、知識分子は社会における一種の宗派みたいな存在……知識によりかかった自尊心の固まりで、社会のなかで自分たちが優遇されてしかるべきだと思ってる。〔中略〕一般大衆にくらべればいい暮らししてるし、社会的地位だって高い。現実を認識せず精神的な優位性によりかかってる分、虚偽に満ちている。……文革だって、悲惨、悲惨っていうけど、それだって、それぞれ地位や権力を奪い合ってみずから招いた結果さ。おたがいに打倒しあってる。根本的な原則上の問題を争ってじゃない。ほんとの庶民、一般大衆の闘争じゃない。［ibid.：296］

彼は、何も失うものがない者がいるかぎり、文革が再び起こっても不思議ではないと言い切る［ibid.：296］。しかしみずからが「失うもの」を持つ立場になってしまったことは、創作源の枯渇を意味するのであろうか。二十一世紀になってからは、王朔の新作情報は乏しい。時おり彼の一九八〇～九〇年代の作品が映画化されたり、二〇〇四年に自選文集が出されたことが話題になるばかりである(33)。上記のような発言に代表される文革観・知識人批判は本書において無視できないが、デイヴィド・デイヴィスの「知識人エリート対大衆」という二項対立の問題とも合わせ、第五章で再び検討する。

いずれにせよ本項で確認しておきたいのは、インディペンデント文化人の存在を可能にする条件が、中国大陸内に着実に拡大しているという点である。さらにもう一点、文化の多様化のなかで、成功の証しが必ずしも公的権力に認められることではなくなったという点をあげておく必要がある。それは、インディペンデントの出現と存在を可能にする価値観の変化であると同時に、インディペンデントがアンダーグラウンド的存在を脱して可視化されることによって促進された変化である。それは反面、体制外的存在としてのインディペンデントの意味を無化し、新たな成功物語構築の契機をはらむものでもある。デジタルカメラの普及や中央テレビ局による取り込みが進んで、インディペンデント・ドキュメンタリーが体制外的要素を失っていくように、価値観の変化自体が、インディペンデントの存在意義を支えることにも、損なうことにもなる。

しかし当面は、インディペンデントという「個」の出現がもたらした影響は革新的なものであり続けるであろう。中国社会においては従来も、「個人」が重視されてきたが、それは文革の前後を問わず、「英雄伝説」や「表彰制度」を通して、党や国家が認知する「個人」であった。国家のポジティヴ・モデルと同一化することによって支配的価値に従うのではなく、そのような思考回路そのものから独立することこそが、インディペンデントのインディペンデントたる所以となる。王朔の新しさは、「単位」に属さない作家としての制度的な面ばかりでなく、黒か白かの二極図式からの脱却、文革後の文学における英雄的モデルの拒絶［Barme1999：71］という価値転覆力にこそ見出されるべきである。

黄建新《こうけんしん》（ホァン・ジエンシン）監督は、一九八五年の処女作(34)以来、体制内映画を通して中国社会の変化や官僚制度などをコミカルに諷刺・批判してきたが、彼の最新作のテーマの一つは「表彰制度」である。『私に栄誉を！』（原題は『求求你、表揚我』）（二〇〇五年）と題するその一般大衆向け映画は、ある日突然新聞社を訪れて自分の善行を紙面で表彰してくれと訴える中年男の物語である。年老いた彼の父は地元では尊敬される人物で、その父が病に伏す部屋の壁には、生涯に受けた夥しい数の表彰状が貼りめぐらされている。余命いくばくもないと思われる父の唯一の心残りは、息子が一度も表彰されたことがないことである。父の最期の願いを叶えるべく、「紅旗」という名のその息子は、「古国歌」という名の新聞記者にたいし、執拗に自分の善行を信じさせようとする。しかしそれは、紅旗が善意で救ったと主張する相手の女性個人の意思を踏みにじり、彼女の私的領域を侵害することになる。

四　想起をめぐるアクターとファクター

文革タブー言説の一環として「中国人は文革について語りたがらない」という一種の定説があったことは、序章冒頭でふれた。そしてそれをくつがえすような、元紅衛兵らの雄弁な語りを記録した映画『延安の娘』の衝撃についても、序章二で述べた。「言説空間の変容」を記述してきた本章の最後にあたり、『延安の娘』の製作を一つのケースとして、上述のような言説空間の有り様が、具体的な記憶の想起や表象にどのような形で作用するのかを検証する。以下は、私自身が二〇〇六年三月二十九日に行なった池谷薫《いけやかおる》監督インタビューの記録に加え、『延安の娘』の鑑賞記録、および同作品一般公開時のチラシやプログラムに記載された情報にもとづいた記述である。

『延安の娘』は、二〇〇二年に製作された日本映画で、その宣伝用チラシには「〝聖地〟に置き去りにされた娘は　それでも一目　実の親に逢いたかった」とのコピーがつけられている。タイトルからもコピーからも明らかなように、それは下放青年が延安で生み落とした子の親探しの物語なのであった。池谷監督自身も「文革版残留孤児のような話。……文革という傷を抱えた人間がどう再生していくのかという物語」を撮りたかったと語っている。しかし監督とのインタビューにおける第一の発見は、このドキュメンタリーが、そのような孤児との出会いに触発されてその子の親探しの過程をドキュメントした作品だったわけではないということであった。映像作家は自分の問題意識と創造的発想にもとづいて、それに適合する対象をみずから探し出したのである。そして第二の発見は、そうして始まったドキュメンタリー製作の過程において、記憶の当事者たちがみずからの語りを独自に、あるいは共同で演出し、監督の当初の意図とは異なるいくつもの物語がいつか派生的に構築されていったということである。本節では、こうした過程の記述を通して、記憶の想起に関わるアクターとファクターについて考察する。『延安の娘』の主要人物はすべて実名で登場するが、本書においては便宜上、すべて記号で表記する。池谷監督自身は『延安の娘』の画面に登場することはないが、ここでは記憶の共同想起の契機をもたらしたアクターとして、同様に記号で表記する。また、私のインタビューに答えた事後的なメタ・ナラティヴの語り手としての監督は実名で表記し、ナラティヴの水準の違いを明示する。

（次項以降および後続の章では、記憶の当事者以外の主要なアクターとして、記憶の共同化にとって鍵となる影響力を有する人物をK_n、また実際に共同化を可能にした生産現場の人物をa_n、公的制度の上位に位置する人物をA_nと表記する。）

1　ドキュメンタリー映画『延安の娘』における共同想起

a_0は一九五八年東京生まれの映像作家である。京都の大学で美学を専攻した後、テレビドキュメンタリーのディレクターとして創作活動を開始した。中国との積極的な関わりは、主に一九八九年の「六四」天安門事件以降だった。一九九三年には、翌年放映のＮＨＫスペシャル「黄土の民はいま」の取材のために延安に行った。その時に出会った現地の老人から、「お前さんたちは外地から来た二組目の人間だ」と言われたことが、格別興味を惹いた。その老人が最初に出会った外地の人間こそ、文革期に下放されてきた北京の少年少女だったのである。彼らは「帰るあてもない長い修学旅行に行っているような状態だったわけで、親元を離れた厳しく辛い状況のなかで、恋もすれば子供が生まれている可能性もあるだろう」とa_0は推察した。そしてそのような孤児の事例を中国全土に探し始めた。

知合いの中国人を頼りにリサーチを続けるうち、二〇〇〇年の春節前に延安で該当者が見つかったという知らせを受けた。地元の農家に育てられ、別な農家に嫁いで男の子をもうけた女性Dであった。早速取材の準備にとりかかるが、しかし革命の聖地延安で、しかも貧しい農村の取材とあっては管理も厳しい。a_0は『延安の娘』の製作にあたり、終始正規のルートを通じて取材・撮影許可を得、現地の担当官同行の上で行動してきたが、最初に監視役も兼ねて取材に同行した役人は、Dを見てこの子は知恵遅れだから取材はダメだと言った。それでも諦め切れなかったa_0は、七年前「黄土の民はいま」の取材・撮影の時についてくれたリエゾン・オフィサー（担当官）A_0に、もう一度担当してもらえるよう手配することにした。彼は共産党の宣伝部の人物であったが、「事実であれば多少政府に都合が悪いことでも撮らせる」という自分なりの考えを持つ男だったからである。幸い、延安の政府の幹部として昇進しており、見つけ出すことはできたが、次に彼がa_0のプロジェクトの担当になるよう許可をとらなければならない。中央の所轄機関は国家広播電影電視総局というところで、そこへの申請に三〜四ヶ月かかったという。ついに許可がおりてA_0と一緒に再びDに会いに行くと、A_0は大丈夫だと撮影を承認し、ようやくそこからがスタートとなった。

その頃すでにDは、五年ほど前から一人で親探しをしていたのだという。Dの最初の養母は彼女がもらわれていって半年後に亡くなったが、その母親にあたるおばあさんから十八歳のときに、実の親は北京の下放青年なのだと教えられた。その後みずからが一児の母となり、Dは機会あるたびに自分の親について尋ねるようになった。

こうして彼女は、地元に残る元知識青年らの互助会組織の中心的人物であったSと出会う。Sは地元の女性と結婚したが死別し、再婚した妻との間に生まれた男児とともに三人で、飲食店を営みながら暮らしていた。『延安の娘』のなかで、Dが北京の親に会いに上京する際、長旅に同行するのがこのSである。

しかし、『延安の娘』にとってのキーパースンと言うべき人物は、同じ北京の中学校から一緒に下放されたK_0であった。Dの両親にあたる男女やSらにとっては、同級生である。文革が終わって十年ほどたっても、延安には北京からの下放青年の四分の一にあたる約一万人が、帰れないまま残っていた。そのため、逮捕覚悟で北京の国務院に帰還要求の直訴に行く運動が行なわれたが、K_0はその代表であった。彼は逆にその時の熱意を認められて延安に慰留され、残留下放青年らの世話をする「知識青年処」の初代処長に任ぜられた。Dのようなケースを既に二〜三件解決しており、また一九九〇年には北京に帰還していて、Dの父親を探して説得することに重要な役割を果たすのである。

下放当時の事情は仲間内ではよく知られていたため、Dの両親を探し出すことはそれほど困難ではなかった。二人は北京に帰って間もなく別れ、その後それぞれ別な相手と結婚していた。最も困難だったのは、会いたがっている娘を受け入れ、自分が親であることを認めるよう彼らを説得することであった。母親の方は頑なに拒否しつづけ、最後まで『延安の娘』に登場することはなかった。父親Bは下放経験のある女性と結婚して娘がいたが離婚、その後五年前に再婚した妻と二人暮らしである。倒産寸前の工場で交代勤務をしながら、北京市民の平均年収の三分の一にも満たない暮らしを余儀なくされている。監督a_0がK_0夫妻を伴って最初に訪問したときは、けんもほろろの状態だった。正規の取材申請手続きばかりではなく、この父親の説得にも時間をかけたため、実際の撮影が開始されたのは、娘Dが見つかってから八ヶ月後のことであった。

父親Bは娘がいたことはあっさり認めた。過去の事実の認知のレベルではそれをすんなり受け入れたものの、娘との対面は拒否しつづけた。『延安の娘』のなかに、彼の当惑を表わす発言が出てくる。「服のひとつも買ってやれない」、「なぜ産んだ」、「俺の罪だ」、「顔向けできない」、「見つけてくれなくてよかった」――そうつぶやきながらBは涙を流し、そして娘Dとの対面に抵抗を示す。それが緩む要因は、監督a_0の熱意とK_0夫妻の説得と、そして現在の妻との関係であろう。

『延安の娘』には出てこないが、池谷はこの時ある操作をしたことを率直にみとめた。「もし見つかったら」会ってみないか、という言い方をしたのである。彼は、お互いに会いたいという気持の確認ができないまま急いではならないと思ったし、本当の父娘かどうかの確証がまだなかったから、という二つの理由をあげる。それでもなかなか承諾しなかった父Bの自宅を、K_0とその妻が何度も訪問し説得を続けた。その結果Bはとうとう「わかった、会おう」と言った。ただし「絶対に見つかるわけがない」とも言ったという。

K_0夫妻の親身の説得は、下放青年同士の誼《よしみ》というだけでなく、二十七年ぶりの親子の対面を実現させてやりたいという強い思いからでもあった。その思いは「親子が再会するということは何があってもいいことである」という考えに根ざしていた、と池谷は言う。そしてそれに劣らず重要な要因が、B夫婦の関係である。

『延安の娘』では、K_0夫妻がBを説得するシーンで、その会話を隣の台所で一人泣きながら聞いていたBの妻の後姿が映し出される。「結婚前に言ってほしかった」という妻の思いと、この妻にも娘にも申し訳ないというBの思いが交差する。その後Bの妻は見事に気持を切り替え、Dとの対面に際しても北京滞在中の彼女との付合い方においても、Dを自分の娘として受け入れる覚悟を固める。そして、娘Dと対面してもなお「本当に申し訳ない」とため息をつき続けるばかりのBとは対照的に、かつてBとの結婚祝いに兄から贈られたネックレスをDにかけてあげるという演出によって、妻の方は積極的に自分の気持を表現する。それを可能にする関係がB夫妻の間には築かれていたということであり、Bがそれ以上過去と向き合うことを拒否しつづければ、夫妻の間にも虚偽が広がることになったであろう。夫妻の現在と将来の関係にとって、Bの過去をともに受け入れるという作業が、どうしても必要だったのである。Dが延安に帰る日、Bの妻は別れの辛さに寝込むほどで、約十日間の滞在の間にDへの情を深めていたという。

娘Dが実父Bと対面するために上京したことは、Bにとっての記憶の作業ばかりでなく、二つの異なる展開の契機となった。一つは当時の下放青年が同窓会を開いたことである。その準備も兼ねてか、女性数人が集まって当時の思い出を語り合うシーンがある。彼女たちにとってBの恋愛事件は、当時の恰好のスキャンダルの材料で、北京帰還後の二人についても噂が流れていた。Dの生みの母は、同級生からの電話にたいして、延安でのことは今の夫には隠していると言い、同窓会の誘いにも応じなかった。それでも、同じ中学から下放された他の仲間十数人は、Dの歓迎会を兼ねて集まった。和やかに会食する光景と「Dは下放青年みんなの娘だ」と言う声が、『延安の娘』に記録されている。

やがて彼女のためにカンパが呼びかけられ、次々と寄せられた紙幣は総額三千元に達したという。父Bの半年分の給料に相当する額である。それを目の前にしたBは、涙ながらに立ち上がり、今の若者にはない自分たちの不屈の精神と、国にすべてを捧げて犠牲にした青春について、声を限りに語り出す。自分たちが忘れられていることにたいする焦燥感と抗議の声であった。しかし会場からは、さんざん苦労したあげくやっとかさぶたになったのに、なぜ今さらその傷を開く必要があるのか、という反論も聞こえてくる。記憶の共有者が集う同窓会は、「記憶の場」と呼ぶにはあまりに現実的な格差に曝されていた。

実はこの集まりにたいしては、事前に担当官から緘口令《かんこうれい》がしかれていたらしい、と池谷は言う。下放青年が集団化するということは、どこで不満が出るかわからない、それを外国のカメラが撮っている。それは、すべてのシーンに同行している国家広播電影電視総局の役人にとって、極めてセンシティヴな情況であったろう。それを見越した上でa_0は、前もって撮影協力への感謝の気持を表わす演説をぶった。そして、自分たちは決して政治の映画を撮っているのではない、今皆さんがどういう思いで生きているのか、それを聞かせてほしい、と訴えたのである。Bの感情的な訴えはそれに感応したものともいえるが、それはほんのささいなきっかけであって、何よりも彼自身に語りたいものがあったということなのだ、と池谷は確信している。

Dの親探しによってもたらされたもう一つの展開が、延安に残留しつづけるSの記憶の作業である。SがDの願いを叶えるために、北京に帰還したK_0らと連絡を取りつつ奔走するのには、彼なりの理由があった。彼もまた下放仲間の女学生と恋愛関係になり子供もできたが、結局堕胎させられたのである（当時は恋愛自体がご法度であったため、子供ができた場合は堕胎が当然であった。Dのように、たまたま助産婦が同情して密かに生ませ、育ての親を世話するなどというケースの方が例外だったのである）。Sはその恋愛事件がもとで「反革命罪」に問われた。そのような厳しい処分が下ったのは、恐らくそこが他ならぬ延安だったからである。当時、中央から下放の現地情況を視察に来ることがあったが、思いの外の混乱が伝えられると「聖地延安」を守るべく急遽千二百人が組織されて、北京幹部Pが送り込まれて来た。他の下放先にはなかったことだという。Sの恋愛事件はPの知るところとなり、ひときわ厳重な処分が下されてSは労働改造所送りになったのである。

同様の事件は、現地の農民Fの身にも起こった。彼には妻がいたが、下放中の女学生と恋仲になってその罪を問われ、強姦や堕胎薬を飲ませた嫌疑までかけられた。やはり北京幹部Pによって「反革命罪」として十五年の刑に処せられ、下放青年Sと同時期、同じ労働改造所に収容されたのである。Sは、地元農民Fへの重すぎる処罰は、下放青年であった自分の罪と、バランスをとるためだったのではないかと推測していたらしい。今回Dに同行して北京に行くことが決まって、Sは北京幹部Pにも会って、地元農民Fの無念を晴らしてやりたいと考える。しかしそのことを知ったK_0は、北京幹部Pの立場に立ち、自分たちの仲間である女学生の方を完全な犠牲者とみなして、むしろ地元農民Fにたいして許せないという感情を示す。かつて同じ立場で下放された者同士、ともにDのために協力し合った仲でも、反革命に問われ文革後もみずから延安残留にこだわり続けるSと、北京での安定した暮らしを手に入れたK_0との隔たりは大きかった。ましてやK_0は、延安公認の「知識青年処」長に抜擢された人物で、北京帰還後の今は共産党員であり現職役人である。しかし結局、処分されたSやFの言い分がフィルムに収められたのだから、処分した側の当事者の声も取り上げるべきだという道理から、K_0は北京幹部Pとの再会を取り計らって同席することになったという。

延安残留の元下放青年Sは、自分のことはいいからと前もって仲間にも告げていたように、『延安の娘』の元北京幹部P宅訪問シーンでは、地元農民Fが無念に思っている一件だけを単刀直入に切り出した。元北京幹部Pは、「取り調べたのは地元の政府で、自分は調査書を提出しただけだ」と切り返す。「当時村中の噂だったし、証拠があったから党が判断したはずだ。証拠がなければ処分するはずがない」というPの主張に、Sは沈黙するしかない。実はこのシーンとそれに続くシーンは、PやK_0たちによって演出されたものであった。Pは、K_0の仲介でSとa_0らのクルーを迎え入れるに当たり、幼い孫を抱いて登場する。同居しているわけではないその幼児を、この日のために呼び寄せたのである。そしてカメラに映らないところでは、同行した下放仲間たちがしきりと「もう三十年も前のことだもんなぁ、もういいよな、許せるよな」というように、Sに語りかけていたという。

元下放青年Sは、その場面が仕組まれたものであることを知りながら、あえてそのなかで地元農民FのためにPを問い詰める役を演じ、そして挫折する。それに続くシーンは、Pとの対面後の気持をSがカメラに向かって語るもので、同じ日の晩に撮られたシーンだという。Sはすっかり年老いた元北京幹部Pから、当時幼い息子を置いて延安に赴任したこと、その息子が障害者になったことなどを聞かされて心乱れた、と打ち明ける。当時の法のでたらめさを考えれば地元農民Fの罪はくつがえされるはず、とSはまだ無念さをにじませながら、一転して自分自身の屈辱の記憶を想起する。かつて「お前は人間じゃない、畜生だ」と言われた、と彼はここで初めて告白する。だからこそ、自分が人間だということを証明してみせるという気概と、栄えある下放青年として北京の面汚しはしていないという自負に支えられて生きてきたのだということを、感情的かつ雄弁に語るのである。
『延安の娘』のプログラムに収められた登場人物プロフィールによれば、Sは紅衛兵運動に積極的に参加し、一時は百人を超す部下を従える小隊長として数々の武闘を指揮する立場にあったという。一九六八年に延安入りした際、下放青年の旗手であった彼にとって、恋愛事件の結果人間以下の扱いを受け、相手の女性をも苦しめたことは、生涯消えない傷として残ったであろう。しかし、彼にとってそれに劣らず大きかったのは、加害の後遺症であった。監督a_0が撮った一七〇時間分のフィルムのなかには、Sが紅衛兵としての罪状を告白するシーンもあったという。たとえば、「日中戦争当時日本のスパイだった」という容疑をかけられていたある工場の幹部にたいして、Sは肋骨が折れるほど革ベルトで殴りつけたことがある、と語った。今でも夢に見るし、吐き気がするという。そして何よりも彼を苦しめるのは、自分たちがやったことがなんの意味もなかった、ということなのである。しかしa_0はその加害の告白シーンを使わなかった。この映画はあくまでも親探しの物語であり、文革の傷を抱えた人びとの再生の物語でなければならなかった。そしてその傷とは、何よりも被害者の心の傷のことであったからだ。

カメラが回っていないところでも、彼らの加害の記憶は語られていた。K_0なども教頭をつるし上げた話、ある教師をトイレに監禁した話などを語り、それが二年間は続いたと言ったという。その教師たちも、文革が終わって同じ町に住んでいる。しかし加害者の間では、「あれは運動だから」という言葉ですまされているのだという。池谷が聞いた彼らの文革の記憶は、今でも懐かしさというよりは生々しさに満ちたものだった。文革用語が頻出し、当時の指令第〇〇号という言葉が飛び交い、そして毛沢東批判はただの一度も出てこなかった。下放されている間も彼らにとってまさに文革の継続だったのではないか、と池谷は考えている。あえて延安に残り続ける人のなかには、あの時代に閉じこもったままのように思われる人もいる。

『延安の娘』完成後、延安と北京で、関係者を集めた試写会が行なわれた。Sは子供に見せて事実を話したいと、小学生の息子を連れて参加し、村のみんなにも見せると言ったという。K_0は「これで事実が残った」と満足げで、その後、知合いの中学校長に見せたら喜んで中学校で上映したようだ、と伝えてきたという。

2 記憶の想起と表象におけるアクターとファクター

前項の記述は、一人の映像作家a_0が、仕事を通して認識を深めた隣国の歴史的事象の、現在的側面に惹かれたところから始まった。彼が、その問題意識と創作意欲にもとづいて求める物語の主人公は、彼自身の目的意識によって発見されたものである。しかし、いきなり記憶の作業を強いられた当事者として、ここではまず、延安の娘Dの実父であるBの側に焦点をあてることにする。Bは、中華人民共和国の歴史とともに生まれたといってよい、一九四九年生まれの元知識青年である。SやK_0らと同じ北京の下町にある中学校を卒業し、一九六八年に延安に下放された。下放を前に、延安の地方幹部がやって来て学校で説明会が開かれ、「革命の聖地」の輝かしいイメージが誇大宣伝された。ところが現地に到着した彼らが見たのは、電気も水道もない極貧の生活で、子供の頃からケンカ早かったBは、とっさに地元の幹部を殴りつけたという。

同じ村に十五人ほどの同級生が下放されていたが、やがて町の職場に次々と転属していき、最後まで村に残されたのが、Dの母親となる女学生とBの二人きりだった。そしてDが生まれるが、入手可能な限られた情報によれば、この一件に始まるBの人生には、主体的な選択というものがほとんどなかったかのようである。恋愛や性行為など当時のご法度を犯しながら、たまたまSのような厳罰を免れたり、なぜか北京帰還が早かったという幸運もあったものの、とにかく、子供の生死はもちろん、最初の結婚の失敗や職業生活など、ことごとく国家の歴史的状況によって左右されてきたのである。改革開放と市場経済化のなかで、彼は今でも自分の着る洋服一つ自分で選択することができない。登場する度に彼が着ているのは貧困者用に支給されたという同じTシャツである。かつては最も輝かしい社会的ステータスの一つであった「工人〔労働者〕」とは、今では、社会変動の犠牲者を大量に含んだ疎外された階層のことであり、彼はその典型といえる。そして娘Dとの対面をめぐっても、実母である女性が今の夫との生活の安泰を守ることを選んで最後まで拒否したのとは対照的に、Bは感情に押し流され、その場しのぎの逃げ口上で態度を濁した。その結果、より強い主体的要因につき動かされた他のアクターたちによって、半ば強制的に過去と向き合わされることになったのである。

このように客体化され続けた彼が、初めて主体として立ち上がるのが、Dを迎えた同窓会の場である。Dとの対面を果たしかつての下放仲間と一堂に会したことで、a_0が用意した枠組みを借用しa_0の期待に呼応して、Bは初めて自分の声を持つ。もっともその語彙は乏しく、「知青の不屈の精神」や「国に捧げた青春」といった表現は、まさに「既に語られた記憶が社会的文法として働く」というデイヴィスの指摘を裏づけるものである。Bは、数少ない文革の記憶の語り方の一つに自分の声を乗せて発したに過ぎない。しかしそれでも、娘Dの視線とカメラの目にしっかりととらえられるためのパフォーマンスによって、リストラの不安に脅えるボイラー工ではなく、元知識青年という主体が立ち上がったのである。彼の現在の不遇もそれにたいする抗議も、同じ記憶の共同体に属する仲間からは理解されないが、延安から来た娘DはB夫婦との対面を心から喜び、なにも求めず、Bも娘Dの気持に応えられたことで表情を和らげ始める。娘Dは「昔のことは忘れようよ」と語りかけ、父Bはそれでもすまながって「殴ってくれたら楽になる」と言うが、Dはいかにも文革を知らない子どもらしく、「親を殴る子なんていないよ」と言う。こうしてようやくBは、北京に戻ってからの暮らしの大変さ、Dの母との別れについての記憶を語り出す。

娘Dの方は、内的外的要因に動かされながら、五年も前から一人で親探しを始めていた。しかし実の親は北京にいると聞かされてすぐに行動を起こしたわけではない。行動を可能にしたのは、自分自身結婚し、かなりの危険を乗り越えて出産を体験し、しかも男児を生んで肩の荷がおりたからではないか、と地元のSらは推測する。だが彼女が日々農耕に励む地域は、見渡すかぎり人っ子一人視界に現われないような黄色い大地である。Dの日常行動範囲は著しく限られており、当時の彼女にとって最大の移動体験は、難産のため急遽帝王切開することになって町の病院に運ばれたときだったという。その範囲を一人で尋ねまわったとしても、北京の父との対面は容易ではなかったであろう。彼女にとって、物理的制約はあまりに大きかった。

そこで、独自の内的要因を抱えたSの及ぼした作用は大きい。Sが延安に残り同じ境遇の下放青年らを親身に世話してきたのは、「反革命」という最大の汚名を着せられ人間以下に扱われた自分自身の恥辱の記憶をそそぐためであったに違いない。事実彼はそのような心の傷の深さについて、妻にも語ってはいなかった。紅衛兵小隊長としての加害の記憶は、今なお彼を苦しめ吐き気を起こさせるが、しかしそれについてはカメラに向かって語っている。『延安の娘』という映画においてそれを削除したのは、映像作家a_0である。Sにとって最も「語りえぬもの」であったのは、人間としての自己を否定されたスティグマの記憶であり、延安時代の恋人に辛い思いをさせたという負い目だったのだ。Sは、父との対面を求めるDのために周囲に働きかけ、献身的に北京まで付き添い、また地元農民Fの名誉のために元北京幹部Pに掛け合う。それらを通してSを動かしつづけてきたのは、自らのスティグマ克服の意志に他ならない。しかし、自分と同様の罪を着せられたFを救えなかったことで、ようやくSは自分自身の本当の問題と向き合う。かつて自分が最も深く傷つけられた言葉をあえて口にして自らをさらけ出し、カメラに向かって「俺の歴史を語ってくれ」と涙ながらに訴えるのは、自分をオーバーに演じることによって、彼が初めてなしえた記憶の作業であった。そして映画製作の過程で、彼は延安時代の恋人と再会し彼女への負い目を払拭する機会を得る。

『延安の娘』の後日談として池谷が語ったところによると、Sには、相手の女性を妊娠・中絶させたばかりでなく、収容所送りになった自分の出所を待っていてくれた彼女を結局受け入れてやれなかったという負い目もあった。「反革命罪」がもたらしたスティグマは、それほどに強く彼を規制した。しかし、『延安の娘』の帰結として実現した彼女との二人きりの再会を通して、Sは「彼女は自分を許してくれていた」と理解する。彼女は現在北京で家庭を持っているが、同窓会の仲間の取り計らいで、二人は三十年ぶりに話し合えたのである。だが、そのことについてSは、『延安の娘』製作中にはa_0に打ち明けなかった。カメラに撮られることを拒否し、あくまでも後日談として語った。「これでもう俺は本当に人間だと思った。当事者がちゃんと俺のことを思ってくれてる。これで俺の罪の疑いというのは消えたと思った」と言ったという。国家指導者などの冤罪とは異なり、一般大衆一人一人の文革中の裁きが公式に改められることはない。しかしSの理不尽な罪状は、彼女という最も大切な当事者個人との関係において、充分拭われた。少なくともSはそう理解し、それによって、ついに文革期の国家志向や是非善悪の枠組みというものを抜け出すことができた。

一方、恐らくSが決して過去の記憶を共有することのなかった年下の妻は、『延安の娘』の撮影終了後、他の男性と駆け落ちしてSのもとを去ったという。財産は持ち逃げされ子供だけが残された。そしてその子を連れて現地での『延安の娘』完成試写会に参加したSは、a_0らの気遣いをよそに、息子にも見せて本当のことを語りたいと、息子と一緒に映画を観ることを強く希望したという。

『延安の娘』のなかで、北京幹部P宅を訪問するにあたって、Sは自分のことはいいからFのためにPに会うのだと強調していた。その根拠は、「俺には幸せな家庭がある。子供もいる。だから今さらなにも言うことはないんだ」ということであった。ところが実際は、彼の妻の不倫は二年も続いており、彼の家庭は映画のなかで構築されたものとは大きく異なっていたのであった。彼はその虚構を通して、また『延安の娘』のなかで自分のめざした役割を演じることによって、ようやく過去を現在に意味づけ新たな現実を生きる力にすることができたのだといえる。

Dの父親探しの物語については、北京との関係の乏しくなっていたSの情熱だけでは、実現困難であったろう。北京に帰還して安定した地位についているK_0夫妻の、親子が再会するのはいいことだという信念と社会的影響力が不可欠な要因であった。しかし『延安の娘』のなかでK_0の個人的記憶は、彼によっても他の誰によっても全く触れられていない。a_0にとってK_0は、インタビューをしてもつまらない人物だったという。K_0自身、監督a_0が自分のインタビュー内容に満足していないことは充分わかっていた。現役の役人としてそれはしかたのないこと、退職したら書く、と彼は明言したという。

これまで言及せずにきたが、もう一つ重要な側面として、Dの周囲にいる延安の親族や村人、および彼らに影響を及ぼした要因も考察する必要がある。Dの父親探しにたいして、Dの夫や両親は概ね理解ある態度を示してきた。夫の姉などは親族のなかで最も強力な支援者で、北京まで同行した。婚家における関係や地位は、D自身が築いてきたものであるが、二〇〇〇年ごろにDが北京の父に会いに行くということについては、デイヴィスの論文にもあったように、一九九八年を機に起きた全国的な知識青年の回顧ムードが、一定程度作用したのではないかと思われる。Dは最初の養母が若死にした後、二番目の養父母によって育てられ、そこを実家として婚家に嫁いだが、Dの北京行きに最も強く反対したのがこの養父母であった。彼らの言い分の一つは、「北京の親が会いにくるのが筋だ」というものであった。これは育てた子供に裏切られたような感情から、経済的問題、倫理観に至るまで、さまざまな要因が含まれた表現であるが、監督a_0が聞いた養母の話は興味深いものであった。〔下放〕三十周年の上海のテレビ局のドラマで、Dのようなケースがテーマになったという。生み落とされた娘に上海の親が会いに来た、という内容のドラマが全国放送され、養母もそのテレビを観たらしい。その養母から、北京の親が会いにくるのが筋だ、ドラマもそうだった、と言われたのである。

みずからの意思で親探しを決意し、Sの助けや婚家の支持を得て、Dは、養父母が許してくれないなら縁を切ってでも行く、と主張するまでになる。その時、養父母を説得するのに駆り出されるのが村の長老である。こうして親子対面の波紋は、かつて北京の知識青年を受け入れた村全体に広がっていく。

だが、ついに北京へと旅立つことになった日の早朝、それまで特に反対の様子も見せなかったDの夫の父（舅）が、突然の暴挙に出た。一緒に連れて行くはずだったDの長男（舅にとっての孫）を抱えて放さず、列車の時間に間に合う間には説得しきれなくて、とうとうDは夫の姉とSの三人だけで北京に向かうことになったのである。舅のこの行動は、一家の貴重な跡取りとしての男児を、突然出現した北京の親にとられるのではないかという不安から出たものであったろう、と池谷は推察する。

こうした出来事すべてが、日本から来たクルーによってカメラにおさめられる。そうした情況も、当事者の記憶の想起に大きな影響を及ぼした要因であることは言うまでもない。最初の頃は、なぜ文革の話を、しかも日本人がやるのだといぶかしがられた、と池谷はふり返る。しかしK_0宅に足しげく通い、本気でやる気であることをわかってもらううちに、日本人でも中国人でも関係ないと思ってもらえたようだと言う。一度ラポール（親密な関係）が形成されてからは、むしろ彼らの方が積極的にこの想起の機会を利用したといえる。彼らはむしろa_0らのカメラに、自分たちの文革の記憶とその後の生き様の証人になることを託し、見られ聞かれ記録されることが保証されたからこそ、語り出したのである。中国のテレビではやってくれない、だから意味がある、と彼らは言ったという。

そして、このようなドキュメンタリー作品として彼らの記憶の表象を可能にするには、やはり国家の制度というマクロな要因は避けて通れない。これについても、製作主体が日本人であろうと中国人であろうと同様である。しかし制度は、末端まで含めた実践者がそれを担う限りにおいて制度たりうる。その意味で、a_0たちのクルーにとってA_0というアクターの果たした役割は決定的である。あらかじめ撮影スケジュールを提出して許可を得ているとはいえ、現場ではすべてが変動的である。同行担当官はその場その場で現実的な判断を迫られる。「現場では個人が頼りだ」と池谷は強調する。九〇年代後半の地方の共産党宣伝部では、「事実であれば多少政府に都合が悪いことでも撮らせる」と言えるような人物が、幹部として昇進できる条件があったのだ。その彼を再びa_0のプロジェクトの担当にするよう求める申請が認められた。彼がa_0とともにDに会いに行き、周囲の情況を把握した上で撮影を許可したことによって、当事者の記憶がドキュメンタリー作品に収斂し、またそれがa_0の構想を離れて当事者自身のものとして変容していくことが可能になったのである。

当初の親探しの物語が、SやFの冤罪、北京幹部Pの責任の問題、あるいは元知青の現状批判へと展開しかねないことが明らかになっても、ついにA_0は撮影中止を言い渡さなかった。それがまさに目の前で展開される「事実」だったからであり、a_0との長年の信頼関係があったからでもあろう。そして、Sみずからが語った紅衛兵の語り、凄惨な加害の記憶を、a_0が編集の段階で削除したのは、そのようなA_0への信頼に応える返礼でもあったのだろう。また、取材でよく訊かれる「カットして残念に思うシーン」として池谷がまずあげるのも、Sのそのシーンであった。記憶の共同想起の当事者としては、Sの加害の語りをそのまま受け止めることが最も重要である。しかし、それを社会的に共有しうる作品として完成させるという共同作業においては、それを削除することの意義の方が大きかったのである。そしてその削除の決断においても、削除したことにたいする悔いにおいても、a_0の認識を左右したのは、直接的関わりをもったA_0やSという個人への配慮であったに違いない。

こうして完成した『延安の娘』を観た中国の人びとは、ほとんどが「問題はないだろう」と言って中国での上映を希望するという。池谷によるとその理由は、全く事実の記録であるということと、政治活動としての文革そのものの批判ではなく文革のもとでの人間の物語という受けとめ方をされるからである。池谷は、「二十七年ぶりの親子の対面」という語りやすい物語を入口としたからこそ、そこから奥に入っていくことができたと言うが、あらかじめそのように確信していたわけではない。それは、これまで見てきたような具体的なアクターとファクターの作用した結果であり、その作用の過程の要所要所において、何をどのような語彙で語るか、どのようなものとして表象すべきかが選択された結果なのである。

本章では、出版改革による出版の自由化と地方分散化、新聞改革の挫折について記述し、また言説空間に出現した新しい文化状況と文化の政治について述べた。建国以来最大の規模で高まった言論・出版の自由を求める声は、一九八九年の「六四」天安門事件という弾圧によって抹殺された。その際の攻防にみられた、文革の記憶を掲げて相手を批判しまた自己の正当性を主張するというパターンは、同じ毛沢東語録を掲げて打倒し合った文革の言説様式そのままでもあった。

一方、一九九〇年代を特徴づけたのは、社会主義市場経済の導入であった。文化の多様化、文化人・芸術家の国家からの独立という傾向、ならびに、商業化、消費社会化、香港・台湾との関係の深化という流れは、一気に加速した。次々と異質な文化が流入・産出されるなかで、国家の文化は「反体制」「反主流」をも取り込んで自身を変容させしぶとく生き残る。指導部内の確執に加え、文化もそれを担う主体も変容し多様化しつづけるとき、「検閲」という国家の制度に明確な基準はなくなる。出版の可否も、公的権力と個人を含むさまざまなアクターの高度な「交渉」と、内外のファクターに委ねられることになり、当事者が事後的に「発見していく」しかないのである。

『延安の娘』における記憶の共同想起と表象の過程は、このような言説空間の変容が、当事者たちの記憶の作業にどう作用するかを示している。都市との格差の激しい遠隔地においても、テレビ・ドラマを通して「知青」の回顧的気分が共有されるなかで、それぞれの文革の記憶を抱えた個人が、個人的要因に促され、語るべき文脈と語彙を選択して共同想起が始まる。そして国家の制度を担う個人によって制度的要因が満たされるとき、文革の記憶の表出と表象は可能になるのである。

第五章　個人記憶の共同化1――『随想録』の場合

第三章において、回想録というジャンルのなかでも、「回想集」ではなく知識人・文化人の単独「回想記」が第三期（一九九三～一九九八）から出始めることを確認した。それらの「まえがき」「あとがき」には、文革を回想するにあたって、「自分自身が直接体験した些細なことだけを書き、一つ一つの事実の経過だけを叙述する」[于光遠1995]、「ただ自分が直接見聞きしたこと感じたところをもって歴史として語る」[武光2000]、といった個人記憶の明示が特徴的であった。そして本書が、文革に関する知識人の回想記として代表的かつ独特な作品としてとりあげる二点の回想録にも、「私」を主語にした記述ならではの特徴がある。本章と次章において、そのそれぞれを分析対象とするが、まず本章では巴金《はきん》の『随想録』をとり上げる。

（以下の文中、【】内の数字は随想一五〇篇に付けられた通し番号を示し、数字と数字の間の点線…は、その間に省略された数字すべてが該当することを意味する。また、（）内の数字は該当篇末尾に記された脱稿の日付を表わす。）

一　「総序」の意味するもの

1　動機の語彙

第一章三の２で述べたように、『随想録』の文章は一九七八年から八六年までに書かれたもので、香港の『大公報』に一五〇篇が連載された。これらの随想は後に三〇篇ずつまとめられて五冊の単行本となり、それぞれ『随想録』【1-30】、『探索集』【31-60】、『真話集』【61-90】、『病中集』【91-120】、『無題集』【121-150】と名づけられて出版されている。本書では全一五〇篇を総称して『随想録』として扱う。

『大公報』は、一九四一年に創刊され、香港では『文匯報《ぶんわいほう》』と並んで中国共産党系の代表的な新聞とされている。そのなかの「大公園」という文芸欄に、一九七八年十二月『随想録』の最初の一篇「総序」と題する短文が掲載された。そこに付された日付は、七八年十二月一日である。同年八月には「傷痕文学」が発表され始め、十一月には文革中に迫害された者の名誉回復が始まり、[1]北京市内の「民主の壁」の前で民衆の自発的討論会が開催されだした、その直後のことである。また十二月十八日から始まる中国共産党中央委員会総会（第十一期三中全会）において「脱文革路線」の「歴史的転換」が宣言される直前である。翌七九年の三月には、民主化運動のゆきすぎが戒められ、その主たる発言者であった魏京生《ぎきょうせい》が逮捕されることになる。つかの間の「春」であった一時期に、巴金の「総序」は書かれ発表されたのである。第三章四の2でふれたように、巴金自身、「まえがき」「あとがき」の類は読者に語りかけた本心であり、その五十数年間の集大成である『序跋集』は、自分の歩んだ曲折と思想の変化を示すものである［巴金1984：49］と書いている。『随想録』の「総序」は、十行ばかりの簡潔な文章であるが、そこにはその時の巴金の「本心」と、後続の一五〇篇を貫く特徴が明らかである。

そこではまず、「やりやすいことから始める」という気負いのなさと、「その時その場の私の感想を記録するだけ」という自由な「私」のあり方が表明されている。「林彪と「四人組」」によって奪われた十年というかけがえのない時間は取り返せるかどうかなんともいえないが、無力な叫びにすぎないとしても、少しずつ着実なことをやり痕跡を残したいという願いは明らかである。そして、次のようなこと——事なかれ的な話、病気でもないのに呻《うめ》くようなこと、痛くも痒《かゆ》くもないような話、人が言うから自分も言うという類の話、話しても話さなかったに等しいことを言い、書いても書かなかったに等しいことを書くこと——はしない、という点が強調されている。

巴金のこの文章が発表された当初は、社会問題を暴露した「傷痕文学」の方が評判になっており、あまり中国の読者の関心を惹かなかったらしい。しかし、当時大学院生であった刈間文俊は、この「総序」に少なからぬ衝撃を受けた。「淡々とした文章に秘められた巴金の並々ならぬ決意」を感じ、ついに巴金が立ち上がったというような興奮を覚えた、という［刈間1996：239］(2)。文革の記憶も消えやらぬ時期独特の感情であったと思われる。ここで巴金が否定したものはことごとく、文革期の言語と態度にたいするアンチテーゼであり、文革期の自分自身への批判と自責を含むものである。刈間が「総序」から衝撃を受けた理由は、それが、強大な政治権力の前で仮面を被り自己保身に身をやつしていた文革期の知識人の言動を、真っ向から否定するものだったからである［ibid.：238］。

しかし刈間はさらにもう一つの理由をあげる。巴金が列記した六つの否定が、「五四」新文化運動の指導者であった胡適《こてき》（フ・シ）の「文学革命」宣言を彷彿させたことである。「五四」運動に先立つこと二年余り、一九一七年一月号の『新青年』に掲載された言文一致の勧めの文章である。もちろんこれは、近代の文体を成立させるための態度や内容を含むもので、巴金の「六つの否定」の趣旨とは明らかに異なる。しかし、古人を模倣せず、無病の伸吟をなさず、常套語句を除き、典故を用いず、対句を語らず、俗事俗語を避けず……といった否定形が大半を占める「八ヶ条」を掲げて、胡適は伝統的な修辞や形式を排し、人間の感情を描く文学を提起した(3)。巴金が、敢えてそれとのつながりを思わせる書き方を「総序」に用い、続く一五〇篇の随想のなかで自己を飾るよりは解剖し、自虐的なまでに内面の感情を吐露しつづけるのには、それなりのねらいがあったに違いない(4)。巴金の「総序」は、一九三〇年代に革命の道理を説き、また四〇年代には抗日戦を戦う宣伝の道具として使われた文学を、そして、文革に至って常套語句や典故と対句の多用の極まった文体を、人間の感情と個性解放の流れに引き戻そうとする宣言でもあった。巴金は、ささやかな小さな「私」から再出発しようと提起したのだ——と刈間は

『随想録』の表紙

巴金

◀巴金『逸簡新編』

読む［刈間1996：247］。

第一章三の2で紹介したように、著者の巴金は一九〇四年生まれの作家で、一九一九年「五四」運動の青年期に反帝・反封建の新思想に触れ、一九二七年留学先のパリで小説を書き始めた。「五四」新文化運動の影響は「総序」から推察されるだけでなく、巴金自身『随想録』のなかでも「五四」の系譜を汲む知識人であることをくり返し述べている。『随想録』のテクスト分析に入る前に、中国の知識人についての理解を深めておきたい。

2 「五四」以来の中国の知識人

中国の知識人は、「士大夫」という伝統社会の読書人から生まれたものとされている。なかでも地主階級の知識人「士」は「儒生」とも称され、儒家の経典に通じ研鑽を積み、科挙などのルートを通じて国家の官僚として選抜された。彼らは土地の所有ではなく、学知によって封建的官僚機構の全国ネットワークに組織され、政治構造とイデオロギー構造の一体化を内側から支える存在であった(5)［金・劉1992：25-32］。

現代中国語において一般に用いられる「知識分子」という単語は、中華民国成立後の一九二〇年十一月七日に『共産党』（第一期）という雑誌に最初に現われ、一九二五年以降次第に普及していったものだという［李2005b：51, 66］(6)。九〇年代以降中国で盛んになったという知識人による知識人論のなかで、次の三つの面からの定義が議論されている。すなわち、①イデオロギー・文化・意味を扱う人びととして、知識に基づいた独立思考と社会批判という役割を担う者、②高い教育レベルと専門性という観点から、豊富な知識を有するプロ、③階級・階層の視点から、産業労働者から分離・独立し、革命性と建設性を備えて社会発展に指導的力量を発揮する集合、といった面が注目されている。またそれらを総合的に捉える見方もあるという［ibid.：51］。改革以来の知識人階層に注目する立場からは、中国の公式定義として、「大学・専門学校以上の教育を受けた者はすべて知識人」という見方が中国社会で広く受け入れられているとされる。その上で、知識人上層は「知識エリート」、知識人中下層は「専業技術要員」と表現される〔何2002：358〕。

第三章でも言及した陳思和《ちんしわ》は、抗戦期から文革に至るまでの文学史を解釈した論文のなかで、封建時代以来の、国家権力と知識人と民間の関係についてもまとめている。中国語で「民間」とは、「官」の対立概念であると同時に、文化的エリートや知識人とも異なる「庶民」「民衆」という意味合いの強い語である。民間文化とは伝承文化であるともいえる。公的権力の前には弱い立場におかれるという点も含意されている。陳思和によると中国の知識人は、封建王朝下の十九世紀までは国家権力のイデオロギーと一体化していたが、二十世紀に入って西欧の近代文化の到来が活発になると、国家権力が支持するイデオロギーとも、民間の文化とも異なる、知識人主体の外来文化を形成する。それぞれの内容も固定的ではなく、組合わせも変動するが、文化の三分状態が出現したのである。辛亥革命の結果清朝が倒れ中華民国が成立しても、儒教が衰退する一方で新しい精神の支柱はまだ打ち立てられず、統治に関する思想以外の文化体系はないに等しかった。そんななかで「五四文化」は、知識人が朝廷の外に打ち立てた「広場」であり、国家政権の中枢と民間社会の間に位置する知識人の領域であった。伝統的言説による統治に反対して「白話文」〔言文一致〕が提唱されたが、民間文化を受容したわけではなかった。しかし、抗日戦争勃発とともに民間への注目が高まり、抗戦中の三地区(7)それぞれにおいて、政権イデオロギー、知識人新文化、民間文化が並び立った。

以上のような背景の下で左翼文化指導者が論争に参加するようになるのである。彼らはすべて新文化伝統から出た知識人であったが、主張により次の三種類に分けられる。①五四文化継承発展派、②五四文化と民間との合一推進派〔五四は伝統文化の旧形式を否定したのであり、民間の旧形式は肯定する、という用心深い解釈がなされてその合一が推進される〕、③民間文芸派〔新文化に対立し、民間文芸形式こそ民族形式の中心、と主張する〕。民間文芸は、抗戦中に知識人の自由の伝統を抑制するために重要な作用を果たしたが、それは道具的な作用であり、民間文化そのものではなかった。政権イデオロギーとしては、民間の自在さを放任するわけにはいかず、民謡や民族芸能などの収集に努めながらも、その原始的で自在な形態は否定した［陳2002：129–143］。

文芸の面から知識人像に焦点をあてた劉再復《りゅうさいふく》（リョウ・ザイフ）によれば、三〇年代の文芸大衆化論議のなかで、「五四」新文学作家が「プチブル」として批判され、「五四」の啓蒙家たちの「大衆教化」に代わって、「文芸の大衆化」の必要が主張された。これにより「五四」啓蒙精神の喪失が進んだが、しかし文芸大衆化論は、「五四」期に形成された新世紀の自我にたいして、改造と自己否定を迫る種のものではなかった。知識人自体の立場と世界観が徹底的に改造されねばならないと考えられるようになったのは、一九四二年からである［劉1989：172–173］。すなわち延安の毛沢東が、「文学・芸術とは共産党の政策を民衆に宣伝啓蒙し、民衆の要求を党に伝えるメディアである」［藤井省三2003：260］と規定した「文芸講話」が基本政策となって以後のことである。

特に新中国成立後の五〇年代以降は、〝左〟の政治思潮を貫くイデオロギーが直接国家権力を利用して知識人の文化伝統に打撃を与え思想改造を進め、民間から出た文化伝統をも破壊していくのである。五一年秋から始まった一連の政治運動とイデオロギー批判には、多数の知識人が自発的に参加したが、実際にそうした運動は制度化されていった。新体制の基礎組織としての「単位」は、党と政府の政策を貫徹する組織であり、そこに所属する知識人は常に政治的学習を強いられた。マルクス・レーニン主義と毛沢東思想の習得によって、思想観念と言説形式の転換が行なわれたのである。続く一九五七年の反右派闘争は、思想改造を超えて強制労働による肉体改造、さらには知識人迫害という性格をもつもので、それが文革において最高潮に達した。その帰結として、知識人の間に政治権力と国家体制にたいする従属、原罪意識、閉鎖性と保守性が形成されたことが指摘されている［李2005b：55］[8]。

失われた「五四」啓蒙精神と知識人の啓蒙主体としての地位とは、「新時期」と称される改革開放後に回復され始めた。劉再復によれば、八〇年代に中国知識人は二度にわたって大転換を遂げた。一度は、知識人が労働者階級と平等、もしくはその一部分とさえみなされて、現代化推進の啓蒙者としての主体的地位を回復したこと。

もう一度は、近代的文化的価値基準の確立とともに、知識人の自我が回復され、主体性が覚醒されたことであった。劉は、巴金でさえ「遵命文学」〔命令に従う文学〕は書かないと公けに宣言したと評し、それが一つの時代の終焉と次の時代の開始を意味しているとみる［劉1989：176-178］。

以上の点を踏まえた理解の上に、巴金の随想一五〇篇を読む際には、巴金自身が「知識人」をどのようなものとみなし、どのような意味においてみずからを知識人と同一化するのかに着目する。

3 『随想録』一五〇篇の分類と構成

巴金が「総序」で述べたように、『随想録』はその時々その場その場の彼自身の感想を書き記した文章から成っており、長短さまざまで、系統だったものではない。しかし全体の紹介として、ここで一応概略を述べておく。

『随想録』の構成の緩さは、一五〇篇それぞれの末尾に付された日付からも明らかである。時には三日とあけずに書き続けることもある【6…9】（一九七九・一・二二～同一・二七）【26…30】（一九七九・八・二～同八・一一）【51…60】（一九八〇・一〇・二～同一〇・二二）。また時には、訪日や訪仏などの旅行、意図的な執筆中断[9]、あるいは病気治療などのために最高八ヶ月のブランクがあくこともある【95～96】。「総序」と同じ一九七八年十二月一日の日付のついた第一篇以来、一年に三〇篇ずつ五年で一五〇篇を書き続けるという当初の予定は、大幅に遅れた。悪夢にうなされ不眠に悩む不調に加え、大腿骨骨折や腫瘍、パーキンソン病など、年を追うごとに病気に関する記述が増える。第四集は「病中」と題するもの五篇を含んで『病中集』と名づけられた。

「「文革」期が残した後遺症がとうとう出てきた」【109】（一九八三・一二・一三）と巴金は書いている。眠れぬ夜の苦悩の数々についても、「文化大革命が残した後遺症である、とわかった。ことは決して決着がついていないのだ」【91】（一九八二・七・一四）、「文革は決して一場の悪夢ではなく、私の身体にはなおそのたたりが残っている。……私は、片時たりとも、これと戦っていない時はない」という【97】（一九八三・七・五）。文革だけを論じた篇がさほど多いわけではない反面、ほぼ八割に「文革」への言及がみられる。文革以前の出来事や文革以前に亡くなった人びとへの追想、フランス訪問とそこでの友人との交流の記録、文学についての論評などごく一部を除いて、何を語っても心身の記憶が文革に及ぶのである。「「文革」が今なお人を捕らえている」【125】（一九八四・一二・二五）、「私は別に「文革」を引き止めて放さない、というのではなく、むしろ逆に、「文革」の方が私を引き止めて放そうとしないのである」【114】（一九八四・一一・九）。そして、あたかも「文革」のみが唯一の重要な時間軸上の指標であるかのように、「林彪と「四人組」がのさばっていた頃」あるいは「「四人組」が失脚した後」という表現が多用される。

全体が一つのまとまった「回想録」として、時間の流れに沿った記述がなされているわけではない。その意味で『随想録』は、記憶が決して過去に属するものではないことを実証し、現在の生活と思考のいたるところに及ぶ過去との対峙のあり様を示しているといえる。それぞれの篇も、何か一つのテーマに絞って集中的に語られているとは限らない。しかしくり返し出て来るテーマは、以下の通りである。

「文学／創作」【3、7、9、12、27、42、58、64、70、80、88、92、94、105、108、110、116、118、123】

亡き人への「追慕／追想」【5、29、30、33、34、43、55、63、65、67、72、76、81、102、103、109、120、147、150】

「日本／日本の友人」【1、2、25、41、44、93、98、118、121】

「真実を語る／書く」【49、51、52、79、82、83】

「まえがき／あとがき」【66、68、71、94、107】

「夢」【59、60、101、114、120】

「探索」【37…40】

「ペテン師」【32、54、61、135】

そして文革についての記憶が主要なテーマとなっているのは、四一篇である

【3、4、5、6、7、8、11、14、15、22、26、27、28、34、36、37、49、51、52、53、56、67、69、79、81、82、83、84、104、111、114、115、124、125、132、139、140、143、144、145、146】。

次節以降、具体的なテクストの内容に即した『随想録』の分析を、以下の四つの軸に即して行なう――①「私」へのこだわりにみられる記憶の個人化の主張、②「五四」の系譜と知識人、③自責や懺悔の語彙とその「反省」としての受容のされ方、④「文化大革命博物館」の提唱とその反響。

二 「私」からの出発

1 「作家」としての自己認識

i 読者との関係

『随想録』が「私」からの再出発を提起して書き出されたものだとして、巴金自身は「私」をどのように自己認識していたのであろうか。初期の記述によると、「十年は無理にペンを擱《お》かされた」が、とにかく「私は五十年間小説を書いてきた」【7】（一九七九・一・二四）と言えるだけの存在であった。「私は芸術家ではない、ただ、文芸愛好者と言えるだけである。実のところ、厳密には、作家であるとも言えず、むしろ『写家』〔文字書き〕と言った方が、もっと当たっている」とも書いている【8】（一九七九・一・二五）。しかし記憶の叙述を連載するうちに、「本当の自分」を語り、「真実」を書き続けることへの意志がより強く自覚されていく。文革期にくり返された家捜しにもかかわらずなぜか破壊行為を免れた書斎の「大鏡」に関する篇で、巴金は今そこに映る老いた自分を直視し、「私はただ一人の作家に過ぎず、死んでもペンを擱こうとしない一作家に過ぎない」と結論する【35】（一九七九・一二・二三）。

そして、「作家である以上、作品で読者と相まみえるべきであり」【35】（一九七九・一二・二三）、「作家の名前はその作品と切り離せない」【67】（一九八一・五・三一）。作家である「私」は、作品を通じて読者という他者に支えられて存在しているのである。やはり初期の叙述にくり返される「心を読者に献げる」とは、「自分の本当の思想、さらには心の中のことを読者に残したい」という思いのことである【10】（一九七九・二・三）。国民党「政権」時代の弾圧を生き残れたのは「読者が守ってくれたおかげで」【6】（一九七九・一・二二）、「四人組」による「焚書」の時期にも「私の作品はとうとう焼き尽くされなかった」【7】（一九七九・一・二四）という自信は一貫している。自分の書いたものが文革期に「毒草」として糾弾されたために「自分が「毒草病」の患者になりそうで心配である」[10]。「この病気の症状は、毒草の文章を書くのを恐がるところに原因がある。ペンを執ると全身が震え、一字も書けないのである」【6】（一九七九・一・二二）。しかし、そのような自分の弱さと作品の未熟さを認めながらも、「絶対に毒草ではない」と言い切るのは、読者との関係における自負心からである。

読者のなかには「長官（おかみ）」もいる。しかしそれは多数の読者の一人にすぎない【40】（一九八〇・二・二九）。自分の作品が葬り去られなかったのは、読者が自分の見方を持っていたからであり、「彼らは、ひたすら「長官（おかみ）」の連中の顔色をうかがう、というようなことは決してない」【7】（一九七九・一・二四）からである。「長官（おかみ）」が彼の小説を「毒草」と断じた時でさえこっそり彼の本を読む人がいた、と巴金は前年に日本の読者から届いた手紙を紹介している。巴金が労働改造や吊るし上げを受けていたさなかにも、香港には彼の文集を再版する出版社があり、それを注文する日本の読者がいたことを、巴金は「これこそまさに、読者が「長官（おかみ）の意志」に挑戦しているということではないか」と評する。

巴金が読者との関係をいかに大切にしていたかをうかがわせるエピソードが、『随想録』のなかにもいくつか出てくる。文字どおり人生の苦楽を共にした妻が、そもそも「一読者」であった【5】（一九七九・一・一六）。また、助けを求めてきたある読者のために、彼女の叔父と偽ってまで救出に乗り出した話なども記されている【62】（一九八一・二・二三）。しかし、そのような個人的な関係の成立は極めて限られたものであり、読者からの手紙に応えたいという思いと、社会的な雑事が増えてそれが叶わなくなっていく焦燥感も綴られている。作家がより広範な読者と出会うためには、編集者や出版者というアクターの介入がどうしても必要である。作家の存在を支えるのは読者だけではない。かつて編集者として「作者と読者」という二種類の人間に依存していた経験を持つ巴金は、「編集者と作家は平等の地位に立っている」と考える【88】（一九八二・五・二七）。担当の「責任編集者」に至っては、処女作に始まり作家の一生にわたる「責任編集者」でさえあり【70】（一九八一・七・二五）、「著作と人間形成の両方を含んでいる」のである【142】（一九八六・五・一五）。

ii　編集者・出版社との関係

実は、「私の真実を書く」という動機の語彙に導かれたこの『随想録』について、その連載はある編集者からの手紙という偶然に始まった、という言説が流通している。「語文天地」と称する模範的な文章を紹介するインターネット・サイトは、二〇〇五年六月二十七日の日付で、「心中的随想」という小見出しの下に、以下のような文章を載せている。一九七八年四月のある日、巴金は香港の旧友a_1から一通の手紙を受け取った。a_1は『大公報』という香港の新聞の文芸欄「大公園」を担当する編集者で、同紙への寄稿を依頼する内容であった。大陸にも発表の場はあったが、上海ではまだ書きづらい話もあり、香港の『大公報』ならば発表の場として理想的である。そこで巴金は「『望郷』について」と題する随想を書いた[11]。それが掲載されるや好評を博し、a_1はすぐまた次の原稿を依頼してきた。それだけでなく、『大公報』紙上に巴金の特別コラムを設けたいとも言ってきた。当時巴金はA・ゲルツェンの『往時與随想』を翻訳中で、自分もそのような作品を書きたいと思っていた。それを知ったa_1は、『大公報』の巴金コラムを「随想録」と名づけたのである。

しかし間もなく、上海の巴金のもとへ「北方の友人」から、その連載は止めた方がいいという忠告が、直接・間接に届いたという。それでも巴金の執筆計画は揺るがなかったが、二年半以上経って、「魯迅《ろじん》（リュ・シュン）

先生を追慕する」【72】（一九八一・七月末日）という文章が、巴金の同意なく大幅に削除されるという事態が起こった。(12) この一件について、次の「鷹の歌」【73】（一九八一・一一月下旬）と題する一篇で、巴金自身が事実関係を説明している。魯迅追慕の文章【72】が掲載された当時、巴金はスイス滞在中であった。スイス駐在中国大使館で、香港の新聞にその文章が載ったことを聞かされていたが、帰国後の雑事に追われて、実際の紙面で確認することを忘れていた。

ある友人が、その文章に削除のあったことを教えてくれなかったら、私は香港で発表された魯迅先生を記念する自分の文章が全文ではなかったことに気付かないままでいたろう。およそ「文化大革命」に関係があるか、あるいは「ひっかかり」のある部分はすべて削られ、さらに、魯迅先生が言われた、自分は「一頭の牛で、食べる物は草であり、搾り出す物は乳と血である」という件さえも、「牛」が牛小屋(13)に関係あり、との理由で、バッサリ削られてしまっていた。

削除後の自分の文章を読み終えた私は、長い間、ものが言えなかった。夢を見ているのではあるまいかと、いぶかり、さらには、真っ向から一撃をくらったみたいな気もした。〔中略〕

削除によって、もちろん私は黙ってしまうはずがない。……私の「無力な叫び」が私に励ましと共感をもたらしたのは、主として読者たちの支持のたまものである。私に寛容さを示してくれた一切の人（「大公園」の編集者も含む）に感謝する。【73】（一九八一・一一月下旬）〔巴金1984：97〕

「鷹の歌」【73】の上記引用文の前の箇所で説明されている内容によると、魯迅追慕の文章【72】は、魯迅生誕百年の記念行事の一環として、雑誌『収穫』の依頼により書かれたものであった。(14) 一九八一年七月末に書き上げ、『収穫』編集部へ送り、その清書版を受け取って『大公報』の「大公園」担当編集者〔おそらくa1〕に送った。その時編集者は、休暇をとって北京に行っていて、香港にはいなかったという。

　この件に関する背景は、先述の「語文天地」のサイトのみならず、「『随想録』の発表と潘際《はんさい》（パン・ジー）」[15]と題する文章や、別なサイト「新聞中心」に掲載された「巴金『随想録』出版前後」〔胡2006〕と題する文章にも説明されている。担当編集者であり巴金の友人でもあったa_1の留守中に、香港の責任者A_1は北京の某「大物」が講話のなかで、文革のことを書いてはならないと言ったと聞く。そこでA_1はみずから「およそ文革と関係のあるもの、あるいはそれに〝関わりの及ぶ〟言葉はみな削除する、魯迅が言ったという自分は牛だ……の文章も〝牛〟と〝牛小屋〟は関係があるから削除する」と決めた。こうして、知らない間に削除されたことを知った巴金は、憤慨して『大公報』の「随想録」コラムへの寄稿をやめることにしたという。a_1はこの一件だけのために歴史的長編が未完に終わってしまうことを望まず、巴金にあらためて『大公報』に戻ってもらおうと決めた。後日談として伝えられているのは、巴金が冷静に考え直し、編集者側の事情も「無理からぬこと」と了解したということである。「彼らは誰かが何か言ったと聞き及んで、めんどうが起こることを恐れたので削除したのだろう。実は削除する必要などなかったのだ。『収穫』がその後発表したのは、全く削除なしだったのだから」と語ったとされている。

　第七三篇「鷹の歌」の原稿そのものに関しても、第三集日本語訳『巴金　真話集』の「訳者あとがき」では、『大公報』には送られず、したがって掲載されなかったとされている[16]〔巴金1984：233〕。石上韶の訳注によれば、一九八二年一月二十一日付け『大公報』は、次の第七四篇を掲載した末尾に、（随想録73、欠――巴金）と付記した。また同年十月香港で三聯書店から第三集『真話集』として三〇篇がまとめて出版されたときには、「鷹の歌」【73】のページはブランクにされた。そこに付けられた注記には「本編は未発表。作者により削除されたが、その〔作者の〕要望で標題のみ残しておく」とあったという〔ibid.：221〕。その後一九八三年二月に北京人民文学出版社から『真話集』初版が出され、石上は巴金と面会した際、その北京版を手渡されて香港版でのブランクが埋められたことを伝えられた。その経緯について尋ねたものの、巴金がそのことにあまり触れたくない様子で、石上も立ち入った質問は遠慮したという［ibid.：233-234］(17)。

魯迅追慕の一篇【72】の方は、香港三聯書店版『真話集』でも削除なしに収録された。標題に＊を付し、そのページの欄外に、〈削除のあった『大公報』からの転載ではなく〉「隔月刊誌『収穫』誌上に発表の全文による」と注記されたという［巴金1984：95］。だとすれば、「鷹の歌」【73】も編集・出版上は全文掲載が可能だったのではないかと思われる。注記にあったとおり「作者により削除されたが、その要望で標題のみ残しておく」ことになったのだとすれば、巴金自身がその掲載を拒否したのである。そして敢えてそのページをブランクにすることで、「鷹の歌」【73】の原文がゴーリキーの同名の小説(18)になぞらえて悲壮感を訴えた以上に効果的な、無言の抗議を残したのである。

こうした出来事のあった一九八一年後半は、第三章二の1で確認したように、「歴史決議」が出され、その一週間後の七月六日の『人民日報』社論において「具体的な歴史の上での是非について大衆的な論争を進めてはならない」［藤井満州男1981：24］とされた時期であった。文革に関する言論への統制サインが出されていたのである。また訳者石上は、一九八一年の四月の『解放軍報』によるシナリオ『苦恋』批判に始まる文芸界引締め政策の影響を推測している［巴金1984：234］。それにしても、ほぼ同時期に出された同じ魯迅追慕の文章を、香港の新聞『大公報』が削除し、上海の雑誌『収穫』が全文掲載したということは、新聞と雑誌という媒体と読者層の違い、日刊新聞と隔月雑誌という露出の規模の差、メジャーな報道機関による一般新聞と上海文芸協会による文芸誌という性質の相違、なども影響しているであろう。そしてまたその結果として、香港のA_1、a_1同様、上海文芸協会にも存在したであろうA_n、a_nという「制度を担う個人」の判断の違いも大きかったものと推察される(19)。そして、「歴史決議」後の文革言論統制サインを、実践のレベルでどう解釈するかの判断は、責任者個人のものであると同時に、判断材料となる種々の情報やその情報化の文脈に依存するのである。また、一九八三年二月の北京版が香港でできなかったことを実現したとすれば、出版の自由の条件は一義的・固定的ではないことが明らかである。第四章一の2でふれたように、一九八三年秋には中共第十二期二中全会において思想と組織の引締め強化が決定され、「精神汚染反対」キャンペーンが展開されるのであるが、そうした決定は往々にして「自由化」のゆきすぎの反動として現われる。北京版の出版が、そのような引締め前の間隙をついて出されたものであることは、充分考えられる。

iii　作品との関係と社会的責任

連載開始初期の頃、読者からの手紙を紹介し、彼らが「長官（おかみ）の意志」に挑戦して彼の作品を読み続けたことに意を強くしながら、巴金自身はそのような勇気はなかった、と告白している【7】（一九七九・一・二四）。自分なりの意見をもっているが、「私の意見と、評論家、ひいては『長官（おかみ）』の意見とが違えば、私も自分の見方を留保する」【8】（一九七九・一・二五）とも書いている。それが、連載を続け「探索」を深めるうちに、「どんな長官（おかみ）の意志にも盲目的に反対するという理由はない」が、「しかし、長官（おかみ）の意志だろうが、誰の意志だろうが、他人の意志にしたがって著作するわけには行かない」【40】（一九八〇・二・二九）という決意となる。そして、一九二七年の春、留学中のパリで小説を書き始めた頃に思いをはせ、『懺悔録』の著者ルソーが自分の師であったと回想する。「彼のもとで学び取ったのは、本当のこと、自分の心の中のことを語る、ということだった」【42】（一九八〇・四・二八）。作家は自分の作品のなかに生き、自己の創作実践のなかに生きるのであって、長官（おかみ）の言葉や称号に依存して生きているのではない、という思いも強まる【58】（一九八〇・一〇・一七）。その結果として生じる作家の責任については、「文責は自分が負う」という原則にもとづいて自分の作品に全責任を負うが【40】（一九八〇・二・二九）、反面「自分の持っているものをさらけ出して読者の論議にまかせる」【68】（一九八一・六・一一）という側面も強調される。こうした思索と文革の回想の末に、巴金は下記のようなことを再確認する。病気中、執筆も読書もままならず、作家と作品に関係することを最も多く考えた後の、「深刻な教育」と題する一篇からの引用である。

十年の「文革」期間中に、私は自分の『文集』十四巻が原因で、種々の懲罰を受け、無理矢理に自己反省書を書かされて、「刀を使わずに人を殺す」も同様のことをした、と認めさせられた。これらはすべて、作品が作家個人に属すること、つまり、版権を所有するとか、文責はみずから負うとかの証明にもなると思われる。〔中略〕
〔しかし、〕十四巻の「邪書」は、決して私の私有財産ではなく、発表した作品はすべて社会の所有物である。よいとか悪いとかは、作家が自分で言えば、それで決まるというわけにはいかないし、他の何人かが言えば、それで決まるというものでもあり得ない。毒草であるか、美しい花であるかは、広範な読者の間に、どんな影響を生じるかによって決まるのだ。つるし上げ大会では問題は解決できない。私は批判を受ければ受けるほど、はっきりわかった――私の、それらの作品は決して私自身には属していないのだから、それで造反派と「取り引き」するわけにはいかない、と。これがすなわち、私の言う「深刻な教育」である。私はついに、翻然として悟ったのである。【115】（一九八四・一・一七）〔巴金1985：150〕

2 「私」の叙述

実は「総序」に記されたように、随時「私の感想」を記録しただけの小さな書として書き始められた『随想録』は、ある雑誌上で「攻撃の的」になった。「真実を語る――再論」【51】（一九八〇・一〇・二）と題する篇の冒頭で、巴金はそのことに少しだけふれている。「真実の言葉は否定しきれるものではない」と反論の姿勢を示しながら、「真実の言葉であるかないかは、私一人が語るだけで十分だというものでもない」と付け加えている。

このことが再び言及されるのは、第二集『探索集』の「後記」においてである。それによると、何人かの香港大学の学生が、雑誌『開港』誌上で、「文学の技巧をおろそかにしている」とか「文法的にとおりが悪い」などの批判を発表したのだという。なかには、『随想録』第一集の三〇篇中「四人組」の文字が使われた所が四七ヶ所もあったという指摘もあったらしい。巴金はそのような学生にたいして「本当に高みの見物席にいられる幸福な「精神貴族」である」と、かつて自分に貼られたレッテルを投げ返して反駁している。刈間文俊によれば、『開港』一九八〇年九月号に掲載された香港の文学青年たちからの批判には、「主観的で世に残る作品とはなりえない」というものもあったという〔刈間1996：247〕。

「後記」という限られた文字数のなかで、巴金の反論は感情的に短絡したものとなってしまったが、しかし技巧や文法、主観性が「攻撃」の内容だったとすれば、巴金の『随想録』全篇が、それにたいする反論であったともいえる。巴金の『随想録』は、文体の技巧も生きることの技巧も超えて「私」の主観と感情をそのまま表明しようとした点にこそ特徴があるからである。「私はただ、自分のことだけを語ることにする」【37】（一九八〇・二・九）、「私はただ、私自身のことを語り得るだけである」【82】（一九八二・四・二）、と巴金は書き続ける。「自分の感情を発散させ、愛憎を吐露」【9】（一九七九・一・二七）することが、一九二七年四月の夜、留学先のパリで小説を書き始めて以来、巴金の執筆活動の源泉でもあった。それが『随想録』のなかで「私」を主語として、最も端的に現われるのが①「四人組」に関する個人記憶であり、②悪夢の記述であり、③身近な人びとの回想である。それら私的領域に関する詳細さは、次章で分析する『思痛録』の韋君宜《いくんぎ》が厳しく自制したものであり、それと比較するといっそう鮮明である。

①「四人組」に関する個人記憶

香港大学の学生が指摘したように、『随想録』には「四人組」（およびその手先ども、またはその個人名、林彪と「四人組」、「四害」など）に関する表現と記述が極めて多い。巴金にとっての文革は、直接的には何よりもまず「四人組」による迫害であり、紅衛兵や「造反派」による暴挙であった。彼らの凶暴性の記憶が、人間はいかにしてけだものに変わるのか、という問いとなって巴金をとらえて離さない【114】（一九八四・一・九）【124】（一九八四・一二・二〇）。しかし、「「四人組」は決して「四人」にとどまるのではなく、それはずっと複雑である」、「いっさいのことをすべて「四人組」に押しつけることはできない」【第二集 後記】（一九八〇・一〇・二六）［巴金1983：188-9］。彼らのやることを受け入れた「自分自身を責めなければならない」【11】（一九七九・二・一二）。彼らの愚かしさやでたらめぶりを暴きながら、それ以上にあからさまに暴露されるのは、彼らの前で奴隷となった自分自身の醜態である。呉晗の『海瑞罷官』が批判されて始まった学習会で「あんなにたくさん作品なんか書くべきではなかった」とびくびくし【79】（一九八二・三・一二）、中学生がわが家で破壊と略奪をくり返しても「やめろ」の一語も口にすることができず【3】［一九七九・一・二］、数え切れないうそを認めさせられ【49】［一九八〇・九・二］、生涯で最も多くのうそをついた【82】（一九八二・四・二）。殺気みなぎるつるし上げの会では、「自分も一緒になって手を突き上げ、『巴金を打倒しろ！』のスローガンを大声で叫んだ」【110】（一九八三・一一・二九）。ふり返って、「私は自分をあわれに思うだけでなく、軽蔑する」【57】［一九八〇・一〇・一五］。

②悪夢の記述

文革中は、巴金つるし上げのために各種特捜班が組織されたが、彼らのなかには一目見ただけで生理的に嫌悪を覚える顔があり、巴金は妻に彼らのけだものぶりを愚痴った。それは悪夢となって今に至るまで彼を苦しめ続けている【91、96、97、99、101、114、125、139、143】。最も恐ろしい夢にうなされたのは一九六八、六九、七〇年の頃で、一九六六年八月以来受け続けた精神的虐待と人身侮辱により、日中は押し黙り、夜は悪夢のなかで奇声を発する日々が続いた。幹部学校に収容されている頃など、夢のなかの格闘のせいで枕元のスタンドの電球を打ち割り、自分はベッドから転げ落ちるほどだった。それは文革終結と同時に終わるものではなく、一九七八年になっても同じような夢のために床の上に転げ落ちたことがある【60】（一九八〇・一〇・二二）。

巴金自身は殴られるなどの身体的暴行や拷問は受けたことがない、とくり返し述べている【5、82、94】。悪夢はあくまでも精神の苦痛と恐怖によるものであった。他の人が刑罰を受けるところはあまりにもたくさん見たし、妻は「北京から来た」紅衛兵に銅製バックル付きのベルトで殴打されて、長い間眼の上に傷痕を残した。彼女は、夜更け自宅に紅衛兵の闖入を受けたとき、巴金が連行されるのを恐れて派出所に訴えに行き、警官の助けを得られずかえって紅衛兵の報復を受けたのであった【5】（一九七九・一・一六）。

③身近な人びとの回想

巴金が、さまざまな屈辱と幻滅を乗り切った記憶に付与する意味は、家族への愛であり責任である。自殺の道もあったがそれを選ばなかった理由として、妻の愛によって繋ぎ止められたことを第一にあげている【14】（一九七九・三・一三）。「自分の自殺後、家人がどうなるかと考えると、平気ではいられなかった」のだ【51】（一九八〇・一〇・二二）。自分は助かる見込みがないと覚悟を決め、災難・苦難を耐え忍んだのは、妻と息子・娘を思ってのことだった【49】（一九八〇・九・二）【51】（一九八〇・一〇・二二）。自分の作品が否定されても「命あってのものだね主義」を唯一のお守りとして抵抗しなかったのは、打ちのめされて「勝手な言動をする」勇気がなく、ひたすら身内や友人に累を及ぼすことを恐れたからである【64】（一九八一・四・四）。孫娘や愛犬のエピソードに至るまで、『随想録』は私的領域の愛とそれ故の苦悩を、躊躇なく書き表わしている。

そして一五〇篇中、異例に長い三篇のうちの一篇が妻への追想「蕭珊《しょうさん》（シアオ・シャン）を追慕する」【5】（一九七九・一・一六）である。旧友の葬儀に参列することが多くなり、その際に想起されるさまざまな記憶のなかでの、妻との告別の光景である。巴金の妻であったばかりに、彼女も「牛小屋」に閉じ込められ、「牛鬼蛇神」

〔妖怪変化〕と書かれた厚板を首に掛けられ、嘲笑と悪罵にさらされた。自分が彼女を巻き添えにし、彼女を殺したのだという思いに苛まれながら、巴金は、彼女が死に至る経緯の仔細を回想する。三十余年間生活を共にしてきた妻は、巴金よりは才能がありながら頑張るタイプではなく、家庭婦人にはなりたがらなかったが苦労するだけの勇気にも欠けていた、と記憶されている。そして「わが最愛の友であり……気立ての好い女」だったと記す。巴金の妻として罪人扱いだったために、病状を訴えても診療がままならず治療が手遅れとなり、腸癌が肝臓に転移して死んだ。子供まで公民としての権利を剝奪され、様子の変わっていく息子を見るにつけ、巴金は「私は初めから小説など書くべきではなかったし、子女をつくるべきではなかった」と後悔する。「今でも覚えている」、「忘れられない」といった記憶の語彙に導かれた文章は延々と続き、また五年後には「再び蕭珊をしのぶ」【120】（一九八四・一・二一）と題する篇も加えられている。前夜夢に見た妻と在りし日の妻の記憶を、思いを込めて綴った回想である。

こうした叙述は、かつて「大家族制の封建性を告発し、青年の強い共感を呼んだ」〔姫田ほか1998：70〕とされる文豪のイメージを損ない、若い香港の大学生たちの期待を裏切るものだったかもしれない。しかし、「総序」にこめた巴金の決意は、まさにそのような私事私情や醜態を含めて、その時々想起される個人記憶と私的な思いをそのままを書き記すことにあった。なぜそこまで書き続けるのか、『随想録』中に散見される理由は四つにまとめることができる。一つには、自分自身の救済のための模索である。そもそも「私が小説を書くのは、自分の心を安らかにしたいため」、「自分を救う一筋の道を探し求め続けて」【38】（一九八〇・一一・一五）であった。[20] また、真実の話を語ることは、自分の心を探り出し、精神的な重荷を卸すことにもなる【91】（一九八二・七・一四）。[21] 良心のとがめは何にも増して苦痛であり、心の傷跡をあらわにしない限り少しの安らぎも得られない、と巴金は言い、「私が真実を語ることを提唱するのは、結局自分のためである」と、認める【104】（一九八三・九・七）。

また巴金は、十年の悲劇の再演を見たくないという当然の理由と関連して、「私が『随想録』のなかでたえず問題を提起し、意見を発表するのも、私に恐怖があるからだ」と書いている。文革のいきさつをはっきりさせず、その原因を根絶しないことには、再発防止の保証にはならない。再び獣性の大々的な発作を見ることを恐れるならば、自分の恐怖をつつみ隠さず忠実に書きあらわさなくてはならない、それが二つ目の理由となる【83】(一九八二・四・一四)。

第三の理由は、社会的名士になることを拒否するためであるが、それは、祭り上げられたり片言隻句をお題目とされたり、その言論が利用されてイメージが歪曲されることへの抵抗からである。[22]「邪魔」と題する一篇で、作家として執筆に専念することを妨げるさまざまな邪魔が、四方八方からやって来ることを、巴金は次のように嘆いている。「自分は旧社会にいたラッパ吹きや太鼓叩きみたいなもので、何か祝いごとがあると引っ張り出されてラッパを吹き太鼓を叩かされる。……私としては『社会的名士』になりたくはない、ただ一個の普通の作家になりたいと想うだけである。それなのに世間はどうしても私を放っておいてはくれない」【91】(一九八二・七・一四)[巴金1985:11]。常に尊重してきた読者にたいしてさえ、自分のことは忘れてもらいたい、と願う。しかし「人から忘れてもらいたいと願いながら、どうして自分のペンを放そうとしないのだ?」【62】(一九八一・二・二三)と、自分の矛盾も自覚せざるをえない。かつて語った「自分の一生は矛盾だらけだ」という言い方さえ自分を美化したものだとして、「本当は、私の身は欠点となまけぐせだらけ」【43】(一九八〇・五・二四)だと言う。

そして後半に至って明記されるのが、自分自身を問い詰める、という最も重要な理由である。『随想録』を読んで、そのなかで自分が槍玉に挙げられていると思い込んだ人がいた。それを知った巴金は、あいまいな書き方のために本意が伝わっていないことを悟り、他人を非難しているのではないことを次のように明言する——「私の標的は、まず私自身であり、私がつまみ出して人に見せつけるものは、まず自分自身だ」。「まず」とは、すなわち「みずから解決して後、初めて他人に想い到ることができ、自己にたいする要求は、他人にたいする場合よりずっと厳格でなければならないからである」。かつて口にしたうそゆえの良心の呵責は最も苦しく、「心の安らぎは得るすべがない。まず、本人自身の許しが得られない」からである【131】(一九八五・八)。しかし、自分が騙され醜態を見せたからこそ、かえって胸を張って「自分の頭で考え」心の中の真面目な話をする勇気が出るのだ、という自信にもなっている【14】(一九七九・三・一三)。

「自分が考えることを、そのまま語る」【82】(一九八二・四・一二)、個人的な心情をありのままにさらけ出すとは言っても、それは自己中心的な主張や自己憐憫というよりは、むしろ「私心」を去ることへの志向が強い。封建的な地主の家に生まれながら、門番小屋や馬小屋で使用人たちと過ごす時間を愛した子供時代の記憶のなかで、彼らから教わったのは「私心を去り、自分を忘れるということだった」と、巴金は思い至る【96】(一九八三・六・二九)。あの時が、受難を通して浄化された魂に接した始まりだったと、文革の体験を経てようやくその意義を理解したと言う。しかし実際文革中には、一日も早く解放されたいと切望するだけで、私心雑念は取り除かれず、魂は浄化できなかった【96】(一九八三・六・二九)。『随想録』を書くという記憶の作業は巴金にとって、我が身を厳しくふり返りながら、文革の後遺症に苦しみ続ける自分自身のために執り行なう、世俗における告解の儀式だったといえる。

3 「五四」の知識人の系譜

本章一の2で、現在の中国大陸における知識人論のなかで、三つの観点からの議論が行なわれていることにふれた。それを念頭におきながらも、ここでは、巴金が頻繁に言及する「知識分子」とはどのようなものであるのか、『随想録』のテクストに沿って分析する。

i 『随想録』における「知識分子」

巴金は「みずから知識分子と称し、人からも『知識分子』とみなされ」てきたと言い、中国における知識分子の一つの典型を、老舎《ろうしゃ》（ラオ・シャ）(23)に見出す。そして数ある追想のなかでも老舎の悲惨な死にたいしては、格別慙愧と自責に耐えない心情を切々と綴っている。「中国の知識人のなかでも一番すばらしい典型であった老舎を救えなかったのだから、私は実に恥ずかしく、また私たちの世代の人びとになり代わって恥ずかしさを覚える。私たちは一人の老舎も護れなかったのに、どのようにして後世の人に申し開きをしたらよいのだろうか」【34】（一九七九・一二・一五）という思いは痛切である。個人記憶と私的領域にこだわって書き続けた『随想録』のなかで、「知識人」というカテゴリーと、「民族」や「祖国」（ネイション）という集合にたいしては明確な帰属意識が表明される。そして歴史的出自については、「私たちは五四運動が産んだ子であり、五四運動に参加した若い英雄たちによって目を醒まされ、教育された世代の人間である」と明言されている【14】（一九七九・三・一三）。文革へのアンチテーゼを表明して書きだされ、自他ともに認める「文革の回想録」でありながら、全く文革への言及のないパリ訪問記【16…24、89】がかなり挿入されているのは偶然ではない。ルソーを師とした自身の創作の原点や、ゾラとヴォルテールから受けた影響にも言及される【9、10、42、71、107】。文革期にも魂を売らなかったのは、真理を擁護し冤罪を晴らす範を示してくれた「フランスの先生」のおかげである【10】（一九七九・二・一三）。そのフランス啓蒙思想が巴金の生涯と思考に及ぼした影響は「五四」新文化運動以来のことなのであった。

巴金の生涯と作品に関して山口守は、「永遠の理想主義者」巴金がその思想を育んだのは、激動の近代中国社会においてであった点を強調する。巴金は四川省成都の大地主の名家に生まれ、封建的な大家族のなかで育った。五四運動のなかで当時の啓蒙雑誌を通して新しい思想に目覚め、とりわけアナーキズムに惹かれていく。二十歳を前に成都を離れ上海へ出て、アナーキズム関係の文章を数十篇発表したが、一九二一年に中国共産党が結成されると革命運動の主導権は共産主義者に移っていった。こうして一九二七年一月、巴金はフランスへ赴くのであるが、そこでルソーに学んだという自由・平等と解放の近代思想は、間接的には五四運動で、また直接的にはアナーキズム運動によって既に受け入れられていたものであろう。初期の代表作『家』は、五四運動を背景に地方都市の名家の愛情悲劇を描き、儒教倫理によって個人を抑圧する中国の家のあり方を鋭く告発した作品とされている［山口1991：229–235］。

そうした巴金の思想的な系譜を思わせる面は、『随想録』においては、封建性や前近代性への嫌悪として表出されている。たとえば巴金が六、七歳の頃、父が県知事として事件を審理し一種の刑罰を用いるところを見たことがあるが、その記憶のために、終生、体刑やいかなる形式の圧迫にも嫌悪を感じると書いている。彼が「今日回想してもやはり吐き気がする」ほど「生理的嫌悪」を感じるのは、「封建官僚臭」ふんぷんたる「造反派の面構え」である。自分自身はびんた一つもらったことも蹴飛ばされたこともないと言いながらも、彼らが圧力や体刑を用いてうそを押し広める状況を目の当たりにして、幼い頃の封建的な審理の場面を思い出すのである【82】（一九八二・四・二）。「今でも覚えている」とことさら主張して想起するのは、一九七一年九月末、「工宣隊」の老幹部[24]から巴金の罪状では十回死刑宣告を受けても足りないくらいだと脅されたこと、一九六六年初級中学の紅衛兵から鞭で脅されたあげく「こういう悪者に人道なんかは無用だよ！」と憎々しげな捨て台詞を吐かれたことである。「こういう連中の頭にどうして『人権・民主・自由』などというものがあろうか？」「鞭を持った者だけが人道主義を語る権利があり……鞭を振るわれる側の人間には獣道主義しか適用できないのか？」と抗議する【22】（一九七九・七・一六）【124】（一九八四・一二・二〇）。そして「人はなぜ獣に変身しうるのか」とくり返された問いは、ついに「革命」の装いをこらした封建主義のルートを経た「宗教的狂信」のせいであるという答えを得る。ブルジョア人道主義への批判は、往々にしてマルクス・レーニン主義ではなく封建主義の立場からの批判なのだ、というある新聞記事のなかの言葉に触発されて見出した答えであった【124】（一九八四・一二・二〇）。

また、文革後期になると「革命左派」たちのなかに封建大家族の家父長の姿を見るようになる。文革推進者のなかにある、封建制の残滓や害毒に突然気づくのである【119】（一九八四・二・九）。思い返せば、林彪と「四人組」は「左」の旗を立てながら、「実は、まぎれもなく、封建的な古物を売りさばいていたのである」。五四運動の時期に、この古道具屋は少々打撃を受けただけで、また蒋介石に保護され、さらに林彪と「四人組」はこれを無尽蔵の宝庫とみてその豊富な種類の道具を次々と利用した。巴金が彼らだけを咎めるわけにはいかないと言うのは、「つるし上げをやった連中の衣裳道具箱には、ただ封建社会の衣裳と道具しか入っていなかったのだから」という思いからであり、自分自身を責めなければならないと強調するのは、そのような封建的商品を受け入れたことの責任においてである【11】（一九七九・二・一二）。文革「終結」後でさえも、身近に見聞する結婚のあり方の古さに封建伝統の根深さを思い知らされて唖然とする。巴金は、五四時代の伝統はどこへ行ってしまったのだ、一九二〇年代から五〇年代にかけての反封建の伝統はどこへ行ってしまったのだ、と問わずにいられない【119】（一九八四・二・九）。

文革期はまた、知識人の脆弱性と孤立が極限に達した時期でもあった。巴金にとっては、自分が官僚地主の家庭で育ち、旧社会・旧家庭の教育を受けてきたということを、原罪意識として徹底的に刻み込まれることにもなった【69】（一九八一・六月中旬）。「精神貴族」「反動学術の権威」と名指されて、たとえ一時期にせよそれが自分の罪であり、自分が改造されるべき人間であると本当に思う【52、67】。自分の書いたものは全部「毒草」だと認め、完全に自己否定してしまっても、別に苦痛は感じないのである【65】（一九八一・五・一五）。次々と起こる運動や思想改造で、交友に用心深くなるばかりか、「人を訪ねて無駄話をする時間」【13】（一九七九・三・一七）さえなくなり、知識人は交流と連帯の機会を奪われてますます孤独を深める。

そしてこのような流れのなかでとらえるとき、文革は必ずしも十年とは限らない。「文革十一年」という言い方もされて【13、14】（一九七九・三・一七）、一九六五年の『海瑞罷官』批判がその始まりと思われているのも当然である。また「十年の大災厄は、実は十年にとどまらず、一九六四年の年末開かれた第三期全国人民代表大会省市小組合の席で早くも一部の人が批判された」【55】（一九八〇・一〇・一一‐一三）とも書かれている。暴力的な特異性においては「十年の動乱」という決まり文句が使われていたが、知識人迫害としての枠組みでふり返るとき、文革は一九六六年に突発的に起こったものではないことが示唆されるのである。

知識人同志がお互い良き理解者ではないことを示すエピソードとしては、ある女性知識人の同志が、同僚から「苦労知らずで優雅な生活に慣れた知識分子だとばかり」思われていたことが紹介されている。巴金自身にも彼女への偏見があったこともつけ加えられている【65】（一九八一・五・一五）。「四人組失脚後」も、流言に悩んで助言を求めてきた女性作家にたいして、巴金は、彼女の重苦しい精神的負担を理解できなかったことを悔いている。あまりにも単純に、彼女のように才能があり業績を挙げている作家なら社会から愛護されるはずだと思い込み、「意志の強さが足りない」と間違った非難をしたのであった【87】（一九八二・五・一六）。

にもかかわらず、その篇の最後は「だが、こういう情況は決して長い間続くはずがない……真の男女平等は、必ずや現実のものになるに違いない」という希望で結ばれている。このような進歩主義的な楽観性が随所に見られる点も、『随想録』に現われた「五四」以来の近代思想の系譜といえよう。文革期の壁新聞によって「罪悪行為」を摘発され、「裏切り者、売国奴」とまで書かれた巴金は、壁新聞が海外で「民主の化身」とみなされていたことに大きな反発を覚えたが、あらためてふり返って、壁新聞がそのような威力を発揮できたのは背後に「四人組」がいたからであると自制した考えに変わっていく。そして、あれはもう過去のことであり「歴史はとにかく前進するのである。私はいつもそう信じている。歴史は人民大衆が書くものである。私はいつもそう信じている。長官（おかみ）の意志で歴史を書いた時代はとうに去り、再び戻ってはこない」と確信する【22】（一九七九・七・一六）。若い読者から届く多くの手紙が、封建的な結婚制度の罪や文革期の不条理な死を告発していることにふれて、今日でもなお大々的に封建制に反対し、社会主義的「民主」と「科学」を前進させなければならないと言う。現在は文革末期に「四人組」への抵抗を示した一九七六年の「天安門事件」の英雄たちの時代であり、過去に解決されなかった問題は今の世代の青年英雄によって解決されるだろう、と信じる気持は揺るぎない【14】（一九七九・三・一三）。

このような楽観は未来を指向する結果であり、また未来への意志を確認することによって支えられなければならない。そのことが、知識人を迫害し五四運動の成果を葬り去った文革の教訓を生かし、近代の知に基づいて「自分の頭で考える」という決意を強固なものにする。それは『随想録』のなかで「独立思考」と「複雑志向」ともいうべきメッセージとなって現われている。「人間社会の発展の方向は必ず、単純から複雑へと進む」【45】（一九八〇・六・一五）という巴金の信念に反し、文革期は単純が徹底し「考えが複雑」な人間は迫害を受けた【47】（一九八〇・七・一三）。建国以来の思想改造の後に、巴金が「我慢し切れず自分の考え方を吐露した」一九六二年の講演が、文革中に槍玉にあげられたのだった。すなわち、上海の文芸界の会合で「作家の勇気と責任」というほんの数十句の「本当の話」をしたために、彼は断罪された。こうして「自分の頭で考える」という荷物を投げ捨てなければ「身軽になって前進」できないと感じるようになった【79】（一九八二・三・一二）。

しかし文革の屈辱的な日々のなかで、やがて「一方でうそを言って連中をだまし、一方では、どんな問題についても『自力による』思考で考えるようになった」【115】（一九八四・一・一七）。そして「暗黒が行きつくところまで来ると、光明が前面に現われ」、「四人組」は失脚した【147】（一九八六・七・三）。巴金は「失っていた多年の『自力で考える』力を取り戻し」【84】（一九八二・四・二四）、蘇った理想の輝きを再び示す［山口1991：245］。変化というものは、すべて無から有へ、旧から新へ、複雑からもっと複雑へと移ることである。自分の考えも変わり続けるであろうが、「決して二度と、頭を下げ腰をかがめて「みずから罪状を報告する」ことなどありえない」【47】（一九八〇・七・一三）。「四人組」の「盲従機械」に加工改造された自分は、もう永遠にロボットにはなりおおせないし、そのために「探索」しつづけようという決意があらためて表明される【37】（一九八〇・二・九）。

ii 「五四」思想と「反封建」の歴史的限界

前近代的封建制・家父長制の象徴ともいうべき官僚地主の家を出て、パリに学び上海で作家となった巴金にとって、文革は前近代的愚昧と狂信の再演であり、封建的抑圧の復活であった。巴金の理想主義からすれば、それと果敢に闘う「五四の英雄」が再演されなければならないはずであった。「精神的奴隷」としての自己認識は、その対極の姿であり、彼の挫折と自責の深刻さはそこにこそあったのであろう。封建的な結婚のあり方を否定し、「ロマンチック・ラヴ」によって築いた近代家族さえ、自分の手で守ることができなかったのである。

『家』を通して描いた封建性との闘いにおいて、巴金が、「自由を求める自分が他人にたいして抑圧者になりうること、すなわち封建主義による抑圧構造のなかで近代的自我を獲得しようとするならば、必ず被害者と加害者という二極の相克を引き受けつつ自己の解放を目指さざるをえないという認識」［山口1991：231］に達したとするならば、その問題は文革期の自己の回想において、どのようなアナロジーとして読み取られ得るのであろうか。『随想録』が、迫害された知識人の告白だけに終わることなく、その被害性そのものが文革の発動と継続を許したという点における加害性の暴露に至っていることは、巴金自身の言う「探索」の成果を裏付けるものである。しかし、彼にとっての直接の加害者であった紅衛兵／造反派にたいする理解はあまりに一面的で、また文革期に露呈した知識人の構造的脆弱性にたいする認識も充分ではない。そのことは、個人記憶の語りとしての『随想録』の力強さと表裏一体を成す一つの限界を示してもいる。

巴金が野蛮と獣性しか見なかった造反派の行動は、「五四」の思想が打倒し切れなかった封建制の残滓ではなく、むしろ「五四」の流れをくむものとみなすこともできるのである。少なくとも一時期の彼らには、その自負があった。第二章で先行研究としてとり上げたデイヴィッド・デイヴィスの論文では、元造反派である朱という人物にたいする聞取りの結果が記述されている。朱は、文革中と文革後の二回逮捕された経歴を持ち、自分の文革参加は「五四」の伝統の一部であると言い切った。一九九八年の時点から彼が振り返るとき、「五四」以来の中国の学生運動には多くの共通の要素が見える。将来の中国社会のために教育あるエリートが立ち上がり、彼らの優れた意図によって運動が牽引される。文革期の造反派もエリートの代表という気概に満ちていた。文革は愛国的な学生運動だったのである。そして八九年の春には朱はまだ獄中にいたが、あの時の学生運動〔「六四」天安門事件〕も、同じ衝動が推進力となった、と考えている［Davies 2002：252］。

また、本書第三章で分析対象とした回想集『滴血的童心——孩子心中的文革』のなかには、文革初期の衝動的な知識人打倒の現場の記憶を綴ったものがあった。それによると、一九六六年六月末のある日の午後、中学三年の女生徒だった筆者は、学校の教室で討論中、突然外から聞こえてきた「呉晗の家へ！」「呉晗を打倒しに行こう！」の叫びに血が沸き立った。その叫びに飛び出した大勢の生徒らとともに、呉晗の家に押しかけ彼を取り囲んで罵倒と暴行を加えたのである。その衝動性と情念は、教科書などに単純化して描かれる「五四」運動の劇画的過激さそのものである(25)（もちろんこの筆者の意図は、ためらいながらもそのような行動に加わったことの悔悟であり、この回想につけられた見出しは「呉晗同志、申し訳ないことをしました！」となっていた）。

本書第四章一の5で述べたように、八〇年代末から、「五四」運動における偶像破壊主義や観念的急進性が、中国共産党の革命政策に継承され、文革において頂点に達したとする見方が現われて、西洋化への見直し論議が始まった。巴金が『随想録』を執筆中であった八〇年代半ばにも、「五四」の見直しはあったらしい。それにたいして巴金は、『随想録』の最後から二番目の篇で再び、自分は「五四」の申し子であると言い遺している。「五四」の弊害として、歴史伝統の全面的打倒や中国文化の徹底的否定が指摘されているが、巴金からすれば「五四」の欠点は、まさしく古い伝統を「徹底的に否定しなかった」ことなのである【149】（一九八六・七・二九）。「五四」によって自由と民主、反封建の洗礼を受けた巴金にとっては、造反派に見た野蛮な獣性が、理想主義の裏側に潜む激しい「情動性」として論じられることなど心外だったのであろう。しかし九〇年代には、「五四」

期の革命形象が文革の革命形象との関連で論じられ、「革命よさらば」という言説を流通させて、文革の再考に向かった。そして、理想主義に殉ずることが、野蛮な獣性を肥大化させるという情動性の問題として論議されたのである［緒形2004：7］。

造反派世代にたいする巴金の理解の限界は、第五集に収められた三篇の記述からもうかがわれる【137、138、139】（一九八六・二・二二―二五）。一九八六年二月に上海で、高級幹部の子弟三人にたいし「強姦・わいせつ」の死刑判決が下されたという事件に関するものである。数篇の新聞報道から巴金は、高級幹部の子弟、すなわち革命家庭にどうしてそのような若者の恐ろしい精神的境地が生じるのか、と理解に苦しむ。そして旧中国の封建主義の特産物なのだと考え、封建主義がどんな新しい服装をまとっていようと、これに反対すべきことを再認識する。しかし三篇目に登場するある友人は、その件に関して全く異なる見方を示した。その犯人も被害者だといえるのではないか、というのである。「ブルジョア階級の腐敗した生活様式の被害者だというのか」と巴金は問う。友人は「文化大革命」だと言い、彼ら高級幹部の子弟たちは極端な浮沈を味わい文革に翻弄された被害者であり、不公平な待遇を受けたという不満から種々の悪事をしでかしているのだと説明する。「出身」が良く誇るべき両親をもった彼らならではの、受けた打撃の大きさを察するのである。しかし巴金にはとうてい理解できず、その篇は「私は考えれば考えるほど、わけがわからなくなった」という文で結ばれている【139】（一九八六・二・二五）。

このような限界は、巴金が知識人改造と文革によって自己を徹底否定された被害者としての打撃がいかに大きかったかを示している。(26)「歴史決議」の枠組みと、その後八〇年代前半を通して行なわれた「反封建」論議の影響もうかがえる。事後的な解釈を加えれば、文革を封建性そのものとしてとらえ、反封建を全面的な解とすることには、近代的理想主義そのものがもつ問題を見えなくする危険性が伴う。無知や蒙昧による野蛮性ではなく、理性的確信に裏付けられた暴力性という側面が看過されるのである。『随想録』の「総序」が、中国文学が六〇年という時を隔てて再び近代文体の確立という作業から始めなければならないことを示唆したとしても［刈間1996：249］、思想と文化を「五四」の原点に立ち返って初めからやり直すことなど不可能である。

しかし、言語化された巴金の思想のある種の硬直性・一面性とは裏腹に、『随想録』の各篇には、豊かな感情が満ちている。上記の「わけがわからなくなった」という感想も、考え続けようとする真摯な姿勢の率直な表現である。次節では、その心的変化や自責と懺悔など、「反省」の語彙を中心に、より具体的なテクスト分析を進める。中国語では「反思」という語が使われるが、これは過去の過ちを正そうとする自省的な意味や内省と、「過去を顧みて思い巡らす」といった程度の意味とを併せ持つ単語である。巴金自身が直接そのような単語を使っているとは限らない場合も含め、反省、後悔、懺悔、などに関する表現をまとめてとりあげてみる。

三 「反省」の語彙

1 心的変化の回想

巴金みずからも認めているように、作家の仕事は読者に読まれてはじめて作品となる。『随想録』は、多くの読者によって「文革の回想録」として読まれてきた。また巴金はそれを書くにあたって、醜態や矛盾もさらけだすことで、迫害された受難者として偶像化、物語化されることを拒否したといえるが、『随想録』が「知識人の反省の書」として称揚されたことも否めない。確かに巴金にとっての文革の記憶は、直接我が身に及んだ恐怖の体験以外に、知識人が、過去に書いたものを徹底的に批判されて執筆禁止と思考停止に追い込まれた「文字の獄」という側面も大きかった。知識分子は、地主、富農、反革命分子、悪質分子、右派分子、裏切り者、スパイ、走資派の後におかれ、「九番目の鼻つまみもの」(27)として社会的にも蔑まれた。「九番目の鼻つまみもの」という表現は、「ただ飯食い」という表現とともに、『随想録』のなかにも何回か出てくる。時には自嘲的に、また時にはそのような知識人蔑視が「ある種の人びとの心中深く、しっかりとしまい込まれていて、出番の来るのを待っている」【50】（一九八〇・九・二二）という警戒心とともに使われている。巴金は、抗日戦争期の大後方[28]で知識が軽視されるのを目の当たりにして以来、中国知識人の不幸な運命を小説に書くことで自分自身を救うとともに、知識を軽視する旧社会に変革をもたらす革命に希望を託した【90】（一九八二・六・五）。にもかかわらず、「四人組」の時代、「知識は本当に罪悪になってしまった。運動は次から次へと続いたが、矛先はすべて知識分子に向けられていた」。文革中のつるし上げで想い出されるのは、始皇帝の「焚書坑儒」であり、清朝の「文字の大獄」であった【132】（一九八五・九・一〇）。

ただし「反省」という点では、『随想録』は少なくとも文革期につるし上げる側に立った者の「加害の反省」ではないことは明らかである。巴金自身、「『文革』期間中、早い時期に私は職を干されたので、他人を批判する資格がなかった。このため今日、借りが比較的少ないのである」【43】（一九八〇・五・二四）と書いている。加害者になる暇もなく、みずからが執筆を禁じられ、改造の対象とされたのである。しかし、文革当時認識できなかったこと、充分認識しながら表出しなかったこと、無自覚が自覚に変わったときのこと、などについてはくり返し述べている。文革中のエピソード記憶のみならず、そうした自己の内的変化が想起されており、文革の後遺症として残る恐怖と、あのような悲劇がまたくりかえされることへの恐怖ゆえに、当時の自己にたいする飽くなき「探索」が続くのである。

最も多くくり返されるエピソードの一つが、一九六六年六月「アジア・アフリカ作家緊急会議」をめぐるものである。日本の友人たちの心配をよそに、この時点ではまだ巴金は、海外からの出席者を空港に出迎えることができた。北京での会議にも出席した。そのさなかの上海作家協会のホールに、「無産階級を興せ、資産階級を滅ぼせ」の壁新聞が貼り出されていた【51】（一九八〇・一〇・二）。「ビクビクしながら」上海に戻ると、早速批判大会が開かれた。その日の対象者はある文芸評論家で、巴金は「上座」に着かされたが、自分の「罪状」を暴露した壁新聞が目の前に見えた。大きな災難が降りかかってくることを感じ、恐怖におののいて、奇跡が自分と一家を救い出してほしいと切望した【67】（一九八一・五・三二）。

しかし巴金も、瞬く間に公民としての権利をすっかり剝奪されてしまう。その時の心境を一度は「催眠術にかけられた」ようだと表現したが、後にそれとも違う非常に奇怪なものであったとあらためて、以下のように回想している。

当時、私の頭の中には、あたかも乱麻が積み重ねてあるみたいで、自分の頭で考えることができなかった。ただ、「罪」という重荷を一つ背負って水中に落ち、助かろうと思いながら、ずるずると深みにはまり込んで行く感じがするのであった。頭の中には、是非・真偽の観念はなく、わかっていることはただ、自分に罪があり、しかも罪名が次第に大きくなって行く、ということだけだった。【51】（一九八〇・一〇・二）〔巴金 1983：136〕

「牛鬼蛇神」〔妖怪変化〕と言われても、初めは納得できず苦痛に感じた。「反党」「反革命」など身に覚えはなく、「れっきとした人間だ」と思った。しかし壁新聞によって、「精神貴族」「反動の権威」と名指され、「創作の自由を要求した」ことを批判され、「無産階級は資産階級にたいして全面的独裁を実行する」と主張されると、次第に本心から「罪を認め、罪に服した」のである【52】（一九八〇・一〇・四）。

一九六六年の八月に「牛小屋」に入れられて「反省書」「思想報告書」を書かされ続け、九月十日からの数ヶ月間は、紅衛兵の家捜しがくり返された。そしてその襲撃が最も激しくなった十二月、妻が紅衛兵からバックル付きベルトで殴られたことで、巴金の精神状態は完全に変わってしまう。一九六七年以降すべてを断念し、「造反派」の一切の「指示」を無条件に受け入れた、とふり返る【69】（一九八一・六月中旬）。

実際に巴金自身がつるし上げにあったのは割合遅く、「牛小屋」に閉じ込められて一年後だった。しかしそれ以前に、自分の番も間もなくやってくるのではないかと緊張は続いた。ごく短期間ではあったが、頭を下げ腰をかがめて、つるし上げを受ける姿勢のとり方をこっそり練習したこともあった。甘んじてつるし上げを受け、しかも台上では恰好よくやろうとしていたのだ【67】（一九八一・五・三一）。こうして、つるし上げられる者の役割を恰好よく演じきろうとしたことで、巴金は、実はつるし上げる側の連中も「誰も彼も芝居をしていること、私は俳優ではないから、到底恰好よく振舞えないこと」を悟る。

つるし上げ大会で罪業が暴かれでっち上げられるときの恐怖が続くうち、言い訳することもやめ、やがて一切黙認した。当初は「改造」というお守りにすがった。子供の頃の仏教的教えの記憶から、懲罰を受けて本当に生まれ変われると、最初の三年間は思っていた【51】（一九八〇・一〇・二）。「牛小屋」生活と「つるし上げ」の折檻を、知識分子に不可欠の試練とみなし、努力して苦労に耐え、この関門を通過すれば、輝かしい大道を歩めるのだと、本気で信じた【67】（一九八一・五・三一）。

しかし、非情なつるし上げは、もはや人を納得させられなくなってしまい、ただ権勢を握る者だけに道理がある、ということを気づかせるだけだった。棍棒を振り回すだけの批判は、往々にして批判自体を否定してしまう。長い間つるし上げを受けたあげく巴金は、他人のつるし上げを楽しんでいる人間が、他人の屍《しかばね》を踏みつけてトントン拍子に出世するのだということを見抜くようになる。一切のお題目が勝手なでっち上げであることを発見すると、自分の頭が動きだし、思考内容も増えてきた【67】（一九八一・五・三一）。

それ以降、「造反派」が信じさせようとしている「真理」を、彼ら自身も信じてはいないこと、彼らが口にするのは、別に心の中で考えているものではないことに気づき始めるのである。具体的なエピソードとして三件あげられている。一つは一九六八年の秋、農民に向かって巴金の罪行をあばき立てた造反派の若い詩人が、巴金が毎月上海作家協会から百元の住宅手当を受け取っていると暴露したこと。それがうそであることは、彼も知っていたし、巴金にもそれがわかった。「この手合いこそ」多くの外国人が「革命左派」と信じ、自分もあやうく新中国の希望とみなしかけたものだったのであり、彼らこそうそを言うことでのし上がったのだ、と巴金は回想している【49】（一九八〇・九・二）。より決定的だったのは、一九六九年五月二十三日に毛沢東の講話を学習して「思想報告書」を書かされたときであった。最初それを読んだ担当者は、ほめそやし、「人民の側に近づく誠意がある」という評を書いたが、二、三日後上部から何か言われると、またつるし上げにひっぱり出した【69】（一九八一・六中旬）。

一九六九年か七〇年の記憶として、五・七幹部学校[29]に行かされたときのことも想起されている。労働の他にグループ学習会と称する批判会が行なわれていたが、皆の厳しい非難の声を聞きながら、巴金はむしろ頭がすっきりしてくるのを覚えた。それは批判会などではない、「あきらかに造反派が舞台で芝居をやったのだ。あのようにして一枚また一枚と自分の仮面をはずして行くのであって、どいつもこいつも皆かたりなのだ」と悟る【53】（一九八〇・一〇・七）。

こうして巴金の思想は転換を遂げる。そして、初めは自分を「改造」するために、うそを本当として語ったが、後になると自分の安全を保つためにうそをうそとして語るようになる【51】（一九八〇・一〇・二）。しかしここに最も苦い発見がある。本気で「改造」をめざしていた自分こそ「精神の奴隷」だったということである。一九六九年以降、麻酔がさめたように自分自身の思想が活動し始めると、本当の苦しみが始まった。自分の周囲で進められている大ペテンに突然気づき、物事に不信を抱き、幻滅を感じ、そして貴重な時間の浪費を思って呆然とさせられた。相変わらず頭を垂れて沈黙し罪を認め続けたが、彼らのうそを見抜くに及んで、恐怖はつのった。うそを言いたがる人間は、どんなことでもやってのけられるからだ。精神的な奴隷を脱した巴金は、肉体的な奴隷に戻って、前よりいっそううやうやしく権勢に屈服し、武力の下に頭を下げた。そしてなんとしても生き延びて、彼らの末路を見届けてやろうと思った【69】（一九八一・六月中旬）。

もう真実は一切考えないことにした。自分が生き延びること、さらに家人を生き延びさせることだけを考えて、大いにうそを言う決心をした。時には「お前らがほしいだけのうそ話を、提供してやろう」と心中叫んだこともある。しかし、良心の呵責は大きく、そこまでしても妻を救うことはできなかった【82】（一九八二・四・二）。先述のように妻も罪人扱いされて、早くも一九七三年に亡くなったが、その慙愧に耐えない思いが長年彼を苦しめ続けた。

一九七五年頃になると、何人かの作家とともに上海人民出版社に「配置」された。文芸編集室ではなく「編訳室」に振り当てられたことは、文芸界からの追放であり、「四人組」のスローガンには相変わらず恐れを感じたが、もはや全く信用しなかった。そのかわり、自分が人間の尊厳と権利を放棄し、侮辱を甘受し、くり返される家捜しも当然受けるべき懲罰と見なしていたことが悔やまれた。それはただ他人の歓心を買わんがためにすぎず、当時の自分を軽蔑すると同時に、もうこれ以上運命を他人の手に委ねまいと思う。しかし、やはり学習会では、自分の態度表明を求められれば、勇を鼓して発言しても新聞の議論を受け売りしたり、自分を罵倒するばかりであった。以前ほどの緊張感はなかった分、時間の浪費にたいする焦燥感が強まった【104】（一九八三・九・七）。

以上が、巴金の文革前期の心的変化に関する、当時の認識とその後の解釈の記憶にもとづく叙述である。断片だけを語ったエピソードも、いろんな箇所でくりかえされるエピソードも、その時々思うままを書き出したものであろう。上記の記述からは、うそをつき続けたことの呵責が真実を語ることへと駆り立てる、という因果関係が浮かびあがるが、巴金自身述べているように、忘れようとしても忘れられないために、過去の自分の弱さや醜態を想起し告白しつづけているのである。その実直さそのものが、「反省」として受容される要因の一つであろう。次項では、より具体的に「自責」や「懺悔」の表現を検証する。

2　自責と懺悔

巴金はパリで小説を書き始めた頃を回想するたびに、『懺悔録』の著者ルソーから、「真実を語ること」と「人間が生まれながらにして平等であること」を学んだと書いている【42、71】。巴金自身の懺悔録として『随想録』を読むと、その内容は以下のように分類できる。①自分を偽り奴隷と化したことへの良心の呵責、②いわれなき批判の対象とされた友人・知人を弁護できなかったことへの自責、そして、③知識人としての懺悔、である。③については、本章二3の「五四」の知識人の系譜のなかで既にふれたので、ここでは①と②について述べる。

①に関して前項で述べたことに加えて、さらに文革前のこととして以下の例をあげておく。一九六四年八月大《だい》寨《さい》というモデル生産大隊を見学・学習して、「大寨に学べ」という運動が行なわれたとき、巴金も多少疑問に思うことはあっても、「誰もが見学に満足していた」という文章を書いたことが告白されている。やがて大寨からの報告には途方もない生産額など、明らかな誇張や大言壮語が増えていくが、巴金も周囲も、長年のうちにそのような書き方に慣れてしまう。運動のたびに人の心がますます萎縮していき、次第に他人の心に触れられなくなり、本音が聞けなくなっていく。巴金も心を内面深く隠し始め、ただどのようにして我が身の安全を保とうかと、戦々兢々とするばかりだった。こうして文革が始まると、うそをつく技術が発達して、でたらめが真理と化し、真実を語ることがかえって大罪を犯すことになった【49】（一九八〇・九・二）。しかしうそを言うことでし上がった連中にたいし、巴金は「決して彼らを責めない」と言う。十年の悪夢が醒めて「個人的怨念」も消えた【84】（一九八二・四・二四）。自分の醜態同様、彼らの顔つきも覚えているが、報復には反対である。「しかし、絶対に、自分が二度と誤りを犯すことは許さない」【52】（一九八〇・一〇・四）として、その理由と自責の念を次のように表現している。

私は決して彼らを責めない。私自身にも責任があるからだ。私はうそを信じ、それをひろめたが、それと闘争はしなかった。他人が〔赤旗を〕「高く掲げ」れば、私はそれにぴったりと付き従った。他人が「神様」

をかつぎ出せば、私は恐れ入ってひれ伏した。たとえ疑惑を抱き、不満があっても、鵜呑みにした。さらには、魔術箱の中にもぐり込んで「新しく生まれ変わる」術を演じたいと思うほどのおろかさだった。まったく、私のような人間が多かったために、うそも大手をふってまかり通るようになり、うそを言う人間も一歩また一歩とのし上がれるようになったのである。【49】（一九八〇・九・二）［巴金1983：126］

「〜を追慕する／悼む／偲ぶ／記念する」と題する篇が極めて多いことからも明らかなように、②の友人・知人にたいする自責の念は、「文革」以前も含めてさまざまな批判闘争の犠牲となった人びとへの追想に顕著である。馮雪峰《ふうせつぽう》らに右派のレッテルを貼り付ける大会が開かれたとき、巴金はなぜ彼が右派になるのか納得できないまま登壇して発言し、「他人の尻にくっついて石を投げた」。この二十二年来、彼のことを想い起こすにつけ、自分の言った言葉が針のように自分の心を刺す。人が言うから自分も言うというやり方に慣れてしまっていた。ふり返ると実に多くの冤罪で死んだ人の魂が背後にさまよっている。一体どのように自分に向かって弁解したらよいのか、と思い悩まずにはいられない【29】（一九七九・八・八）。

『随想録』を書くこと自体が想起の契機となることもあった。文革中、中国の作家が沈黙していたときにも、日本の作家・友人たちが彼らの冤罪を晴らすために心をくだいていたことにふれ、彼らから友情を学んだ、と書いた、その後のある日、巴金は「突然、何かが私の心に火をつけた」かのように黎烈文《れいれつぶん》（リ・ジエウェン）(30)のことを思い出す。「かつて魯迅が友好的関係にあった黎烈文は、後には堕落して『反動の文人』に成り下がった」と書かれたのを読んだことがあった。このようなレッテル貼りには賛成できなかったが、彼のために公平な証言をしてやろうと、一肌脱ぐことはしなかった。その後黎烈文が亡くなっていたことを知り、その面影が忘れられなくなった。今となっては時代が変わり、自分がレッテルをはずしてやるまでもなくなったが、彼を追慕する一篇を書かずにはいられないのである【43】（一九八〇・五・二四）。

『随想録』を読んだ知人から、「あなたは自分に厳しすぎる。そのときどきの歴史的条件というものがあるのだから、個人が責任を負いきれるというわけにはいかない」と言われても、慰めにはならない。逆に翻訳仲間の一人が理不尽な攻撃をされていたときに「どのようにして自分の身を守ろうかと考えるばかりで、一言本当のことを言うだけの勇気がなかった」ことを思い出し、自責の念を深める。仲間が不幸な目にあっているとき、弁護のための言葉一つ吐かず、ただ冷淡に傍観するばかりだった自分に、何の責任もなかったとは言えないのだ【81】（一九八二・三・二）。

しかし、具体的に挙げられる人びとの多くは、巴金が直接的に不当な批判を加えた人びとではない。たとえば、文革発動の前年の一九六五年六月、張春橋《ちょうしゅんきょう》（ヂァン・チュンチアオ）[31]の意向と思われる原稿依頼を辞退しきれずに脚本の評論を書き、後日その脚本が「大毒草」として公表されたとき、脚本家の名前は出さないよう自分としては精一杯苦慮した経緯が説明されている【7】（一九七九・一・二四）。前述の黎烈文に関しては、やがて自分も「反動学術の権威」というレッテルを貼られ、自分の問題がひとまず収まったところで、「黎烈文は反動文人ではない」と書いたことが添えられている。もっともその意見は重視されず、巴金自身も冤罪の晴れた身とはなっていなかったため、人の名誉を回復させるどころではなかった。

そんななかで、例外的といってよい例が、最後の一篇「胡風をしのぶ」【150】（一九八六・八・二〇）であろう。巴金も書いているとおり、「文化大革命」「反右派闘争」とともに「三大運動」とも言うべきものが一九五五年の「胡風批判キャンペーン」であった。「資料」と称して「胡風集団」暴露と批判のための材料が三回『人民日報』に掲載され、その間に呼称は「胡風反党集団」から「胡風反革命集団」に変わっていた［丸山2001：136］。これにもとづいて多数の作家・知識人らが次々と胡風批判を展開した。巴金も「強制的に闘争に参加させられ」、その時書いた文章が新聞・雑誌に掲載されている。[32]

「胡風をしのぶ」【150】（一九八六・八・二〇）は四部から成る長文で、書き始めてから脱稿までにほぼ一年を要したという苦渋の一篇である。時には一日三十字、五十字しか書けないこともあったと言い、それはもちろん病気のせいもあろうが、「本当の話をすること」の難しさゆえでもあったに違いない。胡風は、巴金も含め文芸界の大々的な批判の渦の中で葬られ、名誉回復するまでにすっかり心身を病んで二度と回復することなく死んだ。彼について何か書こうと何年もの間思いながら、吐き出さないと苦しい反面、ペンを執るとどこから説き起こしたらよいのかわからない、と冒頭で告白している。そこで巴金は、五十年前魯迅の葬儀の日の記憶から想起し、一九八五年に中国現代文学館の開館式で三十年ぶりに再会するまでのエピソードを回想する。廃人同様になってしまった胡風の姿に、「まことに申しわけない」と思った、と書いている。

ようやく核心にふれる叙述に入るのは第四部からである。一九五五年巴金が上海で書いた批判文として、「彼らの罪状は正に懲罰に相当する」「胡風に関する二つのこと」、そして『窪地戦役』〔低地での戦い〕という作品をめぐる批判の三篇があげられている[33]。最初は「態度表明」を迫られてやむなく「他人の言ったことの受け売り」を書いて「第一の関門」をパスした。次に第二の関門通過のために、何の証拠もない「屁理屈を強行」した。三番目に関しては、それが『人民文学』という雑誌に載ると、文章の表現が一変しているようだった、思想批判として書いた文章が、政治用語を加えられて「反革命集団」告発文に変えられていたのである、と書いている。編集者が勝手に手を加えたことに巴金は不満だったが、結局それで自分自身が救われることになる。そして、このように全国をあげて「ひとつまみ」の文人に対処するからには、彼らに何らかの陰謀があったのだろう、と考える筋道を経て、それ以上「多くは考えなかった」。脳みそを絞って考える時間もなかった」と回想している。

「胡風分子」とされた人びとは、批判キャンペーン中姿を見せず、やがて全く姿を消し、消息を語る人とていなくなった。巴金は、文革中に胡風が四川にいるということを読んだ気がするが、文革が終わって正常化するまでずっと何も知らなかったという。一九五五年の出来事は、清朝の「文字の獄」を思わせ、巴金は声を出す勇気もなくなった。運動が次々と起こり大小の会合が絶え間なく続き、誰しも自分が関門を通過するだけで手いっぱいであった。しかし今ふり返って、「自分が演じたこと（たとえやむを得なかったにもせよ）にたいし、吐き気を覚え、恥ずかしさを感じる」、「やはり自分を許すわけには行かないし、後世の人に許しを求めようとも思わない」と言う。

そのような慙愧の念も謝罪も、当事者の存命中に本人に伝えられることはなかった。巴金に機会がなかったわけではないし、次章でふれるように、文芸の指導的立場にあった人物が、口頭で涙ながらに詫びたという例はあった。[34] しかし、『随想録』のなかには、巴金と当事者との直接的和解に関する文章はない。胡風の場合は、上海で入院していることを知りながら見舞いにも行かなかったし、再会時にも言葉を交わすことはなかった。「私はついに借りを返す機会を失ってしまった」と述懐するばかりである。他方、第三者からの批判にはむしろ積極的に反駁している。香港の新聞で、彼の過去について、強固な意志にも道徳的勇気にも欠けるという批判が載ったとき、巴金はあの時代にそれらを持つことの不可能を説いて弁明し、批判者を「対岸の火事」を傍観するものに喩えた【130】（一九八六・七・一四）。最後の「後記」のなかでは、五冊の『随想録』を自分の一生の収支総決算にする、と書いている。当然返済すべき大小の債務を忘れないためであり、みずから進んで返済できる方が、他人に法廷へ訴え出られ強制的に返済するよりもよいのだから、と言う。巴金にとっては、自分の過去に関して自分を裁き決算を迫るのは、あくまでも自分自身でなければならなかったのだ。

ただし、「真面目に自己を解剖する」と言いつつ、それが決して容易なものではないと、巴金は『随想録』を書くなかで自覚を深める。「私には本当に、そんな勇気があるのだろうか」と自問し、その時「想い出した」というのが、一九八〇年四月四日、東京の朝日講堂での出来事である。巴金は「わが五十年の文学生活」について講演し、終了後玄関で車を待っているときに日本の友人に出会った、という。この日本人は、「他の人はみな文革を四人組のせいにするが、あなたが自分自身を批判したのは稀にみること」と称えた。巴金にとっては突然の思いがけない言葉で、「顔から汗が出る思いがし」、その夜深刻に考えさせられたと書いている。実は巴金はその日の講演のなかで、明確に自分を批判してはいなかったのである。そのことを直接指摘されるかわりに、四人組のせいだけにしなかったことをそのように評されたことで、巴金は「私はただ自分の良心にちょっと触れただけで、すぐ身をひるがえしてしまい、自分を解剖するにはまだ遙かにほど遠い」と、真の反省の道のりの遠さに思い至っている。(35)

さらに巴金は、前述の「後記」のなかで最近、話したり書いたりすればそれでもう過去を忘れられるという風潮があることにふれ、危惧の念を表明している。誰かを「反革命」と罵っておきながら、後年その罵った相手と簡単に握手するというような清算の仕方を、巴金は自分に許さない。『随想録』を書き進めながら、彼の再帰的自己批判に終わりはない。(36)これが巴金にとっての「反省」のあり方であり、当事者との和解による救済がなされないまま、みずからを許し心安らぐという解決もないなかで、希望は未来に託されるしかない。そのための忘却の拒否と、過去の教訓から学んで「自分の頭で考える」という決意こそが、『随想録』の結びに向けて明確なメッセージとなっていく。

3　『随想録』の受容のされ方

香港の『大公報』の文芸欄でまず発表された『随想録』は、その連載中は大陸の読者に読まれる機会も少なく、また人民文学出版社が単行本として出版したときも、簡素な装丁で人知れず出されたようである。しかし一九八六年九月二日には、『随想録』座談会が『文芸報』主催で開催され、多くの作家、評論家がさまざまな意見を述べたことが伝えられている。(37)また、訳者の石上韶によれば、『随想録』全文の完結に当たって香港の『文匯報』は、一九八六年十一月三日付け文芸欄の半分以上を割いて、文芸・演劇界の六氏による『随想録』評を掲載した。(38)各氏は異口同音に「魯迅以後の散文の高峰」と絶賛したという。またそれに先駆けて同紙に掲載された文芸評論家劉再復《りゅうさいふく》の評では、次のような評価の箇所が引用されている。

……大部分の作家は、歴史的事件の批判に際し、往々にして自分を局外に置いたり、あるいは被害者にしたりして他を責め、自己反省が足りず、民族と懺悔を共にする意識に欠ける。そこへ行くと、巴金は、「随想録」のなかで最初から、自分を局外の人としたり、とうから何もかもを見通していた先覚者ぶったりはしなかった。［巴金1988：282-283］

この表現からは、自分を省みることなく一方的な被害者意識に基づいて他（「四人組」）を責める、という文革の語り方、あるいは、文革という事象を外部から観察・回顧して高みから物を言う類の叙述などが既に存在しており、それとの対比において『随想録』を評価したものであることが推察できる。そして石上韶の「訳者あとがき」においてもくり返されたように、巴金の当事者としての一人称の語りと自己反省、民族全体の問題としての捉え方と懺悔の姿勢などが評価の中心となっている。こうして、その後の『随想録』の受容において、一つの規範的ともいうべき枠組みが形成されていく。しかし、本書が詳述したような、みずからの過去の醜態と文革の後遺症に苦しむ現在の姿とを暴露した側面は、一人一人の読者のなかにさまざまな思いを喚起し感動を呼ぶことはあっても、社会的に言説化されることはなかった。

巴金自身も、『随想録』を書き続けながら折にふれてそれにたいする反響を紹介し、批判には反駁もしていたことは、先述のとおりである。インターネット上では、今なお批判的な言説が言及されることもあるが、多くはそのような批判にたいする反論を展開する論者によるものである。たとえば、『新民晩報』電子版（二〇〇五年十月二十三日）には、丹晨《たんしん》（ダン・チェン）の名で一九八八年、八九年に『文学自由談』誌上で『随想録』評が掲載され、ある大学の教官が巴金批判を行なったことが述べられている。その際丹晨はそれを批判する文章を書いたといい、両者の議論の要旨が記されている。そこから推測可能な当初の巴金批判は、厳密な学問的理論的態度に欠ける、文学性が弱い、本当のことを語り懺悔するということが自分を拷問にかけて歴史を反思することだとは思わない、それは人を窒息させるだけで文学などではない、といった内容であったらしい。丹晨はそのそれぞれに関して巴金を擁護し、また批判する権利があることを認めながらも、巴金への理解の浅さを嘆いている。

また、上海の『文匯報』をニュース・ソースとするサイトでは、二〇〇五年十月十七日付けの文章のなかで李輝が、最近の『南方周末』誌上に現われた巴金批判に反論している[39]。そこからうかがわれるのは、まずその批判が皮肉な調子のものであったことである。李輝は『随想録』が発表された時代背景と思想史上の意義を理解する必要があると説明しながら、巴金は完全無欠でも英雄でもないが、その誠実さは偉大であり、彼の思想的価値をさらに理解する必要があると説く。上記二篇の日付からもわかるように、二〇〇五年十月十七日の巴金の死は、遺された知識人にとって、「五四運動」以来の思想の連続性にもとづく「世紀の良知」「知識分子の良心」としての巴金を再確認する機会ともなった。

またその後、別のサイトに、同年十二月十五日付けで「私の巴金閲読史」と題する文章が掲載された[40]。これまで巴金を集中的に読んだことが三回あるという洪子《こうし》（ホン・ズ）が、その三回目の一九八〇年代末から九〇年代初めまでの一時期について、次のように書いている――当時主に読んだのは、反響の大きかった『随想録』であった。八〇年代の思想と文学の思潮のなかで、『随想録』は重要なテクストで、「現代文学」を教える教師として、学生にたいして参考となるような分析をしてみせる必要があった。当時の情況は、社会変動の兆しがすでに現われており、政治やイデオロギーや熱情は衰え始めていた。多くの挫折を体験した知識分子には明らかな分化が見られ、一度は高まった啓蒙の情熱にも懐疑的になって、知識分子のエリート意識や代弁者としての態度は、虚妄とみなされるようになっていた。そうした情況が生み出した気分に影響されてか、『随想録』には感動した。巴金の自分自身と友人にたいする真摯な感情、人類の未来を思う気持と責任感、忘却への抵抗、またまれにみる厳しい自省が感動的であった。その反面、当惑したり不満に思ったりした面もある。それは『随想録』をどのような種類のテクストとみたらよいのか、ということだった。文学テクストとみなせば、その文学性の欠如は明らかであり、〝公共知識分子〟の社会文化批判の記録としては、現実や歴史問題にたいする討論を深めることがさらに期待される。しかし、そのような問題があっても、芸術的欠点があっても、巴金の生活と著作には欺瞞がない。愚直なまでの正直さがある。過去においてはよく「作家は民族の良心である」と言われたものだが、今ではもはや古めかしく聞こえる。しかし巴金の人と作品は、この言葉を再びあらためて信じさせてくれる。こう洪子は述べた。

巴金が『随想録』を通して提起したのは、文革を忘れずにその教訓から学んで「自分の頭で考える」ということであったが、「文革終結」から三十年になろうとする直前の死にあたって、彼の人生と作品は「二十世紀中国知識人の良心」の表象として記憶されることになった。

その評価には共感しつつも、そうした評価自体の功罪両面を問わないわけにはいかない。死ぬまで続いたであろう巴金の「反省」のあり方は、過去の自分を受け入れることも、当事者との和解による現在の救済も許さないものであった。「五四」の思想にふれて近代的自我に目覚め、それを否定され続けた知識人としては、文革終結後の今こそ、再び自己を取り戻さなければならない。しかし過去と現在を貫くアイデンティティの呪縛が続く限り、「反省」に終わりはなく、それはあまりに痛ましい。過去のマクロな歴史が現在の個人をそこまで追いつめることに伴う問題が、見過ごされてはいないだろうか。人は過ちを犯すこと、それは克服できることを認識の前提において「反省」を受け入れる思想的枠組みが必要なのではないか。過去の自分を切り離し、歴史的文脈とさまざまな要因のなかに配置されたアクターとしての自分を見つめることが許されれば、苦しみからの解放はより豊かな反省の語りを生むことになるのではないか。巴金の『随想録』が稀にみる反省の書であり、知識人の良知を代表するものであると賞されるのは、他にそのような「加害の反省」が見られなかったことにもよる。そしてそれは「加害の告白」を受け入れ、ともに分析的思考を深める枠組みが、社会的に共有されていないという問題でもあろう。そのこと自体が問われてはこなかった。そして現在において救済への道を開くことのできない巴金の「反省」は、未来に向かうしかない。

四　「文化大革命博物館」の提唱と反響

1　「文化大革命博物館」提唱の経緯

本章二の3において、五四思想の歴史的限界との関係で、高級幹部子弟の「強姦・わいせつ」事件に言及した。実は、その件を話し合った巴金の友人のエピソードには、続編があった。高級幹部の子弟を、知識人とは違った意味の「文革被害者」だと言ったその友人は、後日病中の巴金を見舞ったときにも、彼らは他人にも被害を与えているから責任はあるが、やはり文革の被害者であるとくり返した。彼は巴金と変わらぬ体験をした知識人で、「知識に反対することで始まった」文革は、「文字の遊戯」の横行でもあったと考える【140】（一九八六・四・二）。そして、二度と「牛」にならないために、自分の頭を使って考え、立ち上がり、堂々と胸を張って一人の「人間」になることをあらためて巴金に語り、文革二十周年を記念する必要があると主張した。巴金は、文革体験も文革観も人によって大きく異なることを思い、「文革の記念」は容易ではないと、否定的な反応を示した。しかしすぐにまた次のように言った。

「……私についていえば、二十年後になって、悲痛の気持ちも治まり、当時の苦痛を追想してその理由をよく考えるようになりました。そして是非とも厳粛にこの問題と取組み、自己と向かい合って、結局私たち自身どんな誤りを犯したかを考えなければなりません。誰もが、一つの総括をすべきです。一番よいのは、一つの『博物館』、すなわち一つの『文革博物館』を建てることです」。私はついに、心のうちに十年間秘めて

置いたことを口にした。【140】（一九八六・四・一）〔巴金1988：139〕

巴金は、一九八〇年に広島を訪れた際、原爆記念碑に刻まれた「安らかに眠ってください、過ちは繰り返しませぬから」という碑文に、深い感動を覚えたことを『随想録』に書いている【44】（一九八〇・六・五）。そしてその夜の昂ぶった思いを「十年のわが苦難に決着をつけよう」という心願として書き表わした。しかしそこに表明されたのは、「十年の大悲劇を二度と繰りかえさないためにも……子々孫々の後代にも、この痛ましい教訓を、末永く記憶させよう」という、熱くはあるが漠然とした決意だけであった。文革の「終結」から十年を経て、「文化大革命博物館」建設として具体化された構想は、知識人である一人の友人との間にようやく実のある会話が生まれたことによって、初めて彼の口から発せられ、その友人の共感を得たことによってさらに確かなものになったのである。友人は巴金の提案に「無条件に賛成」し、決して過去の恩讐を忘れさせないためではなく、「私たちが自分の責任をしっかと記憶し……被害者であろうが、加害者であろうが……『文革』に賛成したことがあろうがなかろうが、造反派であろうが、走資派であろうが……みんなここへ来て鏡に自分を映し、自分が『文革』のために何をやったか、あるいは、『文革』に反対して何をやったかを見させる」ために、それは必要であると語った【140】（一九八六・四・一）。

しかし、博物館建設は動かぬ信念とはなったが、綿密な検討が行なわれたわけではなかった。そんななかで、『随想録』の連載も終わりに近づいた頃、「『文革』博物館」と題する篇が書かれるにあたって、もう一つの契機が存在した。前章でも述べた一九八三年秋の「精神汚染キャンペーン」(41)に関する想起である。当時入院中だった巴金に、見舞い客が持ち込む情報、ラジオが伝えるニュースは、日々高まる空気の緊張を感じさせた。男女交際や女性の髪型に関して次々と締めつけが強まり、テレビでも文芸家が順番に視聴者に向かって精神汚染除去の決意を表明し始めていた。巴金は一九六六年文革発動当時の状況を思い出し、大暴風の切迫を感じて身構えた。ただし文革当初と異なり、頭脳は冴え、起こっていることの一つ一つを文革の進展過程と比較することができた。やがて「万歳」の声は聞こえず、「態度表明」もされず、武器を渡して投降する事態にもならないことがわかった。そして「談話」(42)が伝えられて嵐は引き、災難は免れた。

このような記憶の想起の後に、巴金は唐突に一九八四年五月東京で開かれた第四十七回国際ペン大会での発言原稿にふれている。山口守によれば、その発言のなかで巴金は「私の創作の目標はただひとつ、自分が生きているこの社会に貢献し、読者にたいして同胞の一人として責任を果たすことにある」と語ったという。「いかにも政治主義的で、紋切り型のように」〔山口1989：90〕受け止められるその発言は、一九八三年来の「精神汚染キャンペーン」の緊張を経た後の病室で書かれたものであった。半年間の思考と分析を経て、巴金は、第二次「文革」を生み出そうとすれば土壌や気候がないわけではないということがわかった、と書いている。キャンペーンの終結は、社会的にもいっそう切実に「歴史の再演を許すな」の決意を生んだ。それを空念仏に終わらせないために、巴金はあらためて文革博物館建設を提唱する。広島の記憶と東京での発言の機会と中国の現実とが結ばれて、その構想ははじめて具体的なイメージの一端を伴って提起されたのである。

もし人びとに、ハッキリと見させ、銘記させようとするなら、一番よいのは、「文革」博物館を建て、具体的な、実在するものを用い、はらはらさせるような真実の情景を使って、二十年前、中国というこの土地の上で、結局どんなことが起こったのかを説明することである。そして、人びとに、その全過程を見させ、個人が十年前にやったことを考えさせ、仮面をはずさせ、良心を探り出させ、自分の本来の姿を明らかにさせ、過去の大小の負債を償わせることである。……「文革」のことをしっかり記憶している人にして初めて、歴史の再演を制止し、「文革」の再来を阻止できるのである。【145】（一九八六・六・一五）〔巴金1988：181-182〕

2 「文化大革命博物館」提唱の反響

『随想録』日本語版の「訳者あとがき」によると「『文革』博物館」は、他の随想とは異なり最初は上海の『新民晩報』（一九八六・八・二六）に掲載されたという。その後香港の『大公報』（一九八六・八・三一）に転載されて、連載の一四五篇目となった。それにたいする反響としては、巴金のもとに友人・読者から直接届いた多数の支持の他に、中国共産党上層指導部にとっては大きな衝撃であったらしいことが伝えられている。石上韶の「訳者あとがき」は、香港の雑誌『鏡報』（一九八六・一〇）が伝えた経緯を以下のようにまとめている。一九八六年九月は文革終結十周年、毛沢東死去十周年にあたり、中共中央は大々的な記念・宣伝を予定し、その旨非公式に中央の一級新聞雑誌に伝達していた。ところが瞬く間に「文革」および毛沢東関係の回想、記念、反省の文章が続々と各紙に現われだし、当初の予想以上の形勢となった。そこへ巴金の文革博物館の提唱が発表されたのである。

上層指導部にとってのショックは大きく、当初『人民日報』に全文転載の予定であったこの「文革博物館」提唱文は、「上部」からの突然の命令で直前に「差止め」になったという。しかし海外版の方は「差止め」が間に合わず、全文掲載され担当者は批判された。こうして、マスコミ担当の中共権威筋は、約一ヶ月前の決定をくつがえし、中央一級の新聞雑誌では、「「文革」の回想・反省、毛沢東にたいする記念・評価の文章を減らす」ことになったのである。また香港の雑誌『争鳴』（一九八七・一）によれば、中共の最近の禁令として、文革の史実を述べた関係著書や文章の出版・掲載などを「許可せず」とし、巴金の「文革博物館」建設の提案についても、これ以上言及しないように指示しているという。その一篇を収録した第五集『無題集』なども、すれすれのところで出版されたものと、石上は推測する。

以上の経緯は、第三章で記述したような、一九八六年までの文革関連出版物にたいする党内の懸念、一九八八年の「通知」や「通達」ともあわせて、安定支配を確立したかにみえる鄧小平体制下にあって、文革の記憶をめぐる抗争が極めて現実的で予断を許さないものであったことを示している。巴金の提案を支持する声は、その効果よりも反動を引き起こす危険性と常に背中合わせに存在しつづけた。だが、積極的な実現に向けた動きを生む前に、くり返される「文革タブー視」言説のなかで、時折「巴金が提唱した文革博物館も未だに実現していない」と、ネガティヴに言及されるだけとなっていく。それがインターネットなどを通して、再び取りざたされるのは、汕頭《さんとう》に「文化大革命博物館」が建設されてからのことである。

3 汕頭の「文化大革命博物館」

日本の新聞では、中国初の「文化大革命博物館」が民間の手によって二〇〇五年一月一日に開館したと報じられた。中国のインターネットなどでも、博物館だけが注目され、巴金の「文化大革命博物館」構想との関係で取りざたされがちであるが、これは最初から博物館建設の取組みとして独立して始まったわけではない。当博物館の完成を紹介する色刷りのチラシ「宣伝介紹塔園提要」(塔園の内容紹介)(二〇〇四・一二・二四)が「塔園建設委員会」の名で発行されているが、それによると、まず汕頭市澄海区連山にある景勝地「塔山」に、「塔園」と名づけられた観光スポット開発プロジェクトが一九九六年に開始された。そして十年近くをかけて、市街を見下ろす傾斜地に次々と塔や記念碑などが建てられていった。「文化大革命博物館」は、そのなかの最新(十三番目)の建設物として二〇〇四年十二月に完成したのである。

汕頭市は、広東省の東の端に位置し、台湾海峡に面した風光明媚な地方都市である。市街区に加え、澄海、潮陽、潮南などの郊外区や県を合わせると総人口は四八五万人に近く、経済特区の一つに指定されている。かつて日本で中国のみやげ物としてスワトウ(「汕頭」の現地語発音名)刺繍のハンカチやテーブル・センターなどがよく知られていたが、今の汕頭市内では全くといっていいほど見かけない。工芸品で知られる町から、近代産業と観光の町へと変身をとげたのである。市内には空港もあるが、最も近い大都市である広州や香港から長距離バスでおよそ五時間かかる。なぜこのような地に、文革博物館が出現することになったのだろう。

前記紹介チラシは、想定される質問に答える形で、八つの項目を説明している。そこには「歴史を鏡として文化大革命の悲劇を繰り返さないために」「後代の人びとを啓発する」などの文字がまず並んでいる。しかしそれ以外の情報源も参照して総合すると、博物館の建設には二人の主要なアクターの果たした役割が大きいことがわかる。一人は汕頭市副市長であった彭啓安《ほうけいあん》（パン・チアン）である。彼は一九九六年後半のある日、塔山観光区の除幕式に参加し、丘陵地帯に散在する墳墓を見つけ、それが文革中無実の罪で亡くなった人びとのものだということを知った。澄海中学校の校長だった彼の兄も、文革中の批判闘争で亡くなった。澄海は「とりわけ文革中の災難が深刻だった地域で、塔山には文革の犠牲者の遺骨が埋葬されている」（上記チラシ）のである。こうして塔や記念碑が建てられ始めるが、澄海区の指導者からは、文革を記念するような性質のものはもうやめるように言われた。「かさぶたをはがしてはいけない、はがしたら社会動乱を引き起こすかもしれない」と。それでも彭啓安は譲らなかったため、澄海区の指導者は汕頭政府に訴えた。地元では説得できないので、「上級の決定をお願いする」ということだった。彭啓安は上級からお呼びがかかるのを待ったが、是非の判断は下らず沈黙が続いた。それを「一種の黙認」とみなして、彼は計画を進めた。

もう一人のアクターは汕頭市長の李春洪《りしゅんこう》（リ・チュンホン）である。二〇〇二年十月塔山観光区を視察にやってきて、既に建設されていた塔の一つを見つけた。そしてそれが文革記念塔として建設されながら、現地では政治問題に及ぶことを避けてあえて宣伝しないのだということを知った。李市長はその地の歴史的意義を強調し大いに宣伝すべきだと指示するとともに、二〇〇三年五月には『文化大革命博物館』と題する上・下巻本を彭啓安に贈った。それは香港の天地図書から出版されたもので、「文革」以前の反右派闘争期から始めて、文字数二九万字、写真一一〇〇枚を掲載した歴史図鑑であった。

たとえ元副市長の彭啓安という個人が主体的な決断で文革の記念を続けようとしても、兄の悲惨な死という個人的要因だけでは、実行は難しかったであろう。彼自身が地元の退職高官という有利な立場を利用できたからこそ、信念を貫き、塔園の寄付金集めを成功させることができたのである。しかし、海外華僑や香港の著名人から寄せられた金額に比して、地元澄海区の人びとの寄付がいちばん少なかったという。澄海のある官僚がその計画に反対したからだとされている。「文革否定」に公然と異を唱える人はいないが、塔園の建設や寄付金集めには、迷いや畏れを抱く人も少なくなかった。寄付することで出世や商売に影響が出ることを恐れたものと思われている。中央政府の指導部内で文革の記憶をめぐる抗争があったことは第三章、第四章でふれたが、その縮図ともいえる地方においては、中央以上に複雑な感情と利害が直接ぶつかり合っていたことがうかがわれる。「博物館」建設後に印刷された上記紹介チラシは、観光スポットであるにもかかわらず塔園観光区をテレビや新聞で公表しない理由について、以下のように書いている。

塔園の建設は依然として民間の活動である。現職の人たちのなかには、まだ過去を明かしていない人びともいる。例を挙げるなら、父母が誤りを犯してもやはり父母は父母である。誤りの責任を公開すれば尊厳を損なうことになろう。深い原因については、われわれもはっきりとは言えないのである。(「宣伝介紹塔園提要」)

塔園の建設物のなかで最も新しく、二〇〇五年元旦にオープンした「文化大革命博物館」は、北京の天壇公園にある北京の皇帝の廟壇を思わせる、伝統的建築様式の三階建ての塔である。一階の正面入口を入ると前面、すなわち円形の館内のほぼ中央に、巴金の大きな写真パネルが見える。その両側に巴金の署名入りの書を刻んだ石版が配置されている。そして、すぐ上にこれら同サイズの三枚のパネルの幅いっぱいに、「文化大革命博物館」の横書きの文字の彫られた石版が掲げられている。書のパネルは、右手が「文革博物館を建てることは、一個人

◀葉剣英像からの全景

◀二階回廊から下を見る

一階展示室中央の(左)巴金パネル拡大 (右)展示黒石レリーフ

文化大革命博物館（汕頭）

の事ではない。われわれの誰もが、十年の悲惨な教訓を子孫代々しっかりと覚えておいてもらうようにする責任を負っている」、左手は「文革博物館を建てるのは、極めて必要なことだ。過去を忘れないでこそ初めて未来の主人になれるのである」と刻まれている。ともに『随想録』の「『文革』博物館」の篇からの抜粋であり、李春洪市長が彭啓安に贈った『文化大革命博物館』の上巻冒頭に転載されている文章である。

その石版が設置された中央の壁を左右に丸く囲むように、『文化大革命博物館』中の写真を黒石に写しとった平面彫刻が、一ページから六二〇ページまでの番号順に並ぶ壁が館内をめぐる。ゆるやかに湾曲したその壁面に沿って低い位置にガラスケースが設置されていて、上から覗き込む形で展示品を見ることになる。正面入口から入って左手のいちばん目立つ位置には、鄧小平関連の書物三冊と劉少奇関連の書物三冊、および周恩来関連の書物二冊。右手いちばん手前には『巴金回想録』や『随想録』などが収納されている。書物や新聞雑誌とそのコピー・ページなど、文献資料は、文革当時のものではなく文革終結後に出版発表されたもので、文革中に迫害された人びとにたいする記念の印象が強い。展示書籍は文革全般や中国現代史に関する書籍がもっとも多いが、巴金（六冊）のほか、毛沢東（一二冊）、鄧小平（六冊）、林彪（一一冊）、江青ら四人組（一一冊）の名をタイトルに掲げ表紙にその写真をあしらった書籍も目立つ。『思痛録』も展示されており、文壇の事情に関するもの（五冊）や、幹部学校体験記の類（二冊）もあるが、紅衛兵（一冊）や下放（二冊）については極めて少ない。毛沢東語録やバッジ、紅衛兵や造反派の具体名の入った腕章なども展示ケースに収められている。恐らくほとんどが塔園建設に関わった関係者の所持品と寄贈品であろう。この博物館が確固たる集合記憶構築のために系統立てて収集されたものではないことは一見して明らかである。

前述のように巴金の「文革博物館」構想は、彼が文革後ようやく知識人の友と腹蔵なく語り合えるようになって、二人の共同想起のなかから言語化されたものであった。その博物館は、「具体的な、実在するものを用い、はらはらさせるような真実の情景を使って、二十年前、中国というこの土地の上で、結局どんなことが起こったのかを説明する」ものでなければならないのである。巴金を前面に出して作られた汕頭の博物館は、『文化大革命博物館』という書籍の視覚イメージへの極度な依存と、展示品の乏しさ・偏りゆえに、巴金の理想にははるかに及ばない。

『文化大革命博物館』に集められた写真には、批判闘争の激烈さや紅衛兵の破壊行為の過激さを写し出したものも少なくないが、それが光沢のある黒石のレリーフとなって整然と並べられると、リアリティは激減する。石材の多用には、長期にわたって残そうという意志が強く感じられるが、実証性やリアリティは犠牲にされたといえよう。紹介チラシには塔園全体が一つの「文革博物館」なのだと書いてあるが、そのコンセプトにおいては、文革という歴史的事象にたいする忘却の拒否、そこで犠牲になった人びとへの哀悼の表明こそが重視されている。「文化大革命博物館」も塔園建設の当初から建てられてきた記念碑や慰霊塔の一つとして、象徴的な存在に過ぎないのである。巴金は、そのような脱政治化の機能の要に配置されている。「塔園建設委員会」も展示品収集能力の限界は自覚しており、宣伝チラシには文革関係の実物資料や書籍の寄贈を求める呼びかけもなされている。しかし、意識的に取り組まない限り、今大きく欠落している種類の資料を埋めるような方向へと収集を拡大することは難しいであろう。塔園全体に託された鎮魂と祈念の表象が、寄贈される資料の種類を規制することになると思われるからである。

この博物館は、丘の斜面に広がる塔園全体のなかではかなり上の方に位置する。そしてそこへと「くの字」型に続くいくつかの階段の、いわば踊り場にあたる広場にも、大きな石碑の一群が配置されている。文革中に迫害を受けた党や軍、政府の要人にまつわるものばかりである(43)。それらの前を通って到達する博物館のなかに、当時の心情をありのままに綴った紅衛兵や造反派の回想や、保守派の主張が並ぶことは難しいであろう。

しかしそれらの石碑も博物館も、広大な敷地のあちこちにひっそりと配置され、普通の観光地の「名所旧跡」のように美しい風景に溶け込んでいる。巴金の理想と主張が、現実の政治的空間と経済市場としての地方都市に具現化されるとき、どのような交渉の末にどれだけの妥協がなされたのか、塔園のプロジェクトはその一端を垣間見せている。

汕頭市の経済状況については、『中国城市年鑑』〔中国都市年鑑〕に紹介された汕頭市データをざっと見た限りでは、経済特区として発展しつづける側面しか現われてこない。しかし、実際に汕頭の町に滞在し普通の市バスに乗ってゆっくりと裏通りを行くと、タクシーで目抜き通りを疾走したときには見えなかったスラム化した貧困ぶりが目につく。地元の人びとの話では、この地方の経済状況は一九九三年、九四年をピークとしてその後衰退が始まり、最近ますます悪化しているという。実感は全くなかったが、治安情況も良くないと言われている。一九九六年に開始された塔園建設プロジェクトは、観光客誘致による地方経済復興という現実的要因と、彭啓安の文革の記念という主体的要因とが結びついて実現したものである。個人の寄付による民間の試みとされてはいるが、そこに表現されているのは、権力闘争としての文革の一面と特定の指導者の像であって、大衆的な要素や視点はどこにも見られない。風光明媚な海辺の都市のとりわけ見晴らしのいい高台に建てられた博物館は、「中国文化」という伝統の創造にも一役買いながら、内外に向けて多様な意味を表象するものとなっている。

それは来館者のプロフィールと来館目的からもうかがうことができる。二〇〇六年四月十六日〔日曜日、曇り〕と十七日〔月曜日、晴れ〕の両日、現地で行なった来館者への聞取りからは、塔山や塔園という観光地のあることを伝え聞いて、遊びに来る人がほとんどであることがわかった。観光バスで来る団体旅行客の他、潮州からタクシーで遊びに来たという女子大生のグループ、当地の親戚を訪ねて香港から来たついでに親族一同で行楽に来たというグループ、タイから来たという家族連れの観光客など、ほぼ九割の人びとが、そこに「文化大革命博物館」が存在することを知らずに訪れている。休みの日に遊びに来る地元の若者やカップルも、博物館への参観意識は乏しい。たまたま遊びに来て文化大革命博物館もあることを知り、あるいは再認識し、足を踏み入れたのである。たとえば、地元澄海で美容師をやっているという若い茶髪の男性は、このような所ができたとは聞いていたし文革についても知ってはいたが、これまでは特に来る機会がなかった。今日は美容院が休みなので友達と遊びに来て文革博物館もついでに覗いてみたのだと言う。潮州から来た女子大生グループは、予備知識がなかった割には熱心に見学し、石版レリーフに描かれた情景に「わぁー、残酷ぅ！」を連発していた。その意味では、観光と抱き合わせの「文革」広報活動は、大いに功を奏しているといえる。

二日間で遭遇した例外的な参観者は、地元の六十九歳の老人とその末息子という、一見して観光客とはかけ離れた質素な身なりの二人連れであった。老人は新中国建国当時十三歳だったが、出身家庭が悪かった（恐らくは地主や富農であった）ために、教育はもとよりろくな仕事にもありつけなかったと言い、毛沢東嫌悪を露わにした。「毛沢東主席が……」と言いかけた私に、すかさず「何が主席なもんか、大嫌いだ」と言い放ったのである。文革中の酷い日々の記憶はいまだに目に耳に鮮明に残っている。「実事求是」（事実に即した究明）がままならない現状を憂いていただけに、文革博物館ができたことを知って嬉しかった。今まで仕事が忙しくて来られなかったが、今日は息子が休みで誘ってくれたのでやってきた、とできるだけ標準語を使い、時には紙に書いて説明した。一方現在三十代半ばの息子は、学校では文革について全然教えない、と強調する。歴史や社会に関する限りこれまで学校で習ってきたことと、父が家庭で話すこととは全く異なったが、自分は一貫して父を信じてきたという。そんな場合息子は父親の方を批判し嫌いになる例も多かったのではないか、という私の質問に、確かにそういう人が多かったが自分はずっと父が大好きだし、それは当然のことだと思っている、と語った。長い年月の間、人前で言いたいことも言えずにきたであろう境遇の人のそのような語りは、初対面の外国人にたいして発せられたものとはいえ、紆余曲折を経て実現したこの文革博物館という場がもたらした効果ではなかっただろうか。

その他、よく顔を出しては管理人や売店の人とお茶を飲んでおしゃべりして行く地元農民もいた。また管理人によれば、国外のジャーナリストの来館も結構多いという。これまでアメリカ、カナダ、ロシア、日本などから取材に訪れたという。

汕頭の文化大革命博物館は、巴金の提唱したそれとの関係では、どのように受け止められているのだろうか。「紅網」というインターネット・サイトに二〇〇五年十月十九日付で掲載された記事によると、以下のとおりである。巴金は生涯で二つのことを成した。一つは一三〇〇万字の著作・翻訳を成し遂げたことで、これにより文学の巨匠となった。もう一つは、本当のことを言い続け、文革博物館の建設を唱導したことで、これにより巴金は民族精神の高みに上りつめた。前者についての評価は一致しているが、後者の文革をめぐる発言については議論がある。あるからこそ文革博物館が建てられないのだ。汕頭や深圳《しんせん》には博物館や資料展実施の事例があるが、個人的な企画で行なったもので、各地の各級の政府による公けの文革博物館はない……。

民間の個人という資格で行なわれたことにたいする評価の低さには、国家の歴史として「勇気をもって誤りと恥辱に向き合う」姿勢を銘記することこそが重要であるという認識がある。「われわれの政府はあんなにも多くの像や碑の建立を行なうのに、文革博物館を作りたがらないのはなぜか」と問い続けることには大きな意義がある。しかし、長期にわたって多くの局面と多様な当事者を生んだ事象を、「文革」という一つの表象にまとめあげようとすれば、多くの記憶が抑圧され、多くの妥協が押しつけられることになるであろう。それを国家権力によって行なう場合には、特に注意が必要になる。汕頭に出現した文革のコメモレーション（記念行為）は、その維持継続に多大な努力と資金を要する。それでも現在のところ塔園の建設は、今後も拡大しつづける見通しである。観光であれ何であれ、そこを訪れて「文革」にふれた人びとがそこからどのような意味を受け取るかによって、あるいは今後の社会全体の忘却の進み具合によって、汕頭の文革博物館は、むしろ民間による初の試みという特徴ゆえに再評価されることもあるかもしれない。

第六章　個人記憶の共同化2――『思痛録』の場合

一　記憶のテクスト分析

「文革の記憶」を論じるにあたって巴金《はきん》の『随想録』と並んで欠くことのできない文献が韋君宜《いくんぎ》（ウェイ・ジュンイー）の『思痛録』である。第一章三2で紹介したように、韋君宜は一九一七年北京生まれの女性革命家・作家で、『思痛録』は一九九八年と二〇〇三年の北京版の他に二〇〇〇年の香港版がある。また初版の反響が大きかったことからその書評を集めた本が別途出版されたりもしている。まず本節では、この『思痛録』のテクストに沿い、韋君宜が延安時代(1)からの共産党員として「私」という一人称の語りで、個人記憶に依拠して、何をどう回想しているかを記述する。

1　動機の語彙

『思痛録』一九九八年版、二〇〇三年版ともに「まえがき」がつけられている。それは、歴史を書き継承していくことへの強固な意志の表明と、それを共産党員である自分自身の事実として語るという言明から始まっている。「四人組」失脚後、多くの人びとが「筆をとらずにはいられなくて」、さまざまな思いでさまざまな書き方で歴史を書いたが、こうした歴史はこの世代と次の世代の読者が知ろうとしなければならないことであり、この国家の主人たる人民が今後生き続けていくのに必要なことなのだ。「この本を書くということは、私みずからのことを語るということ」であり、その「私」は「忠実な昔ながらの共産党員」と自己定義されている［韋2003：3］。

まず、中学入学以降、日本帝国主義の中国侵略にたいして抗日を唱えることを許さない蒋介石への不信を強め、左翼文学に親しみ、その後「一二・九」と呼ばれる抗日愛国の学生運動に参加した経緯が綴られている。「共産党はいっさいを顧みず懸命に働き、人民のため祖国のためにすべてを犠牲にする、これは私が一生永遠についていく価値のあるものだ。人間がこのようになれるなら、これこそ真の光栄であり、人間の価値の実現である」という確信とともに入党し、その後党の輝かしさ・偉大さを一度も疑ったことがない。延安時代からの艱難辛苦の生涯をふり返っても、そのような苦労は書くに値しないことだ――と、書かれている［ibid.：4］。

しかし真の苦痛は、一生のうちに経験した数々の運動が毎回党と国家に免れがたい災難を与えたことであり、なかでも、自分自身が「被害者でもありまた加害者にもなった」こと、それこそがとりわけ後悔しても取り返しがつかないことである。それでも自分の理想と信仰は放棄できなかったが、多くの事柄の不公平、みずからの目で見た不合理は、実際に平然としてはいられないことだった。だから「私は筆をとってこれらの苦痛を書き記す。私はやはりどうしても言わなければならない」――それが最大の動機であることが明言されている。

だが、「まえがき」の締めくくりに向かって、明らかな転調が見られる。過去はいかに間違っていても、前の指導者にどんな誤りがあったとしても、後の指導者はやはり良かったのであり、彼らはいつも祖国のため人民のためになっていた。少し間違えてもわれわれはやはり許そう、「しかも許さないわけにはいかないのだ」［ibid.：6］。そう書いてしまってからの文章には、書き出しの明快さとは裏腹の逡巡がうかがえる。自分は思考能力を失ってしまって、党を信じるしかない。すべては良い方に変わり得るし、もう徐々に良くなってきたと考えなければならない。その最も明らかな例が十年間の文化大革命である。毛沢東主席の指導には誤りがあったが、しかしすでに是正された。すべてが良くなったではないか。今後については良い希望を抱きさえすれば十分だ［ibid.：

6〕——そのような表現は、しかし、楽観ではない。そして、「この根源については、後から来る人の思索にまかせる……私はやはり事実を語るだけだ。一件一件のことを並べてみるだけだ」と言いつつ、「今でも完全には語りつくすことができないし、また私の思考法にはこうした問題を議論するための理論的な根拠と条理性が不足している」と認める。それでも「書く目的はただ一つ、党が永遠に歴史の教訓を覚えておいて、二度と再び過去のまわり道を繰り返さないようにするため。われわれの国家が永遠に正しい軌道の上で大いに発展するようにするためだ」〔ibid.：6〕——それが「まえがき」の結びの一文である。

本文を書くに要した時間やその書き方についてもふれていることから、「まえがき」が草稿の全文を書き終えて最後に書かれたものであることは間違いない。そのなかで著者は、「歴史決議」以降の脱文革路線を正しいものと評価し未来に希望を託すポジティヴな語彙を散りばめながら、これから語る「私」の物語が今なお語りつくせぬものに縁どられていることを示唆している。ひたすら「私みずからのこと」を書いたという本文が、明快な批判性に貫かれていることと比べると、「まえがき」の語り方とトーンは明らかに異質である。「私」の領域を他者に向けて開き共有化するにあたって、妥協と弁明を含むものであるといえる。

2　想起の契機

しかし、旧世代からの忠実な党員としての記憶が想起される契機については、異なるテクストによって違った説明がなされている。『思痛録』二〇〇三年北京版には、韋君宜本人の「まえがき」の他に、長女楊団《ようだん》が出版の経緯を解説した「『思痛録』成書始末」〔以下「解説」〕が付されているのである。それによると『思痛録』には、本として刊行される前の忘れ難い口述史があり、その内容が語られ始めたのは文革中期の一九七三年であった。文革開始と同時に、韋君宜と夫は批判闘争や労働改造のために、また娘の楊団は下放の後工場労働者となったために、北京の自宅には弟を残すのみとなった。このように七年間散り散りになっていた一家が、一九七三年にまたそろうことができたのである。楊団はこの動乱を生き延びた命をいとおしく思うと同時に、あまりにも多くの人びとが救いようなく打倒されていく理不尽さについて、党員である両親を問い詰めずにはいられなかった。

理解に苦しむ楊団が疑問をぶつけて、家庭内討論会が始まった。こうして両親は延安時代から説き起こして、娘の想像を絶する驚愕の物語を語り出した。それは、文革終結まで四年間続いた。「昼は暗くなるのを待ちわび、夕食を食べ終わるとカーテンを引き電灯を消して、一台の電気スタンドを囲んで一家で坐り、同志であり家族でもあるみんなの、熱心でやや神秘的な討論会」が、毎日のように開かれたのである。娘は「私の本当の大学はあの四年間で完成した」[ibid : 184] と振り返る。そして「恐らくあの時から、母には本を書こうという考えが芽生え始めたのだ」[ibid.] と書いている。母は娘の純朴な反応にふれ、あまりにも幼いこの次世代の若者たちに、このようにたくさんの災難を抱えた大国を引き渡すことの不安を嘆き、父は、複雑な過去を教えずにきた自分たちの非を責めた [ibid. : 183-184]。韋君宜自身も『思痛録』本篇のなかで、この「家庭政治ミーティング」についてふれ、そのなかの政治的序列は夫が最左翼、その次が娘、その次が息子、自分は最右翼であった [ibid. : 111]、と書いている。

実際の執筆開始の時期は、娘楊団の記憶によれば、政治の空気が極めて悪かった頃、周恩来総理が死去した前後で、「四人組」が逮捕される以前のことだったという。軍の宣伝隊の管理下におかれた人民文学出版社で働きながら、韋君宜は自宅で、最初は娘にも秘密に、『思痛録』の原稿(以下「草稿」)を書き始めていた。「四人組」逮捕後、ある程度時間が経ってから、彼女はようやく娘に、延安での粛清から文革の終結までの長篇回想録を書こうとしている、と打ち明けた。絶対発表できないことを承知の上で書き続けた草稿は、完成したらいつか発表できる日まで保管してほしいと、娘に託された [ibid. : 187-188]。すなわち、娘に語り家族で議論することを契機に想起され言語化された記憶は、文革末期のひときわ抑圧的な空気のなかで、家族の領域から社会の領域に向けて文字化され始めた。しかしそれは、当時の規制と規範の範囲を逸脱して、未来の読者に向けて書かれたものであった。

3　『思痛録』における「連続性」

『思痛録』の草稿は、一九八三年には最初の八章が基本的に完成していた、と楊団の「解説」に書かれている[ibid.：191]。それは「延安時代の運動から文革に至るまでの八章」とされていることから、実際に出版された際の章立てとは若干異なるようであるが、とにかく著者自身が章構成を考えて書いていたことは確かである。そして、二〇〇三年版『思痛録』の目次に見る限り、構成そのものが同書の批判性を端的に表わしている。それは中国共産党冤罪史という「連続性」の内部告発であり、そのために不当な攻撃がくり返されて死んでいった人びとの記録という様相を呈するからである。以下に各章のタイトルを説明的に翻訳して列記する。

縁起
一　道を踏み外した者を救う〝救出運動〟
二　解放初期にあったちょっとした運動
三　私はかつて〝胡風批判運動〟を信じていた
四　丁玲《ていれい》・陳企霞《ちんきか》（チェン・チシア）批判運動から反右派闘争まで
五　〝大躍進〟で中国の姿を一変させようとした
六　〝反右傾運動〟は誰に反対するものだったのか
七　ある普通の人の教え
八　一息ついた後で
九　文化大革命のあれこれ　（上）私という走資派　（下）この人たちの罪状

本編の始まりは党史上の聖域ともいうべき延安時代――栄光の革命史には登場するはずもなかった、その暗い一面である。エリート学生としての将来を投げ打って革命に身を投じ、その勝利の栄光に浴した幸運を思いながらも、韋君宜がまず回想するのは「幹部審査」である。延安の「整風運動」(2)として知られる時期のことで、後には、道を踏み外した者を救う「救出運動」と改称されたものである。機関内の普通の会議で組織部長の報告中に、韋君宜は「党がわれわれを特務〔スパイ〕だと疑っている」という言葉を聞いた。その時の衝撃はあまりに大きく、とっさには信じられない。言い間違いか誤解だろうとしか思えない。しかし瞬く間に運動は巻き起こった。夫とともに解放区の新聞社で『抗戦報』の編集にあたっていた彼女は、指導幹部に命じられて、「特務の巣窟が発見された」という学校へ取材に行く。そこはかつて二人が教えていたことのある学校で、ここにそんなにたくさんの特務がいたとは、とただひたすら驚く。「当時はただ自分の嗅覚が鈍感すぎて、敵味方の別にも気づかなかったことを恨むばかりだった」。記憶の叙述は、「ただちに階級教育を受けながら、また一方で報道にしっかり

『回応 韋君宜』の表紙

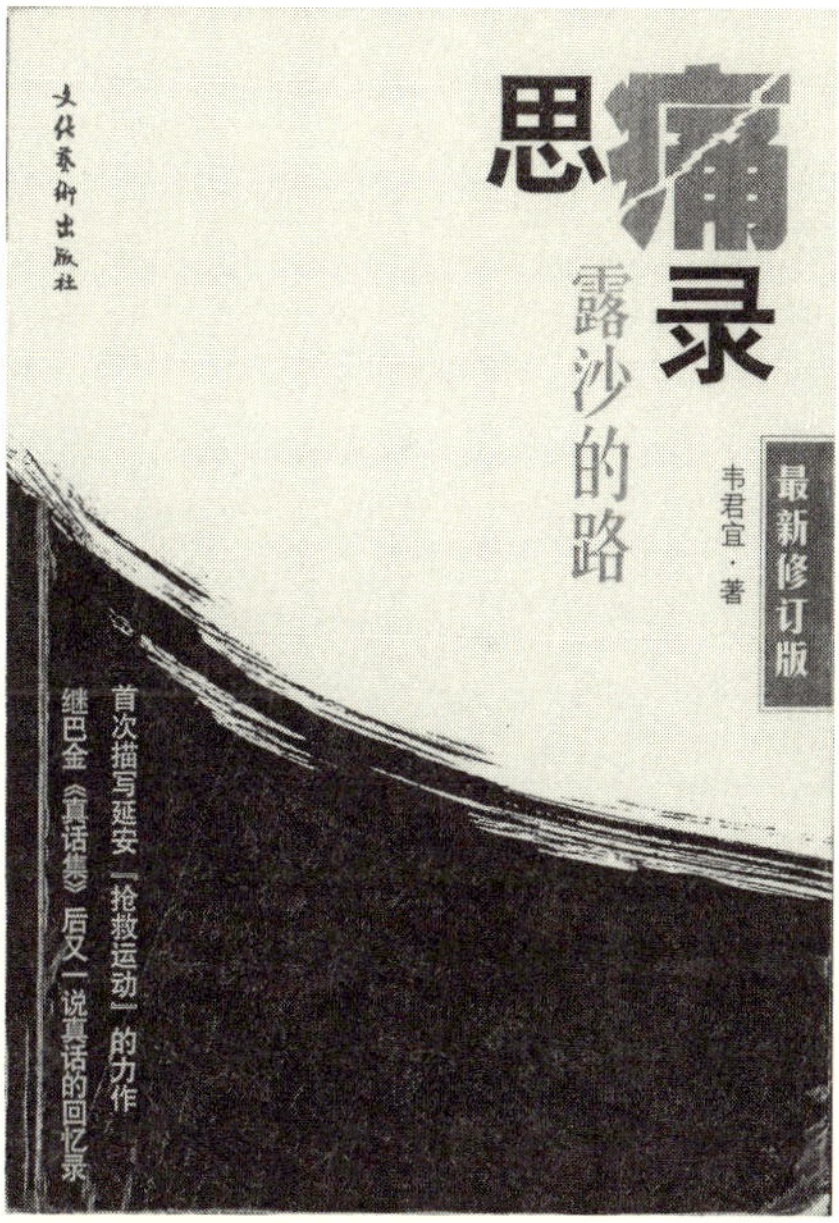

『思痛録』の表紙

◀韋君宜

力を入れ、連日連夜資料を読みまくっていた」自分の愚を含めて、当時の出来事の仔細に及んでいる。その学校に設立された「整風指導小組」は、次々と教師から学生にまで広がる「特務」の事実を記録し、それを韋君宜らに報道させた。色仕掛けで迫る女性特務「美人隊」や「春色隊」、はては六歳の子供まで巻き込んだ「小特務」の実態が「発見」されたが、韋君宜は疑うことを知らずに、女子学生の「私の堕落史」などを『抗戦報』に掲載しつづけた［ibid.：9］。

その新聞社に入ってきた若い文書係の女性は、末の弟が「小特務」として報じられていたので、韋君宜がそれについて尋ねると、彼女は冷ややかな笑いさえ浮かべて言った――「子供なんて食べ物でもやれば、なんでも望みどおりのことを言うものよ」。この瞬間、ようやく韋君宜の心にスパイ摘発事件が捏造だったのかもしれないという疑いが芽生える。しかし「依然としてそれ以上のことは考えなかった」［ibid.：11］。でっち上げだと確信して否定してしまう勇気はなく、やはり毎日そうした案件を裏付けるような資料集めに奔走するのである。

このように早くも事態の虚構性を示唆する人物が身近に現われ、自分自身も疑問に感じ始めたとき、その先の思考を停止させて現状に追随させるのは、報道という任務を通しての役割意識である。「自白」や「証言」は、自分が熟知する人にまで広がるが、当時は単純で、ことのでたらめさを考えてもみなかった、考えてみるだけの勇気がなかった、ただ恐怖を感じただけだった［ibid.：12］、と回想されている。

以後、『思痛録』全篇を通じて多く出てくるのが、編造〔でっち上げ、作り話〕、荒謬〔でたらめ〕、冤枉〔冤罪、罪を着せる〕、坦白〔自白〕といった類の語彙である。それにたいする自分の反応として、特に前半に多いのが、胡説八道〔でたらめを言う〕、糊里糊涂、莫名其妙〔ともに、「わけがわからない」の意〕といった語彙である。疑問や不安を感じながらも日々の任務をこなしつづけ、それが身内や我が身に直接及んで、ようやく深刻な問題として考えざるを得なくなる。

特務の疑いはついに夫にも及んだのだ。かつて国民党の弾圧に遭い、多くの共産党員が逮捕されたが、その後釈放された者は国民党によって転向させられ特務となって送り込まれてきたのだ、という論拠からである。妻である韋君宜は、夫を「自白」させるように迫られる。多くの知識分子も続々と「自白」した。このときに至って初めて「これが完全にでたらめであり、常識のかけらもない、奇怪なでっち上げであることがわかった」[ibid.: 14]。そしてその記憶が文革に直結して語られる。

> しかもそれは一九四二年にとどまらず、そのまま「文化大革命」に至るまでずっとこのようなやり方が続いたのだ。劉少奇主席にたいする断罪も、このようにして決められたのではなかったのか？ [ibid.: 14]
>
> このような、でたらめで理屈も何もない論法が文書の形となり、しかも党内でかくも長年、広く行なわれてきたのだ。左の影響はなぜこんなにも大きくなり得たのか。一九四二年の時点では、私にはわかっていなかった。ただ、私たちをこんなふうに疑うのはあまりにも不当なことだと感じただけだった。[ibid.: 14]

夫が特務であることが組織決定である以上、韋君宜は夫を「説得」しに行くしかなかった。しかし、そのことで彼女は信念が崩壊していくような感覚を覚える。自分の信じる共産党が党員をこのように扱うというのに、自分ががんばり続けるのは何のためか。彼女は毛沢東に書簡を送り夫の無実を訴えたが、成果はなかった。単純にも、自分たちの地区委員会が間違っているのだと考え、夫は延安に上訴に行く。しかし延安の根拠地のほうが事情はもっと酷かったのであった。「自白」しない者には「自覚のない特務」というレッテルが貼られ、韋君宜自身も、特務ではないとわかっている人物の供述書をでっち上げるようになる [ibid.: 15]。

しかし、このようにうそ偽りと疑心暗鬼を増大させ、党への純真な信頼を揺るがす出来事[3]が続いた後に、すべてを水に流すような効果をもたらしたのが、毛沢東のあるパフォーマンスであった。中央党校の大会があったとき、毛沢東は皆の前で詫びた。「間違って整風された同志諸君！　私の間違いだった。君たちにたいして謝る」。そう言うと毛沢東は、手を挙げて軍隊式の敬礼をした。そして皆が答礼してくれなければ、自分はこの手をおろすことができない、と言った。

この言葉があって、私たちはすべてを許し、しかもすべてを忘れた。私たちは革命のために延安に来たのであり、革命はまだ進行中なのだ、党中央はわれわれを誤解したが、しかし毛主席本人が詫びたのだから、それでよしとしようではないか、と考えたからだ。[ibid.：19]

当時すでに夫と、このような間違いは解放区のなかだけのことだから許すこともできたが、共産党が中国全土を手中に収めてからもこんなことをしていれば、一般大衆が承知するわけがない［ibid.：20］、と話し合っていたことが回想されている。そしてそのすぐ後で、数限りない冤罪が文革まで続いたことが言及され、「救出運動」に反対意見を提出していた人物がいたこと、その意見は公表されないまま提出者は批判されたことが記されている。彼は、文革に至ってまたもや迫害されることになる。党史はこのような人物を忘却しつつ文革に至ったのだ、ということが示唆される。

国民党のスパイ容疑から始まる冤罪の歴史は、新中国成立後も「反革命分子」「汚職分子」摘発の運動、『武訓伝』『紅楼夢』などの文芸批判、胡風や丁玲、馮雪峰《ふうせつぽう》などの知識人批判へと続く。韋君宜はもはやそうした批判が事実と合わないと感じたが、その理由はわからなかった［ibid.：26］。

胡風の態度には同意できなかったが、彼が「反革命」とされたことについては衝撃を受けながらも、結局それを信じた。党中央がそのような大問題について、人に無実の罪を着せるようなことなど、なんとしてもあるはずがないと考えたのだ。「上級が決定したからには、本当のことに違いない」という思考パターンは根強く、胡風らにたいしてもどうしてここまで悪くなったのか、どうしてここまで深く潜んでいられたのか、という方向に考える。そして、大したこともない情報を、彼らの反革命活動の動かぬ証拠のように盲信する［ibid.：31］。

これについては巴金も、『随想録』最後の長編「胡風をしのぶ」で、その当時の空気と環境とやり方によって、「この『集団』には人に顔向けできないようななんらかの陰謀があるのだろう」と考えさせられたと書いていた。当時は「個人崇拝」という荷物を背負っており、「考えてもわからないときは、多くは考えなかった」［巴金1988：251］のである。党の内外を問わず、一九五五年の「胡風批判」の際には既に、知性ある人びとの思考力は、ほとんど停止状態に追い込まれていた。

一九五七年の反右派闘争に至って、これまでの粛清にはない厳しさが加わった。党中央が、右派とされた者の再審請求の訴えを受理してはならない、と通知してきたのだ［韋2003：42］。そして反右派闘争こそが、数年来の「統一戦線」政策まで覆し、でたらめな攻撃を加えた文革のリハーサルであった、と韋君宜は書いている。敢えて物申す気骨ある者がすべて右派にされては、これで後の文革が起こらないわけはないのだ。それが百倍にも千倍にもなってくり返されたのが文革なのであり、起源は反右派闘争だった。正しい気風が廃れ、邪悪な気風が盛り上がったのだ［ibid.：46–47］。

本当の話をする高級幹部が文革中に惨死し、「針一本水一滴通さぬ頑固者」などとして責められたのも当然だ。そして風向き次第でうまく立ち回る幹部は今も安泰でなお生きながらえている。［ibid.：73］

以上のように『思痛録』は、文革の体験を経た地点からはるか建国以前をふり返り、その道程の文革に至る連続性を、もっと言うなら必然性をも、暴く叙述になっている。みずからの愚かさを悔やみながら、その一方で、長年の曲折を通して状況を読み取ることに長けて巧く立ち回った者たちが、今なお幹部として残存することにたいする告発にまで及ぶ。これは第三章二で示したように、「歴史決議」が文革を「完全な誤り」と断じるにあたり、あの一時期を党史における逸脱と位置づけたこととは、明らかに異なる。

4 「個人記憶」の主張

韋君宜の『思痛録』は、「事実の記録」と「自分自身の反省」という二つの観点から評価しうるものであるが、(4) その両面において、みずからの個人記憶に依拠している。大まかな年代順や歴史的事象の枠組みに沿いながらも、年代記的な正確さにはこだわらず、印象深いエピソードを中心にすえた叙述である。歴史上の重要性とは関係なく、今思い返して明らかになったこと、これまで他の人があまり書いたことのないこと、すなわち自分自身にとっても読者にとっても「発見」に値する事項が集められている。語り草になっているエピソードや、どこでも同じだったつるし上げや引き回しの話など、こまごまと書こうとは思わない、あくまでも「私自身のことを話そう」[ibid.：89]と、文革期後半の冷笑的で厭世的な雰囲気のなかの自分をも見つめ直している。そして全篇を通じて「私は覚えている」「今でもはっきり覚えている」と主張する言い回しが特に多くなるのが、文革勃発以降の章である。そうした記憶の語彙に導かれて想起されるできごとは、以下の特徴によって分類できる。

(1) みずからが受けた心身の痛手、屈辱
(2) みずからが行なった加害の事実
(3) 他者が受けた理不尽な処遇
(4) うやむやにされていたことにたいする真偽の主張
(5) 視覚や体感など、感覚的に印象深いこと

以下それぞれを例示しながら、詳述する。

(1) 文革が正式に発動されてまもなく、「社会主義学院」へ送られるべき「反動集団」の名簿が公表され、韋君宜もその一人として、人民解放軍の毛沢東思想宣伝隊の監視下におかれる。そこでは、いろいろな単位から来た者同士が、互いに摘発し合い容赦なく罵倒し合って、自分は騙されたのだと言い張った [ibid.: 87]。そのときに、人民文学出版社から来た者たちが、作家協会から来た韋君宜だけを、正真正銘の反動だと言ったことを、「私は覚えている」[ibid.: 87]〔傍点は引用者による強調。以下同様〕。そのうち、反動集団が仲間内で打倒し合い、自白書を書かせるだけでは不徹底とみなされて、「社会主義学院」は解散された。もともと属していた単位に連れ戻されて批判闘争にかけられることになったのだ。(5) 男女別の部屋に詰め込まれたが、その際まるで奴隷のように身体検査された。かつて指導したことのある財務課の女性に検査されて、いま自分が確かに囚人になったのだとはっきり感じたことを、まだ覚えている [ibid.: 88]。従来の単位の機能は停止し、造反組織がやって来て指導者となるが、彼らはかつての運転手や炊事係であった。その監視下で、来る日も来る日も「自白供述書」を書かされる。幹部学校に送られて労働改造を体験し、そこから解放されても、ある日の全体会で罵られたことを、覚えている。(6) 革命群集の一人が慣例にならって発言した「大それたことしやがって、この身のほど知らずが」という言葉は、「私にしっかり刻まれて忘れようがない」[ibid.: 150]。造反派に代わって解放軍の指導の下で編集の仕事が再開されてから、革命的な路線に沿うよう強いられて行なった「芸術の加工」の数々も、覚えている [ibid.: 152] [ibid.: 153]。

(2) みずからの手でつるし上げた人物の名前などは覚えているが、その容疑の内容や彼の経歴などについては思い出せない [ibid.: 24]。これについては、次項以降で扱う「反思」や「忘却」との関連で、再び詳しく述べる。

(3) ある友人が書いた「自惚れ白鶴」の寓話が、荒唐無稽な理屈で毛沢東へのあてこすりとみなされて摘発された一件［ibid.：91］、ある翻訳家が、昔郵便局長をしていたというだけで特務とされたが、口下手なために大衆の前で一言も言えなかった情景［ibid.：92］、労働改造を共にしたある魯迅研究者が、土をすくってもシャベル半分も運べないことを嘲笑されて正視に堪えなかった場面［ibid.：95］、抗戦開始から精力的に革命運動に参加してきた先輩が特務だとされた冤罪事件［ibid.：155］、それぞれ覚えている。

（4） 叔母が保身のためにとった言動のために、韋君宜は特務の疑いをかけられたが、その疑惑の原因となったのは蒋介石の誕生記念に発行された画集であった。その嫌疑が長い間決着がつかなかったことについて、身の潔白を実証する真偽の拠り所として、自己の記憶が主張されている［ibid.：90］。

（5） 私ははっきりと覚えている、と言明するものには、まず視覚的印象がある。文革が始まって建物中に壁新聞が貼り出されたとき、ある人物の名前の文字が歪められて、一匹の毛のふさふさした大きな犬に描かれていた。それは、まぎれもない全くの歪曲として記憶されている。

また『思痛録』では、文革の記憶は必ずしも暗黒の側面ばかりに限られない。幹部学校に送られてから、土を掘って便所を作り、レンガを積んで住居を組み立て、湖を田んぼに変えて耕作した肉体労働の日々については、むしろさわやかな思い出が描かれている。特に初日の新鮮な印象として、一人の女性秘書が一日の活動を終えて、「やっと自分がタダ飯食いではないと実感できた、今までの自分たちはまる一日何をしていたのだろう」と率直に語った充実感を、韋君宜は共感とともに覚えている［ibid.：94］。批判闘争も沈静化し、レンガ作りの合間に昼休みがとれるようになった頃、稲わらの上に足を伸ばして横になり、秋の青空を仰ぎ見たときの感覚なども、覚えているのである［ibid.：96］。

5 「反思」の語彙

それにたいして、「反省」はどのような語彙で記述されているであろうか。巴金の場合と同様、韋君宜自身が直接そのような単語を使っているとは限らない場合も含め、反省、後悔、懺悔、などに関する表現をまとめてとりあげてみる。

延安の「幹部審査」以来、数々の冤罪事件がくりかえされるにつれ、記憶の叙述は、以下のような変化を見せる。思ってもみなかった人物が「特務」とされた驚き、そこに明らかな当時の無知⇩不審に思ったが、それ以上深く考えなかった⇩根拠がないとわかっていながら、みずからでっち上げの供述書を書く側にまわった⇩自覚的な加害者へと転じた契機と懺悔⇩謝罪と反思の必要の実感⇩「騙されていた」原因としての入党以来の堅固な忠誠心⇩自分たちだけの責任であろうか、という疑問⇩「介入しないにしたことはない」という諦観⇩同僚の冤罪を反証しようとして発言を弾圧された記憶⇩批判の対象となった人物を、一緒になって非難しないでいることの不可能⇩忍従と妥協の日々⇩革命への挫折感と失望のなかから生まれた「同罪となっても友人を裏切るようなことは絶対すまい」という決意⇩会議中の率直な発言がもとで農村に下放されたときの回想。

以上はすべて、文革発動前の反右派闘争までの出来事に関連して回想されている。そのなかで、「懺悔すべき最初の出来事」と明記されているのが、一九五五年から始まった反革命分子粛清運動におけるつるし上げであった。その前の「三反・五反運動[7]」でも、単位ごとに摘発されるべき者の割合が「五％」などと指示されて、少しでも不利な要素のある人物が無理やり自白させられたという経緯が述べられているが、今回の奇妙なやり方も納得できないものであった。どの幹部も同志全員の前で自分の経歴の詳細を暗誦させられ、わずかな隙を突かれて、つじつまの合わない釈明が「反革命」の根拠にされる。人をつるし上げることが「党の利益」のためであり正しいことだ、というやり方を継承し、韋君宜自身も、次々と人を問い詰めた様子が列記されている。また再審査の結果証拠不十分となった人には、口頭で謝罪したこと、今考えても謝罪はすべきだったと思うし、それだけでなくあのようなでたらめの根源を深く掘り下げなければならない、ということが述べられている［ibid.：25］。

『武訓伝』批判に関しては、深く考えずにやり過ごしてしまったことの原因として、新中国建国の興奮がすべてを覆い隠してしまっていた当時の状況に加え、十代の時以来の党への忠誠心、上級が「手配」したことを受け入れてしまう習慣、つまり思考の「硬直」をあげている。「組織」が決定したからには、決して軽率なものであるはずがない、徹底的に調査済みのはずだと「組織」を信じて疑わなかったことこそが間違いなのだ、という思索のなかで、間違った分析によって、親しい者にたいして冷ややかな態度をとったことが最も恥ずかしくまた申し訳ないことに思われるのである [ibid.：27–29]。

反右派闘争中においても、心にもない文章を書いて、中央宣伝部が批判した人物をそのまま批判してしまったことが告白されている。自分は、不満だらけでありながら、〝従順に手なずけられた道具〟であり続けたことも、回想の地点から述べられている。しかし、それと並列されているのが、当時のやり方にたいする告発である。誰かが右派にされると、その人物と比べてそれほど良くはない、といういいかげんな比較の論理で、別の人物がいくらでも連座させられる。そのような「バランス」によって、多数の人びとの二十数年の運命が決定されてしまう。盲目的で少しも法律的根拠のない〝中央の精神〟と、適当に変わる〝指導者の意図〟が、数十万、ひいては数億人の運命を思うままに支配したのだ [ibid.：42–43]。

自分が見聞きしたさまざまな悲劇を記述しながら、この悲劇を起こした人のなかには、明らかに自分自身も含まれること、盲目的に付き従ったためにみずから望んだわけでもない痛ましい結果を生んでしまったのだということが、悔やまれる [ibid.：79]。そして文革期、もっぱら批判され罵倒される立場の体験を記述した後に、韋君宜の視線は初めて大衆へと及ぶ。毛沢東が反対しようとしたのは封建主義や資本主義なのであろうが、それは中国の人民にとってはなんの意味ももたなかったのではないか。封建主義とはあまりに近すぎ、また資本主義からは程遠い生活のなかにあって、大衆には「封建主義に反対する」とは、また「資本主義の道を歩む」とはどういうことなのか理解できない。それでも共産党の言うことは聞かなければならないという思いだけで、懸命に反共分子や走資派を生み出しては攻撃した。革命模範劇の意義についても、叛徒に反対することはわかっても、走資派に反対することの重要性を深く討論することなどなかった。そしてそれにかけては、自分自身も同様であった［ibid.：99］と、大衆に最も近づいた自己を、ここに至って発見する。

個人的な後悔にも触れている。なぜ学業と快適な生活を放棄して中国革命に加わったのか。中国を救える真理があると思ったからだが、しかし文革後期のでたらめぶりのなかで今、同窓生や友人を誣告に巻き込み、いい加減な作品作りに加担している。それは静かな夜に一人胸に手を当ててみれば、慚愧に耐えないことであった［ibid.：156］。四人組失脚後に、真実を反映した作品の出版に情熱を傾けたのは、みな自分の誤りを懺悔した行為であった［ibid.：157］。

『思痛録』における反思は、まず自己にとって不利な事実の告白、それにより不当な処遇を受けた側の人びとにたいする謝罪と慚愧の感情の吐露であった。それは極めて率直に真摯に表現されている。そしてそうした反思の深まりは、自分自身の責任の痛感だけでなく、それは自分たちだけの責任だろうか［ibid.：29］、という疑問を生む。現在「完全な誤り」と否定された過去の、明らかな無知・愚かさとして自覚される行ないについて、だが当時も決して納得しきっていたわけでないという想起がなされる。そのとき、にもかかわらず盲従を強いられたという悔いは、今度こそ深く考えなければならないという抵抗を生み、「習慣化した忠誠」への反省をもたらす。

しかし『思痛録』最後の章は、そのような反省がなんの保証にもならない脆弱なものであることをも明かしている。文革終結後名誉回復した周揚《しゅうよう》（ヂョウ・ヤン）[8]が、反右派闘争などで批判した人物に謝罪し、講話の際に涙を流しながら懺悔したという記述があるが［ibid.：173］、その周揚が一九八三年になって厳しい批判にさらされた。マルクス死後百年記念の報告で、彼が「社会主義国家にも〝疎外〟の問題が発生する可能性はある」と発言したことが論争を招き、またもや大きな政治運動に発展しかねない緊張が生じたのである。その時人民文学出版社社長の地位にあった韋君宜は、「哲学の問題なのでわからない」と言い逃れをした。敏い人にはわかるはず、と非公式の席でさえ態度表明を避けたのである。その件について韋君宜は、「考えれば考えるほど恥じ入らずにはいられなかった。……自分は過去長年の思想のなさを改めたと思っていたのに、実はそうではなかった」［ibid.：177］と嘆いている。自分なりの判断がないわけではないが、思ったとおりに言明できなかったことを、彼女は、後日周揚の病状が悪化し昏睡状態に陥ったことでなおのこと悔い恥じた。

二 「忘却」のヴァージョン間分析

1 「忘却」の語彙

『思痛録』のテクスト自体にも、「思い出せない」という言い方によって忘却は言及されている。それは次のような場合に分類される。

(1) 加害の記憶の詳細

(2) 当時から関心のなかった出来事、納得していなかった出来事

(1) 前述の反革命分子粛清運動で、韋君宜みずからがつるし上げたという人物数名が実名で登場するが、彼らがどのような理由や経歴で疑われたのか、その内容を思い出せないケースもある［韋2003：24］。

(2) 丁玲と陳企霞の批判については、「介入しないのがいちばん」と感じていたと記憶されているが、そうした一連の批判で、彼らにどのような突出した罪状があったのか、まるで記憶にない、と書かれている。批判大会では全員が発言しなければならないが、自分が何を発言したかも覚えていない［ibid.：38］。文革期に入って、知識人が奇妙な批判文を書き、恥ずかしげもなく署名入りで新聞に掲載し始めるが、たとえば「反資本主義文学」批判など、その内容も論理も思い出すことができない［ibid.：92］。

しかし、韋君宜自身が記憶しテクスト化したにもかかわらず、忘却を強いられた内容もある。次項で『思痛録』の北京版と香港版を比較することによって、北京では何が記憶のテクストから抹消されたか、詳細に見ていくことにする。

２　北京版・香港版の比較

二つの版の比較によってまず目立つ差異は、北京版全十七章にたいし香港版は全十六章、という章構成の違いである。香港版で削除された一章は、北京版では「忘れ去ることのできない思い出」と題する第十四章である。向陽湖畔で肉体労働を共にした人びとのなかから、過酷な生活や処刑のために無実の罪で命を落とした一〇人の記憶が綴られている。韋君宜は、そこから生還した〝走資派〟として彼らを忘れることができないと、一人一人の記録を実名入りで残したのである。彼らが無名に近い人びとで、特に香港では馴染みがないことが、削除の理由と思われる。また接続詞や語尾、ちょっとした表現などが香港版で変更されているのは、草稿への忠実さより読みやすさを優先した結果であろう。いずれにせよ、本篇全体に与える影響は小さい。

逆に、香港版を読んで、北京版では変更・削除されていることに気づくのは、ちょっとした表現や人物名から、特定の文章や段落全体に及ぶものまで、さまざまである。一つには「騙局」〔ペテン〕という単語が「局面」に変更されるなど、表現が緩和される傾向が見られる。また、公人以外の実名のいくつかが伏字（××など）に変更されているのは、存命中の当事者またはその家族への配慮からであろう。そのような細かい点を除いて、二つのヴァージョンの差異を以下で具体的に検討するが、北京版における削除には、一定の規則性がみられる。まずそれらの特徴を分類しておく。

(1)　特定の人物に言及した箇所

(2) 著者の推測・判断にもとづく記述
(3) 著者の見聞、すなわち二次情報の記述
(4) その他（国家、党、社会主義への言及）

そしてこれらの削除が顕著になるのは胡風批判運動に関する第三章からである。

(1) 特定の人物（毛沢東）への言及

「反共」や「反革命」などの冤罪のなかで、かつての国民党との関係を疑われた人びとが多かったことは、これまでにも述べたとおりである。その際、過去の手紙に書いた反共的な表現が証拠として持ち出されたりするが、それは当時の進歩的な青年たちが国民党の検閲や弾圧をかいくぐるために使った「暗号」であり、文芸界では周知のことであった。それに関して、北京版では以下のような文章がある。

しかし、他の人の手に渡ってしまえば、どんな行動も証拠もどうにでもなる。蒋介石の言葉をいくつか見つけただけで、それが動かぬ証拠にされてしまうのである [ibid : 34]。

ここでいう「他の人」は、香港版では毛沢東となっている[9]。それに続いて、次の段落がまるごと削除されている。

周揚が胡風事件を上級に報告したときにすら、胡風を反革命集団だとは全く思いもしなかった。完全に、周揚同志の報告書が提出されてから、毛沢東が一晩で捏造したものなのである。これでは右派にされたあらゆ

る人びとよりもなお酷いものではないか？〔楠原2001, 4-1：298〕

またこの章の最後、胡風らにたいする摘発の内容が、思ってもみなかった内容だったことを、皆は自分の見る目がなかったせいだとして我が身の識別能力のなさを怨んだ、とする件《くだり》で、北京版では次の一文が削除されている。

こういう次第で、毛沢東主席の卓見には心から感服するばかりであった。〔楠原2001, 4-1：299〕

同様の例を以下に列記する。傍点部分が北京版で削除された文章である。

しかも毛沢東本人が救出運動について公開の席でみなに謝罪したではないか！　そんな謝罪など無かったに等しいものであり、信用してはいけなかったのだ。〔楠原2002, 5-1：142〕

いい加減に決定を下した一切の事件について、調査することも、名誉を回復することも許さないというように、最後に決定を下したのは誰なのか？　当然、毛沢東でしかあり得ないのだ！〔ibid.：147〕

呉晗の『海瑞罷官』が批判され（てから）、まったく不思議でならないと感じてきた。呉晗は明らかに毛主席の指示を受けたからこそ執筆したのである。彼は教授出身で、彭徳懐とは全く無関係なのに、彼にたいする批判がどうして正当であろう？〔楠原2005, 8-2：460〕

(2)　著者の推測・判断

反右派闘争の始まる前、党中央は皆を動員して、大いに意見を述べ大いに議論することを奨励する大鳴大放運動をやっていた。一九五六年二月フルシチョフがスターリンを全面的に批判した秘密演説が、中国にも衝撃を与えた後のことである。毛沢東もスターリンの唯我独尊には不満だったようだと述べられているが、その文章に続く以下の段落が、北京版からは削除されている。

私はこのこと〔毛沢東が従来、スターリンに不満を抱いていたこと〕がまさに彼が「大鳴大放」を発動した原因であったと考える。またその時、彼はとつぜん開明的になり、急に官僚主義反対を支持し、「太守」〔地方の最高行政長官〕以上のものがすべて彼に賛成しない原因だと言った。彼は、人民はスターリンにも、軍・行政機関の幹部にも不満をもっていると考えた。彼だけが人民を指導し、人民を操ることができるのだ。（これは「文革」中の彼の指導思想とまったく同じである）。フルシチョフにたいして、彼はすぐには態度を表明せず、フルシチョフは修正主義だと述べた。少し時間を置こうとしたのかもしれない。〔楠原2002, 5-1：135〕

同じ「丁玲・陳企霞批判から反右派闘争まで」についての四章は、次々と右派に認定されていった人びとの情況が実名入りで述べられている。それに関連して加えられた次のような感想も、北京版にはない。

当時私はおぼろげにではあるが、こう感じていた――これは中共中央にとって、学生運動のなかから大量に現れた、これらの最も優秀な幹部、血気盛んで今後の貢献がまさに期待されるこれらの人材が不要だ、ということではないか。その原因は何なのか？　それは彼らが多かれ少なかれまだいくらか脳味噌をもっていて、また若いので、われわれのように――少しはあれこれ考え、考えるがゆえに苦しみながらも――完全に頭を働かせることなく「党のすべての呼びかけに応じる」ことが不可能であるからに他ならない。［楠原2002, 5-1：143］

私はまたしても党中央には知識分子にたいする天然の憎悪のようなものがあるのかと思った。［ibid.：145］

(3)　二次情報

文革中に大きな役割を果たしたものとして、軍幹部があげられている。韋君宜らの出版社でも、最初は軍の宣伝隊として、後に各級の指導者として、軍幹部が指導・管理にあたった。「彼らはずっと幸運に恵まれ崇拝されていた」という文章に続く以下の表現は、北京版にはない。

しかし彼らの輝かしい人間像も永遠に保てたわけではなかった。最初われわれは指導をするために派遣されてきた軍宣隊に大変うやうやしく振舞った。その後、幹部学校で、ある軍宣隊がわれわれの女性タイピストと関係を持ったことがわかった。また別の軍宣隊は一人の女性編集者と揉め事を起こし、彼女がそのことを暴いたことがあった。もちろんそれから二度とわれわれはうやうやしく接することはなかった。……［楠原2005, 8-2：480］

「大躍進運動」に関する『思痛録』第五章では、新聞に掲載された話として、家庭や夫婦関係を打破し共産主義の実現を早めようとする宣伝が紹介されている。その後の次の段落は削除されている。

今、思い出したのだが、文化大革命の時にはみなを幹部学校に行かせ、軍隊式に編成した。男は男の兵営に、女は女の宿舎に帰り、子供まで隊に編成した。早くから「共産主義」の幻想はあったが、一九五八年にはもう実行しようとされていたようだ。［楠原2003, 5-4：642］

(4) その他（党、国家、社会主義体制などへの言及）

前記三点にもとづくと思われる削除は、類別が比較的容易である。しかしそれ以外の箇所については、さほど明白ではない。たとえば「社会主義学院」が解散されたいきさつは、類似の記述がくり返されていたために、一方が削除されたとも考えられる。

「大躍進運動」での非現実的な作付けなどの件《くだり》が削除されているのは、冗長だっただけかもしれない。また、文革で被ったすべての恨みつらみを、みな「四人組」のせいにするが、それでは不十分だと思う［韋2003：102］という表現は、北京版にもあるが、文革に関する第九章冒頭で、この「革命」は突然天から降ってきたものではない［ibid.：86］に続く、「なおさら『四人組』が起こせるようなものではない」［楠原2005, 8-2：460］は削除されている。

しかしそれ以外について概していえば、党や国家など、マクロな体制に言及したもの、という括り方が可能であろう。たとえば、反右派闘争に関して「この運動そのものがまさに社会主義を破壊するものだったとは、さらに思いもよらないことであった」［楠原2002, 5-1：146］という一文が削除されている。また、反右派闘争で「右派」と認定された人びとが、自分が右派とされた事情について避けて話さないのは、初めからそのような事情などなかったからだ、とする記述の後に、以下のような文章が続くが、北京版では、傍点部分が削除されている。

しかし彼らの犯した罪は列挙してみても、ブルジョア思想を主張したもの（もしこれが犯罪であるとしても）など一人もおらず、彼らはみな共産党擁護を主張さえしていたのだ。けれども駄目、擁護の仕方があまり正しくなければ駄目なのだ。犯罪というのは、要するに一つしかない。それはすなわち党中央が、ブルジョア自由が多すぎる、勝手気儘がすぎる、鎮圧しなければと考えれば、鎮圧される。手当たり次第に拾い上げては鎮圧したのだ。〔楠原2003：5-3：483〕

本当に、党に反対する人などいなかったし、ブルジョア右派の思想を提唱する人もいなかった。ただ、ブルジョア左派の思想はいくらかあったかもしれない。例えば、党の指導下に、権利としての自由を少し与えてもよいと主張する人はいた。それらもすべて、右派に準じて処理された。〔ibid.：484〕

確かに文革はいくらか悪夢のようであり、ありえないようなことだった。しかし世界中に、児戯のごとく、自分で自分の国を破壊し、大臣を殺害し、政府を閉鎖してしまうような国家（殺戮を嗜好する暴君が統治するものであったとしても）はこれまでなかった。しかしこれは夢ではなかった。〔楠原2005, 8-2：460〕

３　削除されたテクストが語るもの

以上、具体的に列記した「削除されたテクスト」は、何を物語るのであろうか。

『思痛録』初版が一九九八年五月に北京十月文芸出版社から出版された際、「責任編集者」であった丁寧《ていねい》（ディン・ニン）の名前で、巻末に説明文が付されていた。それによると、著者韋君宜の病状悪化のため、本人による最終チェックと加筆修正が不可能であったこと、やむなく、原稿の管理にあたった丁寧が完成させたことが述べられている。さらに、彼女の仕事は、草稿を清書したことの他、著者に代わって文中の個々の誤字、あるいは自分〔丁寧〕が適切でない〔原語は「欠妥」〕と思った箇所を訂正することであった、と説明されている。そして著者本人の意見を求めることができないため、妥当ではない部分は丁寧に責任がある旨、書き添えられている。「削除」についての具体的な言及はなく、前項で列記した部分のテクストは、北京版では存在しない。

北京で忘却を強いられたテクストを、香港版から拾い出して読んだ後に、前項であげた削除に関する四つの特徴をもう一度読み直してみると、以下の三点にまとめ直すことができる。すなわち、①毛沢東に関する批判的な叙述、②解放軍の醜聞暴露、③政治運動や国家・党・社会主義にたいする著者独自の批判的見解を述べた箇所、である。そこから、毛沢東や解放軍が神聖化され、個人は「大きな物語」を批判的に語る資格を有しない、という規範の存在が浮かび上がる。一方、「個人記憶の主張」が明快な箇所に削除はない。

本章五2で再び述べるが、『思痛録』同様に、リスクを懸念されながら一人の編集者の熱意によって大陸で二〇〇三年に出版され、その後、香港と台湾(二〇〇四年)でも出された知識人の回想録がある。反右派闘争を中心に、文革までを描いたものである。大陸では『往事並不如煙』(過去の事は煙のように消えてなくなるものではない)というタイトルであったが、香港では『最後的貴族』の書名で、台湾では大陸と同じ『往事並不如煙』として出された。そして大陸版では、編集者の「自主規制」により二万字もの削除や言い換えが行なわれた。編集者自身はそれを、「人名に関するタブー」「語句に関するタブー」「話題に関するタブー」に帰している。誰について何をどのような語句で語るか、ということに関する規範を想定した削除・修正を行なったというのである。また、完整版である香港版と比較した横澤泰夫によると、同書の削除・言い換え箇所は次のように分類されている。①「毛沢東」ら指導者や「中国共産党」への言及、②人名や共産党の言い換え、③毛沢東や中国共産党の「政治運動(反右派闘争を含む)」や政治一般にたいする異議、④民主党派の思想・信念に関する部分の削除[横澤 2006]。このうち④は、『往事並不如煙』の著者の個人的背景を反映したもので、このケースに特有のものと思われるが、①〜③に関しては、本書の『思痛録』北京版・香港版比較の結果と概ね一致する。

「毛沢東」の個人名に関しては、本書第三章で見た回想録においても使用頻度が極めて少なく、また巴金の

『随想録』においては、いっそう明確に避けられていたものである。文革終結直後には脱神格化がめざされたかに見えたが、決して単なる歴史上の人物になってはいないことがあらためて確認できる。また、『思痛録』『往事並不如煙』ともに、削除は編集者の自己検閲によるものである。報道にせよ出版にせよ、国家の検閲は「統一的に明示された基準があるわけではない」［横澤2006］という理解が一般的である。さらに、韋君宜自身は近い将来の出版を意図しておらず、『往事並不如煙』の著者章詒和《しょうたいわ》も海外での出版を望んで書いたものであった。いずれも執筆当時考えられた大陸での規制と規範の範囲を超えて書かれたのである。編集・出版にあたっての「自主検閲」は、その時その言説空間で受容可能な規範内に納めるための作業であった。同時に、国家権力の介入を排除するために国家権力を上回る規制が働くという面もある。二つのケースによって、編集者という個人に内面化された国家権力の要請、公的規範の有り様を見ることができる。出版を成功させるために想定される要因には、生産だけではなく受容の側面や、さらに大きな外的要因が含まれることも推察される。これについては、再び本章五で出版と検閲をめぐるアクターとファクターとして考察する。

4　楊団インタビューから読み解く「忘却」

i　草稿における自主規制

次に、編集者による「自主検閲」の前段階、草稿という生産の第一段階で、著者自身によって忘却すべく選択されたものがなかったかを確認しておきたい。著者自身の自主規制によって、あるいは「語りえぬもの」として、草稿に現れることのなかったものへの接近の試みである。

その一つは、『思痛録』のテクストのなかから読み取ることができる。文革に関する章で著者は、多くの人びとが文革の悪夢を「四人組」のせいにし、また自分の苦しみしか書かないことをきっぱりと批判している［韋2003：86, 102］。また「反右派闘争」についても文革に並ぶ紙幅を割き、詳細な事例を提示して多角的に批判しているが、「私は決して、人を右派に分別した人たちのことを恨んでいるのではない」[ibid.：40] と言明している。個人的な怨恨、自己憐憫的な感情にたいする禁欲を、みずからに課しているのである。公人に限らず多数の人物が、少なくとも韋君宜の草稿においては実名で記されていたにもかかわらず、彼女自身が最も卑劣と考えるであろうタイプの人物二人は、「名前はふせる」と但し書きがつけられている [ibid.：47]。

個人的な怨恨については、前章で述べたように巴金も「個人的怨念」が消えたことを書いていた。報復にも反対していたが、それは自戒というよりは、十年の悪夢が醒めたことと、他者よりは自己にたいする厳しさからであった。内面の心情をありのままに書くという点が優先され、巴金の執筆活動を禁止した張本人である当時の上海の指導者にたいしても、最初は「徐某某」と書いていたが、その方が不自然だったためであろう、やがて実名に変えた。さらに、私的交友や家族に関する感情的な叙述の豊かさが、『思痛録』とは異なる点であった。

対照的に、韋君宜の回想には家族の物語というフレームが稀薄である。想起の契機が、娘への語り、七年ぶりに集うことのできた家族との対話であったにもかかわらず、それは党と国家の歴史を継承するための政治討論という枠組みのなかで行なわれたもので、娘は夫に次ぐ左翼の二番手として位置づけられている。しかし、その娘楊団とのインタビューのなかで、『思痛録』には書かれなかったことで母韋君宜の文革の記憶として重要なことは何か、と質問したとき、真っ先に語り出されたのが彼女の弟の物語、すなわち韋君宜の長男のことであった。

韋君宜には娘楊団の下に二人の息子がいた。文革が始まると、母は「走資派」、父は「反革命修正主義分子」とされて、批判闘争や労働改造で家を留守にするようになった。長女の楊団も農村に行かされ、その間、北京に残された弟たちは日々さまざまな迫害を受けた。家は紅衛兵の攻撃を受けてめちゃめちゃに荒らされた。最も大きな打撃を受けたのが文革勃発当時小学校五年生の長男だった。家にいられなくなり、北京のはずれにある小屋にかくまってくれる人がいたが、それも見つけ出されて乱暴を受けた。とうとう彼はそこを逃げ出し行方がわからなくなった。そして探し出されて戻った時には完全に精神を病んでいた。誰が誰かもわからなくなり、知能の発育はそこで停止した。精神病院に何年も入院したが、退院した後もさらに障害者差別といじめにさらされた。母韋君宜にとって最後の心痛は、こんなふうになってしまった長男に申し訳ないということだったであろう、と楊団は推測する。自分が亡くなった後のことを綴った遺書は、ことごとくこの長男について書かれたものだったという。小学生の知能で止まってしまった彼に、韋君宜は、せめて中学レベルの学力をつけようと、退職前の多忙なさなか、図書館に通って教科書を借り、歴史や地理、国語や数学を補習してやった。その成果であろう、長男は『思痛録』の草稿を書き写す作業を手伝えるまでになった。しかも、「解説」によれば、その秘密の草稿の内容を外部に密告できるほどの知恵はない、という意味でまさに適任者だ、と韋君宜は判断したのであり、それは確かに正しかったという[ibid.：192]。

もっと幼かった次男の方は、当時の状況をかわす術を身につけていた。学校に行くふりをしてカバンを背負い、毎日定期券を使って電車に乗ると、一日中市内をぶらついた。両親も教師も目が届かなかったのを幸いに、彼は何年もの間両方を騙しとおし、自分で時間をつぶし自分で勉強した。そうやって、殴られ罵られつばを吐きかけられる日常から逃れた。

精神を病んだ長男のことは、楊団の「解説」にも一部書かれてある。しかし韋君宜の書いた『思痛録』本篇では一言もふれられていない。その存在そのものが「忘却」されている。楊団のインタビューからは、彼が文革後母に伴われて出勤し、母の職場でボランティアとして働いていたことがわかり、決して韋君宜が障害者の息子を社会的に隠蔽していたわけではないことは明らかである。むしろ弱者や障害者の現実に心を痛め、その執筆活動のなかで、障害者施設を取材するなど積極的に障害者問題を扱っていたという。そうした韋君宜の活動は民政部の部長に認められ、政策提案まで求められるようになった。現在社会科学院で「社会政策」を専門とする教授である楊団は、「母がやった仕事は、今日私がやっている仕事の始まりだった」と言う。それでも、韋君宜の回想録のテクストから長男の記憶は抹消された。韋君宜にとって文革の記憶のなかで最も重大な一部は、社会的に共有されなかった。あまりの心痛ゆえに、とうてい語りえぬものだったからであろうか。あるいは、個人的怨恨や苦しみへの禁制を破ることなしに、長男について語ることはできなかったからだろうか。

そのような感情のレベルにおける禁欲のみならず、家族や私的領域に関する記述の少なさとも合わせて、それは、『思痛録』を社会や未来という、時空を超えた共同化に向けて開こうとする意志を裏付けるものであろう。長男の廃疾という、文革がもたらした最大の心痛を完全に抑制して、韋君宜がどうしても書かなければならなかったのは、党と国家の根幹に迫る構造的な問題についてであり、その連続性についてであり、それをみずからの体験に基づいて伝え、残すということであった。個人記憶それ自体は、必ずしも脱政治化を意味しはしないのであるが、それは出版という共同化と読者共同体による受容の過程で、紆余曲折を余儀なくされる。

ii 削除された最後の一章と「結語」

楊団の「解説」によると、『思痛録』の草稿は、一九八三年には「延安時代の運動から文革に至るまでの八章」が基本的に完成していたということであった。本書では、その文革に至る道程の「連続性」に、「歴史決議」への批判性を読み取った。だがそれは、文革が終点ではなかった。楊団のインタビューによって、韋君宜の草稿には、一九八九年に追加された最後の章と「結語」が存在することが明かされたのである。「六四」天安門事件の章とそれに関する「結語」であったが、両方とも編集の段階で、北京版からも香港版からも削除されたという。

一九八六年に人民文学出版社を退職した韋君宜は、同年四月脳溢血で半身不随となり、以後入退院や闘病・リハビリを続ける。そして一九九四年の十月に入院してからは二〇〇二年一月に亡くなるまで病院を出ることがなかった。意識は最後まではっきりしていたが、会話はできなくなっていったという。そのため北京版・香港版とともに、出版に関する用件は楊団が代行した。二〇〇〇年の香港版は基本的には草稿どおりであったが、再三考えたあげく、前記のとおり最後の章と結語は削除することにしたという。二〇〇三年の北京版は香港版と同じものにしたかったが、やはり大陸の方がリスクが大きいため、一九九八年版並みの削除がなされた。最後の章を追加した『思痛録』完全版は、いつどこで出版できるか全く未定である。何が変わればそれが可能になるのか。

今に至るまで、どの版もみんな不完全です。香港版がいちばんそろっていて削除が少ないですけど、それでも「六四」の章と結びの言葉が欠けています。〔中略〕かつて、香港では出せるはずだと言った人がいました。天安門事件は、香港ではもう問題にされなくなっていましたから。大陸ではきっと出せないけど、香港なら出せる、と。でもやはり私は当時働いていたので職場に迷惑がかかると悪いということも考えましたし、それに、六四天安門事件は名誉回復される、今出ている結論を覆すことができる、という希望があったのです。私はいつかそうなると信じています。

今は出版できないという絶望と裏腹に、いつか世の中が変わり政治が改革されて出せるようになるという希望は、韋君宜自身を執筆に駆り立てたものでもあった。そしてそれは、果てしなく遠い未来への希望ではなかった。母から草稿を託された経緯について、楊団は次のように語っている。

母はもともと自分が生きている間にこの本を見届けることができるなどとは思ってもいませんでした。この本は、何年も経って、この社会が変化し政治が明朗になったときにはじめて出版できる、と思っていました。ですから母が私にそれを託したとき、彼女にとってもっとも大事な本なのだから、出版できるようになったら私に出版してほしい、ということだったのです。

三　生産と受容にみる記憶の共同作業

1 「文化現象」としての『思痛録』出版

『思痛録』の著者の長女楊団がインタビューのなかで強調したのは、発売にあたって全く宣伝をしなかったということである。にもかかわらず、一九九八年に初めて北京で出された『思痛録』は、売行き好調であった。売切れと増刷をくりかえし、海賊版も出回ったという。そうした顕著な反響は、公的権力の関心を惹かずにはおかなかった。中央宣伝部が、調査のために本を提出するよう命じたのである。しかし、それが発禁処分に至ることはなかった。七刷りまで増刷され、(10)『思痛録』は一九九八年のベストセラーと称されるほどになった。(11)楊団はその理由として、社会的反響が非常に良かったことと、同世代の人びとや知識人が口コミで伝え合ったり新聞雑誌に書評を書いてくれたことをあげる。そうした反響を集めた本も出版された。二〇〇一年に北京の大衆文芸出版社から「中国当代文化現象シリーズ」として出された『回応韋君宜』〔韋君宜への応答〕〔邢・孫2001〕である。この本の全四六三ページのうち前半には、二〇〇三年版に収録されるものとほぼ同じ楊団の「解説」と『思痛録』一九九八年北京版のなかの以下の四つの章が転載されている。

一　道を踏み外した者を救う〝救出運動〟

六　〝反右傾運動〟は誰に反対するものだったのか〔ただし、この章は「私が見た反右派の嵐」と改題されている〕

十　同時代人の悲劇

十五　編集の懺悔

それに続いて、雑誌などに掲載された韋君宜の文章、数々の小説に付された「あとがき」などが転載されている。そして二三九ページからの後半には、『思痛録』にたいする書評や、韋君宜に関する随筆、インタビューなどが集められている。『回応韋君宜』の編者二人が連名で書いた「前言」によれば、出版後二年以上にわたって各種新聞雑誌上で発表された韋君宜と『思痛録』に関する文章は、百篇を下らなかったという。(12) そのうちの半数近くが、関係者の収集努力によってここに転載されたのである。『北京晩報』『羊城晩報』『文匯報』など大都市のメジャーな新聞や文芸雑誌から、『炎黄春秋』などの文化・学術的な雑誌に至るまで、各種媒体に発表されたそれらの文章は、ほとんどが評論家や編集者による書評・随筆である。『回応韋君宜』への転載にあたって、特にその収集に系統性がみとめられるわけではないが、『思痛録』に直接関係する文章は四十篇に及んだ。出版以前のものも含め、一九九七年から九九年の間に書かれた文章で、出版一年目の一九九八年に発表されたものがいちばん多い。本章では、この『回応韋君宜』に収められた「前言」と書評四十篇を対象として、『思痛録』が出版前後どのようなものとして構築されたかを分析する。なぜならそこに、発禁処分を意識した防衛の戦略を読み取り、韋君宜の個人記憶を共同化することによって、出版の自由を訴える知識人の共同体が形成されていく過程をみることができるからである。

『回応韋君宜』「前言」によれば、韋君宜はそれ以前から個性のはっきりした小説家として、叙述や描写の素朴さ、明快さ、簡潔さおよび思想のメリハリを評価されていた。彼女の創作は同時代作家のなかでも好評を得ていたが、しかし文化現象となるには到らなかった。彼女が文化現象を生んだのは、回想録によってであった。『思痛録』出版後、何度も売切れ何度も重刷したが、読者、とりわけ中国の中高年知識人の間で、一時期相互に伝え合い紹介し合って議論するほど話題となったという［邢・孫2001：前言1-2］。

2 「誤読」という「領有 appropriation」

その一人于光遠《うこうえん》は、韋君宜とは同世代の学友で、延安時代以来の同志である。本書第三章で分析対象とした『文革中的我』〔文革中の私〕(1995)[60]は、彼自身の著書であり、第三期に特徴的な知識人の単独回想記として、自分自身が直接体験した些細なことだけを書くと明言されていた。その于光遠が書いた、「韋君宜のための八十歳の誕生祝」[邢・孫2001:386-388]と題した文章が、一九九七年九月二十六日の日付で収録されている。『思痛録』出版前のことなのでその書名こそ出てこないが、明らかに彼の目的は『思痛録』出版のためのアピールである。まず、現在韋君宜が協和病院のベッドで寝たきりの状態になっていること、しかし意識ははっきりとしており懸命に身体的苦痛に耐えていること、彼女の生きようとする意欲は自分の書いた回想録が新著として世に出るのを待ち望んでいるからに違いない、ということを訴えている。次いで、その回想録の原稿が、ある出版社に渡されて内容は評価されたものの、上から咎められることを恐れて出版計画が取り消されたことにふれ、「彼らはおそらく、この数ヶ月が韋君宜にとってどんな意味をもっているか考えてもみないのだ」と書いている。そして今のところ次の出版社で出版が決定し刊行されるのを、韋君宜はじっと闘病の辛さに耐えて待っている、と伝えている。

一時危篤が伝えられた韋君宜であったが、于光遠が久しぶりに見舞ったところ、しっかりと彼の手を握り笑みさえ浮かべ、言葉にならない声を発しつづけた。誰にも聞き取れないほどだったが、いつも付き添っている看護師は、韋君宜が絶えず「文革」という言葉を発している、と教えてくれたという。于光遠はこれをきっかけに、みんなで韋君宜の八十歳の誕生祝いをやってあげようと提案し、仲間内でアイディアを出し合った。最後の一文には、彼の書いているこの文章が新聞のコラムに掲載されるよう、『羊城晩報』に送ると書かれている。

そしてそれが本当に掲載されたことは、「『思痛録』出版前後」[ibid.:395-396]と題する文章からわかる。一九九七年の終わり頃に『羊城晩報』紙に載った于光遠のその文章について書かれたもので、『思痛録』出版後に別紙『大河報』に掲載された。病状説明や最初の出版社が撤退した経緯など、于光遠の文言がそっくり再生産され、「彼らはおそらく、この数ヶ月が韋君宜にとってどんな意味をもっているか考えてもみないのだ」という言葉には、于光遠が「憤慨して」そう書いているという解釈が付け加えられている。回想録はついに世に出たが、上からの咎めなどなかったばかりか、読者の心を強烈に揺り動かした。いわゆる「恐れ」など、見る目のない凡人が勝手に心配していただけのことだったのだ。韋君宜の目的は、みずからの体験と知識人の良知によって、後世の人びとに信頼できる歴史と教訓を残すことだけだったのだから——と出版を恐れた人びとへの批判的な文面が続く。近年似たようなことが出版界で見聞されるが、これは個別の現象ではなく、職業道徳を放棄し読者にたいしても歴史にたいしても責任を果たそうとしない共通の状況で、出版界の恥である、とも記している。

『思痛録』出版前に書かれたものとしては、先の于光遠の文章の他にもう一篇、丁東《ていとう》が一九九八年一月に書いた「良書は人に知られず、良書は世に出ない」〔ibid.：393-394〕というタイトルの文章がある。これもまた韋君宜の病状や彼女の最後の望み、出版社の反応などについて、于光遠の文面をそのまま反復している。そして、彼女がこれまでに書いた小説とは異なり、回想録は虚構の殻を破ったものであり、一部読んだだけでもその価値の高さがわかったが、韋君宜が困難な状況の下で書き上げた絶筆が、かくも出版しづらいとは理解に苦しむ、と書いている。中国の出版界に多大な貢献をした韋君宜のような人物の著書がこれでは、一般の人びとが憲法に定められた出版の自由の権利を享受できるわけがない。〔英国の〕ダイアナ〔妃〕の場合は死後十二日でもう関連書籍が上梓された。それに反対するわけではないが、ダイアナにはゴーサインが出て韋君宜の場合には赤信号というのでは、「健全な出版指導」といえるだろうか——と、やはり出版のあり方にたいする問題提起に及んでいる。

こうして、于光遠が準備した二つの枠組み——余命いくばくもない作家の最後の望みが叶うかどうかという個人史上の意義と、彼女が党とともに歩んだ生涯の回想録が出版できるかどうかという出版界全体にとっての歴史的意義——は、確実に引き継がれた。「最後の望み」については、出版後の書評において拡大解釈され、また恐らくは丁東の「韋君宜が困難な状況の下で書き上げた絶筆」という文面が誤読を生んで、次のような言説となって流通する。――「寝たきりの病の体でこの『思痛録』を書いた」[ibid.：240]、「今回韋君宜は病の身で死を目前にしたといっていい時期に、最後の激しい思いによって『思痛録』を書き上げた」[ibid.：244]、「韋君宜による病中の最近作『思痛録』は最も人の心を動かし涙を誘う」[ibid.：248]、「長い間病気の身でありながら……人の心を揺さぶる長編の回想録を書いた」[ibid.：315]、「これまで読んだ文革の回想録のなかで最も感動的だったのは、韋君宜先生が病床で完成させたもの」[ibid.：339] 等々である。

この「誤読」が、出版の意義を高め、発禁の危険を免れるための「人道作戦」という意図的なものであったかどうか、確かなところはわからない。しかし、これらの文章から推察する限り、他者の言語が反復されるうちに、情報の発信と受信の間に生じたズレが増幅していく過程を見ることができる。こうして、『思痛録』出版そのものの意味が、拡大再生産されていった。またもう一つの可能性としては、削除された章の存在に関するメッセージが含まれていたかもしれないということである。前述のとおり、『思痛録』の草稿のほとんどは、文革の末期から韋君宜が復職した時代までの間に書かれたものであった。削除された章のみが、脳溢血で半身不随となった後の闘病とリハビリの続くなかで、一九八九年に書かれたのである。親しかった作家・文化人のなかには、それを知っていた人もいたかもしれない。そしてそのことについてなんらかの形でふれずにはいられなかったという可能性もありえよう。

ただし「誤読」にたいしては、牧恵《ぼくけい》（ム・ホェイ）がきっぱりと訂正している [ibid.：397-398]。著名な文化人であり編集者である牧恵は[13]、早い時期から『思痛録』の原稿を知り、その出版に尽力していた。彼が、『思痛録』出版前後の事情に関して事実に合わない書評があることを指摘し、『思痛録』の草稿は一九八六年の発病前に書かれたものである、と明言したのである。「残りの部分が一九八九年末か九〇年初めに完成された」という点はつけ加えているが、いずれにせよ、彼が韋君宜の手から草稿を受け取ったのは一九九〇年か九一年のことで、その後寝たきりの状態になってからは書けるわけがない、ということが強調された。この牧恵の文章は一九九八年十月二十二日付の『羊城晩報』に掲載され、以後、『回応韋君宜』に収められた書評を見る限り、「病中の執筆」という誤認にもとづく言説は完全に消えた。牧恵は同時に、上からの咎を恐れて出版できない云々といった出版社への批判が出ていることに関しても、彼らを無能な「凡人」呼ばわりすることに自分は反対だと述べている。彼らは「勝手に心配していた」わけではなく、彼らにそのようなやむをえない決定をさせた「周知の」客観的な事情があったのであり、情況を理解している作家・読者ならわかるはずである。自分も十分理解しており、彼らは独自の見解を持った有能な作家・学者で、自分は依然として彼らを友人とみなしている――などと説明している。

3 「知識人の良知と反思」としての受容

そして一九九八年五月に『思痛録』が出版されてからの書評には新たに、その具体的内容にふれた受け止め方が加わって支配的となっていく。それは著者みずからが身をもって体験したこと〔親身経歴〕について、誠実に他意なく〔真誠、純潔〕、本当の話を語り〔説真話〕、反思と徹底した悟り〔大徹大悟〕に至ったという点において、わずか一二万字の薄い本が読む者の心を動かす〔震撼人心〕――という評価の仕方である。ほとんどすべての書評に共通して、これらの語彙のいずれかが複数見られ、『思痛録』をそのドラマ性や社会性、ましてや政治的批判性においてではなく、事実そのものが持つ力と著者の真摯さという枠組みにおさめて流通させることになる。そして何よりも「文革の回想録」として、「誰もが忘れられない地獄の日々を、勇敢に回想し正視し思索した」ことの稀少さゆえに、これまで読んだ「文革回想録」のなかで、最も心揺さぶられる一篇〔ibid.：240〕とされる。すなわち、同時代人であれば誰もが知っていることだという普遍性と、他の文革回想録が書かなかったものだという独自性との両面からの評価である。

しかし、そうした枠組みの下で形成された記憶の共同体は、決して「誰も」が属するものではなく、あくまでも「知識分子」の共同体であった。『思痛録』は「知識分子の旧世代の最も徹底した反思の書」なのであり［ibid.：341］、「中国における良知ある革命家と知識分子の新たな目覚め」を表現したところにこそ、この本の価値はある」［ibid.：337］のである。『思痛録』の出版は、少なからぬ知識人に、歴史を思い起こし反思する責任感と使命感を啓発し、さらに多くの回想的言説を引き出した。過去の歴史の誤りに関する研究に圧力をかけ、知識分子を異種か敵、あるいは潜在的な敵のようにみなすのは完全に間違っている［ibid.：239］という抗議も、『思痛録』の書評の前段として表明されている。「痛快」という表現も何回か見られ［ibid.：前言2, 341］、「疑問、慨嘆、涙、後悔が韋君宜の心に長年積もり積もっていたなら、幾世代もの人びとのなかにもまた長期間わだかまっていたのだ」［ibid.：前言1］と解釈され、それをここまであらいざらい語った人はそういないが、しかしその記憶は何代もの知識人全体が共有しているのだ、ということが示唆される。歴代の政治運動の回想を、延安時代の「救出運動」から始めたことの論理性、「粛清と反知」というモデルが文革まで続いたという連続性なども指摘される［ibid.：252-253］。

『回応韋君宜』に集められた文章には、巴金の『随想録』に言及したものも少なくない。一九九八年の北京版に付された内容紹介には、「巴金の『随想録』を継ぐ真実を語る書」という表現が使われており、それが再生産されている［ibid.：307］。『回応韋君宜』「前言」には、『思痛録』の意義を巴金の『随想録』と並び称した人もいたが、これは決して過分な称賛ではない［ibid.：前言2］と書かれている。このように、巴金に続く書あるいはそれに類する書［ibid.：345, 260］とみなすことで、『思痛録』の意義を認める言い方があるのにたいし、それを超えた書という評価もある。すなわち、出版界上層部に身をおいていた韋君宜ならではの経験と見聞に基づいて書かれたもので、その真に迫る豊かな内容は、巴金のものとは比べ物にならない［ibid.：330］、同じ真実を語る書でも、巴金には痛快さがないが、『思痛録』は痛快である［ibid.：341］、といった評である。

以上は、『回応韋君宜』に集められたテクストにもとづく受容論であるが、著者の娘楊団のインタビューにおいては、また異なる受容の側面が明らかになった。たとえば、巴金との比較については、恐らくすでにそれを上回るという評価が出されていたこともあって、大作家と並び称せられることが必ずしも称賛とも光栄とも思われていない。

本当のことだけ言ってもやはり十分ではありません。ですから、『思痛録』と巴金の『随想録』は、私からすれば、比べられるとは思いません。巴金は学者で、語ったのは文革当時受けた屈辱と彼の公平や正義にたいする人生の感慨です。しかし私の母は革命家で、彼女が語ったのは六十年の道のりで出会った諸々の苦難についてです。母が考えているのは自分個人のことではなく、民族と国家の命運のことであり、このままにしてはいけないということなんです。ですから全く比較になりません。

楊団はまた、出版後の反響について以下のように大別して語っている。一つは、革命に参加した知識人の世代からの反響。『思痛録』にたいして本質的な評価をしており、あの世代の心の遍歴が反映されている、という共感。もう一つは中年からの反響で、延安の幹部審査を直接体験したわけではないが解放後のいくつかの運動を経験したために、『思痛録』のなかに、正確で力のこもった描写、真実の反映を感じとったと思われるもの。それから若者たちの反応で、それなりの考えを持ち、中国の現状の歴史と未来について探求意識のある若い人たちが、『思痛録』を読んで著者韋君宜を尊敬し、楊団のもとにも多くの若い読者から、それを伝える便りが届いたという。彼らは旧世代にたいして、全く思想ももたず盲目的に追随した人びとだと思っていたが、そうではなかったということがわかった。たくさんのことを経験し、あんなにも多くの苦しみを経て、それでも心の理想を守り通した人たちなのだ、ということに気づいた。それまでは当然そのような歴史については知らなかった。一般に若い人たちの旧世代にたいする見方は良くなかったが、『思痛録』を通して良くなった。非常に尊敬に値する――などというものである。

また、『思痛録』のなかで言及された具体的な人物からの反応もあった。これらの人物名は、北京版からは削除されていたのだが、本人にはわかって、自分の方からカム・アウトしたり、文章に書く人もいた。韋君宜の言っていることは本当じゃない、私はそんなふうには言っていない、などとこと細かに言いたてる人もいた。『思痛録』に書かれたこととは異なる意見を出したのは、そのような人びとで、なかには古くからの幹部や韋君宜とともに延安に行った人、また文革時の造反派なども含まれていた。楊団によれば、韋君宜は歴史の事実に基づいて書いたのだが、自分はそんなふうではなかった、歪曲している、と言ってきたのだった。

しかし恐らくそのような人びとの言説がメディアに乗ることは多くはなかったであろう。少なくとも『回応韋君宜』には登場しない。しかし一篇だけ、肯定的ではない書評が収められていた [ibid.: 379-380]。それは『思痛録』の具体的な内容に関するものではなく、韋君宜の率直な後悔や心痛の吐露を、いわば〝転向〟とみなす立場からの批判といえる。韋君宜はもともと名門のお嬢様であり、新時代の興奮の波に乗り、民族解放事業に身を投じて時代の先端を行き、厳然とプロレタリアートの前衛戦士となったにもかかわらず、何を今さら失望するのか、と疑問を投げかけている。魯迅が、革命に失望して自殺した人物について語ったことを引用しながら、韋君宜を婉曲に批判する内容である[14]。

実はこの背後には、文革の記憶の語り方のもう一つの類型が想定される。『回応韋君宜』に収められた書評のなかにも、「後悔はしない」という語り方を引合いに出して、『思痛録』と対比させているものがある [ibid.: 346][15]。そして、『思痛録』の反思と心の痛みの真剣さが評価されることによって、過去の反省のないまま人気作家となった人物にたいするバックラッシュが起こったりもした。その際、非難されたその作家の反駁もまた、「懺悔しない」という言説となって伝えられた[16]。

4 「脱政治化」による普遍化

『思痛録』がもつ批判性を評価し、党史の連続性に関する指摘に共感した文章もあった。その出版をめぐる困難を引き合いに出し、現状を批判し出版の自由を求める声も上がった。しかし、それらは集合的な主張となって膨張する前に、大局的な理解によって注意深く相対化された。そして、『思痛録』をあくまでも個人記憶に依拠した真摯さによって評価しようとする見方が、一貫して顕著であった。『思痛録』の出版には当然困難が予想されており、「極左を鋭く批判したこのような書が思いがけなくも、しかも首都北京で出版されたのは、真に奇跡である」[邢・孫2001：384]とまで言われた(17)。そうした困難は、本章一で分析したような「歴史決議」の巧妙なロジックに対抗する、共産党批判も含めた『思痛録』の根本的な批判性が十分読み取れたからこそ予想されたのであろう。よって、出版が実現してからも「発禁」という事態もまた十分想定されたはずである。こうして、批判性の評価とは異なる、以下のような読み取りがなされている。

韋君宜が過去の各種の誤った政治運動にたいして多くの不満や否定的な意見をもっていたとしても、「彼女は党にたいし、全民族人類最高の幸せを実現するという共産主義の信念にたいし、依然として少しも動揺しなかった」ということが強調される。そして、「古くからの共産党員の限りなき忠誠、党にたいする限りない熱愛の立場から出発して」『思痛録』を書いたのだ、という文脈において、「寝たきりの病の体で」という誤認が挿入されたのである[ibid.：240]。また同書初版が北京十月文芸出版社から出版された際、直接編集にあたった丁寧は「編集手記」に、「この病床で完成された本を、草稿で読んだが、手書きのため筆跡の判読が難しかったものの、その行間を通して、一人の革命家の良知、一人の文化人の経験した風雨にたいする反思が伝わってきた」[ibid.：400]と書いている。また、審査にあたった編集室の上司からも強力な支持を得たこと、主任編集長も多忙な時間をやりくりして急遽検閲を行ない、全文を読み終えた後に、これは「歴史決議」の精神に完全に合致したものであるからしっかり編集すべしと述べたことなど、内部の詳細まで記している。そして、査読で高く評価された同書の優れた点として、その誠実な真実味、過去にたいする反思と悔悟があげられている。さらに、個人の成長の歴史のみならず、避けるべくもなかった政治運動にたいする思考と、国家・民族の未来にたいする思考とを結びつけた、時代と歴史と人に関する反思の深さも評価されている［ibid.：401-402］。

『思痛録』は、著者みずからが身をもって体験した「事実」が重視される反面、事実の間違いもいくつか指摘されている。そこでもまた、老いた病気の身で書いたため記憶違いがあるのは無理もない、という誤認による納得がなされている。また、出版時には意思疎通ができなくなっていたため本人に確認できなかったという現実的な問題もあって、事実とは異なる記述を含んだまま出版された。『回応韋君宜』には、具体的な間違いを指摘した文章もおさめられているが、『思痛録』本文では、二〇〇三年版でも訂正の脚注は二ヶ所しか付けられていない［ibid.：55, 17］。事実の間違いはそれほど重視されていないのである。牧恵は「韋君宜の記憶には間違いがある。われわれも事実の照合をしなかった。そうして文字として世に出た」と認め、当事者に迷惑をかけたことは詫びるが、「われわれからすると、取るに足らない小さな欠点である」と言う［ibid.：398］。

確かに、右派という罪名の原因となった詩の題名が間違っていても、あるいは壁新聞で実の父を罵倒した言葉が「裏切り者」であって「犬」ではなかったとしても、右派にされた詩人の罪状、実の父を罵倒させられた息子の状況を問題視する観点からみれば些細な相違に過ぎず、これまでに見てきたような『思痛録』の受容の枠組みは揺るがないのである。そして、知識分子が受けた迫害、これからも予想される言論・出版の弾圧は、知識人の記憶の共同体を超えて、人民全体の問題として意味づけられる。記憶の個人化という戦術は、出版の困難を迂回する脱政治化という隘路であっただけでなく、幅広い読者につながるための普遍化をもたらす。それは、韋君宜の個人的な体験はみんなの体験でありえたという、以下のような受容の仕方によって実現した。

書かせない、読ませない、発表させない、という三つの禁止、さらに研究させないということ。それは党員、人民すべてに……永遠に盲目服従の態度をとらせることである。……もしこれに固執しつづければ、狂乱の政治運動が再び発生することは免れない。[ibid.：239]

韋君宜が明らかにしたかったのは、自分がいかにして被害者にもなり、また加害者の役割も演じたかということである。似たようなことはほとんどの人が皆経験している。ただ、皆が皆思い出したいとは限らない……[ibid.：304]

われわれが彼女の本から理解するのは、大多数の普通の人びとが、当時どのように考えどのように行為したかであり、そのような普通の人びとが、まさに自分たち自身でありえた、ということだ。[ibid.：306]

確かに、先述のような出版後の好調な売行きは、知識人の共同体を超えて、韋君宜の記憶がかなり広範な読者の間で共有されていったことを示す。楊団は、『思痛録』が発禁処分を受けなかった理由として、社会的反響が良かったことと知識人の間での好評をあげた。これまでは主に知識人の共同作業としての側面を見てきたが、一般読者の反応についても、楊団は次のように語った。

出版後すぐに海賊版が出ました。北京十月出版社は必死に増刷しました。その年のうちに七刷りです。その後はもう出ませんでしたけど、そこからわかることは、全くなんの宣伝もしないのに、完全に読者の間の口コミだけで、このような反響を呼ぶことができたということです。その内容が読者を深く感動させたということがわかると思います。

「知識人」の共同体の外により広範な一般読者の共同体が形成されたとすれば、それは韋君宜の「知識人」という特殊性にもかかわらず、であるとともに、その特殊性ゆえにでもあった。本書第四章三2で引用した王朔《おうさく》が抱いているような、社会の特権階級としての自尊心に満ちた「知識人」像は、確かに存在していたであろう。文革で打倒され、その後名誉回復された知識分子たちは、元どおりの特権を回復したのではない。『思痛録』は以前とは異なる知識人像を提示している。文革によって「大多数の普通の人びと」と同じ立場に立ちそれ以上の苦しみを味わい、しかも巴金以外の他の誰にも及ばぬ深刻な反思を、老いの身で病と闘いながら今なお続ける――「反省の書」としての『思痛録』の受容は、そのような知識人イメージを伴うものであった。それは特権者というよりは社会的弱者であり、なおかつ、単なる犠牲者でもなく厳格な「知」と「意志」の人である。その新しさと稀少さ、普遍性と独自性とが読み取られて、『思痛録』は「文化現象」になったのである。そのイメージの強さは、楊団の予想を超え、ある意味では、当事者である彼女にとって不本意なほどであった。

四 「知識人」と「大衆」の間

1 知識人の世代継承

『思痛録』の受容のされ方は、母の草稿完成時以来くり返し読んだ楊団の受け止め方とは、明らかに異なるものになった。それは、前節で述べたような「知識人」の共同体による「普遍化」「脱政治化」のためでもあり、またいくつかの削除のためでもあったろう。楊団によれば、『思痛録』は文革を語っただけの書ではなく、共産党の歴史全体を語ったものであり、出版に困難をきたしたのも、それが文革について書かれた他のどの本よりもきっぱりと、文革発動の根源に触れていたからである。

将来、中国共産党が政治改革において、未来の党と政府との間の関係など、比較的深い問題に触れるなら、この本に言及することになるでしょうし、この本の背後で説き明かされた思想を提起することになるでしょう。この本を全体として読めば、いかにして素晴しい生活を創造していくのか、結局私たちはどのような社会の組織機構と指導者を必要としているのか、ということがわかるはずです。〔中略〕『思痛録』が後の世に伝えるべき作品であると言われる最も重要な理由はこの思想のためなのです。こうした問題にたいする構造的な認識が、全体的な認識ということです。『思痛録』はこの歴史全体を結びつけて反省しており、党全体の反省となっているのです。

その意味で、楊団にとっては、母から託されたこの書が、もっぱら自己の加害性を直視した「反省の書」としてのみ受容されることは、不本意なものであった。

たとえばこの本を読んで、韋君宜には特に自分のことを省みる精神があって、自分を批判し、自分が当時どう思っていたか、自分がどんな間違いを犯したかを書き出し、このように反省しているが、それは、めったにできることではない、と言う人たちがいます。そのために彼女の人格を尊敬すると。しかし、それはこの本の一部分にすぎないのであって、全体ではありません。彼女は自分の間違いを進んでさらけ出したというふうにだけ読み取る人もいますが、母は決してそのような意図でこの本を書いたのではありません。

韋君宜が当面の出版の目途なしに『思痛録』を書いたことについて、楊団は、「あの世代の歴史の証人として、後世の人びとのために歴史を残す責任がある」と感じたからであると考える。そしてそれを革命家や党員というよりは、知識人の使命感として継承している。

母は私の人生観や価値観にたいして、感情や趣味、個性、および問題にたいする認識も含めて、とても多くの、とても深い影響を与えたと思います。これは本の影響だけではなく、母が、言葉と行動で教えてくれた思想の影響です。代々の知識人の――私は母の次の世代になるわけですけど――志を立てて決してそれを曲げず、もっと素晴らしいもっと理想的な社会を追求するということです。

そこには、文革で打倒され、また文革後も深刻な後遺症を抱えた知識人イメージを乗り越え、思想と使命感を世代継承しようとする姿勢がうかがわれる。そして、一人の知識人としての母から受けた影響の核心として、楊団が主張するのは「独立思考」という基本的な考え方である。

このような理想は消え失せさせてはいけない。この素晴らしい理想の社会の鍵となるもの、その最も核心的なものは一体何なのか。私は、いちばん核となるのは、一人一人が自立した、どの個人も独立した権利をもつということ、独立した思想、独立した選択、独立の人生をもつことだと思います。……他人に依存した独立ではなくて、一人一人の個人がみな独立した状況にあってはじめて互いに協力しあい連合しあって良い社会を追求することができるのです。……私の母は独自の考えをもった人だったと思います。ただ当時は話せない状況が多かったのです。とっても大きな危険を冒すことになり、殺される危険を冒すことになるからです。でも母はずっとこのように考えていたのです。

文革のみならず、党と国家の歴史についても独自の思索をめぐらした結果である『思痛録』には、「知識人」

と「大衆」それぞれへの批判的まなざしについても独自の見解が貫かれている。以下、そのそれぞれについて検討してみよう。

2 『思痛録』における知識人の脆弱性

『随想録』のなかでは、「知識分子幹部」という表現が使われており、知識分子が必ずしも党幹部と対抗的もしくは二者択一的な概念ではないことがうかがわれる。前章でふれた三つの観点にもとづく分類によれば、②高等教育を受けた人びと＋③産業労働者とは独立して発展した階層、という幅広い概念として使われているといえよう。ちなみにこの表現は、「以前は知識分子幹部だけが信頼されていないのかと思っていたが、老紅軍〔革命旧世代〕でさえ絶対の信任を受けているわけではない……」〔韋2003：81〕といった文脈で使われており、党内においても真っ先に後ろめたい存在であったことが示唆されている。先述のように、北京版では削除されたが香港版では、反右派闘争に関する章に「私はまたしても党中央には知識分子にたいする天然の憎悪のようなものがあるのかと思った」という表現もあった〔楠原2002, 5-1：145〕。非難・攻撃にさらされやすい無防備さと、それに対して確固たる反論のできない弱さは、知識分子の脆弱性とみなしうるが、それを具体的に示すエピソード記憶がいくつか語られている。ここでは三つを取り上げてその特徴を記述する。

文革に関する第九章では、知識人が根こそぎ罵倒された「文字の獄」としての側面が描かれている。「われわれ知識人はみな根をなくした」、「何が革命知識分子だ」といった自嘲的な表現も見られる〔韋2003：93〕。そして「われわれは働いた。本当に懸命に働いた」とくり返して描かれる労働改造中の知識人像には、知識青年の奮闘ぶりや不屈の精神の語り方とは対照的に、その脆弱性が顕著である。韋君宜が、汗だくで働くある詩人に、何気なくねぎらいの一言をかけると、彼は子供がほめられたときのようなはにかんだ表情を浮かべて、「でも……、やっぱりちょっと疲れましたよ」と応えた。韋君宜はそれを思い出して、「われわれ中国の知識分子は、こんなちょっとしたことで慰めと満足を感じるのだ。そしてそれは何と出し惜しみされていることか！」と、知識人が受けてきた不遇とそれに甘んじるひ弱さを思いやっている［ibid.：93］。

しかし、文革後期の叙述になると、そのような知識人の愚鈍さへの批判性が強くなる。たとえば『思痛録』第十三章に、文革七年目とされる一九七三年の出来事として、次のような知識人のエピソードがある。その人は当初、一言も発せずに文革を全面擁護し、初期の運動のすべてを、革命の動機から出たことだと思い込んでいた。文革の中期には話す機会がなかったが、後期になって自宅を訪ねて話すと、彼はおもむろに言った。「この文化大革命は、恐らくやっぱり問題を解決できないんじゃないかと思うんですよ」――それを聞いた韋君宜は、「文革はすでに普通の庶民も皆見抜いてるドタバタ劇だというのに、この本の虫ときたら、まだそれがなにか問題を解決してくれるのを待っているのか！」とあきれ果て、「もう彼とは何にも話す気がなくなった」［ibid.：137］。しかし、ついに疑問を抱くことを知ったその知識人は、遅ればせながら抵抗に出た。一九七六年、周恩来追悼に端を発した天安門事件で、彼は「四人組」が禁じた追悼行為をやってのけたのである。活字印刷され秘密裡に出回った「周恩来に捧げる天安門詩抄」は、彼が発行したのであった。その覚悟はあまりに遅すぎたが、逆に、七六年の天安門事件が、いかに多くの人びとの憤懣の結果であったかを示すエピソードである。

最後に、韋君宜の夫に関する叙述を検討する。これまでもふれたように、『思痛録』には、家族や夫婦のエピソードさえ家庭内政治討論会におけるそれぞれの思想的立場によって語られるほど、私的側面の記述が乏しい。韋君宜は、夫が紅衛兵に暴行を受けて肋骨を折る大怪我をしたことについて多くを語らなかったと書いているが、彼女自身も、自分や家族が受けた被害については寡黙である。ただ夫との間で、運動や党にたいする考え方が次第にずれていったことが述べられている。醒めた批判的な見方をする韋君宜と、愚鈍なまでに党の政治生活に適応しつづけようとする夫との間に、溝が広がっていくのである。そのような溝の最初の亀裂が回想されたのは第四章であった。一九五七年の反右派闘争に関して、あれは「文革」のリハーサルさながらであったと振り返ったとき、そこに想起されたのは、党の部長となって久しく、上級の思想、毛沢東の思想をみずからの思想とし、その枠を一歩も越えられなくなっていた夫であった。こうして「二人は、いつも意見が食い違うようになってしまった」[ibid.：46]。

『思痛録』第十章には、夫の死後、十分な介護をしてやれなかった後悔と三十九年間共に生きた連れ合いを失った寂寞が綴られている。だがそこに表わされた悲しみは、彼の愚かなまでの真面目さを思っての悲しみである。やはり反右派闘争で、韋君宜が「右派」として厳しい批判を受けたとき、彼は夫として妻に同情し気遣ってはくれたが、「党が反右派闘争の発動を決定した以上、間違いであるはずがない」という思考法を崩さなかった。先述のように韋君宜は、初期の頃、特務の嫌疑が夫にも及んだことによって、それが完全にでたらめであり奇怪なでっち上げであると悟ることができた。それにたいして夫は、妻が「右派」にされたとき、彼女が処分されること、彼女の党にたいする思想が揺らぐことを恐れた。韋君宜はそれどころではなく、勇気をもって発言する人をかくも大量に迫害する党と国家の前途を思って暗澹たる思いであったというのに、である。彼女は、「当時、私たちは恐らくもう心が通じ合わなくなってしまったのだと感じた」と回想する[ibid.：107]。夫は本当に党の言うことなら何でもそのとおりだと思い、実直に「飼いならされて服従する道具」となることを恥じなかった[ibid.：108]。

韋君宜の夫は、他の多くの知識人同様、「搾取階級」の出身であった。しかし、彼らと同じように、家庭に背き家庭を捨てて革命に身を投じたのではなかった。両親・兄弟を説得し家族ごと革命と党に捧げて、退路を断って参加したのである。そんな彼にとって最大の苦痛は、つるし上げでも暴行でもなく、自分の信仰が再三愚弄されたことであった。今またそれは「現代の迷信」と呼ばれている。そしてついに彼も、痛切な代価を支払って、彼自身の信仰に疑問を抱くに至った。しかし自己を解剖するという過程を完遂することなく、懐疑を抱いたまま亡くなった。そのために、韋君宜の悲しみは、一人の身内を亡くしたというだけにとどまらない。夫の生涯の軌跡そのものが、さらに痛ましいからである。彼に代わってその軌跡を辿ろうとして、『思痛録』第十章は書かれた。その最後は、世代間の溝は避けがたいが、若者にも、旧世代の悲痛と旧世代が払った犠牲を考え、文字どおり彼らの生命を代価として今日の思想解放の局面が開かれたことを理解してほしい、と結ばれている〔ibid.：119〕。巴金が、中国の知識人の代表とみなした老舎の死を悼んで、国を愛しながら国に愛されなかった知識人のことをもう少し気遣ってほしい、と読者に訴えた一文が思い出される。

3　知識人の階級性と役割

本章一5で述べたように、文革期、専ら批判され罵倒される立場の体験を経て、韋君宜は、封建主義に近すぎまた資本主義からは遠すぎた大衆にとって、文革のスローガンが表面的なものに過ぎなかったことを、あらためて思いやった。しかしそこに現われた大衆へのまなざしは、それ以上深まることはなかった。むしろ、文革以前からの知識人改造や「文化革命」が、結局知識人のなかに何の成果も生まず、人民・大衆との断絶を決定的なものにしたのではないか、と思わせる表現が、『思痛録』の端々に見られる。延安時代から文革に至るまでの時期を、『思痛録』は、党の内外における編造〔でっち上げ、作り話〕、荒謬〔でたらめ〕、冤枉〔冤罪、罪を着せる〕の時代として描いた。そこには、「歴史決議」が描き出した「勝利」と「栄光」の面影は乏しく、理想と情熱が単純と無知と背中合わせであったことにたいする深刻な反思があるばかりである。自分の個人的な体験と記憶にもとづく回想録とはいえ、人民・大衆への理解や認識についてほとんどふれられていないばかりか、その欠落の方が目立つことは、指摘しておく必要があろう。

たとえば文革期には、韋君宜の職場でも「造反」の結果、知識人が批判対象となり、かつて炊事係や運転手であった人びとが彼らを管理した。「批判対象」は、毎日「出勤」し、便所掃除や床磨きの他に、毎日「自白書」を書かされた。全体で約七十人が、平均して一人毎日二千字を書いたとして、合計で一四万字になる。炊事係や運転手にどうして一日一四万字もの文書が読み終えられようか。そのことに気づいてからは、「書こうと書くまいとどっちでもいいのだ」という気になっていく［ibid.：93］。

また、階級闘争という絶対必要条件を満たすために、労農作家たちの作品を「芸術加工」したことが書かれているが、韋君宜にとって彼らの作品は、「全く芸術のうちに入らないもの」だった。時には、森や農村や学校の生活を描いたなかに本当の真実があって感動させられたが、全体の構想はリアリティに乏しいものであった。工・農・兵出身者はすべて称えられ、知識分子は敵陣営に投じる変節者、臆病者、凡庸の者など、すべて悪玉である。任務と割り切って編集したものの、稚拙な文章につき合わされ、出身階級による画一的な区分に従わされたことへの無念さが回想のなかににじみ出る[18]［ibid.：152-156］。しかし、それ以前の教育の機会の不平等や、その結果としての知の不平等ゆえに、大衆もまた利用されたのだという側面の認識はない。たとえ被害者や犠牲者としてでも、大衆との断絶は乗り越えられず、知識人の階級性が明らかになるばかりである。

そのような知識人の限界は、文化大革命によって克服されるどころか、彼らの思考を停止に追いやり、階級的にも個人的にも孤立させるだけであった。韋君宜が『思痛録』の叙述を通して反思したのは、まさにそのような過程のなかで、みずからも知識人の役割を喪失していったことであった。楊団が語る母韋君宜は、若い頃から自分で考えた独自の思想を持ち、その考えにしたがって共産党に入党した人であった。しかし党員のなかにはそのような人ばかりではなかった。経済的、思想的貧しさゆえに付き従っただけの人も多かった。今でもその弊害が残されており、独立を求めない個人が存在している——そうした現状との対比において、楊団は母から引き継ぐべき遺産として、独立思考を重視するのである。そして、『思痛録』のテクストに多少の削除があろうと、表面上一般の読者にどのような受け止め方をされようと、「思想をもった人であれば、読み終わった後、自分で〔韋君宜が提示しようとしたのと〕同じような結論に達することができる」はずであると確信する。これは、『思痛録』に表象されたものを通して、語りえぬもの、表象できなかったものをも共有しうる読者共同体が存在する、ということへの確信である。

すなわち、個人の自立と反思を前提としながら、最終的には他者との共同に委ねられ継承されるような思考がめざされているのであり、それは逡巡と妥協を含みつつ書かれた『思痛録』「まえがき」の「後から来る人の思索にまかせる……私はやはり事実を語るだけだ」という姿勢にも現われていた。そしてより根本的には、同書「あとがき」に表明されたような、希望の継承でもある。それは今は出せないテクストも政治が変わり新しい認識が生まれたときには、きっと出せるという、楊団の希望となって引き継がれている。「今は八〇年代末」と、微妙な時期に書いていることを明かした上で、「あとがき」は、次のように結ばれている。

私たちが最悪のやり方を取り消したことこそが最大の成就である。天下において、どんなに拙い民主でも、最も優れた独裁よりはいい。それが私に最高の希望を抱かせる。私たちの国家は今どんな問題があろうとも、それでもなお、良くなるのだ。少なくとも私たちはもう重荷を捨てて、世界各国と競争できるようになった。……決心を下すことができるという民主を歓迎する。[ibid.: 180-181]

五　出版と発禁の政治学

1　『思痛録』出版を可能にしたアクター

『思痛録』に関する書評などを集めた前掲書『回応韋君宜』には、『思痛録』は他の出版社から出版される計画があったことがふれられていた。それが中止になったことにたいする批判や弁護も紹介された。そして最終的に出版が実現したのは北京十月文芸出版社からであった。そこで直接編集にあたった丁寧〔ここでは以下 a2〕の「編集手記」によれば、審査にあたった編集室の上司も主任編集長も出版を支持し、「歴史決議」の精神に合致した書であるとの判断のもとで、審査・編集が進められたとのことであった〔邢・孫2001：400-402〕。しかし楊団のインタビューからは、全く異なるアクターの関与が明らかになった。このアクターの果たした役割について述べる前に、出版社における審査〔検閲〕について説明しておく。

中国の出版に関しては、「三審制」と呼ばれる三段階のプロセスがとられているとされる。たとえば、①文章の削除、人名、単語などに関する作業は担当編集者が行ない、②その後、出版社内のさまざまな部門の編集者、責任者が審査する。ここまでは主に、誤字・脱字のチェックが中心となる。③最後に、最終的な責任者（社長／総編集長）が審査を行なって、出版するかどうかが決まる――というのが一般的である〔横澤2006〕。③の最終審査にあたるのは、党から出版社に派遣された責任者で、出版社の経済事業として採算がとれるか、党の政策に合致するか、という両面の考慮を求められる立場にある。上記の a_2 は、①の段階の編集者であり、彼女が「編集手記」で引用した上司や編集長は、②の段階の審査を行なったものと思われる。

楊団によると、『思痛録』はその草稿完成後何年もの間、知人友人の間で、出版実現の方策が模索されていた。恐らくは何社かで断わられた経験から、書名が重過ぎるので変えた方がいい、内容も改めた方がいい、などの提案も出されていたという。こうした困難な情況を打開したのは、社会的影響力のある知識人 K_1 の決断であった。北京十月文芸出版社で『思痛録』出版時に編集を担当した a_2 は、彼の妹である。K_1 が編集者である妹 a_2 に働きかけ、「画期的な著作」を出版するための方法を考えてくれるように言った。そこで彼女はできる限りの方法を考えた。こうして、彼女が編集した後「基本的な手順を踏まずにごまかすというやり方」がとられた。③段階の総編集長 A_2 には時間がないからと大急ぎで承認のサインをもらい、最終審査をすり抜けたのである。

彼女〔a_2〕は、総編集長がじっくり読んだら出せなくなってしまうということをわかっていました。だから、どんなことがあろうとそのリスクは自分が引き受けて、この本を出版するつもりでした。……もし上が調べたら、当然総編集長はちゃんと読まずにオーケーした職務怠慢の責任を負います。でも担当編集者の責任はもっと大きいですよ。確信犯なんですから。

③の審査にあたるべき総編集長A_2は、出版の現場で検閲という制度を実践する個人である。K_1の説得に同意した妹＝編集者a_2は、A_2に『思痛録』の原稿を読ませたら出版できなくなると考え、強攻手段をとった。総編集長のサインを絶対条件とし、それがなければその先には進めないよう厳しく定められた出版・検閲の制度は、逆にそのサインさえあれば後のプロセスを無条件に容易なものにする。こうして、A_2を飛び越えて『思痛録』は出版された。K_1が行動を起こし、下位の制度を担うa_2や社内の他の編集者が独自の判断を下したことによって、上位の制度を空洞化しつつしかもその制度に則って出版が実現したのである。職を失い社会的に制裁されるかもしれないリスクを犯して、それぞれのアクターがそれでも出版を目指したのは、彼らを主体的選択に駆り立てたテクストそのものの価値と、その価値を受け入れる言説空間への確信が、いかに強かったかを物語る。彼らの言論・出版に携わる専門家としての確信が、何に支えられていたか、次項では、一九九八年という歴史的文脈のなかでその要因を探求する。

2　『思痛録』出版を可能にした一九九八年という年

担当編集者a_2の主体的な選択を可能にした要因のなかには、本書第四章で述べたような出版界全体の自由化という流れがあったであろう。そして、編集者のような専門職経験者が、今所属する組織を離れても独立系文化人として活躍できる場が開かれているという可能性もあった。さらに、一九九八年という年の特殊性も考慮する必要がある。この年は、二月に開かれた中共第十五期二中全会において、江沢民《こうたくみん》国家主席が再選され、国家副主席に胡錦濤《こきんとう》（フ・ジンタオ）、国務院総理に朱鎔基《しゅようき》（ヂュ・ロンジ）という体制が敷かれた年である。改革開放政策二十周年記念ムードもあって、政治的雰囲気は比較的自由で、クリントン米大統領訪中や中台問題などに関連して、国際関係も順調であった。

特にクリントン訪中については、人権問題が外交取引に利用されうることから、「六四」天安門事件の名誉回復の可能性も囁かれだしていたといわれる。「北京の春」という言葉さえ復活した。第四章一5でふれたように、マス・メディアを中心とした新しいタイプの思想運動であった「新左派・自由主義論争」が、社会主義市場経済時代の「公正」と「正義」を真摯に追求しつづけていた点でも記憶されるべき年である。しかし、この年を境に、この思想運動も党主流の思想運動に飲み込まれてしまうのである〔緒形2004：7-10〕[19]が。

本書第二章でとりあげたデイヴィド・デイヴィスが一九九八年後半に行なった、中国文聯出版社の編集者への聞取りによると、この年ならではの政治的社会的要因は、出版界にも着実に反映されていたことがわかる。九〇年代から「知識青年」というカテゴリーの叙述によって、文革期に関する本や写真集が出版されていたが、それでも公式見解には一貫して文革関連の出版を許さないものがあった。「ところが今年〔一九九八年〕は、一冊出ると、他の出版物もおもむろに後から出て……あとは雪崩をうったように出版が続いた」〔Davies 2002：155〕という。そして、内容的に出版可能な条件として、以下の点があげられている。文革の回想録や個人体験記は比較的出版しやすい、批判や学術的議論、論理的検討などははるかに難しい、文革について書くなら「歴史決議」の線に沿っていなければならない、毛沢東を直接攻撃してはならない……などである。文革の記憶の生産者が、常に言説空間を観察しさまざまな要因を把握しながら、出版の是非とタイミングに関する経験知を蓄積していることがわかる。

『思痛録』の編集者a2が、そのような経験知に基づいて一九九八年を選んで出版したかどうかは定かでない。しかし彼女は、本章二2で具体的に見たように、毛沢東への批判的言及を削除し、「歴史決議」を逸脱した推測を排除するという妥協を行ないつつ、一人の党員作家が人生最後の作品のなかで個人記憶に依拠して主張した

「事実」に関しては、一歩も譲らず世に問い後世に残した。そして結果的には、前記のような九八年に独特の内外の要因が、出版を容易にし発禁を難しくしたことは確かであろう。そして結果的には、「独立採算」が重要な使命でもある出版社の責任者A_2にとって、『思痛録』の商業的な成功により、彼らを処分する理由はなくなった。

3　記憶の統制

前掲論文においてデイヴィスが例示したのは、本書第三章でも分析対象とした元知識青年任毅《にんき》の『生死悲歌』出版のケースと、出版不可能だった二つのケースである。先述のように『生死悲歌』は、文革期に下放青年の哀歌を作って投獄され文革後釈放された元知青が、一九九八年という下放三十周年の年に、大手国家出版社から依頼されて急遽書き下ろした体験記である。出版されなかったのは、文革期に南京の造反作家金《きん》（ジン）と、同じく文革期に造反派だった朱《しゅ》（ヂユ）の作品である。金も朱も造反派として知られた人物であったために、文革終結後に失脚や逮捕を経験したという点で、文革中に投獄された任毅とは対象的といえる。『生死悲歌』の任毅も文革の初期には「造反派」だった、と朱は言うが、任毅自身は著書『生死悲歌』のなかでもデイヴィスとのインタビューのなかでも、そのことには全くふれていない。金も朱も終始造反派だったわけではない。さまざまな局面をもつ文革中の抗争や分裂のなかで、朱は逮捕されたこともあり逍遙派[20]にもなった。だが、実際に何者であったかの差異ではなく、何者であったとされたか、それがどう言説化されているかの差異によって、三人の文革後は大きく異なるのである。

それは、回想記が出版できるか否かの差に反映されている。金は他の多くの造反派同様、今では政治的に無関心で、デイヴィスのインタビュー中、文革中の暴力に関する部分には何も答えなかった。それでも金は、いつか文革体験記を書きたいと思っている。しかし、十年来コンタクトをとっている元造反派からは、何百ページもの原稿を完成させて出版社を捜した者たちもいたが、ことごとく駄目だったと聞いている。朱も、文革中「反革命」にされた者など被害者の本は出版できるが、自分のような「文革後反革命」に出版の道はないという。彼が文革後に「四人組」との関係を疑われて逮捕されたのは、権力についた新しい指導者の「報復」の犠牲になったのだと感じている。不服に思った朱は再審請求をしたが、その過程で悟ったのは、「罪人は捕まえたいが、当時の根幹には触れたがらない」指導部の意図であった。

本書第三章で、回想記の分析によって明らかになったことの一つは、そこに元紅衛兵の記憶の語りが乏しいことであった。しかもその叙述は、知青がその奮闘を回顧しそこで鍛えられた不屈の精神を誇りに「青春に悔いなし」と言えるのにたいし、「崇拝の代価」や「懺悔」というネガティヴなものに限られていた。金や朱のような当時「造反」の中心にいた当事者が、当時やその後の心的変化を語るという類の回想記は皆無であった。知識人は『随想録』や『思痛録』を書き、それがこれまで述べてきたようなアクターとファクターの作用によって出版された。だが、もう一方の当事者である元紅衛兵／造反派にとっての「随想録」「思痛録」が出ることはなかった。個人の資格で語りうる内容が限定されているだけではなく、たとえ個人記憶であっても、言説空間においてそれを語る資格の付与される者とそうでない者とが存在する。記憶の生産者たちに内面化された規範を通して誰の何が出版されるかによって、記憶と忘却が選択されるのである。

しかし、「忘れられない」人がいる限り完全な忘却にはならない。楊団の発言にもあったとおり、「いつか出せるときが来る」という希望が維持され、その日のために蓄えられた原稿が、恐らくは無数に存在することが、文革の記憶の大きな特徴であろう。そして、それらがただちに言説空間に登場することはなくとも、今表象可能なものを通して「語りえぬもの」の存在を確認しあう記憶の共同体は、未来のものではなく現存するのである。

4　個人の挑戦と未来への確信

本章二-3で言及した章詒和の『往事並不如煙』は、出版の経緯において『思痛録』といくつもの共通点を有する。が、結果には決定的な違いが生じた。『往事並不如煙』は、二〇〇三年十二月北京の人民文学出版社から出版され、その翌年香港と台湾で完整本（ノーカット版）も出されたが、北京版にたいして、発行停止処分が言い渡されたのである。[21] 一人の熱心な編集者a_3が社長A_3を正攻法で説得し、みずから「度を越した自主規制」と言うほどの削除・書き換えを行なったにもかかわらず、①増刷の不許可、②発行の停止、③新聞、テレビ、ラジオでの論評の不許可――の三項目にわたる処分が下された。

中国の検閲制度に関しては、映画検閲において一九三〇年代には正式な「申請書類」が存在していたことが確認されている。しかし、それに相当する書式を現在に求めても見つからないという〔刈間1989：257-258〕。すなわち現在の制度は可視化されておらず、個人に内面化され、その時々の文脈に左右されながら、実践されるだけなのである。出版の可否に関しても、「統一的に明示された基準があるわけではなく、それは事後的に発見されるしかない」ということは、本書で確認してきたとおりである。ただし、出版後の「発売禁止」に関しては、前掲書においてヂェレミ・バーメが、内部資料の存在を明らかにしている。『禁止銷售書刊目録』〔発売禁止書物刊行物目録〕と称するもので、バーメが入手した一九八九～九〇年の版は、北京市新聞出版局によって編集印刷されたものである。同様の小冊子が省の出版管理部門によって制作され、全国の出版組織の限られた対象向けに配布されているという。そこにリストアップされているのは、政治的に微妙な作家の作品のみならず、ソフト・ポルノや闇市場向けに出版された本などである（この目録の第一巻から三巻は、一九八九年の「六四」天安門事件後数ヶ月の間に矢継ぎ早に出され、第四巻目は一九九〇年八月に出された）〔Barme1999：20-21, 386-387〕。ただし、その冊子は一度は出版された書籍の事後的発売禁止リストであって、出版物の規準を明示化したものではない。出版後の発売の可否を決める要因には、書籍そのものの種類と傾向に加えて、受容・消費のされ方、それによって当局の注意をどのように惹いたかが含まれることになる。

『随想録』と『思痛録』は、削除や多少の紆余曲折を伴いながらも出版され、発禁にはならずに今も国家図書館に所蔵されている。前述の『往事並不如煙』が発禁になったのはどのような要因によるのであろうか。同書は、二〇〇三年十二月に人民文学出版社から出版される前、二〇〇二年にその一部が『老照片』という雑誌に連載された。『往事並不如煙』の草稿の存在を知って同誌への掲載を積極的に勧めたのは、その雑誌の特約編集者K_1であった。すなわち『思痛録』出版にあたって重要な影響力を行使した人間である。前述のとおり、『往事並不如煙』の作者は大陸での出版は意図しておらず、二〇〇一年の時点では、作者にたいするK_1の説得は失敗に終わった。しかし二〇〇二年の八月に作者の方から、六十歳の誕生祝に掲載に同意する旨の連絡があったという。こうして、「政治的に最も敏感」な二篇を除く四篇が順次掲載された。その後他誌『新文学史料』にも一篇が掲載されたが、それを読んで強く興味を惹かれたのが人民文学出版社の編集者a_3であった。ただちに全篇を読み、本として出版することを希望し、まず作者の「黙約」を得た。ただしa_3はとにかく出版できることを最優先させて、先述のとおりの厳しい自主規制を行ない、雑誌掲載時以上の削除・書き換えを行なった。そして『思痛録』と異なり、編集者a_3の熱意のみならず、社長A_3の正式同意も得た上で出版されたのである［横澤2006］。

『往事並不如煙』は、発売と同時に大きな評判を呼んだ。海賊版を含め一二〇万部を売り上げたといわれるが、その後、前述のとおり発行停止などの処分を言い渡される。本来、言論・出版の監督にあたる党の機関は党中央宣伝部であり、処分はそこから出るのが通常であるが、『往事並不如煙』の発売禁止に関しては、組織機構上それよりも上の党中央書記処から出された。その理由としては、同書でとりあげられた人物の家族が、故人の名誉が傷つけられたなどとして、党中央統一戦線部に訴えたため、党中央書記処からの処分となったものと考えられる。また、当初から同書の暴露による統一戦線への悪影響を懸念していた江沢民前総書記が関与したため、との推測もなされている。人民文学出版社は公式に書面で自己批判を提出し、社長兼編集長は会議の席上口頭で自己批判したという［ibid.］。しかし、北京版・香港版の比較を行ない、関係者にもインタビューした横澤泰夫によれば、担当編集者a_3は、あまり深刻に受け取っていない様子だったという。

これ以降最近に至るまでにも、発禁処分を取りざたされるケースは少なくない。[22] それらのケースから特徴として指摘できるのは、まず、発禁処分によって当該テクストも作者も完全に社会から葬り去られるのではない、ということである。禁じられたテクストの多くが、発売以前や直後ではなく、ある程度の発売期間を経て、社会に流通した後に処分されている。反右派闘争から五十年目の二〇〇七年、第十七回党大会の年の初めには、文革以来の規模といわれる計八冊の書籍の発禁処分が報じられたが、それを伝える記事には、その後も「発禁書」が書店に平積みにされていることを示す写真が添えられている。[23] そうでなくとも、「発禁」と同時に著作権問題を免がれたものとみなされて、当該テクストの完全版がインターネットで世界に流れる。作者の軟禁状態や電話盗聴などが伝えられたりはしても、それ以上の執拗な圧力がかけられることはめったにない。また、著作・出版にたいする異議は、国家権力だけから発せられるわけではない。取り上げられた側が訴えを起こすなどのケースも出てきている。さらに、作者も出版者も、公的権力の介入を予測し、それを回避するというよりは、むしろ受けて立つ覚悟で生産・流通を行なっている点も特徴的である。個人が直接国家権力に「挑戦」するという情況が生まれているのである。

彼らの挑戦は決して無謀なものではない。「昔だったら逮捕され、処罰されているよ。今は何でもない。こうした変化はすでに発生している」［鈴木2005：209］という現実的な確信に根ざし、昔よりは今、今よりは未来への希望に支えられている。そして、とにかく出版すること、活字にすることが最優先されて出され、たとえ短期間であってもその存在を世に知られることの意義が重視されているということは重要である。編集者がみずから「度を越した」と認めるほどの削除を行なってでもとにかく出版をめざした『往事並不如煙』のケースをはじめとして、これらの事例を通して、登場すること自体が意味をもつ言説空間の存在、現在表象可能なものを通して「語りえぬもの」の存在を確認しあう共同体の存在が浮かび上がってくる。

終章　記憶と忘却の政治学

一　文革の記憶と忘却——個人化と共同化を通じて

本書の問題意識は、近年の中国において文革の記憶はただ封印されているのではなく、その語りが複雑化・多様化しているのだ、という観察にもとづいたものであった。日中で再生産され続ける「文革タブー」言説が、決して根拠のないものではないことを確認しつつも、本書が検証したのは、にもかかわらず文革の記憶は語られ言説化されている、ということである。その語り方と共同化には、さまざまな方式が見られた。活字印刷媒体の出版においては、まず第一に、「歴史決議」の直後に出された『人民日報』社論や、その後いく度となく出された「通達」や「禁令」によって明瞭に禁じられたことは避ける、ということである。したがって「具体的な歴史の上での是非」に関わるような論争には立ち入らない。第二に、推奨されていることには従う。すなわち、「徹底否定」し「教訓を銘記」することを謳う。第三に、容認された例外は利用する。非公式にではあれ認められた「歴史的価値のある真摯な内容の回想録」は、本書の対象文献にも明らかなように、コンスタントに出されている。第四に、明瞭に禁じられていないものについては、その不明瞭さの間隙をつく。最も初期に現われた文革関連出版物は、「歴史決議」には明記されない「知識青年」というカテゴリーに属するものであった。

そして、上記以外の側面に関しては、執筆・出版の当事者が、みずからに内面化された規範と経験知に基づき、削除と言い換えとタイミングを判断して出版した。以上の点に即して、序章で設定した二つの問いに沿い、第一章であげた文献群を対象に、本書が明らかにしたことを以下のとおり確認する。

I　文革終結後の中国大陸で、文革はどう記憶され、何が忘却されたか。それは国家言説との関係や言説空間全体の変容との関連において、どのように変化してきたか。

文革終結直後、ノンフィクションの出版物を媒体とした文革の記憶化は観察されなかった。次いで公的権力によって「徹底否定」すべきとして文革の記憶が構築され、それは第一期（一九七七〜一九八五年）における、「解説書」の集中的出版となって現われた。そのほとんどが国家出版社、共産党の地方委員会や文献研究室、解放軍政治学院などの著者・編者名で出されたものであった。党外個人を含む個人名で出版される書が出始めるのは、「四人組打倒十周年」を反映したであろう一九八六年からである。「文化大革命十年史」や、「文革暗殺集団」「国境を越えた紅衛兵」のドキュメンタリーなど、ジャンルもテーマも拡がった。回想録はまず「知識青年」の回想集として出された。本書ではそれを第二期（一九八六〜一九九二年）の特徴とみた。そこには文革終結後の「正常化」を機に始まった「自由化」と「地方分散化」による出版業界の活性化が反映している。しかしそれも長くは続かず、やがて文革は声高に徹底否定されるべきものではなく、静かに忘れ去られるべきものとなっていく。一九八九年の「六四」天安門事件を機に明らかとなった文革の記憶をめぐる抗争も、この時期の文革関連出版物に反映されることはなかった。くり返される「通達」と「六四」の抑圧的影響は、一九九二年までの量的低迷にうかがうことができる。

突出した量的増大が現われるのは、一九九三年「社会主義市場経済」導入後の第三期（一九九三〜一九九八年）である。二期〜三期にかけての特徴には、「語りやすいものから語り始める」とともに、「文革」や「紅衛兵」は商品化しやすい、という傾向も見てとることができる。歴史ドキュメントや、文革中の著名人を回顧する類の書はシリーズ化されて一九九三年に集中した。ただし第三期は、それにたいする反動としての規制の反映か、あるいは市場の移ろいやすさの現われか、年毎の量的落差が最も激しい時期でもある。そんななかで、「回想記」だけはコンスタントに出版され続けた。

このような変化を、本書では記憶の主体と対象と「動機の語彙」という観点から、「記憶の個人化」ととらえた。第二期以降、執筆主体は明らかに個人化した。みずからの体験を綴る回想記というジャンルの出現自体が、個人記憶の対象化の始まりを示していた。しかし、そこに現われた「動機の語彙」は、彼らの個人記憶が、知識人という第三者によって国家の歴史や世代継承というマクロな枠組みにおさめられ、「歴史的価値のある真摯な内容の回想録」としての正当性を裏付けられて出版されたことを示していた。彼らの語りは「私」というよりは、「私たち」の記憶として「回想集」にまとめられたのである。「私」という一人称の語りを明示化し、個人記憶を主張した単独回想録が出されるのは、第三期になってからであった。それら社会的に影響力のある知識人によって書かれた回想録は、みずからの「まえがき」において「私が直接見聞きしたこと」を強調し、「具体的な歴史の上での是非」に関わるような論争ではないことを陰に陽に前置きして出された。「知識青年」や「普通の人びと」の回想集を出版するにあたっては、知識人が「まえがき」でその意義をさまざまに訴えたが、知識人みずからの単独「回想録」には、個人記憶であることがことさら主張された。

ひとたび「個人化」に徹すれば、歴史決議が規定した「十年の動乱」という一元的解釈もさりげなく読みかえられていく。清華大学という教育現場の党員の文革の記憶は、「社会主義教育運動」から開始されており、また党機関からの名指しの呼びかけに応えて書かれた回想録には、「自分の一生のなかで最も印象深く党にとっても最も暗く被害甚大な十余年」と書かれている。巴金が知識人迫害という枠組みでふり返るとき、文革は一九六六年に突発的に起こったものではなく、『海瑞罷官』の呉晗批判から数えて「文革十一年」であり、また「十年の大災厄は、実は十年にとどまらず……」とも書かれる。いずれにせよ、記憶の個人化は、公的権力による記憶の統制からの若干の逸脱を可能にし、またそれから逃れて出版を可能にするための「脱政治化」の戦術ともなった。

しかし、それでもなお語られず言説空間に登場しないものとして、造反派紅衛兵による回想録があった。元紅衛兵の体験が「回想集」のなかで語られても、それは「崇拝の代価」として支払ったものの大きさを強調し、やはり「徹底否定」すべき文革の一面として提示されるだけであった。元紅衛兵の「自白」や「懺悔録」がとり上げられていても、加害の当事者が暴力的行為に至る過程を分析的に記述したものとはなっていない。ただし、本書が提起した文革の記憶の語りの複雑化という問題、本書の分析と記述がもたらしたその共同化の方式の多様化という発見は、同時にまた本書の方法論の限界を明かすことにもなった。すなわち、記憶の統制によって禁じられたものを避けて複雑化する方式のなかには、「文革」や「紅衛兵」をテーマ化しない、ましてや書名に掲げないという戦術がありうるからである。

日本での出版のために書き下ろされた陳凱歌の『私の紅衛兵時代』（講談社現代新書）は、大陸の研究者によって大陸での不在が惜しまれる部類の元紅衛兵自身の回想録であったが、実は十年以上を経て大陸でも中国語版が出版された。しかし、人民文学出版社から出されたそのタイトルは、『少年凱歌』として「個人化」されていた。「紅衛兵」の文字が書名から消えたために、本書の分析対象には含まれず、日本語版との相違なども検証できなかった。本書が分析対象とすべき文献が、「文革」に直結するキーワードによっては検索しきれないという限界は明らかである。しかし本書の目的は網羅性にあるのではなく、文化的記憶として国家図書館に残される出版物のなかに、国家言説との関係や共同化の過程を見いだすということにあった。その結果として複雑性と多様性が発見され、その限界そのものから「文革関連出版物」の潜在的膨大さを推測することが可能になったのである。「紅衛兵」による回想録の不在や、加害の記憶の欠如を、ただちに言説空間における「忘却」と見なすことはできない、ということは明らかである。

また、当初予期しなかった成果として、文革期の文物を投資対象物件として収集した出版物が存在することも確認できた。このような文革の商品化の現われ方は、内外の文革研究書や、文革を主題とする文献に言及された出版物を拾い集めるだけでは発見されえなかったものであろう。市場経済の影響は、予想外の可視化を通して出版物に現われた。さらに、国家図書館が一般の著書と同等に検索システムに乗せている「学位論文」を調査対象に加えることができたことも、本書が採用した方法論の副次的効果であった。それによって、多様な文革研究の芽が存在することが確認できた。これら二点が、第四期（一九九九〜二〇〇五年）の特徴である。

ただし、学位論文においては文学に関するテーマが最も多くを占め、「脱政治化」の傾向がいっそう顕著であった。もちろん「文学」というテーマ設定が非政治的であるということではない。歴史上の是非を仔細に論じてはならない、という明瞭な禁止の効力の現われとして、それとの政治的な闘いを迂回する、文学からのアプローチという方法論が確立されたと見ることができるのである。この立場に立てば、「文革研究者の不在」という言説が、「文革研究」を明瞭に禁じる公的権力にたいして批判力をもつとともに、他方で、それがある固定的な観念に基づいた「文革研究」を前提としているという狭隘さも明らかになる。すなわちマクロな政治や歴史としての研究だけを文革研究とみなす認識である。そうした狭い視点に立って「文革タブー」の現実を指摘し批判するだけでは、「文革タブー」言説の単純再生産に加担し、新しい文革研究の萌芽を看過することになりかねない。そのような偏重を脱して、文革研究自体の多様化を前提とすれば、「文革研究者の不在」という言説も、「文革タブー」言説同様に、相対化されることになる。それは、文革研究の新たな地平を切り開くことにつながる。

政治思想や歴史的観点からの文革研究においても、先述のような多様な方式による研究継続は可能であろう。たとえば、文革や紅衛兵運動ではなく「二十世紀中国思想の観念性・急進性」という仮説を掲げて議論されるのは、他ならぬ文革の現実である。巴金研究者は二〇〇六年十二月初旬杭州に集って『随想録』だけの討論会を開催した。また人民大学では同年十一月に、文革に関する概論を、外国人留学生向けの中国理解講座の一環として行なった。

文革開始四十周年、終結三十周年とされる二〇〇六年は、党中央宣伝部によるメディア規制がとりわけ厳しいとされた。この記念すべき年にこそ「文革ドキュメンタリー」を、と考えた日本の某テレビ局の企画は、中国当局の許可がおりず頓挫しかけた。汕頭の文化大革命博物館からも取材を拒否された。しかし、予定していた個人インタビューのタイトルから「文革」をはずし、作家・知識人らが個人史を語る、という名目にすれば、企画として受け入れられ、四夜連続の番組を完成できた。取材スタッフの心配をよそに、インタビューされた人びとは自由に「個人史」を語ったという。

Ⅱ　「回想録」が出版されるとき、どのようなアクターとファクターが関与し、個人記憶はいかにして共同化されるか。

「文革タブー」言説にせよ「文革研究者不在」言説にせよ、文革に関する言論が、大陸で活字にできるかどうかということを一つの基準にしていることに、本書は着目した。そして回想録の出版という二つのケースについて、そこに関わるアクターとファクターを記述した。それにより明らかになったのは、記憶の主体としての執筆者・語り手のみならず、記憶の想起と共同化の鍵となるような直接的な影響力をもつ個人K_n、ならびに、出版や製作の現場で専門的職業実践を通してそれを実現する個人a_nの重要性である。

(1)巴金の『随想録』のケースでは執筆主体との個人的な関係、(2)韋君宜の『思痛録』においては兄妹という私的絆を通して、主体的な行動が起こされ、出版という形での共同化が実現した。そのためには、公的権力による認証の手続きを経て、制度上の正当性を確保することが必要である。そしてそのような制度は、それを担うべく任命された責任者の判断を通して実践される。社会の随所に配置されて、社会に生きる個々のアクターと国家の制度との間のリエゾン（連結・連絡）の機能を果たすそのような個人を、本書ではA_nと表記した。

(1)『随想録』のケースにおいて、A_1はa_1の留守中に、執筆者にもa_1にも伝えずに原稿の大幅削除を行なって紙面に載せた。それは、彼に内面化された公的権力の要請に従う行為とみなすことができる。つまり彼は、その削除された段落には公的権力が望まない語彙と意味が含まれていると考えたのである。「牛」という単語が文革の暗い記憶を想起することを恐れたのかもしれない。あるいは、そのような恐れ自体は非現実的なものであったとしても、「歴史決議」やその後の公的言説が伝える「意味」がA_1の役割意識を通して解釈されたとき、「文革」を連想させるものは極力避けるという短絡を生み、公的権力の行使者が望む以上の「度を越した」自主検閲が行なわれたのかもしれない。さらに、直接関わりのない要因によって言論・出版の引締めが促されたことにより、それへの服従を表明する儀式の一環としてその時期のその一篇の削除が付随的に発生した、という可能性もある。いずれにせよA_1の占める位置は、言論・出版に関わる制度上に無数に配備されたポイントの一つであり、a_1という個人の主体的判断に社会的な意味を付与することもできれば、それを削減もしくは剝奪することもできる、権力機構の転轍機として機能するのである。

(2)『思痛録』のケースにおける主要なアクターは、社会的に影響力のある兄K_1と、出版社で編集者として働く妹a_2の二人である。一方A_2は、関係者の発話のなかで、顔のある個人としてではなく完全に公的権力の代理人としてのみ登場する。彼に説得や相談の余地はない。しかし彼のいるそのポイントを通過しない限り、回想録の出版は制度的に不可能である。そこでa_2によって強行突破の作戦がとられた。そのような逸脱的行為が成功したことは、A_2もしくは彼のサインという現実的な存在を通して可視化された制度が、容易に形骸化され単なる通過点に過ぎなくなる可能性を示した。それは制度というものが、主体的個人を通して実践されなくなったときのもろさを露呈したといえるが、本書は、a_2のような個人が、制度を逆手にとって大きなリスクを犯すことを可能にする主体的要因と外的要因に着目した。

他の事例からも、個人が国家に挑戦するという情況が明らかになった。そのような情況の出現は、変動期における権力の空白化や、構造の緩みによっても説明可能であろう。だが、本書が記述したような言説空間の変容のなかで生じるさまざまな要因が、たとえばKnやan個人のなかで、知識人という階層意識や編集者という役割意識を通して主体的要因となったとき、国家の制度に則って国家に挑戦しうる個人が現われるのである。そして彼らが、とにかく活字にして出版することをそこまで望むのは、出すことそのものに意義があるという確信ゆえであり、それが共同化されることが大きな意味をもつ言説空間の存在があるからである。本書の力点の一つは、この言説空間における受容の側面をも加えた分析にあった。

本書では、文革関連出版物全体の量的質的変化を概観し、言説空間の変容を記述した上で、二人の知識人の回想録に焦点をあてた。知識人の回想録というものが、大衆の参加の事実をないがしろにし、過去を否定することで現状を追認するという意味において国家言説に加担している、との批判があることを理解した上での文献選択であった。一つには知識人と大衆との間の排他的二項図式と一方的な大衆への肩入れは、文革期の思考パターンそのままであるという警戒からである。文革をそこに到る長い道のりの上でとらえようとすれば、知識人弾圧として始まったという側面は無視できず、知識人は文革の記憶を語る資格を有する当事者である。そしてもっと重要なこととして、知識人の回想録が現状追随的か否か、批判性があるかないかということは、そこに書かれたテクストだけで判断できるものではない、という認識からであった。記憶であれ反省であれ批判であれ、それらはテクストに内在するものではなく、そのテクストを読み取る他者がいて、彼らがテクストの意味論的解釈や、書き手のコードの解読を通して理解した範囲で意味をもつのである。そしてそのとき、テクストを超えた読みを共有しあう読者共同体の存在が想定しうる。しかもその共同性も固定的なものではなく、誤読や反発を含む相互作用のなかで、またより長期的には歴史的文脈とともに、変化するのである。

迫害される側の知識人らが、文革の否定的側面を強調することで、国家言説に同調するものであるという指摘については、公的権力が「文革徹底否定」を貫いていた時期に限って妥当性があるといえよう。前述のとおり、八〇年代末期へと向かうにつれて公的言説は、「動乱」としての文革を、否定よりも忘却へと回路づけ、「六四」天安門事件後の九〇年代には、文革リバイバルを黙認し毛沢東ブームを利用さえした。そうした変化のなかで、文革を否定しつづけ忘却に抵抗することは、公的権力への批判、対抗言説の構築という立場をとることになる。文革の個人記憶に基づいて書かれたテクストはそれ自体のなかに、自己批判と表裏一体の、強権体制批判を含むものであったが、さらに、その発表の自由をめぐる言論を喚起して、知識人を中心とした読者共同体のなかにもその批判性が読み取られていった。しかもそれは、絶望に駆られた破壊的な批判ではない。揺るぎない未来への希望に支えられた極めて真摯な批判である。文革後、急速に変わる社会と、独裁体制を変えない国家との双方に、ありとあらゆる深刻な問題が指摘されている中国大陸で、そのような希望が維持されているということは、注目に値する。

二人の旧世代知識人が、自虐的なまでに無惨な自己をさらけ出し、あるいは長男の廃疾という最も悲痛な個人記憶をみずから抑圧して、渾身の力で書き続けた回想録は、過去の教訓を伝えて未来を託すことのできる読者への確固たる希望に裏づけられていた。その希望は、現在における記憶の共同化を可能にした編集者や娘にも確実に引き継がれている。不正や圧政、格差や貧困など、現実的な問題が噴出しつづけるなかで、前にはできなかったことが今はできるようになった、今は自由に発表できないものがいつかはきっと発表できるようになる、という確信は消えてはいない。それは全く新しい価値観の下で生きる、インディペンデント系の映像作家にも、発禁を覚悟で発表しつづける現在の知識人の間にも、確実に存在するポジティヴな要因である。そのような希望が、かつてのように、単純な成功物語や英雄像と結びついて幻想を生まないということが重要であろう。本書がさまざまなテクストの内外に見出したのは、そのような希望に支えられ、社会的役割や職業的使命感を通じた日常実践のなかで継続される、さまざまなアクター、ファクターと公的権力との間の「交渉」のあり様であった。そして、そのような「交渉」を成功させる余地が現に生まれているということ、そこでは知識人が、現実の複雑性と多様性に耐えて、単純な解を求める誘惑に抵抗する姿勢を示すことが、ますます重要になっているということであった。

二　文革後知識人の位置づけ

本書では、文革への道程に注目して「文芸批判」という形の知識人弾圧を重要な契機とみなす立場に立ち、巴金と韋君宜の回想録に焦点をあてた。だが、そのような知識人の役割について、文革後の歴史的文脈における意義と展望を明らかにするには至らなかった。その点に踏み込むとすれば、どのような議論や発見がありうるか――本書の成果から導かれる、その先の進展の可能性を提示しておきたい。

本書第五章一２で引用した劉再復によれば、八〇年代になって中国の知識人は現代化推進の啓蒙者として主体的地位を回復し、それとともに自我の回復・主体性の覚醒を遂げた。その意味で、巴金が『随想録』において、もう他人の命令に従う文学〔遵命文学〕は書かないと公言したことにも言及した。それは『随想録』が、過去の自分から目をそらさず痛切な慙愧の思いを赤裸々に綴ったことを「反省」として高く評価される所以でもあった。しかし文革後の知識人の復権は、まさにその現代化推進の主体的役割ゆえに、改革・開放路線への無批判な追随を伴い、知識人の回想録はその一端を担うものとして指弾されることにもなる。

たとえば、第四章三２でとりあげた王朔の痛烈な知識人批判、というより知識人嫌悪にたいして、どのような応答が可能であろうか。王朔は、中国文学を貶めたとして非難され社会的無責任を痛罵されながらも［Barme1999：79］、多くの知識人をファン層にもつ［ibid.：67］。それを考えるとき、「知識人」が決して一括りにできないカテゴリーであり、この問題には世代間矛盾／抗争としてとらえるべき面もあることが明らかになる。

さらに、改革・開放以来の知識人階層の分化という現実も無視できない。知識エリートと政治エリートとの関係の変化が指摘され、知識エリートが「商務派」「清流派」「平民派」「保守派」に分類されるとき［何2002：360］[1]、そこに巴金の自認する「五四」以来の知識分子というカテゴリーは見出せない。巴金や韋君宜は、そのような意味での最後の知識人であったといえよう。

こうしてみると本書がとりあげた巴金と韋君宜も、世代的には大差ないながら、知識人としての共通性は決して多くはない。アナーキズムを通して「五四」の思想にふれフランス啓蒙主義思想の影響も少なくない男性作家と、抗日愛国の運動を通して革命に身を投じた共産党員にして女性文芸工作者――この二人の間の唯一の共通点は、文革期に迫害を受けたという事実と、みずからの加害者性に言及した回想記を書いた、ということにつきるかのようである。そしてその受容のされ方のなかに、「中国の知識人」に求められる資質と立場がかいまみえる。それは確固たる自我の確立と自己への厳しさであり、韋君宜の娘楊団が、知識人の世代継承について語る言葉のなかにも現われていた。知識人やその後継者を自称するとき、あるいは人びとが知識人を語るとき、そこに含意されているのは教育レベルでも階級・階層カテゴリーでもなく、社会における文化的意味を問い、知識に基づいた独立思考と社会批判という役割を担う者［李2005b：51］としての知識人なのである。文革は、まずそうした役割の剥奪を意味した。

しかし、本書第五章一2で引用した陳思和《ちんしわ》に倣い、国家権力と大衆との関係をもとに知識人を位置づけるとすると、十九世紀に至るまでの封建王朝下、中国の知識人は国家権力のイデオロギーと一体化していたが、毛沢東支配化において再び、毛沢東思想学習と労働改造を経て、人民に奉仕するというよりは心身ともに体制イデオロギーに組み込まれることになった、とみることができる。ただし、伝統社会から封建時代に至る時期の知識人が、政治構造とイデオロギー構造の一体化を内側から支える主体であったのにたいし［金・劉1992：25-32］、文革期の知識人はもっぱら改造と批判の対象として客体化された。その封建時代と毛沢東時代の中間にあたる一時期、すなわち清朝が滅び儒教が衰退して新しい精神の支柱を欠いた時期、知識人が西洋の思想・文化を受け入れて朝廷の外に打ち立てた「広場」が「五四」文化であった。過渡期の国家権力は、知識人の参与を終始排除して統治思想による文化形成をめざし、他方、知識人は「五四」以来の「民主」と「科学」と「個人主義」の新しい伝統を守ろうとした〔陳2002：132〕。だとすれば、「五四」にまで遡ってそのやり直しを提起するような、あるいは「五四」の急進的な思考形式の問題点をつくような、文革回顧の方法があったのも道理である。

このような背景を確認した上で、二人の回想録に立ち返ると、巴金の『随想録』では、近代の知に基づいて「自分の頭で考える」「独立思考」「複雑志向」が提起されていたことが思い起こされる。韋君宜の『思痛録』から娘楊団が受け取るメッセージも、「独立思考」の重要性であった。文革の記憶との関連でそれらの語彙が使われるとき、それは何よりも天下を支配する一元的イデオロギーからの自立性を意味し、いかにして精神の自由を確保するかという問題となる。そう考えると、知識人による回想録が、「私」の記憶を主張し「個人化」に徹して書かれたことの意味は、記憶の統制を迂回するための脱政治化戦略という消極的なものに終わらないことは明らかである。巴金が『随想録』の「総序」で宣言したささやかな「私」からの出発は、全篇を通して党や国家との無条件の一体化を拒否する立場を主張するものであった。それが、巴金と韋君宜に通じる、最も大きな第三の共通点といえよう。もっとも、アナキストとコミュニストの思想形成に遡って考察すれば、似て非なる精神の軌跡が浮かび上がるかもしれない。今後さらに探究が求められる観点である。

本書第四章でみたように、八〇年代から九〇年代へと進むにつれて、中国社会内部にマーケット（さらに近年はインターネット・コミュニティ）が拡大することによって政治と文化の一体化構造がゆらぎ、香港・台湾をはじめとする海外市場という「外部」が生まれて、知識人や文化人の独立性が高まった。その前衛的な存在が、インディペンデント系アーティストである。しかし反面、第五章・六章で指摘したように、知識人の構造的脆弱性は救いがたく、大衆との隔たりは容易に埋めがたい。前記のような文革後の社会的文化的変化は、復権したエリート知識人の権威を再び揺るがす。

王朔の発言（もしくはその発言に代表される知識人不信）にたいしては、次の三点からの応答が可能であろう。まず第一に、前項でも述べたような一定の文脈のもとでの批判性の意義。第二に、そのような批判性を担保するものとして、『思痛録』出版前後に想定しえた読者共同体のような共同の可能性。そして第三に、知識人の多様化や分化のなかで、本書が重視したKnやanのような個別アクターの主体的役割の増大。特に出版の現場で働くanは、伝統的な知識人の系譜に属するとは限らないが、文革後の社会変動のなかで新たな社会的立場を獲得した主体である。Anが公的権力の代理人であるとすれば、anは知識人と大衆を仲介し、政治的規制と市場の要請との間で取引するプロフェッショナルである。また巴金や韋君宜のような旧世代知識人を新世代へとつなぐ文化的記憶の創造者でもある。

このようなアクターの存在は、大衆と知識人との排他的二項図式からは見えてこない。また、政策や公的言説を実証的に積み重ねただけでも、彼らの重要性は認知されえない。どのような政策や指示が出されたかを見るときには、それを現実のレベルで受け止め、上からの政策にたいして考えうるかぎりの対策でのぞむアクターの存在を理解しなければならない。彼ら／彼女らこそが、公的権力にとっての見えざる交渉相手なのである。第三章でふれたように、「中央宣伝部が過去発した〝通知〟を無視し、既成事実をもって中央に出版許可を迫る」ような勢力に向けてこそ、新たな通知が出されたのであり、第四章で明らかにしたように、そのようなアクターの動向を想定して開放と引締めの調整がなされる。国家権力からの距離と市場からの距離によって立場の異なる多数のアクターが、目に見えない交渉をくり広げるその様は、ルールの未だ定まっていないゲームに近いものがあり、ルール自体を模索しあう余地を感じさせる。そのことを本書は、限られた事例を通してではあったが、明らかにしようとした。今後も事例を積み重ね、分析精度を上げてモデル化をめざしたい。

さらに本書は、「記憶」という観点からの文革研究を通して、過去の歴史的事象にたいする研究が、現在の政治性に規定されている限りにおいて現代社会の探究に及ばざるをえないことを暴いた。「〜の政治学」という表現が陳腐化している今日、そのこと自体に新しさはない。さまざまな事象の政治性を暴いて事足りるわけではない。その意義は、定式化の誘惑に抗して、どのような文脈でどのようなアクターとファクターが関与し、どのような関係が生まれてどのように変化するか、詳細に観察し記述し、緻密な概念化によって分析しつづける、その継続的実践にこそある。そうしたアクターの範疇には、個人記憶に依拠してそれを語る当事者と、それを受容し消費し再生産するありとあらゆる人びとが含まれる。文革の記憶という中国社会の地下鉱脈は、容易に尽きるものではない。新しいアクターとファクターの出現によってこれまでにない語りが生まれることもある。元女性紅衛兵が、元造反派が、造反された教師たちが、少数民族が、語り始めるとき、記憶の抑圧者は国家権力だけとは限らない。そのとき、知識人の回想録は当事者としての「私」の語りだけではすまなくなるかもしれない。同じ時代に全く異なる現実を生きた人びとがいたということを受け入れられるか、あるいはいっそう啓蒙的な役割に徹することに固執するか、それによって知識人の回想録は書き換えられ、あるいは読み直されることになるであろう。

また、歴史的事象に関するこれまでの記憶研究では、体験者と非体験者との世代的比率に注目し、その事象からどれだけの時を隔てたかによって、三つの時代区分が可能であるとされてきた。すなわち、体験者がそれを共有しあう「体験」の時代、非体験者の比率が高まり体験者と交代の兆しを見せる「証言」の時代、そして非体験者が圧倒的多数となって体験が共有されなくなってからの「記憶」の時代である［成田2006：4］。この区分に従えば、本書が対象とした時期の中国は、まだ「証言」の時代といってよい。あるいは、その証言が量的質的に限られていることが、「記憶」の時代の到来を早めたとみるべきか。中国以外の他の事象との比較が求められる。

権力との関係に関して一言つけ加えるとすれば、公的権力の手を離れたインディペンデント系の文化人・芸術家が、新しい独自の存在様式だけで、名実ともに自立を確保できるとは限らない。自立の強さは孤立の弱さにもつながり、彼らが現実レベルの共同性を欠いたまま一足飛びに国家への同一化に走ることもありうる。また、あらゆる権威に反発する姿勢が、真に批判的とも限らない。なぜなら、一見、権力とは無縁に思われる人びとの反発の矛先が、いつしか無抵抗な対象に集中し、結局は巨大な権力に加担することになりかねないからである。個別のケースの意図と効果とを、文脈に即して評価しなければならない。本書において、大衆と知識人をはじめから対立的にとらえることを警戒してきたのは、それが文革を推進する勢力にとって利用しやすい思考パターンだったからであり、その帰結が双方に甚大な被害をもたらしたと考えるからである。知識人の社会的優位性への反発はともかく、文革にたいする理解として、「それぞれ地位や権力を奪い合ってみずから招いた結果……ほんとの庶民の、一般大衆の闘争じゃない」という程度の認識しかないとすれば、それこそが「記憶の統制」の結果として問題にされなければならない。文革の最も悲惨かつ大量の犠牲者は、実は知識人でも実権エリートでもなく、知識青年とは名ばかりの十代半ばの青少年であり、無名の労働者であった可能性がはるかに高いのである。地方の派閥抗争と武闘の混乱のなかで、多くの犠牲者が出たと言われているが、いまだにその数も特定されない。それについての記憶が禁じられているのだ。それを指摘することが、王朔の発言にたいする最もふさわしい応答かもしれない。

三　「文革の記憶」の可能性

最後に提起しておきたいのは、序章でも述べたとおり、本書が中国の文革という事象にとどまらない意味をもつということである。本書を書き進めるうちに、日本の戦争の記憶という、やはり一度は徹底否定された歴史的事象との比較がたえず思い起こされた。公共の記憶におけるあまりにも完全な過去の否定が、多面的な理解と思考の深まりを停止させるのではないか、という問題である。本書序章でもとりあげた日本版「歴史家論争」とも関連づけて考えさせられる。過去を「誤り」と断じる歴史的説明が与えられ、新しい「平和と民主」の物語が構築されても、過去の物語を全否定され記憶を抑圧された人びとのなかで、歴史的説明と物語的理解の認識論的断絶は、新しい物語への反駁を潜在させ続けているといえよう。しかし、それがご都合主義的な歴史の書き換えを要求するようになるのは、極めて現在的な要因からである。その時「記憶」は、単純な解を提供するリソースとして濫用されることになるのである。(2)

濫用される恐れがあっても、人びとの多様な記憶は封印されてはならないか？　記憶の複数性は担保されなければならないか？　この問いは、歴史家を二分する問題となっている。たとえばフランスでは、二〇〇五年二月に成立した法律に、植民地主義の「ポジティヴな役割」を教えるという条項が挿入されると、三月二十五日にその撤廃を求める歴史家のアピールが出された。その後十二月十二日には、「歴史のための自由」という別なアピールが出されたが、それは、植民地主義に肯定的な前記の法律条項だけでなく、ホロコーストや植民地主義、奴隷制などを絶対的な悪と定めるような法律すべての撤廃をも求めるものであったという。国家が法律によって一定の歴史認識を押し付けることは、歴史研究の自由を奪うことになるからである。ホロコーストをはじめとして、犠牲者が絶対的な善であったヨーロッパで、「記憶の圧制」よりは「記憶への権利」と複数性を選ぶことが表明されたといえる［三浦2006］。

中国では、忘却の進行が避けられない一方、「歴史決議」の一面的な文革徹底否定言説に代わる語りが認知されつつある。二〇〇五年北京の王府井で購入した北京中体音像出版中心出版発行のＶＣＤ『文革十年』（上・下）を観る限り、もはや文革は「十年の動乱」として表象されてはいない。一九六六年から一九七六年までの十年間の映像集であるそのドキュメンタリーは、決して動乱や破壊を印象づけるものではない。一九六八年に下放が開始されてから一九七四年の「批林批孔」で再び激烈な政治運動のシーンが挿入されるまでは、いたって生産的な映像が続く。新型戦闘機やミサイルの実験が成功し、鉄道が建設され橋梁が架けられ、古代遺跡が発掘され、人びとは明るく農・工業に励む。周恩来の活躍による外交の成功も主要な柱となっている。林彪の毛沢東暗殺計画と逃亡の失敗は、飛行機の墜落現場の生々しい映像とともに詳細に説明されるが、「四人組」はほとんど登場しない。

そこには明らかに、文革の最も凄惨な面が欠けている。ノスタルジアが喚起されることはあっても、文革を深刻な誤りとして教訓とするというメッセージは読みとりがたい。文革の表象において、視聴者や読み手が受け入れやすいものを提供するという傾向は、これからも続くであろう。その一方、「忘却の強要」が抵抗を生み、安易な商業主義が批判されるなかで、文革の記憶は語られ続け、可能な限りの隘路を探し求めて言説空間に放たれ続けるであろう。

新しい語りのなかには、文革を知らない世代による文革の記憶の再生産も含まれる。たとえば、二〇〇五年の山形国際ドキュメンタリー映画祭で上映された鐘鍵《しょうけん》（ヂョン・ジエン）監督の『憶え描き Try to Remember』（二〇〇五年）は、二十二歳の監督自身が母の帰郷に同行して、母の記憶の語りをフィルムに収めたドキュメンタリーである。雲南省の小さな村で、今は人気のない生家や祖先の墓を訪れ、懐かしい場所に立ち、母は、息子のカメラに向かって昔語りを始める。七人の姉妹との極貧の生活、文革の時代の断片的な記憶、それらのなかに特に衝撃的な内容はない。が、長年表出することのなかった記憶であり、語り終えた母は息子のカメラに向かって「私が自分の秘密を教えたんだから、あなたも秘密を教えなさい、でないと不公平よ」とほほ笑む。

この作品は山形の観客を感動させ、台湾でも好評だったという。それは、この若い監督には計算済みのことだったに違いない。彼は山形の観客にたいし、母の誕生日プレゼントとして撮ったものだと語ったが、このドキュメンタリーは、決してプライベート・フィルムなどではない。現代の日本や台湾の観客が目にしたくないものは優しく排除し、失われた時代と辺境を垣間見せ、母と息子の物語という既製の装丁をほどこして提供された文革の記憶の商品化である。これを観た中国と日本の男性研究者は、この小品の性質と規模にそぐわないほどの過剰な反応を示してこれを批判した。二人は共に当時の中国を知る世代であり、彼らの感情的な反応のなかには、文革の時代を母の昔話として懐かしさだけで語り、過去の事実に迫ろうとする姿勢に欠けることへの怒りがあったであろう。しかしモミ殻を食べるほどの食糧不足など想像もつかず、モミ殻の意味さえわからないこの若い監督が、母から引き継いで表象する文革の記憶が、「本当の」文革からかけ離れたものになるのは誰にも止められない。「記憶」の時代には、記憶がどのようなものとして構築されるか、そのことの意味を、表象の質と受容のされ方を含めて問わなければならないであろう。一人の作り手の未熟さを責めるだけでは、「記憶の圧制」に加担することになりかねない(3)。

最後に、「文革の記憶と忘却」にとりくんだ結果として、「言論の自由のない中国」「自由すぎる日本」というステレオタイプの相対化と、日本の現実にたいする異化作用という効果がもたらされたこともあげておきたい。『延安の娘』に続く池谷薫監督の最新作は、ドキュメンタリー『蟻の兵隊』(二〇〇五年)である。主人公の男性(八十歳)は、第二次世界大戦後の中国山西省でポツダム宣言に反して、武装解除することなく残留させられた日本兵士約二千六百人のうちの一人であった。彼らは国民党系の軍閥に合流し、四年間共産党軍と内戦を戦い、再び多くの犠牲者を出した。生き残って帰国した人びとも、日本政府からは「みずからの意志で残り勝手に戦争を続けた」とみなされて、戦後補償さえ拒否されてきた。主人公の男性は、高齢の身で山西省を再訪し、当時の軍司令官が、軍閥との密約によって彼らを残留させたことを示す証拠を探し出す。しかし、戦争の被害者であったはずの彼は、かつての「初年兵教育」の現場を訪れたことで、いつしか加害の記憶の語り手となる。

この作品が観るものを圧倒するのは、世界戦争史上類を見ない「売軍行為」という事実であり、一人の人間に刻印された戦争の被害と加害の記憶の具体的な過酷さである。この作品は、都内のミニシアターで一般公開され、初日から立ち見が出るほどの反響を呼んでロングランを続けた。某テレビ局のトーク番組でもとり上げられた。しかしそれがミニシアターを出て、全国ネットのテレビで報じられたとき、この作品の真髄ともいうべき前記の二点は見事に抜け落ちた。すなわち敗戦後も日本軍として武装解除されずに戦争を続けさせられたという事実と、加害の証言という核心的な部分は、全くふれられなかったのである。八十歳の元兵士が訴える「戦争の悲惨さ」と、それに感動した若い大学生がインターネットを通して宣伝活動に協力し終戦記念日の上映館には長蛇の列ができたという話題性だけが、時間をかけて強調された。ゲストのコメントも、みずからの原爆体験に基づいて「戦争の悲惨」をくり返すだけのものであった。日本の言論にも、日常の語りにも、規制は働いている。しかもそれは露わな圧政の結果ではないだけに、問題化されにくい。

といっても、日中の相対化は無限に可能なわけではない。今も中国大陸には、自由な言論や出版を許されずにいる政治犯や獄中作家が相当数存在することは、やはり日本とは明らかに異なる現実である(4)。今後も、一党独裁国家の国家権力の強大さが、突然可視化されることも肥大化することもありうる。しかし、それが後退して、多数のアクターによる高度な交渉、もしくは複数のプレーヤーが合意を模索しあうゲームのルールに委ねられるような言説空間が広がることに、希望はある。

注

序章

（1）一九六六年六月二日、『人民日報』社説のタイトルに掲げられた言葉。「文化大革命にどのように対応するかは人びとの魂に触れる問題であり、また人びとの世界観に触れる問題である」との指摘がなされ、以来、文革初期のスローガンとして広まった［『中国文化大革命事典』：395-396］。

（2）中国内での正式名称は、「建国以来の党の若干の歴史問題に関する決議」。一九八一年六月二十七日、中国共産党第十一期第六回中央委員会全体会議（六中全会）を通過したもので、重大な歴史的事件、特に「文化大革命」にたいしての総括を行なった。それによると、「『文化大革命』は指導者によって誤って発動され、反革命集団に利用されたものであり、党・国家と各民族人民に重大な災難をもたらした内乱であった」［『中国文化大革命事典』：978-979］。詳しくは第三章二で述べる。

（3）第一章の「言説分析」に関する注（3）のなかでより詳しく述べるが、ここでは、意味をもった言葉のまとまり、あるいは言語表現という程度の意味で使い、活字・映像媒体による文革に関する表現、さらにそれらについての反応などを広く含むものとする。

（4）同書巻末の鐙屋一による「解説」中の記述。

（5）同書に引用された王紹光「拓展文革研究的視野」（一九九六）の記述（劉青峰編『文化大革命——史実與研究』香港中文大学出版社、一九九六年、五一六頁）。

（6）加々美光行も具体的な「通知」にふれて、文革関連の著作の発表が中共中央の厳しい規制下に置かれていることを伝えている［加々美2001：12, 42］。詳しくは第四章で述べる。

（7）「毛沢東の亡霊」『ニューズウィーク』日本版、一九九六年五月十五日、一八～二五頁。

（8）「文化大革命の『暗部』を探る」『ニューズウィーク』日本版、二〇〇〇年三月一日、五七～五九頁。

（9）魯迅研究者で、魯迅の掲げた「個人の精神の自由」の理想とそのための「精神界の戦士」の系譜を継承すべく、文革中の在野の思想の発掘や民間思想の堅守に努めている（『読書』一九九八年八・九月号など）。

(10) 近年可能になった現地での聞取り調査により、たとえば周恩来評価などに関して、公式評価とは全く異なる資料の存在が確認されたことも明らかにしている［国分2003：3］。

(11) 『思痛録』については、第六章で詳しく分析する。

(12) 「紅衛兵」とは、一九六六年五月二十九日清華大学付属中学生（日本の学制では高校生レベル）数名が、秘密裏に結成したのが最初とされ、その後北京市内の他の学校や全国に広がった学生運動組織のことをいう。当初は党内の政治運動に聡くエリート意識の高い高級幹部子弟が中心となって、壁新聞を通して「造反」を叫び、毛沢東から「造反有理」の返信を受けて崇拝熱を高めた。同年八月十七日、毛沢東は天安門楼上で全国各地から集まった紅衛兵にたいして第一回の接見を行ない（「百万人集会」）、その二日後林彪が「四旧打破」を呼びかけて、紅衛兵運動は旧社会を象徴するもの、ブルジョア的なものをターゲットとして激化した。しかしその過程で、出身の優劣や劉少奇ら実権派との関係の違いによって分派と抗争が避けがたく、武闘が凄惨を極めてゆく。労働者との衝突も発生するが、やがて文革の主体が労働者や人民解放軍に移り、一九六八年十二月毛沢東が「下放」を呼びかけると、紅衛兵は「知識青年」として辺境へと散って行く。［厳・高1996］、［張承志1992］など。

(13) 既に出版された「戦争体験」の巻とは、李小江編『20世紀（中国）婦女口述史叢書―親歴戦争』三聯書店、二〇〇三年。

(14) ここでは、一九六八年十二月に毛沢東の「知識青年は農村に行こう」の指示が伝達されたのを機に、都市の中高生が大量に農山村や辺境に移り住んだことを指す。一九六九年四月までで一〇〇〇万人以上の数に上ったとされる［加々美2001：182］。一九七九年から都市への帰還が許可されるが、その実現状況は一様ではなく、長年下放先に残り、あるいは永住することになった者も少なくない。

(15) 一般にVCD／DVDソフトは、香港や台湾などと比べて格段に安く、有名書店で売られている場合でも一枚二百〜三百円程度のものが多い。私が観察した売り場（北京市西単にある北京図書大厦）では、一度に十枚程度まとめ買いする人が目立ち、レジには列が絶えなかったが、その中味までは確認できず、文革映画についての売上げデータもない。

(16) 音楽を聴くという行為に関しては、レイ・チョウ（周蕾）が、従来中国においては原則として公的な体験であったが、ヘッドフォーンがそれを内的なものに変え、〝プライヴァシー〟が作用する時代になったと説く［Chow 1993=1997：139］。

── Traditionally, listening is, as a rule, public.... With the intervention of headphones, on the other hand, listening enters an era of interiorization whose effect of 'privacy' is made possible by the thoroughly mechanized nature of its operation.

（17）そのことの問題点については、第二章一でもふれる。

（18）古厩忠夫の同論文「『感情記憶』と『事実記憶』を対立させてはならない」（『世界』岩波書店、二〇〇一年九月）のなかであげられている参照文献は以下のとおりである。

『世界』掲載論文——山内小夜子「東裁判をめぐる内外の危険な動き」（一九九九年四月号）、水谷尚子「私はなぜ東裁判に異議をとなえるのか」（一九九九年八月号）、石井剛「日中間の理解を増すためには」（一九九九年十月号）、東史郎弁護団「『東裁判』の真実を訴える」（一九九九年十月号）、孫歌「日中戦争——感情と記憶の構図」（二〇〇〇年四月号）、溝口雄三「日中間に知の共同体をつくるために」（二〇〇〇年九月号）、戴錦華・孫歌・高橋哲哉・酒井直樹「戦争の感情記憶の壁をどう乗り越えるか」（二〇〇〇年十一月号）、孫歌「思想としての『東史郎現象』」（二〇〇一年二月号）——。

他に『南京事件を考える』（大月書店、一九八七年）、『南京事件資料集』（青木書店、一九九二年）、『南京大虐殺を記録した皇軍兵士たち』（大月書店、一九九六年）、「感情としての『加害の記憶』」（『中国研究月報』二〇〇〇年十一月号）など。

（19）シャルチエの「読書の文化史」については、第一章二2でもふれる。

（20）具体的には、読書を空間のうちに印づけられ他者との関係のなかにおかれる身体的行為とみなし、書物の物質としての側面（テクストの入れ物としての装丁や印刷技術）、編集・出版における仕掛けなどに注目して、そこからどのような読者と読書が想定されていたかを再構成する、という方法がとられている。

（21）また作家の巴金も、文革をナチスのユダヤ人虐殺、広島・長崎の原爆と並べて、二十世紀の人類の三大悲劇と呼んだという［丸山2001：407-408］。

（22）ただし、文革をホロコーストと並べて論じることにたいし、モボ・ガオは「一部のエリートによって作られた真実」であるとして反証を行なっている。これについては第二章二2でまた別な観点からも言及する［Gao 1999］。

（23）中国国産映画製作開始百周年の二〇〇五年前後には、年代記的な映画作品が何本か製作されたが、たとえば、激動の戦後上海を生きる女性を描いた『長恨歌』（二〇〇五年）では、文革時代のシーンが当局の指導でカットさせられた。監督の關錦鵬（スタンリー・クワン）は、東京国際映画祭での上映終了後、会場からの質問に答えて以下のように述べている。「〔香港・中国〕合作映画であるため、審査は必要な手続きだった。しかし十年前ならば許されなかったであろう『長恨歌』

のような映画が今は撮れるようになったということで、中国政府の審査はかなり開放的になっていると思う。確かに文革時代に紅衛兵が家捜しに来て荒らすシーン〔抄家〕はカットを求められた。……その年代のハイライト・シーンが少々減ってしまったが、映画全体が大きく損なわれたわけではない。原作小説では文革の部分が完全に空白になっており、映画では文革時代の情景や雰囲気が撮れたということは良かったと思う」（二〇〇五年十月二十二日）。

同じ上海を舞台にした戦中戦後の女性三代記『ジャスミンの花開く』（二〇〇四年）〔原題『茉莉花開』〕では、大飢饉の時代や文革の時代は完全に捨象された。一方、延安時代の毛沢東、上海時代の周恩来などを描いたテレビドラマ、抗日戦争の映画などは戦争スペクタクルとしての要素も盛り込んで作られ続けている。

（24）一九四五年のベルリンにおける強姦は、まず望まぬ妊娠にたいする処置として「医療化」された。そのためドイツ人女性当事者の訴えが中絶申請書に記録されており、グロスマンはそれを分析対象とすることができた。そこでは、ワイマール福祉国家や国家社会主義の人口政策で使われた語彙が持ち出され、占領軍兵士による強姦は、モラルや民族の問題ではなく社会的経済的問題とされている。また加害者像はナチが定めた野蛮人種レパートリーから選択され、アメリカ人であれば黒人、フランス人であればアフリカ人、東側の兵士であればモンゴル人であることが強調されている。通常の強姦被害者の証言とは異なる独特の叙述コードが現われるのである。

（25）文革の記憶の「語りえぬもの」としては、さらにカニバリズムの問題がある。作家の鄭義は、文革中の大規模な食人事件の噂を聞いて、一九八四年と一九八八年に現地調査を行なったという。彼のインタビューに答えた現地の人びとは、「右派」にされないために「右派」を食べた記憶を詳細に語り、「それが階級闘争だ」と言ったという。当事者にとっては決して「語りえぬもの」ではなかったのである。従来の記憶の議論と比べると、ポジとネガが反転するような関係が現われる。しかしカニバリズムに関する証言が発表され言説化されることは極めて難しい。現地でのインタビューや資料収集の結果は、『紅色的記念碑』として出版すべく準備中と伝えられたが、その後出版された形跡はない［鄭義1993：305, 317-318］。

（26）ここで岩崎が引用するのは、以下の書である。Assmann, Jan, 1992, *Das kulturelle Gedachtnis : Schrift, Erinnerung und politische Identitat in fruhen Hochkulturen.*

（27）「単位」とは、各個人が所属する機関、団体、企業、工場、学校、職場などのことであり、個人の身元を証明し、住宅の分配や各種手当ての支給、社会保障などの基準となる組織［『東方中国語辞典』：258］。すべての「単位」には共産党委員会や支部が置かれ、構成員を一元的に管理してきた。しかし近年は企業形態の多様化や都市部への人口移動の結果、従来の機能が果たせなくなっている。「単位」に代わって居住の場における地域の再組織化として注目されているのが「社区」である（『現代中国事典』http://www.panda-mag.net/keyword/ktop.htm）。

(28)「傷痕文学」とは、一般に、文革中の迫害による個人の悲惨な境遇を訴えたり文革後の社会問題を扱ったりした作品のことをさす。一九七八年、盧新華が文革中の体験を描いた短編小説「傷痕」が『文匯報』に発表され注目された。その後同様の作品が世に出た。「暴露のみで讃美がない」という批判が出され、また逆にそのような評価のし方にたいする反対など討論が続いた後、「文芸はプロレタリア階級の功績を讃え威信を高めるべき」と主張していた李文が、反論を受けて一九七九年十一月「思想の解放を妨害するものであった」と自己批判し、「傷痕文学」が巻き起こした議論はようやく沈静化した［『中国文化大革命事典』：720］。

(29)「知識青年」とは、初級・高級中学〔日本の中学・高校に相当する〕の中等教育を受けた男女のこと。中国語では、略して「知青」とも言われる。

(30) ポール・リクールは、否定的な過去を現在に意味づけて受け入れるための概念として、「記憶の作業」と「喪の作業」を提起し、それをつなぐものとして「記憶の義務」を位置づけている（「記憶の作業」については、次章の用語系のところで再度とりあげる）。しかし、「喪の作業」については特に定義せずに使っている［リクール2000=2005：242］。岩崎稔も「喪の仕事」として「死者を悼む作業」に言及しているが、誰が、どのような資格で、どのような技法を通じてそうするのか、ということまで問うべきであるとしている［岩崎2002：271］。

第一章

(1) 森岡清美・塩原勉・本間康平編『新社会学辞典』（有斐閣、一九九三年）、および、濱嶋朗・竹内郁郎・石川晃弘『社会学小辞典〔新版〕』（有斐閣、一九九七年）。

(2) ここでは香港・台湾を除く、という意味である。

(3) フーコー的な「言説分析」の最も基本的な単位となるのは「言表」である。それは行為として実際に語られたもの／ことであり、これらの諸言表が一定の形成＝編制の規則にしたがって、ある全体的なまとまりをもったとき、そのまとまりを「言説」と呼ぶ［赤川1999：30］。「言説分析」とは、その規則を発見し、そのまとまりを対象化して、言表機能の相関項を通じて働く戦略的な力の関係を暴くことになる。

中国語にも言説という単語はあるが、談論などと同様の「語る」「論じる」という意味で、主に動詞として使われることが多い。本書で用いるフーコー的「言説」を意味する語としては、話語が論壇や専門書で流通している。それはより広義の「言語表現」の意味で使われることもある。最近では話語との差異化をはかって言話という語を復活させる論者もいるという。ちなみに『現代性社会理論緒論』のなかで著者劉小楓は、〝現代〔近代〕〟話語、〝主義〟話語を用い、また「個人的言論」の意味で個体言説を使ったりしている［劉1998：2, 198–200, 219–220など］。

（4） 中国革命は、ブルジョアジーではなく労働者階級が指導する新民主主義革命と称されたものの、実際には都市の組織化された産業プロレタリアートは少なく、農民出身のゲリラによる代行革命を余儀なくさせられた［姫田ほか1998：193］。

（5） 文革初期においては、紅衛兵が初めて結成されたのも壁新聞第一号が貼り出されたのも北京であった。地方の紅衛兵らは、続々と北京をめざし、壁新聞を書き写しては地元に持ち帰り、天安門広場に野宿して毛沢東の接見を待ち構えた。都市から地方に行ったのも、主には革命思想の伝播と指導のためであった。また知識青年の農山村への下放は、農民から学ぶ、生産現場を体験するという側面もあったが、知識青年らの発言からは、地方への啓蒙意識がうかがわれ、それが農民蔑視を助長したことも否定できない。

（6） 労働者・貧農・中農・兵士のこと。文革期を通して最も正しい階級であった。

（7） ミシェル・ド・セルトーからの引用。Michel de Certeau, *L'invention du quotidian. t.I, Arts de faire*, Paris, U. G. F., 1980, nouvell-e ed. par Luce Giard, Paris, Gallimard, 1990：247（『日常的実践のポイエティーク』山田登世子訳、国文社、一九八七年、三三五頁）。

（8） フーコー的な用法とも解釈学上の意味とも異なり、読者たちがテクストを読む際の捉え方、理解のずらし方・覆し方が多元性を持ちうるという概念。読者たちには、彼らを束縛しようとする幾つもの拘束にたいして、逆にそれらを侵犯する能力が常にあると考えられる［シャルチエ1992b：20–21］。

（9） 受信側のデコーディングは、①発信者が準拠する支配的優勢的なコードに従った読み、②受信者による交渉の結果として、適応的な要素、対抗的な要素の混じりあった読み、③対抗的な読み、の三種類に分類される。

（10） この段落の内容は、東京大学大学院人文社会系盛山ゼミで二〇〇五年五月十七日に発表された氏川雅典のレジュメに依拠している。この発表の対象となった講読文献は Cohen and Rogers, 1994, "Autonomy and Credibility：Voice as Method" *Sociological Theory* 12-3：304-318 であったが、該当参考文献は以下のとおりである。Berger and Quinny,

2005, *Storytelling Sociology*, Colorado : Rienner Publishers, Inc. ; Czarniawska, Barbara, 2004, *Narratives in Social Science Research*, London : Sage ; Gergen and Gergen, 2000, "Qualitative Inquiry : Tensions and Transformations" *Handbook of Qualitative Research* (2nd edn), Denzin and Lincoln eds. Thousand Oaks, CA : Sage.

(11) 中国の現代史における暗黒とも言われる「文革」を日本人が研究することについて、過剰な意味づけは避けたい。しかし、インターネット上では、中国語サイトに「大日本は支那の敵ではない。支那の本当の敵は支那人自身だ。なぜか？　南京大虐殺で三〇万人が死んだが、しかし文化大革命で死んだ人の数はその七〇倍なのだ。……」という日本人の書き込みがあった、と紹介されたりすることも確かである。ただし、これにたいしてはまた別な中国人からの反応とおぼしき書き込みがあり、「そんなの完全に中国人が自分で書いてんだよ。こんないたずら、ほんとに真に受けてるの？」と揶揄されている（guan8.com 上の二〇〇五年十月三十日のやりとり）。原文は以下のとおりである。

「大日本不是支那的敵人，支那真正的敵人是支那人自己。為什麼？南京大屠殺死了三〇萬人，但文化大革命死的人數是七十倍，……」「这完全是中国人自己写，这种玩意你还当真？？」

(12) 香港嶺南大学中文系教授。

(13) 本書序章の注(28)にも記したとおり、一九七八年『文匯報』に盧新華が文革中の体験を描いた短編小説「傷痕」を発表して注目を集め、その後次々と発表された文革中の迫害による個人の悲惨な境遇を訴えたり文革後の社会問題を扱ったりした同様の作品が「傷痕文学」と呼ばれた。それをめぐる賛否や、その評価の仕方をめぐる議論が巻き起こって一九七九年まで続いた［『中国文化大革命事典』：720］。精神的傷痕を描くだけに終わりがちな作品にたいし、文革以前の歴史の回顧と見直しまで含む作品群は「反思文学」と呼ばれる［中国文芸研究会2003］。

(14) 既述のとおり、本書の目的は「文革の真実」を追究するという「真偽」の次元にはないため、フィクションを除外するのも、それが「虚構」であって文革の「証言」とはなりえないから、などという理由によるものではないことは言うまでもない。

(15) 一九一九年、第一次大戦後の処理を協議するパリ講和会議で、山東省の旧ドイツ権益が日本に譲渡されたことをきっかけに、同年五月四日北京の学生が反日・反軍閥の運動に立ち上がって巻き起こった運動。こうした新興知識階層主導の大衆運動は各都市に広がり、北京軍閥政府にベルサイユ講和条約調印を拒否させる結果となった。「五四運動」と呼ばれるこのうねりは、一九二〇年代半ばの国民革命へと連なる。

(16) 「サッコ・ヴァンゼッティ事件」は、一九一九〜二〇年にかけてマサチューセッツ州で起きた二件の強盗事件に関して、イタリア移民のニコラ・サッコとバルトロメオ・ヴァンゼッティが強盗殺人容疑で逮捕され、一九二一年に死刑判決を受けたものである。有罪判決から三ヶ月後、公正さに欠ける審理に抗議する運動はボストンにとどまらず、ニューヨークをはじめアメリカ各地、さらにヨーロッパにも広がり、中国、日本にも伝わった。パリ滞在中にこの運動に接した巴金は、アナキズムの同志としてヴァンゼッティに手紙を送り、ヴァンゼッティも獄中から返信したが、それが巴金の手元に届いたのは、処刑予定時間の二十五時間前であった。世界の抗議行動により、処刑は再度延期されたが、助命嘆願は棄却された。巴金は再びヴァンゼッティに手紙を書いて、将来無政府主義の理想が実現すれば、彼らは決して死んだことにはならないのだと励ました。また二人の写真を掲げて抗議行動の様子を伝える日本の雑誌を受け取ったことも書き添えている。この巴金の手紙の日付から十日後の一九二七年八月二十三日、サッコとヴァンゼッティはついに電気椅子で処刑された。その五十年後にあたる一九七七年、マイケル・デュカキス・マサチューセッツ州知事は、二人の無実を公表、処刑日の八月二十三日を「サッコとヴァンゼッティの日」とすることを宣言した。その後も事件の詳細は不明のままである。巴金がヴァンゼッティに宛てた最後の手紙は、『佚簡新編』(大衆出版社、二〇〇三年)に収められている。

(17) 本書のテクスト分析に主として使用するのは、中国大陸で書籍として発表された『随想録』の日本語訳であるが、編集や出版に関わるアクターの記述の際には、多分に香港での新聞発表について言及する。中国大陸の公的規制が反映された要因を考える上で、必要な参考文献だからである。

(18) 中国の一般図書の発行部数は、通常一万部前後である。『思痛録』は初版第一刷、再版ともに八〇〇〇部であった。初版発行年の「ベストセラー」というのは、関係者の発言であるが、中国大陸で「ベストセラー」と称されるものは、多くが有名書店の売上げデータにもとづくものであって、『出版年鑑』に全国規模のベストセラーのデータが載っているわけではない。話題に上る「ベストセラー」は、大体一〇万部前後の売上げに達すると海賊版が出始め、人気が加速すると言われる。その意味では『思痛録』も「ベストセラー」と呼ばれるだけの実績をあげたといえる。日本のある中国文学研究者は、一九九八年同書発行当初、北京の友人に勧められて買い求めたがどこも売切れで手に入らず、やむなく海賊版を購入した、と当時を振り返る。

(19) 社会学の草創期において、「記憶」はゲマインシャフトに特徴的な本質意志の第三の形式としてあげられていた[テンニエス1887=1957, 1980]。エビングハウスの科学的な記憶研究の書が出版され、心理学史上「記憶研究元年」(一八八五年)

とされて間もない時期のことである。本質意志の発想には、「習慣の特殊な発展」としての手続き的記憶への注目が顕著で、動物本能をも「遺伝された記憶」ととらえるものであった。本質意志にもとづくゲマインシャフトから選択意志にもとづくゲゼルシャフトへの重点の移動は、テンニエスにおいても、歴史と記憶の一体化の終焉であったかもしれない。

(20)「物語」には、共同体のなかで共有されやすい母語による語りに限定する定義もあり、その場合、他言語に翻訳可能な小説とは対照的に、翻訳不可能性が強調される［岡2002：11］。

(21) たとえば、抗日戦争勝利六十周年記念映画『太行山上』（韋廉・沈東・陳健監督、二〇〇五年）は、日中戦争開始後まもなく、華北で進撃を続ける日本軍が、太行山を越えて内陸部に迫ろうとするのを必死で食い止める戦争スペクタクル映画であるが、従来の典型的抗日映画とは異なる特徴が顕著である。まず、日本の軍人や兵士一人一人が人間の顔を持った人物として描かれていること（起用された日本人俳優らは、監督から当時の軍人の人物描写や台詞について意見を求められたという――二〇〇五年十二月十日、十一日「現代中国映画上映会」においてゲストとして登壇した日本人俳優の発言から）。次に、抗日に消極的な国民党についても最終的には共産党八路軍総司令官・朱徳の呼びかけに応じて統一されていく面が強調されている。さらに、誤った文革の推進者であり毛沢東暗殺を企てた林彪さえもが、抹消されることなく画面に登場している。そしてその一進一退の激戦の前線において、朱徳将軍の指揮と激励に応える八路軍兵士の歓呼の声は、「抗日勝利」でも「打倒日本帝国主義」でもなく、「中華民族万歳」の大合唱となって山々に響き渡るのである。

(22) 一九七四年当時の下放学生を描いた映画『美人草』の呂楽監督自身の発言による。福岡で行なわれた「第四十九回アジア太平洋映画祭二〇〇四」での上映後ティーチ・インにおいて（二〇〇四年九月二十二日）。

(23) 同書であげられている関連文献――新田義弘「歴史科学における物語り行為について」『思想』七一二号、一九八三年。

第二章

(1) 文革を描いた小説については、前述の許子東も、叙述スタイルという観点からの分析を行なっている。小説における文革の語りが、文革の「歴史の真実」（本当に、歴史の真実なるものがあるとして）を反映・記録しているかどうかという観点からではなく、さまざまに異なる文革の物語が、小説という形式のなかでいかに語られるか、なぜそのように語られるかという問題、および種々の物語の間の共通性や小説形式との関係の規則性への関心から、文革小説の分析を試みたものである［許1999：12］［許2000］。しかしそれは文学という領域の研究とみなされる。

(2) 中央指導部内の権力闘争や政策論争として位置づける見方、毛沢東の官僚主義・特権批判闘争ととらえる観点、教育革命とみる見方、毛沢東による皇帝支配型の個人独裁としてとらえる観点、などがあげられている。

(3) 一九五六〜五七年の中国共産党八全大会から反右派闘争を経て徐々に形成されたとする説、大躍進以後の経済調整の過程やその後の社会主義教育運動を文革の起源とみる説、などがあげられている。

(4) たとえば、文革以前からの親の出身階級と紅衛兵運動の派閥化や闘争との関係性をさぐる研究など。

(5) 公民権争奪という視点から、紅衛兵や労働者組織における派閥形成のメカニズムとそこで発生した集団暴力を、制度論的アプローチによって分析したものである。

(6) 前述の国分良成編『中国文化大革命再論』[国分2003] は、英語圏中国語圏にまたがる研究者チームが、中国での聞取り調査の成果などもまじえて文革研究の再生を図った稀有な成果といえる。執筆者一三人のうち一〇人までが一九六〇年代〜七〇年生まれであり、リアルタイムの文革を記憶しない世代にも、新たな視点からの問題意識が受け継がれていることを示すものでもある。

(7) ワサーストロム (Jeffrey N. Wasserstrom) は東アジアの歴史・言語・文化の専門家であり、現代中国の学生運動・大衆運動に関する著作で知られる。ここでいう「まえがき」とは、Sharong Huang 1996, *To rebel is justified : a rhetorical study of China's Cultural Revolution Movement, 1966-1969*(『造反有理——中国文化大革命運動のレトリック研究』) のために書いた「まえがき」のこと。

(8) 二〇〇五年には、日本でも文革期のレトリックに注目した著作が出版された [吉越2005]。吉越のこの本は、文革言語の政治的出自や影響力を、それを用いた人びとの代表的言説から読み解いたものである。竹内実のような「事実のつながりを求める」という従来型の文革研究者からも評価されている。しかしそこには、アメリカのレトリック研究の直接の影響はみとめられない。文革と同時期に日本の新左翼運動の周辺にいたという著者が、みずからの政治言語経験に照らした独自の言語感覚によって、文革を、解放の言語が抑圧の言語へと変質する過程と構造、という観点から明らかにしようとした労作である。

(9) 一九六六年から七四年までに日本で出版された、文革に関する調査研究報告・研究論文・解説書全七一冊を分析した結果によると、「日本では文革は一九六五年十一月に始まり一九六九年四月をもって一応終結した」という見方が強かった。その他の点では激しく立場を異にする論者たちの間でも、また論調を二分した新聞報道においても、こと文革の終結に関しては合意が形成されていた感がある。「後年『十年の動乱』として振り返られる文革は、六〇年代に三年半弱で終了」したものとされていたのである［福岡2002：88］。

(10)「起源」「発端」ともに論者自身が使用し、文革研究者の間で流通している語である。「起源」の方が、文革の背景をより長いスパンで考える際に用いられ、「発端」は文革の正式な発動に、より直接的な結びつきをもつ事象として区別されている。ピエール・ノラによれば「起源」とは、過去の連続性の信仰がゆるぎないものであった時代には自明であったが、過去がわれわれと決定的に切り離されてしまった今では、「起源」を語るのではなく「誕生」を語るのだ、という［ノラ2002：44-45］。その意味では、「起源」「発端」ともに過去から現在に至る歴史の直線的連続性、因果律に基づいた時間概念を前提とした用語ではある。

(11) 日本で一般公開されたことはなく、一九九二年から九三年にかけて、東京国立近代美術館の講堂で行なわれた「孫瑜監督と上海映画の仲間たち」と題する連続映画会の後、特別プログラムとして上映されたきりらしい［丸山2001：29］。日本語字幕付き『武訓伝』は、現在東京国立近代美術館フィルムセンターに所蔵されている。しかし鑑賞の機会は映画研究者に限定され、申込み手続きも容易ではない。台北、ソウル、香港のフィルムセンターが、所蔵作品に関しては一般の個人鑑賞向けに開放されていることと比べると、北京と東京のフィルムセンターは例外的に閉鎖的である。

(12) この社説「映画『武訓伝』についての討論を重視すべきである」が、毛沢東自身の文章であることが公表されたのは、文革が始まってからだが、少なくともある範囲には早くから知られていたらしい。丸山は、そのこと以上に、共産党機関紙である『人民日報』社説が『武訓伝』について既に断定的かつ強硬な結論を出してしまっていること、その後三ヶ月ほどの間に発表された批判と自己批判の文章が『人民日報』だけで四十篇あまり、『光明日報』で三十篇に上っていることを重視する［丸山2001：34］。

(13) 文革に至る過程において、『武訓伝』批判を重要な転換点とみるのは丸山ばかりではない。丸山が引用するこの文章は李輝『胡風集団冤案始末』からのものであるが、朱寨主編『中国当代文学思潮史』においても同様の解釈がなされている。つまり、文芸が政治に従属するという関係を固定し、それが正しい経験とされて〝法則〟にまで高められ、以後際限なく踏襲されたというものである。

(14) 蕭也牧《しょうやぼく》の「われわれ夫婦の間」などの小説や兪平伯《ゆへいはく》の『紅楼夢研究』などが例示されている。

(15) 一九六六年から七四年までに日本で出版された一〇一冊の文革関連出版物を比較調査すると、そのなかで文革の発端を明示しているもの二七冊のうち『海瑞免官』批判を挙げたものは一七冊に及ぶ［福岡2002］。

(16) 文革体験者で、現在はオーストラリア・タスマニア大学アジア言語・研究学部の副学部長で、中国研究の准教授。

(17) 「文闘」とは文革中に提起された一種の批判闘争形式で、一九六六年八月八日の「プロレタリア文化大革命についての決定」（「十六ヵ条」）の最初に見られる。六五年の初稿では「体罰の厳禁」などの言葉が使われていたが、毛沢東が「文闘すべきであって、武闘すべきではない」に改めた。しかし、中央文化大革命小組の主力メンバー江青は、一九六七年七月二十二日「文で攻め武で防衛する」というスローガンを讃え、結果的に武闘を挑発した［『中国文化大革命事典』：414］。

(18) 英語表題は"Remembrance, Revision, and Intellectual Positioning : Politics of Memory in Post-Mao China"。

(19) 論文の原題は"Selective Memory and the Chinese Cultural Revolution"（Youqin Wang, Stanford University）。

(20) 論文の原題は"The Wound of Memory, Historical Amnesia, and the Carnivalization of the Cultural Revolution"（Jian Guo, University of Wisconsin, Whitewater）。

(21) 論文の原題は"Consuming Nostalgia : Old Zhiqing Photos and the Politics of Memory"（David Davies, University of Washington）。

(22) 俳優姜文の監督第一作『陽光燦爛的日子』。文革後期の北京を舞台に、紅衛兵になるには若すぎた少年たちを主人公にした青春映画。一九九四年ヴェネチア国際映画祭主演男優賞、一九九五年『タイム』誌年間ベスト1映画、一九九六年台湾金馬賞最優秀作品賞・監督賞・脚色賞・主演男優賞・撮影賞・録音賞などを受賞。それまでの文革映画のパターンを破った作品としても評価された。

(23) 論文の原題は"Jiang Wen's 'In the Heat of the Sun' : Recalling the Cultural Revolution"（Wendy Larson, University of Oregon）。

(24) 論文の原題は"Memory, Identity and Construction of the Cultural Revolution History"（Mobo Gao, University of Tasmania）。

(25) それぞれ原題は以下のとおり。1) Dai, Sulan, 2001, "Written as a Witness : Memoirs Concerning China's Cultural Revolution," a thesis submitted in Partial Fulfillment of the requirements for the degree of Master of Arts in the Department of Pacific and Asian Studies, University of Victoria. ; 2) Davies, David J., 2002, "Remembering Red : Memory and Nostalgia for the Cultural Revolution in Late 1990's," a dissertation submitted in partial fulfillment of the requirements

for the degree of Doctor of Philosophy, University of Washington.

（26）都市の住民が組織的に農村に住み着いたり、集団農場を開設したりすることは五〇年代から始まり、「下郷上山」と呼ばれていた。文革が始まると、学生募集が停止され、六六、六七、六八年度の初級・高級中学の卒業生たちは落着き先を失った。一九六八年十二月二十二日『人民日報』が甘粛省会寧県の都市住民が農村に行き定住した経験を紹介し、毛沢東の「知識青年は農村に行こう」という指示を伝達。このあと知識青年の「上山下郷運動」〔いわゆる「下放」〕の高まりが巻き起こった［『中国文化大革命事典』：614, 874, 1013］。

（27）一九七八年十二月に開かれた中国共産党第十一期中央委員会第三回全体会議〔十一期三中全会〕において、毛沢東の後継者華国鋒から鄧小平へとリーダーシップが交代し、階級闘争至上主義から経済近代化優先への転換が決議された。各分野で根本的な変化が始まったのである［姫田ほか1998：261］。

第三章

（1）中国語で文革の代名詞として使われる動乱、浩劫などを入力しても、結果は同じであった。

（2）本書第一章の注(15)でも説明したとおり、一九一九年五月四日北京の学生が反日・反軍閥の運動に立ち上がり、新興知識階層主導の大衆運動が各都市に広がって「五四運動」と呼ばれたが、中国の近代文学は文学革命を契機としたこの五四運動前後に急成長しているため、一九一〇年代半ばから二〇年代半ばまでの時期を、文学史では「五四時期」と称する［藤井省三1997：23-24］。

（3）『一百个人的十年――一九六六〜一九七六』一九九七年、『一百个人的十年――文革经历者的心灵档案』二〇〇四年。

（4）この事情については、第三章三3で、具体的な文献の内容にふれる際に記述する。さらに、同じタイトルの書が二〇〇一年に別な出版社から改編されて出され、「中文図書基蔵庫」「書刊保存本庫」「特蔵子庫」に所蔵されている。

（5）他に、高維啓監督『風雨里程』（一九七八年）、葉明監督『我的十個同学』（一九七九年）、謝添・鄭国権監督『丹心譜』（一九八〇年）などで、これらはすべて二〇〇五年にはＶＣＤ化されている。

（6）二〇〇〇年に出版された回想記には、鄧小平の娘の著書が二点カウントされて入っている。

（7）日本での文革関連出版物は、「日本が見た『文革』」［福岡2002］で、国会図書館と東京大学内図書館の蔵書検索、および各種関連文献の巻末文献リストをもとに、出版年毎の集計をまとめた結果を参照している。英語圏では、トニー・チャン（Tony H. Chang）の文献目録がある。文革当初～一九九七年末までに出された文革期（一九六六～七六年）に関する記録、回想録、論文、研究書、音声・映像資料などが分類されて列記されている。米国の大学図書館蔵書カタログや検索システムなどを通じ、情報および調査研究資料としての有用性を基準に、文献学の専門家である著者が選択した文革文献リストである。出版年毎の集計は出されていないため、筆者が独自に集計した結果を参照にした。*China During the Cultural Revolution, 1966-1976 : A Selected Bibliography of English Language Works*（Greenwood Press, 1999）。国分良成も前掲書でこの文献目録を紹介している［国分2003：13］。

日本のデータには学位論文が含まれないなど、対象とされている文献の種類は日中米で完全に一致するわけではないが、量的比較のおおよその目安にはなる。

（8）アジア研究の論文目録 *Bibliography of Asian Studies* は、早くも文革開始の一九六六年に Cultural Revolution の項目を設けた。同年には一二四篇、翌六七年には一五六篇の論文がこのカテゴリーに挙げられたが、以後その数は一〇一、六六、五六、七六と減少傾向を見せ、ニクソン訪中の一九七二年には Cultural Revolution として独立した項目そのものが消え去った。

（9）『中國研究』は一九九六年当時、日本、香港、中国〔北京〕、アメリカ合衆国、ドイツ、カナダ、ロシア、オーストラリアに発行拠点をもつ中国語月刊誌であった。

（10）『新華時報』は在日中国人向け中国語新聞で、その「新華簡訊」というコラムに掲載されたもの。それによると、二〇〇六年三月二十四～二十六日まで、北京、上海、広東、四川、山西など国内各地の研究者、また訪問研究員として北京滞在中の米国やスウェーデンの歴史家ら一六人が集い、書面による発表を寄せた文革研究者もいるという。

（11）徐友漁は、文革に関する回想録の編者としても名があがっている。『一九九六　わが年代の回想』（中国文聯出版公司、一九九八年）、『遇羅克遺作及び回想』（中国文聯出版公司、一九九九年）などである［銭2001］。

（12）文革が始まると各劇団の上演活動は、一部の革命演劇の上演を除いてほとんど停止された。六七年、六八年の『北京日報』の演劇広告は、ほとんどすべてが革命現代京劇だったという。それらは文革中を通して改訂が続けられ、まもなく八つの「様板戯」＝革命模範劇として整理された。すべて共産党の革命闘争に取材した文革以前の作品を改良したもので、肯定的人物と否定的人物が明確に分かれている。優れた京劇役者の見事な演技や娯楽性への配慮などもあって、少なくとも初期の頃には民衆の支持を受けた。文革終結後もしばしば抜粋上演が行なわれ、九〇年代に入ると完全な形での再演も行なわれた［瀬戸1999：181-182］。二〇〇六年にはそのうちの一作『沙家浜』が中央テレビ局でテレビドラマ化されたという。

(13)「歴史決議」の章構成は、「レーニン指導による共産主義の国際的支援の下、中国共産党誕生」の節に始まる「建国以前の二十八年の歴史の回顧」の章に続き、「建国三十二年の歴史の基本計画」、「社会主義への改造を基本的に完成させた七年」、「社会主義建設を全面的に開始した十年」、「文化大革命の十年」、「歴史の偉大な転換」、「毛沢東同志の歴史的地位と毛沢東思想」、「団結して、現代化した社会主義強国を建設するために奮闘しよう」に至る全八章である。

(14)「歴史決議」中で「誤り」を意味する中国語として三つの単語が使われている。最も多いのが錯誤であり、本書が列記した八つの誤りにはすべて錯誤が使われている。その他に、失誤と迷誤とが出てくる。前者の例としては「社会主義建設を全面的に開始した十年」の章に「党の工作には指導方針上深刻な失誤があった」［中共中央文献研究室1985：22］という使い方がある。また後者は「〝文化大革命〟の十年」の章で「階級闘争拡大化に関する迷誤をマルクス主義の純潔性を守ることだと見なしてしまった」［ibid.：38］などと使われている。ところが、最後の章では「階級闘争拡大化の深刻な錯誤」［ibid.：67］となっており、両者はほぼ互換的に使用されている。『中国を読むキーワード』の「失誤と錯誤」の項には、失誤は「ちょっとした誤り」と説明されており［竹内1990：60］、一般的にも「軽いミス」を意味することが多い。それにたいして、錯誤はより重大な響きを伴う。しかし前述のとおり「深刻な失誤」〔厳重失誤〕と表現されていることなどから、三つの単語間の相違はそれほど大きくはないと思われる（ただし、『中国を読むキーワード』中の説明は、一九八七年の胡耀邦総書記辞任の原因となった誤りについて、中国語では失誤が使われていたということに関するものであって、「歴史決議」への言及はない）。

(15)一九六七年二月前後、政治局と軍事委員会の指導者らが、いくつかの会議において、文革の誤ったやり方にたいして強烈な批判を提起したが、それが「二月逆流」として逆に誣告の対象となる。

朱徳は人民解放軍を指揮し、人民共和国成立後は、元帥として党の政策策定に関与。彭徳懐や羅瑞卿らの処置に反対して林彪の中傷にあうが、毛沢東みずからが朱徳保護を明言して残酷な仕打ちは免れていた。しかし「二月逆流」の時期に再び批判される。陳雲は六〇年代中央財政小組組長として国民経済回復に努めたが、毛沢東から「右傾」を指摘され、六九年には江西省に追放された。文革後に復活し、脱文革路線の推進に貢献する（『中国文化大革命事典』より抜粋・要約）。

(16)一九七六年一月八日周恩来が死去すると「四人組」は弔問に関して各種の禁止令を出した。同年四月四日の清明節〔日本のお彼岸にあたる〕には、北京の天安門広場に述べ二〇〇万人以上の群集が集まり花束や詩を捧げ、周恩来への追悼と四人組への抗議の行動が激化した。四月五日二〇〇輛あまりのトラックが天安門広場に進出し、夜には六四一名の警官が激烈な民衆の抗議行動を鎮圧した。中国ではこの事件を「四五」または「天安門事件」と呼び、一九八九年六月四日のいわば第二次天安門事件の方は「六四」と呼ばれる。

(17) 一九六六年五月十六日、中央政治局拡大会議が採択した「中国共産党中央委員会通知」のことで、毛沢東みずからが作成したもの。党・政府・軍隊、さまざまな学術界に紛れ込んだブルジョア階級の代表的人物は反革命修正主義分子である、として警戒を呼びかけた。また、文化工作のための従来組織を改組して、陳伯達を組長とし江青を第一副組長とする「中央文化革命小組」を設立することを宣言した。この小組は中央政治局常務委員会に所属し、直接かつ具体的に文化大革命を指導することになる［厳・高1999上：26-27］。

(18) 一九六八年十月中共八期十二中全会拡大会議において、中央特別審査小組が劉少奇国家主席について行なった「裏切り者、敵の回し者、労働貴族である劉少奇の罪行に関する審査報告」が挙手により採択され、「劉少奇を永久に党から除名すること」が決定された［厳・高1999上：154］。

(19) 彭真は、文革以前の「文化革命五人小組」の組長。この小組の会議上で彼は一九六六年二月、文芸批判を政治問題と誤認すること、人を罪に陥れるような活動を行なうこと、などにたいする批判を行ない、『二月提綱』として制定した。それが毛沢東を激怒させて彭真は失脚させられた。羅瑞卿は、人民解放軍総参謀長であったが、林彪の誣告により毛沢東が開いた会議で、欠席裁判の結果隔離審査に移され軍内の職務を解かれた。陸定一は、中共中央宣伝部長であったが、林彪の毛沢東個人崇拝化を批判し、彭真の『二月提綱』を支持して、毛沢東の叱責をかう。楊尚昆は、密かに盗聴器を設置しているとの罪で、一九六五年中共中央弁公庁主任の職を解かれ、前記三人とともにまとめて逮捕された。文革後全員名誉回復した（『中国文化大革命事典』より抜粋・要約）。

(20) 一九〇五年生まれ、一九二五年中国共産党入党。一九五六年党中央副主席に選出され、一貫して実事求是の原則を堅持し総合的なバランスを重視したが、毛沢東に右傾と指摘された。さらに文革中の批判攻撃で、党中央の職務を解かれた。四人組失脚後復帰、文革の影響を排除し、長年の経済指導方針の「左傾化」を正すことに寄与した（『中国文化大革命事典』より抜粋・要約）。

(21) 封建制の問題については、ここで引用したような背景としての記述にとどまり、文革との具体的な関係性において論じられてはいない。林高之は、それを「歴史決議の盲点」として批判している。中国革命は反帝・反封建の新民主主義革命から社会主義革命に成長・転化するものとされていたが、その過程で反封建闘争を十分に貫徹することができなかった。林によれば、土地改革の基本的終了を反封建の任務の終了とみなしたことが発端であり、その分水嶺は一九五二年であった。一九五一年十二月に始まった「三反」運動は、党や行政機関・団体などの幹部の汚職・浪費・官僚主義の三害に反対するものであったが、翌五二年一月からは「五反」運動として、資本家の五毒（贈賄・脱税・横領・手抜きごまかし・国家の経済情報盗洩）に反対することに重点を移していった。つまり封建主義の遺毒を一掃するために幹部みずからに向けられるはずの運動が、ブルジョアジーの腐敗堕落思想との闘争へと転じていったのである。階級の敵を生みだすことで過激化していく過程が、封建主義との闘いを不十分なものにした。極端な個人崇拝と中世的蛮行による権力闘争であった文革は、濃厚な封建主義の残滓の上に生じたものであった、と林は断じる［林1981］。

(22) 一九五八年五月「社会主義建設の総路線」採択で開始された「大躍進運動」は、鉄鋼、エネルギー、食料の生産増大をはかり、十年で英米諸国に追いつくことを目標とした［姫田ほか1998：223］。

(23) 一九五八年八月、突如「農村に人民公社を設立することについての決議」が中央政治局拡大会議で採択された。全国で相次いで合作社を合併して人民公社が設立され、九月時点で全国の農家の九八％強が公社に組織された。農業のみならず、工業・商業・教育・軍事（民兵）など複数機能を兼ね備え、パリ・コミューンのような地域住民の自治組織がモデルとされた［姫田ほか998：224］。

(24) 「大躍進」中の鉄鋼増産運動や、急激な大規模集団化で農業生産は停滞し、五九年の洪水や旱魃で深刻な飢餓と経済危機が発生した状況下で開かれた会議。国防部長彭徳懐が五八年の政策の誤りを批判したが、毛沢東は直ちに反撃に出、彭徳懐は反党行為を弾劾された［姫田ほか1998：225］。

(25) 中共は極端な左翼的偏向が国内に緊張をもたらしてきたことを反省し、一定の自由化を打ち出した。党への批判をも含む自由な発言を促すことによって、国内各階層の団結を回復しようとしたのである。だがこれを機に予想以上の不満と批判が党に向けられたため、五七年六月事態は急転。批判的発言をした者が「右派分子」として摘発され、四〇数万もの人びとが「思想改造」のため農村に送られた［姫田ほか1998：218–219］。

(26) たとえば藤井満州男は、偉大なプロレタリア革命家としての毛沢東の「品質」つまり人格を肯定した上で、彼が晩年あのような重大な誤りを犯すにいたった根源を克明に追求した「決議」の分析を読んでも、やはり若干の割り切れない感じが残る、としている［藤井満州男1981：25］。

毛沢東思想を連続的なものととらえ、それを継承するとしながら、その連続性の結果として現われた文革の理論＝「継続革命論」を、「毛沢東思想の軌道から明らかに逸脱したもので、毛沢東思想とは完全に区別しなければならない」というのは、人を納得させる論理ではないのである［大村1981：59］。

（27）実事求是、大衆路線、独立自主・自力更生の三本の精神的支柱のこと。加々美はそれらが、大躍進や文革期を通して宣伝されたものであり、社会主義階級闘争論の定式を支えこそすれ否定するものではなかったとして、文革の誤りを否定し毛沢東思想の正しさを肯定することの無理を説く［加々美2001：174］。

（28）しかし席宣も、文革の十年間、それ以外のことをやっていなかったわけではないとして、さまざまな生産活動や人類社会が正常な生活を営む上で不可欠のことは行なわれていた、その歴史を全面的に否定するものではない、という切り分け方をしている［席・金1996=1998：446］。

（29）加々美自身は「通達」の原文を見ていないが、『出版工作』一九八八年第十二期（国家新聞出版署刊行）に紹介があるという。

（30）同時期のもう一つの問題として宋木文があげているのはポルノである。九二年十月から九三年一月にかけて全国で一八もの出版社がヌード写真集を出版した（そのほとんどが外国、特に日本の写真集からのコピーであった）。これが内外に反響を呼び、一九九二年十二月、中央宣伝部と新聞出版署は協力して検討し、四川美術出版社などから検査に着手したという。これには同年十月、社会主義市場経済体制の建設が目標となったことが関係している、と宋も認めている［宋1998：70–72］。市場経済の発展と出版の規制とのジレンマについては、次章でさらに詳しく検討する。

（31）加々美によれば、そのような回想録にかぎり、国家新聞出版署および中央宣伝部の審査・認可を経たのち出版が許可されたという。実際の検閲のあり方については、第四章、第六章で述べる。

（32）「胡錦涛」や「改革開放」など、中央政権に直結するテーマのものは、地方の党委員会による出版を除くほぼ一〇〇％が北京で出版されているが、それはむしろ例外的といえよう。

（33）もともと企画は二つあり、「今日の六六〜六八世代」と「外向的都市・西安の人びと」という異なったテーマでそれぞれ原稿募集が行なわれた。それにたいする陝西省での反響は大きく、後者は既に、一冊の本にまとめられた。『情結老三届』はそれに続く出版であった。

（34）この出版のいきさつは、同書のどの版にも記されてはいないが、後述する『残缺的窗欄板——歴史中的紅衛兵』（はずれた窓枠——歴史のなかの紅衛兵』（一九九八年）の「編集後記」のなかで李輝自身が言及している。

(35) 正式名称は「中国人民政治協商会議」。一九四六年重慶で、戦後復興を進めるために政党政派の代表や有識者らが協議する機関として「政治協商会議」が成立した。一九四八年中国共産党が人民民主統一戦線を拡大強化するために、新しい政治協商会議の開催を呼びかけ、旧政協とは区別して「人民」の二字をつけることになった。共産党、各民主諸党派、無所属の民主人士、各人民団体、各界の人びとが共同で作り上げた、とされている。現在民主諸党派には一五万六千人を擁する「中国民主同盟」や、民族ブルジョアジー工商業者や関係知識人から成る「中国民主建国会」など、八つの団体が知られている。［姫田ほか1998：170］、［『中国年鑑』2006：275］、http://www.peoplechina.com.cn/maindoc/html/renda/0403/wenzhang/17.htm など。

(36) 一九九二年一月、鄧小平は深圳、広州、上海など南方の開放都市を訪問して改革開放を大胆に加速するよう呼びかけたが、それが「南巡講話」と呼ばれ、その結果、同年秋の第十四回党大会で「社会主義市場経済」体制の方針が定まることになった。一九八九年天安門事件が経済に与えた打撃は大きく、インフレはおさまったものの投資や貿易が落ち込んだことから、その打開策として打ち出されたものである。開発区の乱立や経済過熱を招きながらも、対外貿易の促進、外国企業誘致などには大きな効果をあげ、GDPも二桁の伸びを達成した［天児1999：160-161］。

(37) 原文は「毎篇文章总想表現出自己的得点，同时也只有这样去写，才便于把这篇文章写出来」。

(38) 『生死悲歌』本文の最初のページには、「わがふるさと」と題する問題の曲の歌詞と簡略楽譜が掲載されており、作詞作曲は「南京五中知識青年集団」となっている。

(39) 崔健はもともと北京歌舞団のトランペット奏者だったが、一九八六年四月に後のヒット曲となる「何もない」を作曲してロック・シンガーとしての活動を開始［橋爪1994］。八七年以来北京市内で演奏活動を行なうたびに禁止されて話題になった。一方八八年には『人民日報』で若者の間での人気を称賛され、読者拡大キャンペーン・コンサートに賛助出演もした［Barme1999：129］。八九年にファースト・アルバムをリリース後、九〇年には全国ツアーを開始したが、アルバムのタイトルともなった「新長征路上のロック」が、共産党史に名高い「長征」を揶揄したものとして途中で中止させられたという。本書第四章二‐1で、より詳しくふれる。

(40) 「知青之歌」は、楊健『文化大革命中的地下文学』（一九九三年）に収められており、デイヴィスの論文中の評価は楊健を引用したものである。

（41）売上げは発売後半月足らずで二万枚に達した、とも書いてあるが、それについてはデイヴィスのインタビューのなかには出てこない。

（42）前出のとおり、文革中に失脚した共産党幹部であるが、一九七八年末に改めて政治局常務委員、党中央副主席に選ばれていた。

（43）これら三作の発表経緯については、二〇〇二年に出された日本語版の解説「『文革歳月』の出版について」による［毛2002：372-375］。

（44）しかし名士・名人の書いたもの、ましてや発表済みの文章の収録であれば出版が容易かというと、必ずしもそうではない。巴金のように文革後名誉回復され、晩年も死後も社会的名誉を強調されてきた著名な作家でさえも、執筆や発表について用心するよう忠告する人がいたという話が、『随想録』に出てくる。

（45）陳凱歌の『私の紅衛兵時代』は、二〇〇一年には人民文学出版社から中国語版『少年凱歌』として出版された。

（46）『随想録』全五集のなかで、もっぱら「まえがき」「あとがき」について述べた章は四章に上る。

第四章

（1）党大会の下に「総書記」がおかれ、「全国代表大会」の閉会期間中の代行は「中央委員会」によって行なわれる。「中央委員会」は大会で選出された委員から成り、少なくとも毎年一回開催。中央委員会の閉会期間中に職権を行使するのは中央政治局と常務委員会である。現在の政治局委員は二十四人、うち常務委員は九人（『現代中国事典』http://www.panda-mag.net/keyword/ktop.htm）。

（2）新憲法には言論の自由も明記されているが、党の原則が優先し、また中国には「憲法はあるが憲政がない」ことが問題だ、と体制側の人物からも提起されている［鈴木2005：161］。

（3）郷・鎮ともに、県の下の行政単位。郷人民代表大会、郷人民政府が樹立され、農家生産請負制の普及が急ピッチで進むことになる［天児1999：132］。

（4）二〇〇〇年七月当時の総書記江沢民が、私営企業家の入党を認める方針を打ち出したことにより、現在ではますます「人民の敵」の根拠は稀薄になっている。

（5）一九六九年四月中共第九回全国代表大会（「九全大会」）が開かれ、林彪が党規約の定める毛沢東の後継者とされた。林彪は国家主席の地位も欲したが、毛沢東は七〇年三月、国家主席は設置しないことを提案した。林彪は毛沢東礼賛を表看板としてなおも国家主席設置に固執し、陳伯達ら上海グループも賛同した［厳・高1999上：285-286］。これは毛沢東に林彪の権力欲を気づかせる結果となり、また林彪に危機感を募らせて毛沢東暗殺計画を強行させる結果ともなったといわれる。

（6）二〇〇四年現在の「全国人民代表大会」（全人代）は、中国共産党員が二一七八人で七二・九九％を占める。各分野の代表別内訳は以下のとおりである。幹部三二・四四％、知識人二一・一四％、女性二〇・二四％、労働者農民一八・四六％、民主諸党派一六・〇九％、少数民族一三・九一％、人民解放軍八・九八％、帰国華僑一・二七％、香港特別行政区一・二一％、澳門特別行政区〇・四〇％［尹2004］。

（7）タイトルの「苦恋」は「ひたすらに祖国を恋い慕う」の意味であって、センチメンタルな恋愛映画ではない。一九八一年の四月に人民解放軍機関紙『解放軍報』に、「四つの基本原則への違反は許されない――映画シナリオ『苦恋』を評す」と題する論文が発表され、その後も読者からの批判をまじえながら批判キャンペーンとして展開された［釜屋1981］。結局、解放軍所属の作者白樺は、軍籍・党籍を剝奪され、自己批判を公表した。批判の狙いは、開放政策に積極的であった胡耀邦の中国共産党主席就任に抵抗するためであった、ともいわれている。

（8）新聞研究所の成立は胡喬木（当時中国社会科学院院長）の提唱によるというが、「新聞改革」のスローガンについては、最初に提起したのが誰か、当時を知る関係者の間でもはっきりしない［三好1990：6］。指導者のイニシアティヴによるものではなく、文革直後ならではの下からの切実な要求が共同化されたものといえる。

（9）この他に、後述するヂェレミ・バーメは『イン・ザ・レッド』のなかで、文化的政治的粛清として一九八〇年一月の文芸の社会的責任の追及、同年八月の『苦恋』批判、一九八三年十月の精神汚染キャンペーンをあげている。一九七八年十二月以来の十年間に鄧小平が発動もしくは容認したものである［Barme1999：10-11］。

（10）一九八〇年には李沢厚が「孔子の再評価」を発表し、孔子を中国文化史における最大の貢献者と評した。孔子の仁学が文化－心理構造に浸透して、中国の文化パターンを形成しているとみなしたのである。それは中国の伝統再評価の流れへの貢献であるとみとめられるが、反面、現代新儒家の非現実的で時代錯誤的な議論が批判されるとき李沢厚もその一人とみなされがちである。李自身はそのレッテルを拒否し、伝統批判の精神をもつ五四派を自認している［李1989：281］。

（11）『二十一世紀』一九九四年八月号に掲載された論文で、原題は「制度創新与第二次思想解放」。

（12）もともと新左派・自由主義論争の主たる論点は、自由と公正、あるいは自由と平等をめぐるものであった。また「自由主義」内部に「公正的自由主義」と「経済自由主義」の二大陣営が含まれており、「新左派」内部にも「海外版新左派」と「国内版新左派」(一九九七年成立)が存在しているという[緒形2000:96]。アメリカ在住の新左派が、九〇年代の中国自由主義について、それが市場経済の強者の論理であり社会的公正の原則を欠いていると批判した。その反論として、中国大陸では、市場経済や私有化の推進が保守ではなく革新のスローガンとなった。

(13) 第三章の注(36)で説明したとおり、鄧小平の南方視察(「南巡」)の後、一九九二年秋の第十四回中国共産党大会で「社会主義市場経済」の方針が定まった。

(14) 一九九七年九月の第十五回党大会と一九九八年三月の第九期全人代を経て、非公有セクターが社会主義市場経済の「重要な構成要素」であるという画期的な決定がなされた[緒形2000:89]。

(15) 自由主義・新左派論争は、二十世紀末の中国で最も注目を集めたものとして認知されているが、それは言論の自由が制限され論争の真のテーマが見えにくいためである、という冷ややかな見方もある。たとえば何清漣は、「新左派」はもともと現存の独裁体制の「母体」(すなわち毛沢東体制と「文革」)や大躍進を称賛しており、独裁体制への批判を極力避けているとみる。だからこそ彼らの言論は、当局によって寛大に扱われたのである[何2002:403-404]。何はまた「自由主義」に関しても、経済学者が利益集団と結びつくことを提唱して「腐敗には道理がある」を広めた自由主義経済学と、民主と憲政を主張すべきでありながら言論を禁止されている自由主義政治学、あるいは他の分野の自由主義との混乱があると指摘する。しかし彼女の主張には、一貫して「真の言論の自由のない国」での議論にたいする懐疑があり、そうした議論が登場する文脈や意味にたいする考察が充分とはいえない。

(16) 「長江読書賞」受賞に関して、新左派の代表的論客の不明朗な態度が問題となり、「公正的自由」の確立以前に、「手続きの公正さ」に関する意識の低さを露呈する結果になったのである。

(17) 八〇年代の中国の社会思潮に関心を抱き一九八七年にシカゴ大学に留学して政治経済の修士・博士号を取得し、二〇〇四年に帰国して清華大学公共管理学院教授となる(二〇〇五年十二月九日、http://finance.sina.com.cn)。

(18) ハラツィ(Miklos Haraszti)は一九四五年イェルサレム生まれのハンガリー育ちで、詩人、社会学者、政治的活動家でもある。度々引用される彼の著書は、*The Velvet Prison : Artists Under State Socialism* である。

(19) 一九八九年八月、脱社会主義リアリズムや文化的多元主義を主張した王蒙に代わって、賀敬之が国務院文化部の党組書記に任命された(さらに九月には文化部副部長・部長代行に任命)。一方同年六月には、「六四」当時天津市長で学生デモに理解を示した李瑞環が、党の政治局常務委員として宣伝と芸術の最高責任者に選出されていた。賀敬之らは、文化部出版の隔週新聞『中国文化』の編集手記などで李瑞環のソフト路線を批判した。一九九〇年四月の保定会議で王蒙体制のリベラリズムが公然と批判されて伝統主義者は自信をとりもどし、王蒙にたいしても、公式メディアで名指しの批判を行なった。しかしこれは勇み足で、党の規律により事前の党政治局の同意なしに党中央委員会のメンバーを新聞上で攻撃してはならないのであった。批判された王蒙はすかさず江沢民に抗議文を送り、江沢民の円卓会議が開催された。そこに招かれた作家の一人諶容《しんよう》は、党の指導部内で決着をつけた上で作家たちに何を期待するかを文書化してほしいと訴えた。党中央が整合性のとれた文芸政策を打ち出すまで、党宣伝部は、文化畑に散乱する地雷を誰かがうっかり踏むのをただ待っているのではなく、多少は撤去してほしい、と発言したという（[Barme1999：34-36, 392-393] 他に三菱総合研究所編『チャイナ・クライシス Who's Who』を参照）。

(20) 「ソフト・カルチャー」とは、本章注(18)で既述のハンガリー作家ミクロス・ハラツィの言葉。彼の著書のタイトルでもある Velvet Prison という概念に現われているように、監獄文化には違いないが、露骨で暴力的な弾圧ではなく、自己検閲を促すような柔らかな戦略のことを指している。

(21) 今なお電波メディアや出版物ともにすべて許可制となっているが、一九八〇年には新聞社三八二社、テレビ局三八社だったものが、二〇〇五年七月には新聞一九二六種、テレビ局三二〇局に増えている。テレビの普及率は九四・八％、ケーブルテレビ受信世帯は一億五〇八万世帯に上る。インターネットにおけるサイト数は五〇万、利用者数は一億三〇〇万人に達している。ちなみ出版社数は、一九八六年に四四〇余社と言われたが、二〇〇三年末には五六八社である。

　さらに質的な変化として、主流媒体と称する党機関紙の比率の落ち込みが激しい。『人民日報』の発行部数は一九八一年の五〇〇万部から一九九〇年の三〇九万部、さらに二〇〇三年の一八〇万部へと激減し、それに変わって周辺媒体と呼ばれる都市新聞、夕刊紙などが、発行部数・情報量・人気度ともに主流媒体をはるかに上回るようになった［崔2005：19-20］。

(22) 二〇〇三年あたりからはインディペンデント系の劇映画も国の検閲を受けて公開を許可されるようになったという。賈樟柯監督の新作『世界』（日本・フランス・中国）は、二〇〇五年四月に中国内で初めて劇場公開された［麻生2005：121］。賈樟柯については、次節でまた詳しく述べる。

(23) たとえば、清華大学東門そばの「盒子珈琲館」では毎週火・土曜の夜に、台湾やヨーロッパの監督の作品や中国の自主製作映画が無料で上映されている（政府公認の上映施設でなければ料金は徴収できない）。二十〜三十代の観客が多いが、テレビなどの大衆文化には興味を示さず、小衆文化にこだわる層が都会の若年層に確実に増えているという。

（24）王朔の作品は、北京の生き生きとした口語表現を駆使しながら、遊びに満ちた大衆文化をよみがえらせたといわれ、現代中国のエリート文化と大衆文化、双方の領域にまたがる〝神話〟的な著作と評価される［Barme1999：63］。しかし反面、その通俗性と商業主義を痛罵されることも多かった。王朔自身は「流氓文学」と呼ばれることを受け入れておらず、従来の「人に奉仕する」高邁な人間象にたいして、社会的な圧制や干渉を受けてひねくれた者たちの、虚偽のない誠実さを描いているると自認する。そして、社会の逸脱者として「不道徳」のレッテルを貼られた彼らを、これまでまともに描いた作品はないとして、そのような人びとの生活や気分を代表していると言う［王1995：287］。たとえば、北京で「三T公司」なる万相談所兼便利屋商売を立ち上げた若者たちを描いた小説には、文学賞でっち上げ企画まで登場する。しかしそれは真っ向からの社会批判というよりは、奇妙におかしい都会の若者たちの、今を生き抜く姿の実写ともいえる。

（25）一九五六年雲南省生まれ。農村に下放されたが七八年には雲南大学中国文学部入学。八二年に卒業後中学校教師をした後、昆明テレビ局に所属してニュース記者として働く。八八年にテレビ局を辞めて以来、インディペンデント・フィルムメーカー、フリーの著述家として活動する。『流浪北京』（一九九〇年）、『私の紅衛兵時代』（一九九三年）、『四海家族』（一九九五年）などの作品はすべて、山形国際ドキュメンタリー映画祭のアジア・プログラムで上映された。なお『流浪北京』には、「最後の夢想者たち」という意味の副題が付けられている。その撮影期間中に「六四」天安門事件が起こり、はからずもその前後の質的変化がそこに刻印されることになる。刈間文俊は、登場人物たちの表情の変化に「動揺する個が剝き出しにされた一瞬」を見出した。観察者としての意志と目をもってそれをとらえた中国のインディペンデント・ドキュメンタリー監督誕生の瞬間でもあった［刈間1991］。

（26）中国の俳優でありまた監督でもある姜文は、紅衛兵になるには幼すぎた世代であるが、文革の時代について「西洋の人はあの時代がとても楽しかったことを忘れている。生活はとても楽だった。誰も働かない。勉強もしない。……みんなで革命歌を一緒に歌った。文化大革命はまるで大きなロック・コンサート。毛沢東が最大級のスターで、中国人民は誰でも彼のファンだった」と語る［周1995=1999：55］。

（27）チャンネル数の増大と放映時間延長により、各種テレビ局はソフトの供給源を拡大しつづける。インディペンデント系の作品は、まず深夜帯に実験的に放映されることが多いが、それが徐々にゴールデンタイムに移行することもあるのである。

(28) ロンドン大学ゴールドスミス・カレッジ教授。専門は中国語圏の映画。特に中国のテレビ、インディペンデント・ドキュメンタリー、ニュースメディアなど。東京大学駒場キャンパスにおいてELAIテーマ講義「東アジアのドキュメンタリー映画」(二〇〇六年六月十五日)の後で語ったなかで、「現在の中国において、明らかな反革命行為と国家機密漏洩を除けば、個人が出版のために逮捕されるということはない。出してみて、どれが良かったか悪かったかということを発見する」と述べた。出せないものは何か、何が変われば出せるか、その要因など、明快な答えはないのである。

(29) 緒形康によれば、『紅太陽——毛沢東歌頌集』のカセットは、半年間で五〇〇万部の売上げを達成したという[緒形 2004:3]。

また、一九八七~九〇年代の中国前衛アーチスト・グループによる活動の数々を記録したドキュメンタリー映画『中国行動China Action』(温普林監督、一九九九年)には、一九九三年の毛沢東生誕百年記念にちなんだ活動も含まれている。毛沢東バッジの販売や、毛沢東を称える歌を歌いながらのキャンプファイヤー、毛沢東の生家清掃運動などがアーティストのパフォーマンスとして行なわれたが、それがいつか民衆の祝賀行事に呑み込まれていく様子が描かれている。

(30) 一九八九年第一回山形国際ドキュメンタリー映画祭において、「アジアになぜドキュメンタリーが少ないのか」が問題となった。呉文光は、そこで深まった日本の映画関係者との交流から、小川伸介監督らの手法に影響を受ける。ヒューマンサイズの地方都市ならではの交流の様式と、映画作りの意欲と好奇心を分かち合う雰囲気がもたらした作用の大きさもあげるべきであろう。

(31) 賈樟柯《かしようか》は一九七〇年山西省生まれ。日本の映画ファンの間ではジャ・ジャンクーとして知られている。一九九三年北京電影学院入学。九五年には中国映画史上初のインディペンデント映画製作組織の設立に参画した。在院中に手がけた作品が香港のインディペンデント・ショートフィルム・コンテストでグランプリを受賞。それにより香港の製作会社から出資を受け、一九九七年長篇デビュー作『小武』(邦題『一瞬の夢』)を製作した。それが翌年のベルリン国際映画祭最優秀新人監督賞など数々の賞を受賞した(映画『一瞬の夢』プログラム(ビターズ・エンド、一九九九年)より)。

賈樟柯は、一貫して国営撮影所からは独立した作品作りをしているが、新作『世界』(日本・フランス・中国)は「私小説」的世界を脱け出て北京の巨大遊園地を舞台とした作品で、二〇〇五年四月に中国内で初めて劇場公開された[麻生 2005:121]。

(32) 「第五世代」とは、文革期の紅衛兵世代で文革終結宣言後に北京電影学院の入試再開第一期生として入学し映画監督となった人びとを指す。いわゆるチャイニーズ・ニューウェーヴの旗手たちであり、現在の中国映画界で巨匠といえる存在である。陳凱歌監督の『黄色い大地』（一九八四年）がその記念碑的な作品で、初めて西欧の映画祭でも高い評価を得た。それぞれの文革や下放の体験を映画化した点も共通の特徴といえる。陳凱歌の『子供たちの王様』（一九八七年）、『さらばわが愛／覇王別姫』（一九九三年）、張芸謀の『生きる』（一九九四年）、田壮壮の『青い凧』（一九九三年）などが代表的である。

(33) 王朔は二〇〇〇年に『看上去很美』を書いた後、二〇〇七年の『我的千歳寒』まで新作を出版しなかった。

(34) 黄建新監督の処女作『黒砲事件』（一九八五年）の主人公は、「黒砲紛失」という謎めいた電報を打ったためにスパイ容疑をかけられ、党委員会の調査対象となった男である。実は旅先の宿で将棋の駒「黒砲」をなくしたために、それを探してくれるよう依頼する電報だったのだが、一度疑われた者の容疑は容易に晴れない。彼は工場のドイツ人技師のための通訳だったが、この一件のためにその任務をはずされてしまう。他の者が代行するが深刻な遅れや誤訳が生じ、工場全体が甚大な経済的損失を被ることになる。

黄建新には他に、市場経済導入がもたらした影響とその機会を享受できないインテリのひ弱さを描いた『青島アパートの夏』（原題『站直啰，别趴下』）（一九九二年）、また、「副～長」とは名ばかりの万年平職員の身分にうんざりし、柄にもない手段を講じて出世をもくろむ男の悲哀を描いた『王さんの憂鬱な秋』（原題『背靠背，脸对脸』）（一九九四年）などの作品がある。

第五章

(1) ここでいう「名誉回復」とは具体的には、一九七六年の天安門事件が完全な革命的行動であったとされ、迫害された者の名誉回復がはかられたことをさす。一九七八年十一月二十二日の党機関紙『人民日報』には、「天安門事件の真相」と題する長文が掲載され、全国的に事件関係者が名誉回復された。一九七六年の「天安門事件」は、第三章注(16)で既述のとおり、周恩来追悼のために集まった民衆と治安当局が衝突して発生した流血事件のこと。

(2) 以来刈間は『大公報』を定期購読し、そのうち香港に文芸欄の編集者を訪ね、彼からの紹介状を手に上海の巴金を直接訪問したほどであった［刈間1996：239-241］。

(3) 胡適が、アメリカから『新青年』一九一七年一月号に寄稿した論文「文学改良芻議」。胡適は、近代中国において魯迅と並ぶ知識人といわれる。辛亥革命をはさんで七年間アメリカに留学し、コロンビア大学在学中はプラグマティズムの哲学者デューイを師とした。胡適の日記に記した草案には「文学革命八ケ条」という言葉が書きとめられていたが、『新青年』掲載時は「文学革命」の四字は削除されたという［藤井省三1997：25］。

第一章注(15)で既述のとおり、「五四」運動とは直接的には、一九一九年五月四日北京の学生が反日・反軍閥の運動に立ち上がったことを指す。このニュースが新聞報道などを通じて全国に伝えられ、各都市の各階層に拡がった。中国の近代文学は文学革命を契機としこの五四運動前後に急成長しているため、文学史では一九一〇年代半ばから二〇年代半ばまでの時期を五四時期と称する［藤井省三2002：26-29］。

(4) 文学を「宣伝の道具」とする考え方は、一九四二年毛沢東が革命根拠地での文芸方針を定めた「延安の文芸座談会での講話」〔いわゆる「文芸講話」〕に端的に表われている。文芸の政治への従属、労農兵への奉仕が強調され、この方針が革命後も中国の文芸政策の基軸となったのである。

(5) 「士」は春秋戦国時代に土地の売買が可能となり郡県制による行政管理制度が登場すると同時に、貴族・地主階級から次第に生じてきた特殊な階層である。「士」は他の国家になかった特殊な社会階層であり、彼らが官僚機構を構成したことで、政治と文化の二つの組織能力が結合し、一体化構造が実現した。彼らは中央から地方に至る各級の機構に配置され、中央政府の統一的命令を執行するが、統一的な儒家の国家学説に照らして自覚的執行を任されることで、逐一の指示を不要にし、かつ各地区間の協調が保証されたのであった［金・劉1992：25-32］。

(6) 李永晶がここで依拠しているのは、以下の論文である。佐藤慎一『近代中国の知識人と文明』（東京大学出版会、一九九六年）、王増進『后现代与知识分子的社会位置』（中国社会科学出版社、二〇〇三年）。

(7) 抗日戦争の進展により、中国内にいくつもの異なる統治形態が生み出されていった。遊撃区、辺区（解放区）、大後方（国民党勢力地区）である。総じていえば、日本支配地域の周囲に日中双方の支配が昼と夜とで交代する遊撃区が広がり、それに包まれるように共産党支配地域が辺区として点在した。また抗日戦争初期に日本軍と激戦し、兵力を消耗した結果、後退に次ぐ後退をした国民党政府の支配地域が、重慶を臨時の首都として大後方に展開していた。遊撃区では共産党の八路軍に呼応する民兵組織が活動し、辺区は八路軍などの休養・訓練・教育の場だった。農民も生産だけではなく娯楽・教育など文化的側面からの啓蒙によって抗日戦争を理解し、食料・兵力を提供した［姫田ほか1998：156-164］。

(8) ここで引用されているのは、楊春時「文化转形中的中国知识分子」（『学习与探索』一九九四年第三期）である。

(9) 後述するように、「魯迅先生を追慕する」【72】(一九八一・七月末)と題する一篇が、『大公報』紙面で削除されて掲載された後に執筆の中断がある。それから、軍所属の作家白樺の脚本『苦恋』を映画化した作品が、文革を悲惨に描いたとして一九八一年四月から十二月にかけて批判された事件に関連して、巴金にも白樺批判に同調するよう圧力がかけられたことに抗議し、病気を理由にあらゆる執筆を中断したこともあったという[刘間1996:251]。

(10) 「四人組」の残酷な迫害により、少なからぬ友人が死に、また種々の奇怪な恐怖症(いろいろな後遺症)にとりつかれたことも書かれており【6】[巴金1982:43]、そうした状況がいっそう不安を生じさせたものと思われる。

(11) 『望郷』は、日本映画『サンダカン八番娼館』に付けられた中国語タイトル。山崎朋子原作の小説『サンダカン八番娼館』を、熊井啓監督、田中絹代主演で映画化した、一九七四年の東宝作品。

(12) 皮肉にも巴金は、この削除された文章の二つ前の篇「雑誌『十月』へのあいさつ」【70】(一九八一・七・二五)のなかで、編集者へのささやかな要望として、「文責は筆者みずから負う」のであるから、作者にもっと責任を負わせてあげてはどうか、添削の権利がある者がその権利を濫用する必要はなく、他人の文章を添削するさいは、必ず作者の同意を求めるべきだ——ということを書いていた[巴金1984:82-83]。

(13) 「牛小屋」(中国語で「牛棚」)とは、文革期の批判対象者が拘禁された労働改造所の別名で、巴金自身も体験者であり、『随想録』にも何度となく出てくる。

(14) 『収穫』に掲載された全文のうち、香港の新聞『大公報』で削除されたのは以下の二つの段落である。

今でも忘れないが、暗雲が空を覆い、人間とけだものの区別がつかなかった当時、魯迅先生を神様にまつり上げる者もあれば、その片言隻句をお題目としたものもいた。先生の著作は、その一部だけとられて人をやっつけるのに利用され、その名前は、新たに現れた「戦友」「知己」の連中によって箔づけの装飾品とされた。香が盛んに焚かれ、お題目が声高らかに唱えられていたころ、私は早くも「反動の権威」とされ、先生にとって「許しがたい敵」となって、先生を記念する権利さえ剝奪されてしまった。作協分会の芝生に先生の塑像があった。私はいつも、庭で労働し、雑草をとり、土管掃除をしていた。せまくるしい「ボイラー室」が私たちの「牛小屋」に当てられ、六、七人の作家がここでひしめき合いながら「自供書」を書いた。時には何も書けず、ペンを擱いて空想にふけることもあった。私には、神様をおがむ権利はなかったけれども、自分が接触したことのある魯迅先生を思い出すことはできた。〔葬儀が行なわれた〕あの秋の日の午後、私は先生に告別した。私は七、八千の大衆とともに、先生のお供をして墓地へ行った。暮色蒼然たるなかで私は、「民族魂」と書いた旗に包まれた棺が、墓穴の中へ降ろされるところを見ていた。いま「牛小屋」の一角で、私はまた先生を見た。先生は少しも変わっておられない。やはり生前と同じように、穏やかで親しみやすい、小柄な老人で、気取りも、尊大さも、役人くささもない、普通の人である。【72】（一九八一・七月末日）［巴金1984：90］

十年の大災厄の間、私は造反派から「牛」にされ、自分も「牛」になりすましていた。「牛小屋」で「自己反省書」を書き、「自供書」を書いて、いいかげんな日を過ごすことが習慣になり、心に何のこだわりやうしろめたさも感じなかった。この二、三年来、歯をくいしばって自分を解剖するときになって初めて、私は、先生がかつて、自分を「牛」になぞらえられたことを想い出した。しかし、先生の牛は「食べる物は草であり、搾り出す物は乳と血」だった。それはなんと優美な心であり、なんと広大なふところではないか！　それに比べて私の方はどうだろう？　十年の間私は目に涙を浮かべて、人に切り割かれるのを待つ「牛」にすぎなかった。だが、人に切り割かれる牛であっても、もがきあばれて手綱を断ち切ることができさえすれば、たちまち逃げ出せるのだ。【72】（一九八一・七月末日）［巴金1984：94］

(15) 潘際は、『大公報』の巴金のコラム担当の編集者の名前。本稿でいうa_1のことである。

(16) ただし先述の「語文天地」サイトの「心中的随想」によると、巴金は「鷹の歌」の原稿を香港に送ったが、発表の機会を得ることはなかったという。a_1は巴金の抗議に共感し受け取った原稿を編集したが、編集主幹A_1がサインをしなかったのである。A_1はa_1にたいし、「こういう文章はやっぱりひとまず発表しない方がいい」と嘆息し、また「鷹の歌」は選集に収めればいいと言った。A_1には編集主幹としての苦しい胸の内があったのであり、巴金もその後平静さを取り戻して、それまでどおりみずから心に思うままを記していった――と「心中的随想」はまとめている。

(17) このことは、前注と関係があるのかもしれない。すなわち、巴金が「鷹の歌」【73】の原稿を香港に送ったのだが、発表の機会が得られなかった、とされている点である。石上韶の見解によれば、「鷹の歌」の原稿は、そもそも香港の新聞『大公報』に送られず、香港版の選集が出版された際もその箇所が空白にされたということであるが、一方で、実は新聞掲載用の原稿は送られていたのだが、掲載されず、書籍版への収録は巴金自身が拒否した、という言説も流通しているのである。そして、巴金自身はそれについて明快な回答を避けているふしがある。

(18) ゴーリキーの小説「鷹の歌」のなかで、負傷して二度と舞い上がることのできなくなった鷹が海へころげ落ちていく情景を思い起こして、自分も高く飛べなくなったら、海中へころげ落ちていくに違いない、と結んでいる。

(19) 『収穫』は、一九五七年巴金と靳以が編集担当者となり、上海作家協会が創刊した文芸雑誌。文革で停刊したがその後復刊した。八〇年代前半には巴金はもはや関わっていなかったが、娘李小林が編集部に勤務していたという［巴金1983：204］。第四集『病中集』「後記」には、「文学出版物の編集者で数年の職業経験のある」娘の小林が、三十数番目の随想から、最初の読者として校閲にも責任を負ってくれるようになった、と書かれている［巴金1985：188］。

(20) 引用箇所全文は以下のとおりである。――「私がペンを執って小説を書き始めたのは、ただ、人生を探索するためであり、人を救い、世を救い、自分をも救う一筋の道を探し求め続けていたからである。人を救うとか言うと、思いあがりも甚だしい、ということになりかねないけれども、当時の私は、わずか二十三歳で、ものごとの軽量もわからない『若僧』だったのだから、勘弁していただけるだろう。自分を救う、と言ったのは、これは本音である。私には吐き出しようもない感情があり、はけ口のない愛憎があって、あたかも、無限の苦海にはまり込み、岸にたどりつくこともできないようで、一つの心の置きどころがなかった。〔中略〕思うに、私が小説を書くのは、自分の心を安らかにしたいためであり、国家、人民にたいして貢献したい、読者にたいし手助けしたいと願うためである」【38】（一九八〇・二・一五）。また、抗日戦争期の重慶を舞台に、善良で気の弱いインテリとその一家の悲惨な生活を描いた小説『寒夜』に関する記述には、「この小説を書いたことで、私はまず自分を救った」【90】（一九八二・六・五）とも書かれている。

(21) 「精神的な重荷」に関しては、「邪魔」【91】（一九八二・七・一四）と題する一篇のなかで、体調不良のため字を書くのがますます困難になって執筆が滞りがちなところへ、背中の腫瘍のため不眠に陥った苦しみを述べた箇所に出てくる。その「危機」的苦しみのなかで、かつて流言に悩んで助言を求めてきた女性作家がいたことを思い出した。巴金は彼女の問題を十分理解しておらず、適切な対応ができなかったことを悔やみ、「人言畏るべし」という文章を書いた。当時のことがみずからの「危機」のさなかに、精神的負債として想い出されたが、それを書いた後では――「真実の話を語り終えると、発狂の『危機』もとおり過ぎていった。それは、私が自分の心を探り出し、精神的な重荷を卸したからである」。

(22) 先述の「魯迅先生を追慕する」のなかで――「今でも忘れないが、暗雲が空を覆い、人間とけだものの区別がつかなかった当時、魯迅先生を神様にまつりあげる者もあれば、その片言隻句をお題目としたものもいた」【72】（一九八一・七月末日）［巴金1984：90］、「先生の言論が利用され、イメージが歪曲され、記念行事が一部の者に壟断されたとき、私は立ち上がって一言でも異議を唱えただろうか？」［ibid.：93］という記述がある。『大公報』紙上で、「牛」に関する部分などが削除されたが、魯迅を高く評価していた毛沢東は、魯迅の詩に出てくる牛を「あくまでも敵に屈せず、人民に奉仕する」の意に解して称揚した。引用箇所の巴金の記述には、そのような作品にたいする公式解釈による一元化や、作家の政治的・社会的利用にたいする抵抗が含意されている。

(23) 老舎(一八九九〜一九六六)北京市出身の作家。『駱駝の祥子』『四世同堂』など多数の小説や『茶館』などの多幕劇の作品で知られる。一九六六年八月二十三日文革の学習に参加し、午後は多くの文学芸術界の著名人らとともに紅衛兵によって孔子廟に連行された。京劇の衣装を燃やす火の前に跪かされ暴力と侮辱を受け、さらに場所を変えて執拗に続けられた暴行は翌朝まで続いた。二十四日北京市郊外の太平湖に身を投げたとされているが詳細は不明である。一九七八年遺骨安置式が行なわれ、名誉回復された[『中国文化大革命事典』:196-197]。

(24)「工宣隊」とは、「工人〔労働者〕毛沢東思想宣伝隊」の略称で、一九六八年七、八月から大学・学校その他の機関や事業単位に進駐した労働者から成る宣伝隊のことである。混乱や武闘の制止、管理権の接収などを行ない一定の役割を果たしたが、左傾思想の指導下でさまざまな弊害ももたらした。工宣隊の撤収宣布が正式に呼びかけられたのは、一九七七年の十一月六日『工宣隊問題に関し指示をあおぐ報告』の配布によってであった[『中国文化大革命事典』:229-230]。また老幹部とは、長年指導的立場の仕事を担ってきた幹部、という意味である。

(25)「五四」運動の方は横断幕や標語を掲げたデモ行進として始まり、デモ隊が「対中華二十一条」に署名した当時の外交部次長の家の前にさしかかった時、自宅にいた本人を襲撃したということになっている。たとえば『中国歴史文化風俗』の「2 五四運動」の節には、次のような描写がある。「デモ隊が曹汝霖の家の前まで来たとき、彼が中で会議を開いていると聞き、すぐさま止まって曹汝霖の家を取り囲み、水ももらさぬほどに包囲し、彼を探し出して決着をつけようとした。それから学生たちは突進して行ったが、彼はすでに逃げ去ったことに気づき、そこで逃げ損ねた章宗祥をつかまえて、一度思い切って殴りつけると、気絶するほど殴り続けた。しまいに激しく怒った学生たちは、火をつけて曹の家を焼いてしまった」[呉・金丸1999:10-12]。

(26) 本書第四章一5冒頭で述べたように、「歴史決議」後、文革期は「封建専制主義」や前近代的蛮行が横行した時代として否定されるようになったが、それに伴い八〇年代には、「中国封建社会の長期持続」に関する研究が始まり、反封建思潮と西洋化が進んだ。

(27) 中国語で「臭老九」という。元時代に儒学者を軽視して「九番目は儒者、十番目が乞食」という配列の呼び方があった。一九六八年十月、毛沢東は講話のなかで、「一概に鼻つまみの知識分子と言ってはいけない。必要なら少しくらいは臭くてもかまわない」と語り、多少の必要性は表明していた[『中国文化大革命事典』:362-363]。

(28) 本章の注(7)でもふれたが、ここでいう「大後方」とは、一九三七年「盧溝橋事件」により日中全面戦争が始まって、大多数の文化人が都市を離れて移住した「奥地」、とりわけ、後退を余儀なくされた国民党政府が重慶を臨時の首都として定めた奥地の支配地域を指す。

(29) 「五七幹校」とも言われ、黒龍江省革命委員会が一九六六年の毛沢東の「五・七指示」を受けて、多くの幹部の下放・労働を行なって模範事例となった所。それが一九六八年十月五日の『人民日報』に紹介され、また毛沢東の支持を受けたことにより、その後中央から地方に至るまで「五七幹部学校」が相次いで創設され、幹部が農村に送られ労働に従事するようになった［『中国文化大革命事典』：235］。

(30) 黎烈文《れいれつぶん》（一九〇四～七二）現代作家、文学翻訳家、台湾大学教授。日本やパリに留学した後、一九三二年に帰国。上海に住み文学活動に従事した。

(31) 第三章二1でも「四人組」の一人として名前だけは出たが、一九六五年初め、江青とともに『海瑞罷官』を批判する秘密活動を組織したとされている。巴金は「当時の宣伝部部長」と書いている。

(32) 胡風（一九〇二～八五）文芸評論家。魯迅の批判的精神・文学者の主体性論を継承した。新中国成立後も毛沢東の「文芸講話」に対立する「意見書」を提出して、「胡風批判キャンペーン」が起こり、一九五五年五月反革命胡風グループの首領として逮捕された［藤井省三2002：207-208］。

(33) これら三篇の原題と、掲載雑誌は以下のとおりである。「他们的罪行必须受到严厉的处分」（『文芸月報』六月号）、「关于胡风的两件事情」（『文芸月報』七月号）、「谈别有心的『洼地上的战役』」（『人民文学』八月号）。
『窪地戦役』（低地の戦い）は、一九五五年胡風事件に連座した作家路翎《ろれい》の小説で、朝鮮戦争期、朝鮮現地の女性と中国人兵士の恋愛を描いたもの。これを批判したことについて巴金は「胡風をしのぶ」のなかで、「批判の根拠は、義勇軍と現地人との恋愛は許さずというあの禁令だった」と書いている。

(34) 文革終結後名誉回復した周揚は、反右派闘争などで批判した人物に謝罪し、講話の際に涙を流しながら懺悔したという。周揚は一九三二年中国左翼作家聯盟加入以来、文化部、中央宣伝部、作家協会などで指導的な地位にあった人物。

(35) この時そこにいた日本人の回想によると、そのように声をかけたのは自分ではなく、同伴の中国人黎波であったという。故意か無意識か、巴金は自己解剖の不徹底を衝くその発言を、同胞ではなく日本の友人のものとして『随想録』に書いた［黎波は、戦後東京大学やお茶の水女子大学で中国語教育にあたり、中国語辞典を編纂するなどした人物］。

（36）文革期間中に是非を転倒させたり、その後そうした言葉を帳消しにして人前で赤面もしなかった人びとのことにふれ【131】（一九八五・八）、また自分自身についても、「徹底的に自己改造して新しい人間に生まれ変わろうとした」という書き方をしたことについて、後の篇で「それまでの私の言い方には若干誇張があった」と書いたりもしている【146】（一九八六・六・一九）。

（37）『新民晩報』電子版 http://xmwb.news365.cn/jy/t20051023_693602.htm の丹晨の文章のなかで述べられている。

（38）インターネット上には同年九月二十九日の『文匯報』に同様の『随想録』評が載ったという情報もあるが、双方とも本稿脱稿までに『文匯報』紙上で確認することはできなかった。

（39）http://news.163.com/05/1017/13/2096LI1B0001246.html 历史切勿割断 讥讽大可不必 再谈巴金《随想录》。

（40）http://www.fanhall.com/show.aspx?id=10159&cid=12 我的『巴金阅读史』来源：世纪中国 作者：洪子。

（41）第四章一２に既述。

（42）「訳注」によると、一九八四年一月二十四日付『ニューヨーク・タイムズ』紙は北京特派員電として、胡耀邦総書記が極秘指示を出し、「この運動をこれ以上続けても意味がない」と強調した旨報道した、という［巴金1988：272］。

（43）最初に現われるのは、劉少奇、鄧小平、胡耀邦、彭徳懐、賀龍、葉剣英にちなんだ書をイメージした彼らの肖像入り石版六枚と、『牛棚雑記』『我的一個世紀』という書籍を表現した石版である。彼らはそれぞれ、文革中に何度も失脚させられて返り咲いた元主席、文革中「実権派」と名指されて失脚したが文革後も党内保守派から集中攻撃を受けた改革派の元総書記、早くも五〇年代末に毛沢東の急進的な失策を批判して非道な迫害を受けた当時の国防部長、文革中に林彪と「四人組」の誣告を受け迫害死に至った中央軍事委員会の重要人物、文革中にもかかわらず文革推進勢力に果敢な論争を挑んで誣告されたが「四人組」の「隔離審査」と逮捕に重要な役割を果たした元国防部長――である。さらにその上の方の広場には、「楊剣英元帥」の銅像が聳え立つ。

第六章

（１）一九三三年以降、国民党政府軍の追撃により後退を余儀なくされた共産党軍は、「大長征」と呼ばれる長い逃避行の末、一九三五年チベット高原を越えて陝西省に現われ、やがて延安に武装根拠地を築く。抗日戦争が始まると、日本軍の占領に抗して「敵占領区・遊撃区・解放区」という区域を設定し、解放区の拡大と根拠地内部の自給自足体制の確立をめざした。

韋君宜のいたところは延安ではないが、同じ陝西省内の綏徳という解放区である。

(2) 抗日戦争期、毛沢東の共産党軍はゲリラ戦や遊撃戦を強いられていたが、国民党と統一戦線を組んで日本と闘いながら、日本の敗戦が濃厚になるにつれ、終戦後に備えて共産党の一元的指導の必要性を感じていた。そのため抗日戦が膠着状態にあった一時期をねらって開始したのが「整風運動」であった。学風(主観主義)、党風(セクト主義)、党八股(無内容で形式的な文章)の三つの作風を整えることをめざしたもので、毛沢東の「文芸講話」(一九四二年)は、この運動の代表的論文である。しかし、そのように多目的な運動であったものが、結果的には毛沢東思想を全党の指導的思想とし、毛沢東の個人崇拝を許す出発点ともなったとされる[姫田ほか1998:153-154]。

(3) 中国共産党中央党学校の略称。党の高級・中級幹部と理論家を対象とする政治研修機関。文革期に廃校にされたが、一九七七年復活した[楠原2000, 3-1:61]。

(4) 田畑佐和子は、二〇〇二年九月の上海シンポジウムにおいて、「韋君宜について――女性人道主義文学」と題する報告を行なったが、「事実の記録」と「自分自身の反省」という二つの観点から、『思痛録』と同様のテーマの小説版『露沙的路』とを考察したものであった。

(5) 「社会主義学院」解散のいきさつについては、香港版による。北京版では削除されている[楠原2005, 8-2:461]。

(6) 韋君宜自身の表現によれば、それは永遠に卒業期限のない学校であり、教える教科は「労働」の一科目だけ、という学校である[韋2003:93]。

(7) 一九五一年から五二年にかけて行なわれた官僚の汚職腐敗と資本家の不法行為とを批判・摘発する政治運動。「三反」とは党・軍・政府機関内部の汚職、浪費、官僚主義の三つに反対すること。「五反」とは、ブルジョア階級の贈賄、脱税、国家資材の横領、手抜き仕事と材料のごまかし、国家経済情報の搾取、の五つに反対すること[楠原2000, 3-1:63]。第三章の注(21)に記したように、林高之によれば、一九五一年十二月に始まった「三反」運動は党や国家機関の幹部みずからの引締めを意味したが、翌五二年一月からの「五反」運動は、ブルジョアジーを階級の敵とみなす方向性をもったものであった。土地改革の基本的終了を反封建の任務の終了とみなし、性急に次の段階に進んだためであり、一九五二年は文革へと向かう分水嶺であったとみなされる[林1981]。

(8) 周揚は、一九三二年中国左翼作家聯盟加入以来、文化部、中央宣伝部、作家協会などで指導的な地位にあった人物。胡風批判などの一連の文芸批判では批判する側にあったが、文革発動後まもなく「修正主義文芸」の開祖と名指されて、くりかえし批判闘争や監禁の対象とされる。一九七五年毛沢東の一言で解放されたと言われ、一九七九年完全に名誉回復された。その後文革前十七年間の左よりの文芸路線について自身の責任を認めた［『中国文化大革命事典』：68-69］。

（9）　香港版でも、毛沢東の名は出さずに「あの方」という婉曲表現を使っている箇所が数箇所ある。たとえば、かつて毛沢東が支持した作家王蒙が、陰謀ならぬ「陽謀」によって一転して「反革命」とされた件で、「あの方は自分の発言にまったく責任をとろうとはしなかった」とあるが、その直前の文では「毛主席」という主語が使われており、「あの方」が誰のことかは明白である［楠原2003, 5-3：475］。また同じく香港版で、大躍進運動での虚偽報告に関して、「すべては嘘つきの大家のために、嘘の辻褄を合わせた……」という婉曲表現も見られる［楠原2003, 5-4：639］。

（10）　楠原俊代「中国共産党の文芸政策に関する一考察――『思痛録』をてがかりに」では、「一九九八年五月第一版、九九年一月には第五次印刷が刊行された」とされている［楠原2004：368］。

（11）　第一章の注（18）でも説明したとおり、話題に上る「ベストセラー」は、大体一〇万部前後の売上げに達すると海賊版が出始めるとも言われており、『思痛録』もその程度の売上げ実績は上げたものと推測される。ただし本書では、流通量そのものより、発売当初の「文化現象」に注目する。

（12）　著者韋君宜の娘楊団によれば、『思痛録』は出版後各種メディアに紹介されたが、それは誰かが組織したものではなく、さまざまな人びとが自分の考えを書いた小文が次々と出てきて、多数にのぼったのだという。

（13）　牧恵は韋君宜の次男の岳父でもある。彼が九〇年代初めに、韋君宜を見舞ったとき、『思痛録』の原稿を手渡されたが、そこには八六年に倒れた後執筆された原稿も含まれていたという。彼のはからいで二編が雑誌に発表されたが、それっきりになってしまった。九七年十二月にようやく書籍としての出版が決まったとき、韋君宜自身は見直すことができない状態であったため、ミスの校正などは、牧恵が代わってやったという［楠原2004：374］［邢・孫2001：261-266, 397-398］。

（14）　この文章は一九九九年一月十日に『湘泉之友』という雑誌に載ったものであるが、『回応韋君宜』でこのすぐ後に収められているのは牧恵の反論である。当時の魯迅には情報がなかったが、実はその人物は自殺したのではなく暗殺されたのだという事実によって反論している。

（15）　許子東も、文革叙述のなかの反省と懺悔について述べた箇所で、「自己反省はするが懺悔はしない」という類型をあげている［許2000：160］。

（16）　「余杰、余秋雨の〝懺悔しない〟態度を強烈に批判」という見出しの記事（『金陵晩報』二〇〇四年七月二十一日）などから、それがうかがわれる。

(17)『大公報』一九九八年八月八日の記事。『大公報』は、第五章で述べたように巴金の『随想録』を連載した香港の新聞だが、香港だけでなく中国全土のあらゆる情報を網羅しており、特に中国南部の事情に詳しい。『回応韋君宜』には、同紙から転載された書評が、この他にも二篇ある。それぞれ『思痛録』を「暗黒を暴露した勇気の書」「独り憤る書」「行過ぎた忠誠心に批判的」「文革が禁区になっていることへの抗議」といった面からとらえており、大陸の書評とは若干異なる。本書での引用は、九八年八月八日の記事のみ。

(18)楠原俊代「文革期文学における集体創作の再検証」〔楠原2007〕は、そういった状況における韋君宜の健闘という側面から読むことができる。文革期ならではのチャンスを与えられた労働者・農民や知青がみずからの体験に基づいた力作を書いても、またたとえ編集者がそれを精一杯生かそうとしても、集団討論や上意下達によって、結局はリアリティに乏しい荒唐無稽なものとなって出版されてしまう。後年「文学の死」と振り返られる文革期であるが、それはあくまでも出版された作品の評価にもとづく文学史上の評価である。『思痛録』のこの章は、文革期独特の執筆者と編集者の創作努力を伝えるエピソードとしても貴重であろう。

(19)緒形康が依拠しているのは、中国局勢分析中心編『北京早春的交鋒』（香港明鏡出版社、一九九八年）である。

(20)逍遙派とは、文革期、運動に関心を寄せなかった人びとを指すが、「初期紅衛兵」たちも運動前期に批判に遭うなどして、形成逆転したためその後は逍遙派に転じた。

(21)横澤泰夫「中国出版界の自主規制」によると、二〇〇三年十二月に出版された『往事並不如煙』が発禁処分を受けたことに関して、「二〇〇五年三月になって、突如、党中央書記処から処分が言い渡された」と書かれてある。他方、担当編集者が十分自主規制を行なって出版し、「確かに二ヶ月間ほどは事無く過ぎた」という記述もあり〔横澤2006〕、また他の情報によると「出版後二ヶ月で、再版禁止という事実上の禁書処分となった」とも言われる（http://sankei.jp.msn.com/world/china/071126/chn071126000900-n1.htm 二〇〇七年十一月十八日）。いずれにせよ、発売可能期間はあったが結果的には発禁処分が下され、しかもそれによって話題性が高まったことは確かである。

(22)以下、文革関連出版物ではないが、近年の発禁や言論統制に関する事件として五つの事例をあげておく。

・『現代化的陥穽』〔現代化の落とし穴〕——一九九七年九月、『中国的陥穽』の題名で香港で出版後、九八年一月に北京で『現代化的陥穽』と改めて出版された。中国国内で二〇万部以上売れるベストセラーとなり、同年中国の十大良書にも選ばれた。しかし二〇〇〇年三月、同じ著者のラジカルな論文が発表されると、『現代化的陥穽』は発禁となり、その出版元まで閉鎖された［何2002：434-435］。

•『中国農民調査』——二〇〇三年末に人民文学出版社より出版され、二〇〇四年二月当局により発禁処分を受けた。その後、この書の紹介や著者二人の名前はメディアから消えた。しかし、五十日ほどの発売期間中に正規版だけで一〇万部売れた。都市とはあまりに格差の激しい農村の実状に驚いた作家夫婦が、二〇〇〇年秋から調査を開始し、農民の窮乏と地方官僚の横暴をルポルタージュした共著である。「監獄入りを覚悟して」書いたもので、「出版されたこと自体が奇跡だった」、「発禁処分は理解できる」と言う。逮捕や拘束は免れている。著者二人にはドイツの「国際ルポルタージュ文学賞」が贈られた。二〇〇四年秋の授賞式出席は無理と思われたが、当事者たちの予想に反して、二人は出国を許された。しかし実名入りで悪行を暴かれた地方の共産党委員会書記が、著者夫妻と出版社を名誉毀損で訴えた。第一回公判後裁判は開かれず、長期化する見通しだという［鈴木2005：63-100］。

•『遺情書——我的性愛日記』——二〇〇三年に二十一世紀出版社より出版されたが、二〇〇三年十一月まずネット上の作者のサイトが封鎖され、著書も発売三日後に発禁処分となった。最初は若者向け相互交流ネットサイトのブログで、自分の性的生活のリアルな描写を発表していたが、それが評判となり、その日記と随筆、短編小説などをまとめ、「かなりのリスクを伴うことを当然理解」しながら出版。本人は「マスコミが騒ぎすぎて当局としては発禁にせざるをえなかったのだろう」と思っている。「実はもう多くの人が私が書いた真実を受け入れているのだけれど、当局はやはり容認できない。ある種の態度を示さなければならない。管制メディアは私に批判を加えなければならない」と、発禁を機に政治を意識せざるを得なくなり、職も失った［鈴木2005：125-150］。

•『為人民服務』〔人民へのサービス〕——文革期に毛沢東像を破壊することで互いの愛と信の証しを確かめ合うという、過激な不倫が描かれている小説。『花城』二〇〇五年第一期に掲載されたが、中央宣伝部から発禁処分を受けた。作者の閻連科《えんれんか》は、一九五八年河南省生まれ。二十歳で解放軍に入隊し、まもなくその文才を認められて小説創作学習班に配属され、本格的に創作活動を開始した。二〇〇四年に軍隊を離れて独立作家となるが、『為人民服務』以前にも、軍隊を題材にした作品で発禁処分を受けた［谷川2006］［本田2006］。

•北京大学の助教授が二〇〇四年三月インターネット上に、共産党中央宣伝部を「討伐せよ」と訴えた論文。明らかに体制と社会の変革を狙った「確信犯」である彼は、それまでにもさまざまな社会問題を告発してきたが、現職は維持している。国営新華社のネットサイトに掲載された評論によると、この助教授のような人物にたいする「最善の対応策は相手にしないこと」と、当局は考えているらしい。「彼を批判すればするほど彼は有名になる。もし逮捕でもすれば、知名度はより上がってしまい、彼の思うつぼだ」というのである［鈴木2005：175-194］。個人名で書かれたこの評論は、体制側のメディアによる公的権力の代弁であると同時に、公的権力内部から発せられた言論弾圧への抑止の試みともとれる。

(23) 処分の通達は口頭によるものだったが、それがインターネットで伝えられるや飛ぶように売れたという。また、対象となった著作には、『往事並不如煙』の著者章詒和《しょうたいわ》の最新作『伶人往事』も含まれるが、彼女はネット世論の支持を受けて命がけの抵抗の覚悟を表明し、これまでにない確固たる姿勢を示している（『産経新聞』二〇〇七年一月五日）。発禁処分は、市場における宣伝効果と、言説空間において闘う主体を立ち上げた効果において、最も顕著であったかのようである。

終章

(1) 何清漣のこの分類は、二〇〇二年初めに発表された程暁農の論文に基づいている。

(2) 体験者の数からすれば戦後の日本社会においてはごく少数であったが、「満州」の記憶に関する先行研究もある。敗戦とともに軍国主義の時代は完全否定され、「満州」も植民地国家・傀儡政権としてネガティヴに構築され直した。それは「理想国家」建設という情熱を共有していた当時の植民者の記憶を抑圧することでもあった。抑圧されても完全な忘却とはならず、「多民族共存の理想国家建設」というレトリックが、戦後における植民者の回顧集などに生き延びて、やがて「満州」経験を大きな歴史のなかに位置づけるマスター・ナラティヴを形成する。それとは別に、満州での日常生活を回顧する語りには、日本帝国主義の植民地侵略の意図とは一線を画した、普遍的理想を追求する日常的奮闘ぶりが強調されている。さらに、「満州」体験者の同窓会という記憶の場においては、マクロな歴史の構造に回収されることを拒否する個人的な体験の断片が語られる。ここでの記憶の個人化は、脱政治化した言説となって、マスター・ナラティヴから距離をとりつつ、実はそれに対抗するどころか、機能的にはマスター・ナラティヴを補完することになる［坂部1999a］。

(3) 日本でも若手監督李相日が、村上龍原作・宮藤官九郎脚本による劇映画『69 sixty nine』（二〇〇四年）を撮ったとき、そこに描かれた「六〇年代」には、「本当の」六〇年代を知る者から見れば似ても似つかぬ軽さがあった。しかし六〇年代を語ることは、団塊の世代だけの特権ではない、という新世代監督の潔さも感じられた。そのような確信犯的な文革の表象が、中国大陸にも現われつつあるとみてよかろう。

（4） たとえば、そうした事例を列挙した以下のような書籍もある。アムネスティ・インターナショナル&アジア・ウオッチ『中国における人権侵害――天安門事件以後の状況』（蒼蒼社、一九九一年）、アムネスティ・インターナショナル『中国の人権――政治的弾圧と人権侵害の実態』（明石書店、一九九六年）。

あとがき

陳腐な言い方かもしれないが、はじまりは一本の中国映画だった。田壮壮《でんそうそう》（ティエン・ヂュアンヂュアン）監督の『青い凧』という一九九三年の作品である。一九九四年の四月二十五日（月）に渋谷の桜丘にあったユーロスペースというミニシアターで観て、文化大革命に至る道程の不条理に強い衝撃を受けた。すぐに作品プログラムを買い、映画のエピソードと史実とを見やすくまとめた年表に感心し、「映像を外から批評する音楽」を成功させた日本人ミュージシャンへのインタビューなどを一気に読んだ。なかでも中国文学者藤井省三による「『青い凧』における家と国家――四合院の中の毛沢東」と題する文章は、とりわけ読み応えのある解説だった。読み終わって、文革が歴史の不条理などという抽象性においてではなく、中国のどこにでもありえた家族解体の悲劇として、生々しく実感された。翌週再びユーロスペースに足を運び、親子の物語としての『青い凧』に涙した。

中国語圏の映画は、一九八〇年代後半から台湾のニューウェーブを中心にかなり精力的に観ていたが、『青い凧』以降、文革という事象への問題意識が映画への興味を超えて膨らみ続けた。中国現代史や社会学系の読書量が一気に増えた。そして、毎日新聞のカルチャーセンターで行なわれていた藤井省三の中国映画と小説に関する講座に毎年参加し、いずれ劣らぬ意欲的な男女受講生と出会ったことで、知識欲はいっそう高まった。二〇〇〇年に藤井教授が教鞭をとる東大文学部に学士入学し、社会学を専攻。二〇〇三年に一一万字を超す卒論「日本が見た「文革」」を書いて卒業した。そして再び社会人として働きながら次の論文の構想を模索した後、二〇〇五年に同大学院人文社会系研究科に入り、二〇〇六年十二月に修士論文「文革の記憶と忘却」を提出した。それが本書の原型となっている。

中学三年でビートルズの世界デビューに遭遇して以来、ほぼ欧米一辺倒だった私のキャリアからは、今の文革研究というポジションはまず考えられなかった。しかしさまざまな出会いに導かれ、その時々のノリでここまで来たのだと思えば、実に自然な流れだったという気もする。

私自身は、貧農出身の父（当時の中国だったら輝く「紅五類」だ）と職人家系出身の母のもとに生まれ、親族にも近所にも大学出身者など一人もいない田舎町で育った。なのになぜか小学校の卒業文集には「大学まで進んで海外留学したい」などと書いていた。だが「東京の大学」はあまりに遠く、一九六八年高校卒業後は県内の国立大学に入学した。英米文学を専攻し、卒業後の進路について、今度こそ「東京の大学の大学院」に進学したいと本音を告げたとき、両親は言語道断とばかりに反対した。二人にとっては、女の子に四年制の大学への進学を認めたことが精いっぱいの妥協だったのだ。一方海外留学については、反対するまでもないほど非現実的なものと思われていたらしい。私はやむなく大学院進学をあきらめ、大学に来た数少ない女子の求人広告のなかから東京の企業に就職を決めたが、その後になって留学試験のチャンスが与えられた。指導教授の推薦を得て受験したが、最終面接の席で試験官から面と向かって、「同点だったら男をとる。女なんてせっかく勉強させてやっても何の役にも立たない」と吐いて捨てるように言われた。そのこと自体に疑問も怒りも感じないまま、「補欠合格」という通知を受け取ってあきらめがついた。実質不合格を体よく言ったものと考えて何の希望もつながなかった。

そして、はじめての都会生活で労働者意識にもめざめた頃、突然「補欠合格」の権利が回ってきた。一位合格者（もちろん男性）が家に不幸があって、留学奨学金の権利を放棄したのだという。たとえ同点でも男にはかなわなかった女は、長男であるが故に家父長亡き後の家から出ることを許されなかった男から（と、私は勝手に推測している）、アメリカ行きの切符を譲り受けたのだ。ここに至って私の両親は、一言の反対もなく実に潔く送り出してくれた。

ところが、規定どおり一年の留学を終えて中途半端な時期に帰って来ても、一九七〇年代半ばの日本には、中途採用の道などほとんどなかった。一般企業はあきらめ英語学校にも手を伸ばしたが、最終選考に残ったある英会話スクールで、再び同じセリフを聞かされた。またしても「同程度の成績」の男性にかなわず、それでもなんとか、別の新規開校塾が男女各数名の常勤講師を募集していたところに応募して、ようやく職を得た。ついに経済的自立を果たしたのもつかの間、そこで知り合った男性と結婚して退職した。公務員の妻の座を射止め何のためらいもなく専業主婦に落ち着くつもりだったが、同い年の夫は猛然と反対した。彼は〝キャリア・ウーマン〟好きだったのだ。長女が幼稚園に入り長男が二歳になるかならぬかのうちに、また私の職探しが始まった。この度は企業への就職ははじめから望まなかった。夫の勧めるままに通訳をめざし、週二回同時通訳養成所へ通いながら、少しずつ翻訳や通訳の仕事を始めた。二人の子は小学校の六年間あれやこれやの不適応症状を呈しつづけたが、中学・高校と進むにつれて上手に個性を発揮できるようになり、私は「国際化」とバブルの波に乗って、会議通訳者になった。

そんな頃に出会ったのが上野千鶴子であった（もちろん活字の上で）。きっかけは、夫の職場でポルノまがいに回し読みされていた『女遊び』（学陽書房、一九八八年）が、我が家にやってきたことだった。ことのほか気に入った夫は、近所の区立図書館から次々と上野千鶴子の本を借りてきた。国家の中枢に働く底辺の官僚として理不尽な超過勤務を強いられながら、彼は男社会への疑問を募らせ、上野の家父長制批判に救いを見出した。「上野千鶴子はいいよぉ〜」と彼は、イッセー尾形の一人芝居に出てくる中年男が都はるみを愛でるのと変わらぬ切実さで、上野の著作に酔いしれた。私はウーマン・リブにもフェミニズムにも背を向け、ひたすら自分の持ち場である家庭内で、夫との関係における自分の立場を主張しつづけていた。さまざまな問題が未解決のまま鬱積し、年々募る疑問や不満は、自分に内面化された性役割規範の根深さのせいであると気づくのに何年もかかった。いくら話し合っても解決できなかった問題は、二人だけの問題ではなかったからなのだ。夫も私も、あまりに強大な外なる家父長制と内なる男権主義とを乗り越えるために、フェミニスト同志にならざるを得なかった。

しかし、このような日常の現実にまみれた問題意識を、研究テーマとして対象化するにはまだまだ時間がかかりそうである。結果的にはそれよりも先に、冒頭に述べたような映画との出会いにより、中国の文革にとらわれてしまった。肝心の六〇年代を中央からも主流からも遠い所で過ごし、遅れてやってきた文革研究者としては、背負い込んでしまったものの重さや、余生のすべてをかけても読みきれないほどの文献に、絶望的になっている暇はない。研究を通して出会った人びとの語りをいかに受け止めるか、その姿勢と問題意識が、私自身の生き方そのものにつながることになるであろう。

中国研究者の方々との出会いにも恵まれた。藤井省三先生、山口守先生、刈間文俊先生をはじめとする先生方の寛大なご指導を通して、「文革」という事象の重さに心奪われ、現代中国の奥深さとダイナミズムに惹きつけられてここまできた。それにしても、中国語自体に苦戦する私にとって、多くの中国人の方々や研究者仲間からの熱い期待と実際的な援助がなければ、この研究は継続しえなかった。また、社会学修士課程入学以来、指導教員として直接お世話になっている上野千鶴子先生のご尽力なしには、このような形で日の目を見ることもなかったであろう。そもそも、「歴史と記憶」をテーマとした上野ゼミに参加できたからこそ、私のなかで「文革の記憶と忘却」の構想が一気に具体化したのである。夫を通じて活字の上で出会った上野千鶴子は、胸のすくような明快な論理を武器とする剛柔自在のフェミニストであったが、大学での上野教授は、実に見事なプラグマティストであり勤勉な教育者であった。

そして最後になってしまったが、楊団教授と池谷薫監督のご協力が私の動機づけにしめる重要性をあらためて感じずにはいられない。ご多忙なか、時間を惜しまず語り続けて下さったお二人の誠実さに、心から敬意を表したい。

以上のような諸々の意味において、私には本書が私一人の手によるものだとはとうてい思えない。しかし、このなかの一語一語を入力し続けたのは他ならぬ私自身であり、すべての文責は私にある。研究者としての未熟さを露呈することを恐れず、出版の機会を前向きに活用させていただいたのは、とにかく一つの形にして世に問うことで広くご批判をあおぎ、次なる課題の大きさを明らかにしたい、という思いからである。私にとって最初の著作となる本書の出版が、新曜社の渦岡謙一氏という素晴らしい編集者に全幅の信頼を置いて実現できることは、幸運中の幸運であろう。今後とも多くの方々のご指導に支えられ、あせらず続けていけたら何よりの幸せである。

福岡愛子

二〇〇八年四月二十日

2004			自衛隊イラクへ派遣 中越地震 韓流ブーム	
2005	中国で反国家分裂法成立，台湾独立勢力に反対し「一つの中国」堅持　反日デモ激化	文革博物館(汕頭)オープン 10.17 巴金，上海で死去	小泉自民党，総選挙で圧勝	ロンドンで同時爆破テロ

1991	「六四」指導者に判決 江沢民訪ソ 江青，獄中で自殺 ベトナム首脳訪中，中越関係正常化宣言	（出版社に対し，文革当時の指導者に関する出版の自粛指令）	バブル経済崩壊	多国籍軍，対イラク戦争 南アフリカ共和国，アパルトヘイト体制終結 南北朝鮮，国連加盟 カンボジア和平，パリ国際会議ソ連邦消滅
1992	鄧小平「南巡」，改革開放加速 韓国外相訪中，中韓国交樹立 「社会主義市場経済」導入		宮沢首相訪韓，従軍慰安婦問題で謝罪 PKO 協力法案成立 天皇訪中	国連カンボジア暫定機構発足 アフガニスタン内戦終結 ベトナム，韓国と国交
1993	江沢民国家主席 中国－台湾間で実務交流促進			EC 市場統合 チェコとスロバキア分離
1994		韋君宜，10月再入院（以後亡くなるまで病院を出ることはなかった）	松本サリン事件	北朝鮮金日成死去，金正日後継体制発足
1995	北京で第４回世界女性会議開催		阪神淡路大震災 地下鉄サリン事件	ベトナム，開放経済へ移行
1996				
1997	鄧小平死去 香港返還		日米防衛協力のための指針合意	
1998	クリントン大統領訪中	韋君宜の『思痛録』北京で出版	NPO 法施行	金大中大統領就任
1999	WTO 加盟，米中で合意成立 マカオ返還 NATO 軍，ユーゴの中国大使館「誤爆」 法輪功組織を非合法と認定		国旗国歌法，ガイドライン関連法，男女共同参画社会基本法，通信傍受法成立	トルコ，台湾で大地震 NATO 軍，ユーゴ空爆 台湾で李登輝の「二国論」発言
2000	中共，私営企業家の入党を認める方針打ち出す	『思痛録』香港で出版	三宅島噴火，全島民避難 那覇市で沖縄サミット開催	朝鮮半島初の南北首脳会議 コンコルド墜落
2001		『回応韋君宜』北京で出版		米国で9.11同時テロ
2002		1.26 韋君宜，北京で死去	日朝首脳初会談，拉致被害者24年ぶり帰国	バリ島で爆弾テロ
2003	胡錦涛，国家主席に就任 新型肺炎 SARS 発生 「ネット元年」	『思痛録』北京で再版	イラク復興支援特別措置法案，強行採決	米英軍イラク攻撃，フセイン政権崩壊 スペースシャトル空中分解

1983	第12期二中全会「整党に関する決定」	精神汚染キャンペーン 韋君宜『思痛録』最初の八章ほぼ完成		ソ連軍による大韓航空機撃墜事件
1984	サッチャー英首相訪中，1997年香港返還決定	第九号通知，文革徹底否定呼びかけ 巴金，国際ペン東京大会で講演		
1985	全国農村の人民公社解体 靖国参拝問題で北京反日デモ	前年来，人道主義・自由主義論議	男女雇用機会均等法成立	ゴルバチョフ大統領就任
1986		ブルジョア自由化反対闘争と生活改善・民主・自由要求運動 崔健，ロック・コンサートでデビュー 韋君宜，人民文学出版社社長を退職　その後脳溢血で右半身不随	円相場高騰	台湾で民主進歩(民進)党結成
1987	胡耀邦総書記辞任 ラサでチベット独立要求デモ 台湾住民，大陸初訪問	反ブルジョア自由化闘争堅持	日本，世界最大の債権国に　米国，対日経済措置発表	台湾で戒厳令38年ぶりに解除
1988	外相，32年ぶり訪ソ	「河殤」批判　文革出版物への「禁令」	青函トンネル開通	台湾で李登輝総統就任 ソ連軍，アフガニスタンから撤退
1989	ラサで独立運動，戒厳令布告 胡耀邦死去　ゴルバチョフ訪中，中ソ関係正常化を宣言 第二次天安門事件(「六四」) 趙紫陽解任，江沢民総書記に鄧小平にかわり江沢民軍事委員会主席に	「ブルジョア自由化反対」キャンペーン 巴金，五・一六知識人による学生運動支援声明 韋君宜の『思痛録』草稿，編集を終えて某出版社に渡るが返却され，７月から11月にかけて加筆修正	昭和天皇死去→平成 消費税実施	パリ・サミット中国非難，経済制裁決定 ベトナム軍，カンボジアから撤退 ポーランドで自由選挙 ハンガリーで新体制発足 ベルリンの壁，崩壊
1990	北京戒厳令解除 新疆各地で少数民族の騒乱，鎮圧 ラサ戒厳令解除 上海に新中国初の証券取引所開業 北京アジア競技大会中国圧勝			ソ連共産党，一党独裁放棄決定 モンゴル，一党独裁放棄表明 イラク軍，クェート侵攻 東西ドイツ統一

1973	鄧小平，毛沢東の指示により国務院副総理に復帰	巴金の妻蕭珊病死 韋君宜一家の政治討論会 批林批孔運動	円為替，変動相場制移行 石油危機，狂乱物価	パリ，ベトナム和平協定 東西ドイツ国連加盟
1974	鄧小平，国連総会特別会議へ			韓国，朴大統領狙撃事件
1975	中国改正新憲法発表，党主導による社会主義国家と規定 蔣介石死去	水滸伝批判		サイゴン陥落，ベトナム戦争終結
1976	周恩来死去 第一次天安門事件 毛沢東死去，「四人組」逮捕 華国鋒，主席に	韋君宜夫妻，天安門広場の周恩来追悼集会に出かける	ロッキード事件	ベトナム社会主義共和国成立
1977	華国鋒，文革の終結を宣言 鄧小平，党副主席に			ベトナム・カンボジア紛争
1978	新憲法，新国歌 天安門事件，名誉回復 第11期三中全会の歴史的転換	「民主の壁」の前で民衆の討論会 「真理基準」論争「傷痕文学」論争(～79) 巴金の『随想録』香港で連載開始(～86)	成田空港開港 日中平和友好条約調印	韓国，反政府三・一民主宣言発表 金大中釈放
1979	中米国交樹立 中国，ベトナム攻撃 「三家村グループ」名誉回復 魏京生，「反革命」容疑で逮捕	「民主の壁」封鎖 下放青年の帰還開始	東京サミット開催	ベトナム軍，プノンペン攻略 イラン，イスラム革命 朴大統領射殺 ソ連軍，アフガニスタン出兵
1980	劉少奇名誉回復 胡耀邦党総書記，趙紫陽総理	巴金，東京で「文学生活五十年」講演，広島訪問 韋君宜の夫楊述死亡		イラク・イラン戦争(～88) 韓国光州事件　全斗煥，大統領就任 ポーランド自主管理労組「連帯」結成
1981	江清と張春橋に死刑判決 第11期六中全会「歴史決議」採択 胡耀邦，党主席就任(華国鋒失脚)	白樺『苦恋』批判		
1982	第12期一中全会，党主席廃止 鄧小平，中央軍事委員会主席に 新憲法制定			

1966	五・一六通知，中央文革小組設立 北京大学に学長批判の「大字報」清華大学付属中学に初の紅衛兵 中共「プロレタリア文化大革命についての決定」 毛沢東第一回紅衛兵接見 次第に「打倒劉少奇，打倒鄧小平」が明確化	「三家村グループ」批判 「四旧打破」 巴金，6月，AA作家緊急会議出席のため訪中した中島健蔵を空港に出迎え，8月には「牛小屋」に入れられ，紅衛兵の家捜しを受ける 韋君宜も「牛小屋」に入れられた後，幹部学校へ送られる	中日両共産党首脳会談決裂 日中友好協会分裂	インドネシア，国連復帰 フランス，NATO軍を正式脱退
1967	上海コミューン，「二月逆流」 武闘を伝える壁新聞増え，外国記者は取材を締め出される 北京市革命委員会成立 初の水爆実験成功 武漢事件　香港暴動		東京に美濃部革新都政 『毎日』『産経』などの北京駐在記者国外追放 LT貿易期限切れ	欧州共同体(EC)成立 インドネシア，スカルノ大統領失脚 東南アジア諸国連合(ASEAN)結成
1968	革命委員会全国に成立 中共中央・国務院など，「武闘」即時停止を命令 毛沢東，紅衛兵の農村下放指示	上海で巴金批判大会	日中新覚書貿易協定の交渉決着 『日経』北京支局長，逮捕 小笠原諸島返還 GNP，西ドイツ抜き世界第二位へ 東大封鎖	米国，北爆停止　ベトナム和平パリ会談 パリ「五月革命」 チェコ事件
1969	中ソ国境紛争続く 中共九全大会，林彪を毛沢東の後継者と規定 劉少奇国家主席，獄死	巴金，農村に送られ労働	機動隊突入により東大封鎖解除 大学臨時措置法実施	イタリア，中国承認 ホーチミン死去
1970	「血統論」批判の遇羅克銃殺		大阪万博	チリに社会主義政権
1971	キッシンジャー訪中 中華人民共和国，国連加盟(中華民国，脱退) 林彪クーデター失敗，墜落死			米軍，カンボジアの内戦に介入，南ベトナムラオス侵攻 欧州各国変動為替相場制へ
1972	ニクソン大統領訪中 田中首相訪中，日中国交正常化		連合赤軍あさま山荘事件 沖縄返還	西ドイツ，中国と国交樹立 東西ドイツ関係正常化 バングラデシュ独立宣言

1954	周恩来・ネルー，平和五原則発表 中華人民共和国憲法採択	『紅楼夢』研究批判，胡適批判 韋君宜，作家協会に移り，『文芸学習』編集長		インドシナ停戦協定 西ドイツ主権回復 アルジェリア，反仏戦争(～62)
1955		胡風批判，丁玲批判		
1956		「百花斉放・百家争鳴」 巴金，アジア作家会議出席	日ソ国交回復 国連加盟	フルシチョフ，スターリン批判 ハンガリー事件
1957		第二次整風運動，反右派闘争		欧州経済共同体(EEC)成立
1958	フルシチョフ訪中，中ソ対立表面化 人民公社政策のゆきすぎ是正	大躍進・人民公社化運動 巴金，AA(アジア・アフリカ)会議出席 韋君宜，農村に下放を命じられる	長崎で中国国旗事件 日中交流断絶へ	
1959	チベット動乱 劉少奇，国家主席就任 彭徳懐国防相解任，林彪が国防相に	韋君宜，北京に戻り，『人民文学』副編集長のまま，工場史の編集に参加		キューバ革命 フルシチョフ平和共存強調
1960	中ソ論争表面化	韋君宜，作家出版社に移る(その後，人民文学出版社に合併)	新日米安保条約調印 安保阻止国民運動(六・一五) 浅沼社会党委員長暗殺	韓国李承晩政権崩壊
1961	「大躍進」政策停止 59年来の大災害で餓死者1500万～4000万	巴金，AA会議東京緊急集会出席		韓国軍事クーデター，朴正熙政権誕生 第一回非同盟諸国会議(バンドン)
1962	中印国境紛争 毛沢東「社会主義における階級闘争重視論」	巴金，第八回原水爆禁止世界大会に，中国代表団団長として参加	国交のない日中間に「LT貿易」発足	アメリカ，ベトナム戦争軍事介入 アルジェリア独立 キューバ危機
1963	中ソ公開論争始まる	農村の社会主義教育運動 巴金，北ベトナム訪問	ベトナムに平和を市民連合(べ平連)，生活クラブ発足	ケネディ大統領暗殺
1964	中仏国交樹立 人民解放軍『毛主席語録』発行 初の核実験成功	毛沢東思想学習運動 巴金・韋君宜，それぞれ大寨の生産大隊見学	日中記者交換制度導入 東海道新幹線全通 東京オリンピック	ソ連，フルシチョフ失脚 フランス，中国を承認
1965	毛沢東，「農村社会主義教育運動23条」配布，党内実権派批判	『海瑞罷官』批判 巴金，北ベトナム再訪	日韓基本条約調印	米軍，北ベトナム爆撃開始 韓国ベトナムへ派兵 シンガポール独立

1939	国民党軍，共産党軍を攻撃	巴金，上海に戻る 韋君宜延安で『中国青年』の編集	ノモンハン事件	英・仏，ドイツに宣戦（第二次世界大戦）
1940	王兆銘，南京に新政府樹立	巴金，『秋』を書きあげ，上海を去る	日独伊三国軍事同盟 大政翼賛会発足	フランス，ドイツに降伏
1941			東条英機内閣成立 真珠湾攻撃，太平洋戦争	独ソ戦により，ドイツのソ連進軍失敗
1942	共産党，整風運動開始 毛沢東「文芸講話」発表	韋君宜，革命根拠地で「幹部審査」体験	大日本婦人会創立	
1943	国民党軍，共産党区を攻撃		朝鮮で徴兵制施行 東京で「大東亜会議」	ドイツ，スターリングラードで降伏，イタリア無条件降伏
1944	アメリカ軍事使節団延安訪問	巴金，貴陽で結婚	疎開命令 東京初空襲	米英軍，ノルマンディ上陸 連合軍パリ入城
1945		巴金の兄病死	広島・長崎に原爆投下，無条件降伏	米英ソ，ヤルタ会談 ドイツ無条件降伏 ポツダム宣言，国際連合成立
1946	国民政府，南京遷都 国共内戦全面化	巴金，『第四病室』出版	東京裁判開始 日本国憲法公布	インドシナ戦争（～54）
1947		巴金，『寒夜』出版	総選挙で社会党第一党	台湾二・二八事件
1948			東京裁判，A級戦犯に判決	第一次中東紛争 大韓民国，朝鮮民主主義人民共和国成立
1949	中華人民共和国建国宣言 国民政府，台湾遷都			ドイツ連邦共和国，ドイツ民主共和国成立 ソ連・インド，新中国を承認
1950	中ソ友好同盟相互援助条約調印 「中国人民義勇軍」朝鮮出動決定	抗米援朝運動	日中友好協会創立 警察予備隊設置 公務員，レッドパージ	英国政府，中華人民共和国を承認 ベトナム民主共和国成立 朝鮮戦争 国連軍，仁川上陸
1951	反革命処罰条例公布 人民解放軍ラサ進駐	『武訓伝』批判 三反運動	サンフランシスコ対日講和条約・日米安保条約調印	国連総会，中国を侵略国とする決議案を採択
1952	周恩来ら，政府代表団訪ソ	五反運動 巴金，朝鮮戦地訪問団団長として前線訪問	台湾の国民政府と「日華平和条約」調印	李承晩ライン発表
1953				スターリン死去 朝鮮戦争休戦協定締結

1923		巴金，次兄とともに南京に出て，東南大学附属中学入学	関東大震災，大杉栄暗殺	ヒットラーのミュンヘン暴動
1924	第一次国共合作		第一次護憲運動	レーニン死去
1925	国・共，上海で反帝運動合作による広州国民政府	巴金，東南大学附属中学卒業上海に出る	治安維持法，普通選挙法公布	
1926	北伐開始		大正天皇死去→昭和	ドイツ，国際連盟加盟
1927	蔣介石，四・一二クーデター(国共合作崩壊) 毛沢東ら井岡山に革命根拠地建設	巴金，パリに留学	金融恐慌 第一次山東出兵	ジュネーブ軍縮会議 モンゴル，社会主義国家へ(ソ連の衛星国となる)
1928	蔣介石の北伐軍，北京入城 張作霖爆殺事件	巴金，パリで第一作『滅亡』完成，帰国	第二次山東出兵 特別高等警察設置	
1929	国民党による言論弾圧			世界大恐慌
1930				ガンジー不服従で投獄
1931	「九・一八事変」日本，東北侵略	巴金，『家』新聞連載 実家の兄自殺	「満州事変」 関東軍，内モンゴル工作本格化	
1932	日本軍上海侵攻(上海事変)，「満州国」建国宣言，中国，国連へ提訴，リットン調査団が派遣される		五・一五事件(犬養首相暗殺)	ナチス，第一党となる
1933			国際連盟脱退 満州移民計画大綱発表	ヒットラー組閣　ドイツ国際連盟脱退
1934	溥儀「満州国」皇帝となる，中国共産党，長征開始	巴金，横浜港着３ヵ月ホームステイ　韋君宜，北京の清華大学哲学系に入学		
1935	中国共産党，八・一宣言（抗日民族統一戦線結成訴える）	一二・九　学生抗日救国運動　韋君宜参加		フランス人民戦線結成
1936	西安事件(張学良，蔣介石を監禁)	韋君宜，中国共産党に加入 巴金，魯迅らと「中国文芸工作者宣言」を発表　魯迅の葬儀では棺を担う	二・二六事件 日独防共協定	ソ連，スターリン憲法制定
1937	盧溝橋事件　日本の全面侵略 第二次国共合作　国民政府，重慶へ 南京事件	韋君宜，天津陥落とともに南方に逃れ，湖北地方で中共の地下活動に従事 巴金，各地で文芸抗戦運動に従事	上海，南京占領	
1938	南京に「中華民国維新政府」 広州，武漢陥落	巴金，長編『春』完結	近衛首相「国民政府を相手にせず」国家総動員法発令	

関連年表

年	中国大陸の出来事	思想･文芸運動と巴金･韋君宜の生涯	日本の出来事	世界の出来事
1904		11.25. 李尭棠(巴金の本名)，四川省成都の大地主の家に生まれる	日露戦争(～1905)	
1905	科挙廃止		孫文ら，東京で中国同盟会結成	ロシア「血の日曜日」事件→第一次革命
1906	中国同盟会，蜂起失敗			
1907	同盟会の反清蜂起各地で続く			
1908	光緒帝，西太后死去 宣統帝(溥儀)即位			
1909			韓国統監伊藤博文，朝鮮の独立運動家に暗殺される	
1910			大逆事件(幸徳秋水ら逮捕) 韓国併合	
1911	辛亥革命 モンゴル独立宣言			
1912	中華民国成立，宣統帝退位		明治天皇死去→大正	
1913	チベット独立宣言 袁世凱，大総統就任 孫文，日本へ亡命		中華民国を承認，満蒙五鉄道敷設権獲得	
1914	孫文，日本で中華革命党結成		ドイツに宣戦布告，山東省でドイツ軍を攻撃	第一次世界大戦勃発
1915			対華二十一カ条要求	
1916	胡適ら，文学革命提唱 袁世凱死去			
1917	孫文，広東政府樹立	10.26 魏蓁一(韋君宜の原名)，北京の豊かな知識人家庭に生まれる		ロシア二月革命，十月革命
1918			シベリア出兵	第一次世界大戦終戦
1919	中華革命党，中国国民党と改称	五四新文化運動		コミンテルン創立大会 ベルサイユ条約調印
1920		↓	国際連盟加盟	国際連盟発足
1921	陳独秀ら，中国共産党結成			ドイツ，ナチス党結成
1922			全国水平社成立，日本共産党結成（非合法）	ソビエト社会主義共和国連邦成立

閉吉男訳，恒星社厚生閣
Wood, Nancy 1999 "Narrating Perpetrator Testimony", *Vectors of Memory : Legacies of Trauma in Postwar Europe*, Oxford & NY : Beng, 79-111
矢吹晋篇 1989a『チャイナ・クライシス重要文献第１巻』蒼蒼社
――― 1989b『文化大革命』講談社現代新書
山口守 1989「もうひとつの『銀河鉄道の夜』――巴金，その人と文学」『ユリイカ』10月号，青土社，90-100頁
――― 1991「解説」『リラの花散る頃　巴金短編集』JICC 出版局，229-245頁
安丸良夫 1998「『従軍慰安婦』問題と歴史家の仕事――証言と実証をめぐって」『世界』５月号，岩波書店，137-147頁
横澤康夫 2006「中国出版界の自主規制 『往事並不如煙』と『最後的貴族』による検証」21世紀中国総研 HP
吉田実 1981「中国民主化の行方と問題点――『毛沢東と文化大革命』に関する二つの論文をめぐって」『中国研究月報』12月，中国研究所，9-15頁
吉越弘泰 2005『威風と頽唐――中国文化大革命の政治言語』太田出版
吉見俊哉 2002「岐路に立つカルチュラル・スタディーズ」『ポストコロニアルと非西欧世界』御茶の水書房，279-292頁
吉澤誠一郎 2003「歴史叙述としての自伝」『中国　社会と文化』18号（６月），中国社会文化学会，24-40頁
楊麗君 2003 『文化大革命と中国の社会構造――公民権の配分と集団的暴力行為』御茶の水書房

補助資料

『思痛録』著者韋君宜の長女楊団（中国社会科学院教授）インタビュー採録――2005年７月15日午後約２時間，北京市中国社会科学院にて実施
ドキュメンタリー映画『延安の娘』池谷薫監督インタビュー採録――2006年３月26日午後約２時間，東京都渋谷区にて実施
「文化大革命博物館」観察記録，および参観者への聞取り調査記録――2006年４月16日（日）・17日（月）汕頭市澄海区塔山塔園風景区にて実施

鈴木譲 2006「言説分析と実証主義」佐藤俊樹・友枝敏雄編『言説分析の可能性』東信堂，205-232頁
田畑佐和子 2003「韋君宜にとっての文革」『リブという〈革命〉』文学史を読みかえる7，インパクト出版会，79-85頁
多鹿秀継 2000「エピソード記憶」『記憶研究の最前線』北大路書房，45-66頁
高木光太郎 2002「第1章 想起の発達史――自白の信用性評価のために」『日常的実践のエスノグラフィ――語り・コミュニケーション』世界思想社，40-60頁
高橋哲哉 1995「記憶されえぬもの，語りえぬもの――アーレントから『ショアー』へ」『記憶のエチカ』岩波書店，1-40頁
竹中千春 2002「サティー論――スピヴァク『サバルタンは語ることができるか』をどう読むか」『ポストコロニアルと非西欧世界』御茶の水書房，311-348頁
竹内実編著 1990『中国を読むキーワード』蒼蒼社
谷川毅 2006「閻連科について」『日本現代中国学会　第56回全国学術大会　報告・講演要旨集』現代中国学会，18頁
鄭義 1993 『中国の地の底で』藤井省三監訳・櫻庭ゆみ子訳，朝日新聞社
丁東・謝泳 1996「中國『文革』民間思想概観」『中國研究』1996年8月号，38-43頁
東方書店・北京商務印書館共同編集 2004『東方中国語事典』東方書店
時田研一 2003「中国の『新左派』・『自由主義』論争――文革の評価をめぐって」(http://www.kaihou.org/china.html)
冨山一郎編 2006 『記憶が語りはじめる』東京大学出版会
富山太佳夫 1999「歴史記述の前提としてのフィクション」阿部安成・小関隆ほか編『記憶のかたち――コメモレイションの文化史』柏書房，207-224頁
Turner, Graeme, 1996 *British Cultural Studies : An Introduction*, Second Edition＝1999 ターナー『カルチュラル・スタディーズ入門』溝上由紀ほか訳，作品社
内田隆三 1990『ミシェル・フーコー』講談社現代新書
上野千鶴子 1997a「記憶の政治学　国民・個人・わたし」『インパクション』103号，154-174頁
――― 1997b「〈わたし〉のメタ社会学」『岩波講座現代社会学第1巻 現代社会の社会学』岩波書店，47-82頁
――― 1998a『ナショナリズムとジェンダー』青土社
――― 1998b「ジェンダー史と歴史学の方法」日本の戦争責任資料センター編『シンポジウム ナショナリズムと「慰安婦」問題』青木書店，21-31頁
――― 2000「記憶の語りなおし方」『日本近代文学第63集』三省堂，119-129頁
――― [2001] 2003「構築主義とは何か」『構築主義とは何か』勁草書房，275-305頁
梅森直之 1999「歴史と記憶の間」阿部安成・小関隆ほか編『記憶のかたち――コメモレイションの文化史』柏書房，167-187頁
Wasserstrom, Jeffrey N. 1996 "Foreword", Sharong Huang 1996 *To Rebel Is Justified : A Rhetorical Study of China's Cultural Revolution Movement 1966-1969*, University of Press of America, Inc., ix-xiv
Watson, Rubie S. 1994 "Making Secret Histories : Memory and Mourning in Post-Mao China", *Memory, history, and opposition under state socialism*, School of American Research Press, 65-85
Weber, Max 1921 *Soziologische Grundbegriffe*＝1987 ウェーバー『社会学の基礎概念』阿

ール『時間と物語』Ⅰ・Ⅱ・Ⅲ，久米博訳，新曜社
──── 2000 *La Memoire, L'histoire, L'oubli*, Seuil＝2004, 2005『記憶・歴史・忘却』上・下，久米博訳，新曜社
Richter, Uwe 1993，リヒター『北京大学の文化大革命』渡辺貞昭訳，岩波書店
李永晶 2005a「現代中国におけるナショナリズム言説の諸位相」『中国研究月報』59巻５号，1-13頁
──── 2005b「現代中国の知識人の自己認識──アイデンティティの政治とその行方」『アジア・アフリカ研究』45巻４号（通巻378号），49-68頁
林暁光 1996『現代中国のマス・メディア──近代化と民主化の岐路』ソフィア
梁暁声 1991『ある紅衛兵の告白』上・下　朱建栄・山崎一子訳，情報センター出版局
──── 1998『一个红卫兵的自白』陝西旅游／经济日报出版社出版发行
劉再復 1989「変貌する知識人像」『ユリイカ』10月号，青土社，170-179頁
劉小楓 1998『现代性社会理论绪论─现代性与现代中国』上海三联书店
相良陽一郎 2000「日常記憶」『記憶研究の最前線』北大路書房，152-169頁
崔梅花 2005「中国のマスコミ政策における新たな選択──『自律（自主規制)』」『中国研究月報』59巻12号，17-27頁
坂部晶子 1999a「植民地の記憶の社会学──日本人にとっての『満州』経験」『ソシオロジ』44巻３号，109-125頁
──── 1999b「『満州』経験の歴史社会学的考察──満州同窓会の事例をとおして」『京都社会学年報』７号，京都大学文学部社会学研究室，101-120頁
Saussure, Ferdinand de 1949 *Cours De Lingustique Generale*, Charles Bally et Albert Sechehaye＝［1940］2003 ソシュール『一般言語学講義』小林英夫訳，岩波書店
席宣・金春明 1996＝1998 『「文化大革命」簡史』岸田五郎訳，中央公論社
千田有紀［2001］2003「構築主義の系譜学」『構築主義とは何か』勁草書房，1-41頁
銭理群 2001「『忘却』を拒絶する」『世界』２月号，岩波書店，194-201頁
瀬戸宏 1999『中国演劇の20世紀　中国話劇史概況』東方書店
『新中国年鑑』→中国研究所
朱建栄 2001『毛沢東のベトナム戦争──中国外交の大転換と文化大革命の起源』東京大学出版会
周蕾 1995 *Primitive Passions : Visuality, Sexuality, Ethnography, and Contemporary Chinese Cinema*＝1999『プリミティヴへの情熱』高橋哲哉・吉原ゆかり訳，青土社
Smith, Anthony D. 1991 *National Identity*, Harmondsworth : Penguin
──── 2001 "Nations and History", *Understanding Nationalism*, ASEN : Polity Press, 9-31
宋木文 1998『中国の出版改革』竹内実訳，桐原書店
Spivak, Gayatri C. 1988 *Can the Subaltern Speak? in Marxism and the Interpretation of Culture* ＝1998 スピヴァク『サバルタンは語ることができるか』上村忠男訳，みすず書房
菅原慶乃 2005「映画の自立と自由を求めて──中国のインディペンデント映画について」『言語文化』８巻１号，同志社大学，55-70頁
杉島敬志 2001「ポストコロニアル転回後の人類学的実践」『人類学的実践の再構築──ポストコロニアル転回以後』世界思想社，1-23頁
鈴木孝昌 2005『現代中国の禁書』講談社α新書

ル・ゴフ『歴史と記憶』立川孝一訳，法政大学出版局
丸山昇 2001『文化大革命に到る道――思想政策と知識人群像』岩波書店
松浦雄介 2005『記憶の不確定性――社会学的探求』東信堂
Mills, C. W. 1940 "Situated Actions and Vocabularies of Motive," *American Sociological Review*, 5 (December)
三浦信孝 2006「『記憶への権利』か『記憶の圧制』か――フランス版歴史家論争」『UP』35巻8号，東京大学出版会
三好崇一 1990「1980年代の中国ジャーナリズム」『コミュニケーション研究』20号，上智大学，1-69頁
溝口雄三 2000『方法としての中国』東京大学出版会
森敏昭・井上毅・松井孝雄［1995］2000『グラフィック認知心理学』サイエンス社
毛毛 2002『わが父・鄧小平――「文革」歳月』上，中央公論新社
永野善子 2002「はじめに」，神奈川大学評論編集専門委員会編『ポストコロニアルと非西欧世界』御茶の水書房，i-iv 頁
中嶋嶺雄［1996］1999『中国現代史　新版』有斐閣選書
成田龍一 2006「『証言』の時代の歴史学」，冨山一郎編『記憶が語りはじめる』東京大学出版会，3-32頁
日本の戦争責任資料センター［1998］2003『シンポジウム　ナショナリズムと「慰安婦問題」』青木書店
西阪仰 2001『心と行為』岩波書店
Noiriel, Gerarad 1996 *Sur la "crise" de l'histoire*＝1997 ノワリエル『歴史学の〈危機〉』小田中直樹訳，木鐸社，111-147頁
Nora, Pierre 1984 "Memoire et Histoire, La problematique des lieux"＝2002 ノラ「記憶と歴史のはざまに」長井伸仁訳，『記憶の場――フランス国民意識の文化＝社会史』谷川稔監訳，岩波書店，29-56頁
緒形康 2000「現代中国の自由主義」『中国21』9号（5月），87-110頁
――― 2003「現代中国における『公正』と『正義』」『国際中国学研究センター国際シンポジウム　激動する世界と中国――現代中国学の構築に向けて』予稿集，155-157頁
――― 2004「中国現代思想1991～2003」『現代中国』78号，3-18頁
荻野美穂［2001］2003「歴史学における構築主義」『構築主義とは何か』勁草書房，139-158頁
大村新一郎 1981「『歴史決議』を分析する」『文化評論』9月号，新日本出版社，32-48頁
王朔 1987『頑主』1989『一点正経没有』＝1995，石川郁訳，『北京無頼』学習研究社
大澤真幸 1996「知／言語の社会学」『岩波講座現代社会学第5巻　知の社会学／言語の社会学』岩波書店，201-222頁
太田信夫 2000「現代の記憶研究概観」『記憶研究の最前線』北大路書房，1-11頁
岡真理 2000「ポジショナリティ」『現代思想　現代思想のキーワード』2月臨時増刊号，48-51頁
王年一［1988］1996『大动乱的年代』河南人民出版社
Rattansi, Ali 1999 ラタンシ「ポストコロニアルリズム――礼賛と疑問」浜邦彦訳，スパークス編『カルチュラル・スタディーズとの対話』花田達朗・吉見俊哉ほか訳，新曜社，61-91頁
Ricœur, Paul 1983-1985 *Temps et Ecrit*, Tome I, II, III, Seuil＝［1987-90］1995-2000 リク

法的転回』青木書店，263-282頁
徐友漁 1996「關於『兩個文革』説」『中國研究』８月号，12-18頁
何中華 1996「『毛沢東現象』與文化大革命」『中國研究』８月号，2-11頁
加々美光行 2001『歴史のなかの中国文化大革命』岩波現代文庫
釜屋修 1981「映画『苦恋』批判をめぐって――作家白樺の抵抗と主張」『文化評論』９月号，新日本出版社，61-73頁
刈間文俊・四方田犬彦 1989「ビロードの監獄の外へ――激動の時代の映画・文学・政治」『ユリイカ』10月号，青土社，234-265頁
刈間文俊 1991「呉文光の『放浪の北京――最後の夢想者たち』」『*Représentation*』筑摩書房，44-49頁
――― 1996「『無力な叫び』の戦い」『文学の方法』東京大学出版会，235-254頁
笠原十九司 2002「Ⅲ1日本人と中国人の記憶の齟齬」『南京事件と日本人――戦争の記憶をめぐるナショナリズムとグローバリズム』柏書房，211-248頁
――― 2003「総論 記憶の比較文化」都留文科大学比較文化学科『記憶の比較文化論』柏書房，9-19頁
何清漣 2002『中国現代化の落とし穴』草思社
片桐雅隆 2003『過去と記憶の社会学』世界思想社
葛慧芬 1999『文化大革命を生きた紅衛兵世代――その人生，人間形成と社会変動との関係を探る』明石書店
邢小群・孫珉編 2001『回应韦君宜』大众文艺出版社
祁景瀅 2004『中国のインターネットにおける対日言論分析　理論と実証との模索』日本僑報社
――― 2007「中国のインターネット言論と『反日』デモ」大西裕・山本信人編著『メディア・ナショナリズムのゆくえ　日中摩擦を検証する』朝日新聞社
金観濤・劉青峰 1983,『在歴史的表象背後――対中国封建社会超穏定結構的探索』四川人民出版社＝[1987] 1992 『中国社会の超安定システム』若林正丈・村田雄二郎訳，研文出版
国分良成編 2003,『中国文化大革命再論』慶応義塾大学出版会
小松伸一 2000「意識と無意識の記憶」『記憶研究の最前線』北大路書房，125-148頁
小関隆 1999「コメモレイションの文化史のために」阿部安成・小関隆ほか編『記憶のかたち――コメモレイションの文化史』柏書房，5-21頁
胡徳培「巴金『随想録』出版前后」(http://news.sina.com.cn/c/2006-02-21/15479163033.shtml)
公羊主編 2003『思潮　中国"新左派"及其影响』中国社会科学出版社
楠原俊代 2004「中国共産党の文芸政策に関する一考察――『思痛録』をてがかりに」『中国近代化の動態構造』京都大学人文科学研究所，367-394頁
――― 2000-05「韋君宜著『韋君宜回想録』」1-7，言語文化』同志社大学言語文化学会，２巻３号，439-461頁，３巻１号，47-67頁，４巻１号，287-305頁，５巻１号，133-154頁，５巻３号，473-486頁，５巻４号，629-644頁，７巻３号，365-386頁
――― 2007「文革期文学における集体創作の再検証」山田敬三先生古稀記念論集刊行会編『南腔北論集』（７月），483-510頁
許子東 1999「叙述文革」『读书』９月号
――― 2000『為了忘却的集合記憶――解読50篇文革小説』三聯書店
Le Goff, Jacques 1977, 78, 79, 80, 82 *Storia e memoria* (*Histoire et memoire*)＝[1999] 2000

福岡愛子 2002「日本が見た『文革』――文化大革命に関する報道と研究，並びに文革観の変遷」東京大学文学部行動文化学科社会学専修課程2002年度卒業論文
古厩忠夫 2001「『感情記憶』と『事実記憶』を対立させてはならない――溝口雄三論文への反論として」『世界』９月号，岩波書店，136-146頁
Gao, Mobo C. F. 1999 "Manufacturing of Truth and Culture of the Elite," *Journal of Contemporary Asia*, Vol. 29 No. 3 (1999), 309-327
――― 2002 "Debating the Cultural Revolution : Do We Only Know What We Believe?" *Critical Asian Studies* 34 : 3, Taylor & Francis Ltd., 419-434
厳家祺・高皋［1996］1999『文化大革命十年史』上・下，辻康吾監訳，岩波書店
呉悦・金丸邦三［1994］1999『中国歴史文化風俗』白水社
グールモ 1992「意味生産行為としての読書」，シャルチエ編『書物から読書へ』水林章ほか訳，みすず書房，137-154頁
Grossman, Atina 1995 "A Question of Silence : The Rape of German Women by Occupation Soldiers," *October 72*, Spring, 43-63
Halbwachs, Maurice 1950 *La memoire collective*＝1989 アルヴァックス『集合的記憶』小関藤市郎訳，行路社
Hall, Stuart 1980 "Encoding/decoding," *Media, culture, language : working papers in cultural studies, 1972-79*, Center for Contemporay Cultural Studies, University of Birmingham, 128-138
浜日出男 2000 「「歴史の社会学」の可能性」『別冊情況 現代社会学の最前線(3)』情況出版，185-200頁
橋爪大三郎 1994『崔健　激動中国のスーパースター』岩波ブックレット359号
――― 2004「第３章　知識社会学と言説分析」『言語／性／権力』春秋社
林高之 1981「『歴史決議』の盲点――封建主義の問題」『文化評論』９月号，新日本出版社，74-85頁
姫田光義 1981「いま中国では――『四つの現代化』への模索」『文化評論』９月号，新日本出版社，49-60頁
姫田光義ほか［1993］1998『中国20世紀史』東京大学出版会
本田善彦 2006「発禁 毛沢東を汚す中国性愛小説」『文芸春秋』６月号，344-356頁
Huang, Sharong 1996 *To Rebel Is Justified : A Rhetorical Study of China's Cultural Revolution Movement 1966-1969*, University of Press of America, Inc
池谷薫 2008『人間を撮る――ドキュメンタリーがうまれる瞬間』平凡社
尹中卿 2004『中国の政治制度』章輝夫訳，五州伝播出版社
井上俊 1997「動機と物語」『岩波講座現代社会学第１巻　現代社会の社会学』岩波書店，19-46頁
石田雄 2000『記憶と忘却の政治学』明石書店
石黒ひで 1993「『言語論的転回』とはなにか」『岩波講座現代思想4 言語論的転回』岩波書店，87-116頁
岩井洋 1990「記憶の社会学的定義」『年報社会学論集』３号，37-48頁
岩崎稔 2000a「記憶」『現代思想　現代思想のキーワード』２月臨時増刊号，14-17頁
――― 2000b「記憶，忘却，歴史――『記憶術としての歴史叙述』の原史」『Quadrante』２号，15-24頁
――― 2002「歴史学にとっての記憶と忘却の問題系」歴史学研究会『歴史学における方

――― 1995-2006『中国年鑑』新評論
中共中央文献研究室 1985『关于建国以来党的若干历史问题的决议（修订）』人民出版社
中国文芸研究会編［1995］2003『原典で読む図説　中国20世紀文学　解説と資料』白帝社
Coulter, Jeff 1979 *The Social Construction of Mind*, Macmilla＝1998 クルター『心の社会的構成』西阪仰訳，新曜社
戴錦華・孫歌・高橋哲哉・酒井直樹 2000「戦争の感情記憶の壁をどう乗り越えるか」『世界』11月号，岩波書店
Dai, Sulan 2001 "Written as a Witness : Memoirs Concerning China's Cultural Revolution," a thesis submitted in Partial Fulfillment of the requirements for the degree of Master of Arts in the Department of Pacific and Asian Studies, University of Victoria
Davies, David J. 2002 "Remembering Red : Memory and Nostalgia for the Cultural Revolution in Late 1990's China," a dissertation submitted in partial fulfillment of the requirements for the requirements for the degree of Doctor of Philosophy, University of Wahington
遠藤知己 2006 「言説分析とその困難（改訂版）――全体性／全域性の現在的位相をめぐって」佐藤俊樹・友枝敏雄編『言説分析の可能性』東信堂，27-58頁
Felmann, Shoshana 1992 "The Return of the Voice : Claude Lanzmann's Shoah," *Testimony*, London & New York : Routledge＝1995 フェルマン「声の回帰――クロード・ランズマンの『ショアー』」崎山正毅・細見和之訳『批評空間』Ⅱ期 4-6号，104-154頁
Ferry, Luc & Renault, Alain 1987 *ITINERAIRES DE L'INDIVIDU*, Editions Gallimard, Paris＝2000 フェリー，ルノー『68年―86年　個人の道程』小野潮訳，法政大学出版局（改題『68年の思想　現代の反－人間主義への批判』）
Foucault, Michel 1966 *Les Mots Et Les Choses*, Editions Gallimard, Paris＝［1974］2004 フーコー『言葉と物』渡辺一民・佐々木明訳，新潮社
――― 1969 *L'archelogie du savoir*, Editons Gallimard＝［1981］1994『知の考古学』中村雄一郎訳，河出書房新社
――― 1971 *L'Ordre du discours*, Editions Gallimard, Paris＝［1981］1995『言語表現の秩序』中村雄二郎訳，河出書房新社
――― 1976 *La volonté du savoir* (*Volume 1 de Histoire de la sexualité*), Editions Gallimard＝［1986］1987『性の歴史Ｉ知への意志』渡辺守章訳，新潮社
藤井満州男 1981「『歴史決議』の成立過程と二三の理論問題」『中国研究月報』11月，中国研究所，22-29頁
藤井省三［1992］2007『東京外語支那語部』朝日新聞社
――― 1997『魯迅「故郷」の読書史』創文社
――― 2003『魯迅事典』三省堂
藤森啓 2002a「集合的記憶研究における現在主義」『現代社会理論研究』12号，123-136頁
――― 2002b「『戦争責任論』説明の意味するもの――『記憶論』という思想傾向における東アジア被害者国とのコミュニケーション」『ソシオロゴス』26号，157-174頁
フジタニ・タカシ 1998「公共の記憶をめぐる闘争」『思想』890号，岩波書店，2-4頁
馮驥才 1988『庶民が語る中国文化大革命』田口佐紀子訳，講談社
福井憲彦 2002「書き手と読み手をつなぐもの――シャルチエ，ダーントンらの研究によせて」『岩波講座文学２　メディアの力学』岩波書店，19-40頁

文献表２　文献リスト（文献Ｄ＋文献Ｅ）

赤川学 1999『セクシュアリティの歴史社会学』勁草書房
——— 2001「言説分析と構築主義」『構築主義とは何か』勁草書房，63-83頁
天児慧 1986「文化大革命への問い」季刊『中国研究』〈特集・文革十年の軌跡〉中国研究所 1987年冬号，113-138頁
——— 1992『東アジアの国家と社会１　中国 溶変する社会主義大国』東京大学出版会
——— 1999『中華人民共和国史』岩波新書
Anderson, Benedict 1991 *Imagined Communities : Reflections on the Origin and Spread of Nationalism, Revised Edition*, Verso Editions＝[1997] 1999 アンダーソン『増補　想像の共同体——ナショナリズムの起源と流行』白石さや・白石隆訳，NTT 出版
新睦人・中野秀一郎編［1984］1994『社会学のあゆみ　パートⅡ』有斐閣新書
Aronson, Elliot, *The Social Animal*, W. H. Freeman and Company＝[1994] 1999 アーロンソン『ザ・ソーシャル・アニマル』古畑和孝監訳・岡隆・亀田達也訳，サイエンス社
麻生晴一郎 2005-2006「北京アンダーグラウンド“個”と触れ合う文化スポットの旅」『NHK ラジオ中国語講座』（2005年７月-2006年６月）日本放送出版協会
莫邦富 2004「第四の権力となった中国のインターネット」『論座』３月号，124-129頁
Barme, Geremie R. 1999 *In the Red : On Contemporary Chinese Culture*, Columbia University Press
ベンヤミン（Benjamin, Walter）1940＝1994 ベンヤミン「歴史の概念について」野村修編訳，『ボードレール他５編』岩波文庫
Chang, Tony H. 1999 *China During the Cultural Revolution, 1966-1976 : A Selected Bibliography of English Language Works*, Greenwood Press
Chartier, Roger（sous la direction）1985 *Pratiques de la lecture*, Editions Rivages＝1992a シャルチエ「書物から読書へ」『書物から読書へ』水林章ほか訳，みすず書房，87-136頁
———＝1992b 福井憲彦訳，『読書の文化史——テクスト・書物・読解』新曜社
——— “Le monde comme représentation”＝[1992] 1993「表象としての世界」『歴史・文化・表象』二宮宏之編訳，岩波書店，171-208頁
陳思和 2002「民间的浮沉——从抗战到文革文学史的一个解释」『中国当代文学关键词十讲』复旦大学出版社
陳東林・苗棣・李丹慧主篇，加々美光行監修［1996］1997『中国文化大革命事典』西紀昭・山本恒人・園田茂人ほか訳，徳澄雅彦監訳，中国書店
張承志 1994「毛主席グラフィティ」『世界』1994年１月号，210-216頁
——— ［1992］2004『紅衛兵の時代』岩波新書
Chow, Rey 1993 “Listening otherwise, music miniaturized : a different type of question about revolution,” Paul du Gay, Stuart Hall, Linda Janes, Hugh Mackay and Keith Negus, 1997, *Doing Cultural Studies : The Story of the Sony Walkman*, Sage Publications, London, 135-140
『中国文化大革命事典』→陳東林
中国研究所編 1976-84『新中国年鑑』大修館書店
——— 1985-94『中国年鑑』大修館書店

136		张晓晶	论“十七年”文学和“文革”文学中的两性关系叙述	11
137	2004	王家平	文化大革命时期诗歌研究	1
138		权延赤	杨成武见证文革	3
139(24)		冯骥才	一百个人的十年：文革经历者的心灵档案	6
140		刘稀元	“文革反思”写作中的存在主义影响	11
141		华玉	“文化大革命”时期蒙古文学研究	11
142		林小波	“四清”运动研究	11
143		魏旭斌	“评法批儒”运动研究	11
144	2005	政协黑龙江省文史和学习委员会編	黑龙江文史资料. 第三十八辑, 知识青年在黑龙江	0
145		朱钟颐（1949～）著	湖南知青上山下乡运动研究	1
146		王年一	大动乱的年代 “文化大革命”十年史	1
147		张东明	“三支两军”述论	11
148		李兴阳	人道主义与“文革叙事”	11
149		张景兰	小说中的“文革”	11
150		王朝晖	美国对中国“文化大革命”的研究	11

104		中共中央组织部 編	中国共产党组织史资料. 第六卷, "文化大革命"时期 (1966.5～1976.10)	0
105(21)		方建文 主編	百年名人自述：20世纪中国风云实录. 8	6
106		王海光	从革命到改革	2
107		张化 主編	回首"文革"：中国十年"文革"分析与反思	1
108		柏定国	对二十年"修正主义文艺"批判的检讨	11
109(22)	2001	毛毛	我的父亲邓小平："文革"岁月	6
110		李喜卿	试论"文革"后中国知识分子的精神状态	11
111	2002	樊建川 編著	"文革"瓷器图鉴：[中英文本]	10
112		铁源 主編	文革遗物收藏与价格	0
113		草千里 編著	红色官窑・文革瓷器	0
114		金春明	金春明自选文集	1
115(23)		陆钦仪 主編	"文化大革命"第一张大字报的受害者	6
116		吴庆彤	周恩来在"文化大革命"中	4
117		江京晖	一次不成功的尝试：浅析知识青年上山下乡运动	11
118		朱毅	文化大革命中民众的伦理心理初探	11
119		乔水舟	"文革"岁月邓小平的沉浮与中国社会的衰兴	11
120		金鹏	符号化政治　并以文革时期符号象征秩序为例	11
121		叶青	"文革"时期福建群众组织研究	11
122		赖正维	"文化大革命"时期的福建老区问题	11
123	2003	张化 (历史) 主編	回首"文革"：中国十年"文革"分析与反思	1
124		邢野 (1950.12～) 主編 内蒙古通志馆	内蒙古知识青年通志	0
125		长沙市政协文教卫体和文史委员会 編	长沙文史, 知识青年上山下乡史料专辑	0
126		李开全 主編	新疆生产建设兵团史料选辑. 12, 支边知识青年专辑	0
127		沈泓	文革文物	0
128		张新蚕	红色少女日记：1966～1971：一个女红卫兵的心灵轨迹	9
129		魏宏运	国史纪事本末：1949～1999. 第五卷, "文化大革命"时期	0
130		朱晓阳	罪过与惩罚：小村故事：1931～1997	1
131		郭晓明	红卫兵政治心理探析	11
132		赵京 著	论就业因素在知识青年上山下乡不同阶段中的作用	11
133		武善增	"文革"主流文学论	11
134		曹惠英	知青题材小说研究　从文革时期到90年代	11
135		黄擎	废墟上的狂欢："文革文学"的叙述研究	11

69(11)		冯骥才	一百个人的十年：1966～1976：足本	6
70		杜易	大雪压青松："文革" 中的陈毅	4
71		赵发元，徐丽莎 編	今日老三届	2
72		顾洪章 主編	中国知识青年上山下乡大事记	0
73		顾洪章 主編	中国知识青年上山下乡始末	0
74(12)	1998	李辉 編著	残缺的窗栏板： 历史中的红卫兵	6
75		朱文杰	老三届采访手记	7
76		范文发	白山黑水：一个上海知青的尘封日记	9
77		罗学蓬	通天大案：轰动全国的知青奇案	3
78(13)		任毅	生死悲歌：《知青之歌》冤狱始末	6
79		吴庆彤	周恩来在 "文化大革命" 中	4
80(14)		刘冰	风雨岁月：清华大学 "文化大革命" 忆实	6
81		徐彬 編著	风雨福禄居：刘少奇在 "文革" 中的抗争	4
82	1999	李松晨 主編	"文革" 档案：1966～1976	0
83(15)		邓瑞全 主編	名士自白：我在文革中	6
84(16)		周明，傅溪鹏 主編	当代中国纪实文学百部：中国当代社会热点问题大聚焦　崇拜的代价	6
85		郑谦	被 "革命" 的教育 "文化大革命" 中的 "教育革命"	1
86		李小龙	野火春风　文化大革命中的李英儒	4
87		王增如 著	中国1968：上山下乡 共和国回顧叢書	3
88		张明军	50，60年代我国政治体制的演变与 "文化大革命" 的发动	11
89		范明强	论红卫兵政治思潮	11
90		周全华	"文化大革命" 中的 "教育革命"	11
91		周敬青	关于林彪集团问题的再研究	11
92		廖述毅	"文革" 十年小说研究	11
93		李润霞	从潜流到激流：中国当代新诗潮研究：1966-1986	11
94		敬淑	文革时期的样板戏研究	11
95		王家平	一九六六－一九七六年中国诗歌研究	11
96		张曙 著	不对称的社会实验：论 "文革" 中的知青上山下乡运动	11
97(17)	2000	武光	不是梦：对 "文革" 年代的回忆	6
98(18)		毛毛	我的父亲邓小平："文革" 岁月	6
99(19)		周明 主編	当代中国纪实文学百部：中国当代社会热点问题大聚焦　崇拜的代价	6
100(20)		毛毛	我的父亲邓小平："文革" 岁月	6
101		政协四川省广元市委员会文史资料研究委员会 編	广元市文史资料．第13辑，文化大革命史料专辑	0
102		人民政治协商会议四川省广元市委员会文史资料研究委员会 編	广元市文史资料．第13辑，文化大革命史料专辑	0
103		石万鹏　主編	中国工业五十年：新中国工业通鉴．第五部，"文化大革命"	0

32	1993	纪晓松	穿越国境纪实：红卫兵血洒越南	3
33		于辉 編	红卫兵秘录	3
34		韩尚于 編	文革洗冤录　共和国風雲実録叢書　歴史ドキュメント	3
35		阳木 編著	闯将封神榜 共和国風雲実録叢書　歴史ドキュメント	3
36		沙沙 編著	文革邮票史话	5
37		刘济昆 編著	文革大笑话	8
38		地久 編著	血与火的教训："文革" 著名武斗惨案纪实	3
39(4)		赵丽宏	岛人笔记："文革" 社会世态录	6
40		金石开 編著	历史的代价：文革死亡档案	0
41		杜鸿林	风潮荡落：1955-1979：中国知识青年上山下乡运动史	1
42		张鸣，乐群 主編	"文化大革命" 中的名人之思	2
43		赵丰 主編	"忠" 字下的阴影：文化大革命中的怪现象	1
44		温乐群 主編	"文化大革命" 中的名人之升	4
45		李永　主編	"文化大革命" 中的名人之死	4
46		司任　主編	"文化大革命" 风云人物访谈录	7
47		杨健	文化大革命中的地下文学　墓地与摇篮	1
48		李永　主編	"文化大革命" 中的名人之狱	4
49		师东兵	最初的抗争：彭真在 "文化大革命" 前夕	4
50		戴嘉枋	走向毁灭："文革" 文化部长于会泳沉浮录	4
51		晓地 主編	"文革" 之谜	5
52(5)	1994	艾晓明	一个黑五类子女的文革记忆	6
53		江沛	红卫兵狂飙　当代中国国是反思叢書	1
54		马孟珂 著	试论毛泽东知识青年再教育思想和实践	11
55		江振国	毛泽东 "反修防修" 思想与 "文化大革命" 的发动	11
56		崔久衡	在重大历史事件的漩涡中："文革" 初期的周恩来	11
57		杜蒲	试论 "文化大革命" 的极左思潮	11
58		程晋宽	"教育革命" 的历史考察	11
59	1995	姜思毅 主編	中国共产党军队政治工作七十年史. 第六卷，在 "文化大革命" 中受损害在改革开放中创造新局面	0 6
60(6)		于光远	文革中的我	4
61		叶永烈	文革名人风云录	
62(7)	1996	本书編委会 編	中国女知识青年的足迹	6
63(8)		西安晚报副刊部 編	情结老三届	6
64		席宣，金春明 著	"文化大革命" 简史	1
65		湘霖，宏宇 編著	中国现代冤狱纪实	3
66(9)		李辉，高立林 主編	滴血的童心：孩子心中的文革	6
67		方正等 著	青春的浩劫：来自东方神坛的档案	3
68(10)	1997	李玉明	卫恒之死：原中共山西省委第一书记卫恒	6

文献表1　文革関連出版物リスト(文献A＋文献B)

通し番号欄の(　)内の数字は回想記・回想集ジャンル内の通し番号，ジャンル欄の数字は95頁のジャンル分類番号を示す

通し番号	出版年	著　者・編　者	タ　イ　ト　ル	ジャンル
1	1981	国务院知青办 編	真实的故事：上山下乡知识青年先进人物选集	4
2	1984	中共山东省委宣传部 編	彻底否定“文化大革命”八十题问答	2
3		金春明 編著	谈彻底否定“文化大革命”	2
4		江苏人民出版社 編	关于彻底否定“文化大革命”的问答	2
5	1985		彻底否定“文革”清除“左”的影响	2
6		中共中央文献研究室 編	彻底否定“文化大革命”《关于建国以来的党的若干历史问题的决议》	2
7		金春明	“文化大革命”论析	1
8		上海人民出版社 編	深入进行彻底否定“文化大革命”的教育	2
9		政治学院《思想战线》編辑室 主編	彻底否定“文化大革命”	2
10		解放军政治学院中共党史教研室 編	彻底否定“文化大革命”讲话	2
11		金春明等 著	彻底否定“文化大革命”十讲	2
12		杨进军，卫发洲 著	彻底否定“文化大革命”	2
13(1)	1986	武正国 編	好儿女志在四方：北京，天津上山下乡青年在山西	6
14		柳随年 編	“文化大革命”时期的国民经济	1
15		高皋，严家其 著	“文化大革命”十年史	1
16		关鸿，黄伟康	乒乓启示录：庄则栋在“文革”中	4
17		李晓明 主編	颤动：写在“文革”结束后的第十年	2
18	1987	谭宗级	十年后的评说　“文化大革命”史论集	2
19	1988	黄峥	在历史的档案里：“文革”十年风云录	3
20		橙实 編著	文革笑料集	8
21		胡平	乱世丽人	4
22		秦晓鹰	偷越国境的红卫兵	3
23	1989	程超 主編	浙江文革纪事：1966.5-1976.10	0
24		余习广 主編	位卑未敢忘忧国：“文化大革命”上书集	0
25		金春明	“文革”时期怪事怪语	1
26		徐广顺	残酷的夜幕：文革暗杀集团纪实	3
27	1990	广西文革大事年表編写小组 編	广西文革大事年表	0
28(2)		李辉 主編	滴血的童心：孩子心中的文革	6
29	1991	权延赤	陶铸在“文化大革命”中	4
30		中共中央党校出版社 編	“文化大革命”中的周恩来	4
31(3)	1992	杨智云 編	知青档案：知识青年上山下乡纪实：1962-1979	6

わ　行

や　行

ら　行

ま　行

は　行

な　行

た　行

さ　行

索　引〔中国人の名前は便宜的に日本語の音読みで並べた〕

著者紹介

福岡愛子（ふくおか あいこ）

1950年，新潟県生まれ。

1972年，新潟大学人文学部卒業（英米文学専攻）。

2007年，東京大学大学院人文社会系研究科修士課程修了。

現在，同博士課程在籍。社会学専攻。

論文：「日本が見た『文革』」(2002年)，「日本にとっての『文革』体験」(『戦後日本スタディーズ』〔仮題〕紀伊國屋書店，2008年秋刊行予定)。

新曜社

文化大革命の記憶と忘却
回想録の出版にみる記憶の個人化と共同化

初版第1刷発行　2008年8月8日©

著　者　福岡愛子

発行者　塩浦　暲

発行所　株式会社　新曜社
〒101-0051　東京都千代田区神田神保町 2-10
電　話(03)3264-4973・FAX(03)3239-2958
e-mail　info@shin-yo-sha.co.jp
URL　http://www.shin-yo-sha.co.jp/

印刷　星野精版印刷　　Printed in Japan
製本　イマヰ製本所
ISBN978-4-7885-1119-4 C1022